Alexander von Humboldt
Die Reise nach Südamerika
Vom Orinoko zum Amazonas

Alexander von Humboldt

Die Reise nach Südamerika

Vom Orinoko zum Amazonas

Nach der Übersetzung von Hermann Hauff

Bearbeitet und herausgegeben
von Jürgen Starbatty

Lamuv Taschenbuch 94

Bitte fordern Sie unser kostenloses Gesamtverzeichnis an:
Lamuv Verlag, Postfach 26 05, D-37016 Göttingen
Telefax (05 51) 4 13 92
E-Mail info@lamuv.de
www.lamuv.de

1. Auflage 1990
8. Auflage 2002

Umschlaggestaltung: Gerhard Steidl
unter Verwendung eines Gemäldes von Ferdinand Keller
(Archiv für Kunst und Geschichte, Berlin)
Gesamtherstellung: Steidl, Göttingen
Printed in Germany
ISBN 3-88977-241-2

Inhaltsverzeichnis

Erstes Kapitel

Vorbereitungen · Abreise von Spanien
Aufenthalt auf den Kanarischen Inseln

Welch ein Glück ist mir eröffnet! Mir schwindelt der Kopf vor Freude. Ich gehe ab mit der spanischen Fregatte »Pizarro«. Wir landen auf den Kanaren und an der Küste von Caracas in Südamerika ... Von dort aus mehr. Der Mensch muß das Gute und Große wollen!

Humboldt am 4. Juni 1799 aus Coruña an Freiesleben

Von früher Jugend auf lebte in mir der sehnliche Wunsch, ferne, von Europäern wenig besuchte Länder bereisen zu dürfen. Dieser Drang ist bezeichnend für einen Zeitpunkt im Leben, wo dieses vor uns liegt wie ein schrankenloser Horizont, wo uns nichts so sehr anzieht als starke Gemütsbewegungen und Bilder physischer Fährlichkeiten. In einem Lande aufgewachsen, das in keinem unmittelbaren Verkehr mit den Kolonien in beiden Indien steht, später in einem fern von der Meeresküste gelegenen, durch starken Bergbau berühmten Gebirge lebend, fühlte ich den Trieb zu See und zu weiten Fahrten immer mächtiger in mir werden. Dinge, die wir nur aus den lebendigen Schilderungen der Reisenden kennen, haben ganz besonderen Reiz für uns; alles in Entlegenheit undeutlich Umrissene besticht unsere Einbildungskraft; Genüsse, die uns nicht erreichbar sind, scheinen uns weit lockender, als was sich uns im engen Kreise des bürgerlichen Lebens bietet. Die Lust am Botanisieren, das Studium der Geologie, ein Ausflug nach Holland, England und Frankreich in Gesellschaft eines berühmten Mannes, Georg Forsters, dem das Glück geworden war, Kapitän Cook auf seiner zweiten Reise um die Welt zu begleiten, trugen dazu bei, den Reiseplänen, die ich schon mit achtzehn Jahren gehegt, Gestalt und Ziel zu geben. Wenn es mich noch immer in die schönen Länder des heißen Erdgürtels zog, so war es jetzt nicht mehr der Drang nach einem aufregenden Wanderleben, es war der

Trieb, eine wilde, großartige, an mannigfaltigen Naturprodukten reiche Natur zu sehen, die Aussicht, Erfahrungen zu sammeln, welche die Wissenschaft förderten. Meine Verhältnisse gestatteten es mir damals nicht, Gedanken zu verwirklichen, die mich so lebhaft beschäftigten, und ich hatte sechs Jahre Zeit, mich zu den Beobachtungen, die ich der Neuen Neuen Welt anzustellen gedachte, vorzubereiten, mehrere Länder Europas zu bereisen und die Kette der Hochalpen zu untersuchen, deren Bau ich in der Folge mit dem der Anden von Quito und Peru vergleichen konnte. Da ich zu verschiedenen Zeiten mit Instrumenten von verschiedener Konstruktion arbeitete, wählte ich am Ende diejenigen, die mir als die genauesten und dabei auf dem Transport dauerhaftesten erschienen; ich fand Gelegenheit, Messungen, die nach den strengsten Methoden vorgenommen worden, zu wiederholen, und lernte so selbständig die Grenzen der Irrtümer kennen, auf die ich gefaßt sein mußte.

Im Jahre 1795 hatte ich einen Teil von Italien bereist, aber die vulkanischen Striche in Neapel und Sizilien nicht besuchen können. Ungern hätte ich Europa verlassen, ohne Vesuv, Stromboli und Ätna gesehen zu haben; ich sah ein, um zahlreiche geologische Erscheinungen, namentlich in der Trappformation, richtig aufzufassen, mußte ich mich mit den Erscheinungen, wie noch tätige Vulkane sie bieten, näher bekannt gemacht haben. Ich hielt mich lange in Wien auf, wo die ausgezeichneten Sammlungen und die Freundlichkeit Jacquins und Josephs van der Schott mich in meinen vorbereitenden Studien ausnehmend förderten; ich durchzog mit Leopold von Buch mehrere Teile des Salzburger Landes und der Steiermark, Länder, die für den Geologen und den Landschaftsmaler gleich viel Anziehendes haben; als ich aber über die Tiroler Alpen gehen wollte, sah ich mich durch den in ganz Italien ausgebrochenen Krieg genötigt, den Plan der Reise nach Neapel aufzugeben.

Kurz zuvor hatte ein leidenschaftlicher Kunstfreund, Lord Bristol, der bereits die Küsten Illyriens und Griechenlands als Altertumsforscher besucht hatte, mir den Vorschlag gemacht, ihn auf einer Reise nach Oberägypten zu begleiten. Der Ausflug sollte nur acht Monate dauern; geschickte Zeichner und astronomische Werkzeuge sollten uns begleiten. Ich hatte bis jetzt bei meinen Plänen nie ein außertropisches Land im Auge gehabt, dennoch konnte ich der Versuchung nicht widerstehen, Länder zu besuchen, die in der Geschichte der Kultur eine so bedeutende Rolle spielen. Ich nahm den Vorschlag an, aber unter der ausdrücklichen Bedingung, daß ich bei der Rückkehr nach Alexandrien allein durch Syrien und Palästina weiterreisen dürfte. Sofort richtete ich meine Studien nach dem neuen Plane ein, was mir später zugute kam, als es sich davon handelte, die rohen Denkmale der Mexikaner mit denen der Völker der Alten Welt zu vergleichen. Ich hatte die nahe Aussicht, mich nach Ägypten einzuschiffen, da nötigten mich die eingetretenen politischen Verhältnisse, eine Reise aufzugeben, die mir so großen Genuß versprach. Im Orient standen die Dinge so, daß ein einzelner Reisender gar keine Aussicht hatte, dort Studien machen zu können, welche selbst in den ruhigsten Zeiten von den Regierungen mit mißtrauischen Augen angesehen werden.

Zur selben Zeit war in Frankreich eine Entdeckungsreise in die Südsee unter dem Befehl des Kapitäns Baudin im Werk. Der ursprüngliche Plan war großartig, kühn und hätte verdient, unter umsichtigerer Leitung ausgeführt zu werden. Man wollte die spanischen Besitzungen in Südamerika von der Mündung des Rio de la Plata bis zum Königreich Quito und der Landenge von Panama besuchen. Die zwei Korvetten sollten sofort über die Inselwelt des Stillen Meeres nach Neuholland gelangen, die Küsten desselben von Tasmanien bis Nuytsland untersuchen, bei Madagaskar anlegen und über das Kap der Guten Hoffnung zurückkehren. Ich war nach Paris gekommen, als man sich eben zu dieser Reise zu rüsten begann. Der Charakter des Kapitäns Baudin war eben nicht geeignet, mir Vertrauen einzuflößen; da ich aber mit eigenen Mitteln nie eine so weite Reise unternehmen und ein so schönes Stück Welt hätte kennenlernen können, so entschloß ich mich auf gutes Glück die Expedition mitzumachen. Ich erhielt Erlaubnis, mich mit meinen Instrumenten auf einer der Korvetten, die nach der Südsee gehen sollten, einzuschiffen, und machte nur zur Bedingung, daß ich mich von Kapitän Baudin trennen dürfte, wo und wann es mir beliebte. Michaux, der bereits Persien und einen Teil von Nordamerika besucht hatte, und Bonpland, dem ich mich anschloß und der mir seitdem aufs innigste befreundet geblieben, sollten die Reise als Naturforscher mitmachen.

Ich hatte mich einige Monate lang darauf gefreut, an einer so großen und ehrenvollen Unternehmung teilnehmen zu dürfen, da brach der Krieg in Deutschland und in Italien von neuem aus, so daß die französische Regierung die Geldmittel, die sie zur Entdeckungsreise angewiesen, zurückzog und dieselbe auf unbestimmte Zeit verschob. Mit Kummer sah ich alle meine Aussichten vernichtet, ein einziger Tag hatte dem Plane, den ich für mehrere Lebensjahre entworfen, ein Ende gemacht. Da beschloß ich, nur so bald als möglich, wie es auch sei, von Europa wegzukommen, irgend etwas zu unternehmen, das meinen Unmut zerstreuen könnte.

Ich wurde mit einem schwedischen Konsul, Skiöldebrand, bekannt, der dem Dei von Algier Geschenke von seiten seines Hofes zu überbringen hatte und durch Paris kam, um sich in Marseille einzuschiffen. Dieser achtenswerte Mann war lange an der afrikanischen Küste angestellt gewesen, und da er bei der algerischen Regierung gut angeschrieben war, konnte er für mich auswirken, daß ich einen Teil der Atlaskette bereisen durfte. Er schickte jedes Jahr ein Fahrzeug nach Tunis, auf dem die Pilger nach Mekka gingen, und er versprach mir, mich auf diesem Wege nach Ägypten zu befördern. Ich besann mich keinen Augenblick, eine so gute Gelegenheit zu benutzen, und ich meinte nunmehr den Plan, den ich vor meiner Reise nach Frankreich entworfen, sofort ausführen zu können. Bis jetzt hatte kein Mineralog die hohe Bergkette untersucht, die in Marokko bis zur Grenze des ewigen Schnees ansteigt. Ich ergänzte rasch meine Sammlung von Instrumenten und verschaffte mir die Werke über die zu bereisenden Länder. Ich nahm Abschied von meinem Bruder, der durch Rat und Beispiel meine Geistesrichtung hatte bestimmen helfen. Er billigte die Beweggründe meines Entschlusses, Europa zu verlassen; eine geheime Stimme sagte uns, daß wir uns wiedersehen würden. Diese Hoffnung hat uns auch nicht betrogen, und sie linderte den Schmerz einer langen Trennung. Ich verließ Paris mit dem Entschluß, mich nach Algier und Ägypten einzuschiffen, und wie nun einmal der Zufall in allen Menschenleben regiert, ich sah meinen Bruder wieder, ohne das Festland von Afrika betreten zu haben.

Die schwedische Fregatte, welche Skiöldebrand nach Algier überführen sollte, wurde zu Marseille in den letzten Tagen des Oktober erwartet. Bonpland und ich begaben uns um diese Zeit dahin und eilten um so mehr, da wir während der Reise immer besorgten, zu spät zu kommen und das Schiff zu versäumen. Wir ahnten nicht, welche neuen Widerwärtigkeiten uns zunächst bevorstanden.

Skiöldebrand war so ungeduldig als wir, seinen Bestimmungsort zu erreichen. Wir bestiegen mehrmals am Tage den Berg Notre Dame de la Garde, von dem man weit ins Mittelmeer hinausblickt. Jedes Segel, das am Horizont sichtbar wurde, setzte uns in Aufregung. Aber nachdem wir zwei Monate in großer Unruhe vergeblich geharrt, ersahen wir aus den Zeitungen, daß die schwedische Fregatte, die uns überführen sollte, in einem Sturm an den Küsten Portugals stark gelitten und in den Hafen von Cadiz habe einlaufen müssen, um ausgebessert zu werden. Privatbriefe bestätigten die Nachricht, und es war gewiß, daß der »Jaramas«, so hieß die Fregatte, vor dem Frühjahr nicht nach Marseille kommen konnte.

Wir konnten es nicht über uns gewinnen, bis dahin in der Provence zu bleiben. Das Land, zumal das Klima, fanden wir herrlich, aber der Anblick des Meeres mahnte uns fortwährend an unsere zertrümmerten Hoffnungen. Auf einem Ausflug nach Hyeres und Toulon fanden wir in letzterem Hafen die Fregatte »Boudeuse«, die Bougainville auf seiner Reise um die Welt befehligt hatte. Ich hatte mich zu Paris, als ich mich rüstete, die Expedition des Kapitäns Baudin mitzumachen, des besonderen Wohlwollens des berühmten Seefahrers zu erfreuen gehabt. Nur schwer vermöchte ich zu schildern, was ich beim Anblick des Schiffes empfand, das Commerson auf die Inseln der Südsee gebracht. Es gibt Stimmungen, in denen sich ein Schmerzgefühl in alle unsere Empfindungen mischt.

Wir hielten noch immer am Gedanken fest, uns an die afrikanische Küste zu begeben, und dieser zähe Entschluß wäre uns beinahe verderblich geworden. Im Hafen von Marseille lag zur Zeit ein kleines ragusanisches Fahrzeug bereit, nach

Tunis unter Segel zu gehen. Dies schien uns eine günstige Gelegenheit, wir kamen ja auf diese Weise in die Nähe von Ägypten und Syrien. Wir wurden mit dem Kapitän wegen des Überfahrtpreises einig. Am folgenden Tag sollten wir unter Segel gehen, aber die Abreise verzögerte sich glücklicherweise durch einen an sich ganz unbedeutenden Umstand. Das Vieh, das uns als Proviant auf der Überfahrt dienen sollte, war in der großen Kajüte untergebracht. Wir verlangten, daß zur Bequemlichkeit der Reisenden und zur sicheren Unterbringung unserer Instrumente das Notwendigste vorgekehrt werde. Allermittelst erfuhr man in Marseille, daß die tunesische Regierung die in der Berberei niedergelassenen Franzosen verfolge und daß alle aus französischen Häfen ankommenden Personen ins Gefängnis geworfen würden. Durch diese Kunde entgingen wir einer großen Gefahr. Wir mußten die Ausführung unserer Pläne verschieben und entschlossen uns, den Winter in Spanien zuzubringen, in der Hoffnung, uns im nächsten Frühjahr, wenn anders die politischen Zustände im Orient es gestatteten, in Cartagena oder in Cadiz einschiffen zu können.

Wir reisten durch Katalonien und das Königreich Valencia nach Madrid. Wir besuchten auf dem Wege die Trümmer Tarragonas und des alten Sagunt, machten von Barcelona aus einen Ausflug auf den Montserrat, dessen hochaufragende Gipfel von Einsiedlern bewohnt sind und der durch die Kontraste eines kräftigen Pflanzenwuchses und nackter, öder Felsmassen ein eigentümliches Landschaftsbild bietet.

Zu Madrid angelangt, fand ich bald Ursache, mir Glück dazu zu wünschen, daß wir uns entschlossen, die Halbinsel zu besuchen. Baron Forell, sächsischer Gesandter am spanischen Hofe, kam mir auf eine Weise entgegen, die meinen Zwecken sehr förderlich wurde. Er verband mit ausgebreiteten mineralogischen Kenntnissen das regste Interesse für Unternehmungen zur Förderung der Wissenschaft. Er bedeutete mir, daß ich unter der Verwaltung eines aufgeklärten Ministers, des Ritters Don Mariano Luis de Urquijo, Aussicht habe, auf meine Kosten im Innersten des spanischen Amerika reisen zu dürfen. Nach all den Widerwärtigkeiten, die ich erfahren, besann ich mich keinen Augenblick, diesen Gedanken zu ergreifen.

Im März 1799 wurde ich dem Hofe von Aranjuez vorgestellt. Der König nahm mich äußerst wohlwollend auf. Ich entwickelte die Gründe, die mich bewogen, eine Reise in den neuen Kontinent und auf die Philippinen zu unternehmen, und reichte dem Staatssekretär eine darauf bezügliche Denkschrift ein. Der Ritter de Urquijo unterstützte mein Gesuch und räumte alle Schwierigkeiten aus dem Wege. Der Minister handelte hierbei desto großmütiger, da ich in gar keiner persönlichen Beziehung zu ihm stand. Der Eifer, mit dem er fortwährend meine Absichten unterstützte, hatte keinen anderen Beweggrund als seine Liebe zu den Wissenschaften. Es wird mir zur angenehmen Pflicht, in diesem Werke der Dienste, die er mir erwiesen, dankbar zu gedenken.

Ich erhielt zwei Pässe, den einen vom ersten Staatssekretär, den anderen vom Rat von Indien. Nie war einem Reisenden mit der Erlaubnis, die man ihm erteilte, mehr zugestanden worden, nie hatte die spanische Regierung einem Fremden größeres Vertrauen bewiesen. Um alle Bedenken zu beseitigen, welche die Vizekönige oder Generalkapitäne als Vertreter der königlichen Gewalt in Amerika hinsichtlich des Zweckes und Wesens meiner Beschäftigung erheben könnten, hieß es im Paß der *primera secretaría de estado:* »Ich sei ermächtigt, mich meiner physikalischen und geodätischen Instrumente mit voller Freiheit zu bedienen; ich dürfe in allen spanischen Besitzungen astronomische Beobachtungen anstellen, die Höhen der Berge messen, die Erzeugnisse des Bodens sammeln und alle Operationen ausführen, die ich zur Förderung der Wissenschaft vorzunehmen gut finde.« Diese Befehle seitens des Hofes wurden genau befolgt, auch nachdem infolge der Ereignisse Don de Urquijo vom Ministerium hatte abtreten müssen. Ich meinerseits war bemüht, diese sich nie verleugnende Freundlichkeit zu erwidern. Ich übergab während meines Aufenthaltes in Amerika den Statthaltern der Provinzen Abschriften des von mir gesammelten Materials über die Geographie und Statistik der Kolonien, das dem Mutterlande von einigem Wert sein konnte. Dem von mir vor meiner Abreise gegebenen Versprechen gemäß übermachte ich dem naturhistorischen Kabinett zu Madrid mehrere geologische Sammlungen. Da der Zweck unserer Reise ein rein wissenschaftlicher war, so hatten Bonpland und ich das Glück, uns das Wohlwollen der Kolonisten wie der mit der Verwaltung dieser weiten Landstriche betrauten Europäer zu erwerben. In den fünf Jahren, während derer wir den neuen Kontinent durchzogen, sind wir niemals einer Spur von Mißtrauen begegnet. Unter den härtesten Entbehrungen, im Kampfe mit einer wilden Natur haben wir uns nie über menschliche Ungerechtigkeit zu beklagen gehabt.

Seit einem Jahre war ich so vielen Hindernissen begegnet, daß ich es kaum glauben konnte, daß mein sehnlichster Wunsch endlich in Erfüllung gehen sollte.

Wir verließen Madrid gegen Mitte Mai. Wir reisten durch einen Teil von Altkastilien, durch das Königreich Leon und Galicien nach Coruña, wo wir uns nach der Insel Kuba einschiffen sollten. Der Winter war streng und lang gewesen, und jetzt genossen wir auf der Reise der milden Frühlingstemperatur, die schon so weit gegen Süd gewöhnlich nur den Monaten Mai und April eigen ist. Schnee bedeckte noch die hohen Granitgipfel der Guadarrama; aber in den tiefen Tälern Galiciens, welche an die malerischen Landschaften der Schweiz und Tirols erinnern, waren alle Felsen mit Cistus in voller Blüte und baumartigem Heidekraut überzogen. Man ist froh, wenn man die kastilische Hochebene hinter sich hat, welche fast ganz von Pflanzenwuchs entblößt und wo es im Winter empfindlich kalt, im Sommer drückend heiß ist. Die Hochebene in der Mitte des Landes ist umgeben von einer tiefgelegenen, schmalen Zone, wo an mehreren Punkten Chamärops *(Zwergpalmen),* der Dattelbaum, das Zuckerrohr, die Banane und viele Spanien und dem nördlichen Afrika gemeinsame Pflanzen vorkommen, ohne vom Winterfrost zu leiden.

Kommt man im Königreich Valencia von der Küste des Mittelmeeres gegen die Hochebene von Mancha und Kastilien herauf, so meint man, tief im Land, in weithin gestreckten schroffen Abhängen die alte Küste der Halbinsel vor sich zu haben. Dieses merkwürdige Phänomen erinnert an die Sagen der Samothrakier und andere geschichtliche Zeugnisse, welche darauf hinzuweisen scheinen, daß durch den Ausbruch der Wasser aus den Dardanellen das Becken des Mittelmeeres erweitert und der südliche Teil Europas zerrissen und vom

Mittelmeer verschlungen worden ist. Nimmt man an, diese Sagen seien keine geologischen Träume, sondern beruhen wirklich auf der Erinnerung an eine uralte Umwälzung, so hätte die spanische Zentralhochebene dem Anprall der gewaltigen Fluten widerstanden, bis die Wasser durch die zwischen den Säulen des Herkules sich bildende Meerenge abflossen, so daß der Spiegel des Mittelmeeres allmählich sank und einerseits Niederägypten, andererseits die Ebenen von Tarragona, Valencia und Murcia trocken gelegt wurden.

In Coruña angelangt, fanden wir den Hafen von zwei englischen Fregatten und einem Linienschiff blockiert. Diese Fahrzeuge sollten den Verkehr zwischen dem Mutterlande und den Kolonien in Amerika unterbrechen; denn von Coruña, nicht von Cadiz, lief damals jeden Monat ein Paketboot nach La Habana aus und alle zwei Monate ein anderes nach Buenos Aires oder der Mündung des La Plata. Mit Vergnügen verweilt der Gedanke bei Einrichtungen, die für eine der größten Wohltaten der Kultur der neueren Zeit gelten können. Die Einrichtung der Kuriere zur See und im inneren Lande hat das Band zwischen den Kolonien unter sich und mit dem Mutterlande enger geknüpft. Der Gedankenaustausch wurde dadurch beschleunigt, die Beschwerden der Kolonisten drangen leichter nach Europa und die Staatsgewalt konnte hin und wieder Bedrückungen ein Ende machen, die sonst aus so weiter Ferne nie zu ihrer Kenntnis gelangt wären.

Der Minister hatte uns ganz besonders dem Brigadier Don Rafael Clavijo empfohlen, der seit kurzem die Oberaufsicht über die Seeposten hatte. Dieser Offizier gab uns den Rat, uns auf der Korvette »Pizarro« einzuschiffen, die nach La Habana und Mexiko ging. Dieses Fahrzeug galt für keinen guten Segler, aber durch einen glücklichen Zufall war es vor kurzem auf seiner langen Fahrt vom Rio de la Plata nach Coruña den kreuzenden englischen Fahrzeugen entgangen. Clavijo ließ an Bord der Korvette Einrichtungen treffen, daß wir unsere Instrumente aufstellen und während der Überfahrt unsere chemischen Versuche über die Atmosphäre vornehmen konnten. Der Kapitän erhielt Befehl, bei Teneriffa so lange anzulegen, daß wir den Hafen von Orotava besuchen und den Gipfel des Piks besteigen könnten.

Die Einschiffung verzögerte sich nur zehn Tage, dennoch kam uns der Aufenthalt gewaltig lang vor. Wir benützten die Zeit, die Pflanzen einzulegen, die wir in den schönen, noch von keinem Naturforscher betretenen Tälern Galiciens gesammelt und um an unsere Freunde in Deutschland und Frankreich zu schreiben. Der Augenblick, wo man zum erstenmal von Europa scheidet, hat etwas Ergreifendes. Wenn man sich noch so bestimmt vergegenwärtigt, wie stark der Verkehr zwischen beiden Welten ist, wie leicht man bei den großen Fortschritten der Schiffahrt über den Atlantischen Ozean gelangt, der, der Südsee gegenüber, ein nicht sehr breiter Meeresarm ist, das Gefühl, mit dem man zum erstenmal eine weite Seereise antritt, hat immer etwas tief Aufregendes. Es gleicht keiner der Empfindungen, die uns von früher Jugend auf bewegt haben. Getrennt von den Wesen, an denen unser Herz hängt, im Begriff, gleichsam den Schritt in ein neues Leben zu tun, ziehen wir uns unwillkürlich in uns selbst zusammen und über uns kommt ein Gefühl des Alleinseins, wie wir es nie empfunden.

Ein dichter Nebel, der den Horizont bedeckte, verkündete endlich die sehnlich erwartete Änderung des Wetters. Am 4. Juni abends drehte sich der Wind nach Nordost, welche Windrichtung an der Küste von Galicien in der schönen Jahreszeit für sehr beständig gilt. Am fünften ging der »Pizarro« wirklich unter Segel, obgleich wenige Stunden zuvor die Nachricht angelangt war, eine englische Eskader sei vom Wachtposten Sisarga signalisiert worden und scheine nach der Mündung des Tajo zu segeln. Die Leute, welche unsere Korvette die Anker lichten sahen, äußerten laut, ehe drei Tage vergehen, seien wir aufgebracht und mit dem Schiffe, dessen Los wir teilen müßten, auf dem Wege nach Lissabon. Diese Prophezeiung beunruhigte uns um so mehr, als wir in Madrid Mexikaner kennengelernt hatten, die sich dreimal in Cadiz nach Veracruz eingeschifft hatten, jedesmal aber fast unmittelbar vor dem Hafen aufgebracht worden und über Portugal nach Spanien zurückgekehrt waren.

Um zwei Uhr nachmittags war der »Pizarro« unter Segel. Der Kanal, durch den man aus dem Hafen von Coruña fährt, ist lang und schmal; da er sich gegen Norden öffnet und der

Wind uns entgegen war, mußten wir acht kleine Schläge machen, von denen drei so gut wie verloren waren. Gewendet wurde immer äußerst langsam, und einmal schwebten wir in Gefahr, da uns die Strömung sehr nahe an die Klippen trieb, an denen sich das Meer mit Ungestüm bricht.

Um sechseinhalb Uhr kamen wir am Turm des Herkules vorüber, der Coruña als Leuchtturm dient und auf dem man seit den ältesten Zeiten ein Steinkohlenfeuer unterhält. Der Schein dieses Feuers steht in schlechtem Verhältnis mit dem schönen, stattlichen Bauwerk; es ist so schwach, daß die Schiffe es erst gewahr werden, wenn sie bereits Gefahr laufen zu stranden. Bei Einbruch der Nacht wurde die See sehr unruhig und der Wind bedeutend frischer. Wir steuerten gegen Nordwest, um nicht den englischen Fregatten zu begegnen, die, wie man glaubte, in diesen Strichen kreuzten. Gegen neun Uhr sahen wir das Licht in einer Fischerhütte von Sisarga, das letzte, was uns von der Küste von Europa zu Gesicht kam. Mit der zunehmenden Entfernung verschmolz der schwache Schimmer mit dem Licht der Sterne, die am Horizont aufgingen, und unwillkürlich blieben unsere Blicke daran hängen. Dergleichen Eindrücke vergißt einer nie, der in einem Alter, wo die Empfindung noch ihre volle Tiefe und Kraft besitzt, eine weite Seereise angetreten hat. Welche Erinnerungen werden in der Einbildungskraft wach, wenn so ein leuchtender Punkt in finsterer Nacht, der von Zeit zu Zeit aus den bewegten Wassern aufblitzt, die Küste des Heimatlandes bezeichnet.

Wir segelten zehn Knoten in der Stunde, obgleich die Korvette nicht zum Schnellsegeln gebaut war. Wir brauchten zur Überfahrt von Coruña nach den Kanaren dreizehn Tage, und dies war lang genug, um uns in so stark befahrenen Strichen wie den Küsten von Portugal der Gefahr auszusetzen, auf englische Schiffe zu stoßen. Die ersten drei Tage zeigte sich kein Segel am Horizont, und dies beruhigte nachgerade unsere Mannschaft, die sich auf kein Gefecht einlassen konnte.

Am 8. Juni bei Sonnenuntergang wurde von den Masten ein englischer Convoi signalisiert, das gegen Südost an der Küste hinsteuerte. Ihm zu entgehen, wichen wir die Nacht hindurch aus unserem Kurs. Damit durften wir in der großen Kajüte kein Licht mehr haben, um nicht von weitem bemerkt zu werden. Wir mußten uns fortwährend der Blendlaternen bedienen, um die Temperatur des Meerwassers zu beobachten oder an der Teilung der astronomischen Instrumente die Zahlen abzulesen. In der heißen Zone, wo die Dämmerung nur einige Minuten dauert, ist man unter diesen Umständen schon um sechs Uhr abends außer Tätigkeit gesetzt. Dies war für mich um so verdrießlicher, als ich vermöge meiner Konstitution nie seekrank wurde, und, sooft ich an Bord eines Schiffes war, immer großen Trieb zur Arbeit fühlte.

Seit unserer Abfahrt von Coruña und bis zum 36. Breitengrad hatten wir außer Meerschwalben und einigen Delphinen fast kein lebendes Wesen gesehen. Umsonst sahen wir uns nach Tangen und Weichtieren um. Am 11. Juni hatten wir ein Schauspiel, das uns höchlichst überraschte, das wir aber in der Südsee häufig genossen. Wir gelangten in einen Strich, wo das Meer mit einer ungeheuren Menge Medusen bedeckt war. Das Schiff stand beinahe still, aber die Weichtiere zogen gegen Südost, viermal rascher als die Strömung. Ihr Vorüberzug währte beinahe drei Viertelstunden, und dann sahen wir nur noch einzelne Individuen dem großen Haufen wie wandermüde nachziehen.

Zwischen Madeira und der afrikanischen Küste hatten wir gelinde Winde oder Windstille, wodurch ich mich bei den magnetischen Versuchen, mit denen ich mich bei der Überfahrt beschäftigte, sehr gefördert sah. Wir wurden nicht satt, die Pracht der Nächte zu bewundern; nichts geht über die Klarheit und Heiterkeit des afrikanischen Himmels. Wir wunderten uns über die ungeheure Menge Sternschnuppen, die jeden Augenblick niedergingen. Je weiter wir nach Süden kamen, desto häufiger wurden sie, besonders bei den Kanarischen Inseln.

Als wir 180 Kilometer ostwärts von Madeira waren, setzte sich eine Schwalbe auf die Marsstange. Sie war so müde, daß sie sich leicht fangen ließ. Es war eine Rauchschwalbe. Was mag einen Vogel veranlassen, in dieser Jahreszeit und bei stiller Luft so weit zu fliegen?

Der »Pizarro« hatte Befehl, bei der Insel Lanzarote, einer der sieben großen Kanaren, anzulegen, um sich zu erkundigen, ob die Engländer die Reede von Santa Cruz auf Teneriffa blockierten. Seit dem 15. Juni war man im Zweifel, welchen Weg man einschlagen sollte. Endlich, am 16. Juni um zwei Uhr nachmittags kam Land in Sicht, das wie eine kleine Wolke am Horizont erschien. Um fünf Uhr, bei niedrig stehender Sonne, lag die Insel Lanzarote so deutlich vor uns, daß ich den Höhenwinkel eines Kegelberges messen konnte, der majestätisch die anderen Gipfel überragt und den wir für den großen Vulkan hielten, der in der Nacht vom 1. September 1730 so große Verheerungen angerichtet hat.

Die Strömung trieb uns schneller gegen die Küste, als wir wünschten. Im Hinfahren sahen wir zuerst die Insel Fuerteventura, bekannt durch die vielen Kamele, die darauf leben, und bald darauf die kleine Insel Lobos im Kanal zwischen Fuerteventura und Lanzarote. Wir brachten die Nacht zum Teil auf dem Verdeck zu. Der Mond beschien die vulkanischen Gipfel von Lanzarote, deren mit Asche bedeckte Abhänge wie Silber schimmerten. Antares glänzte nahe der Mondscheibe, die nur wenige Grad über dem Horizont stand. Die Nacht war wunderbar heiter und frisch. Obgleich wir nicht weit von der afrikanischen Küste und der Grenze der heißen Zone waren, zeigte das Thermometer nicht mehr als 18 Grad Celsius. Es war, als ob das Leuchten des Meeres die in der Luft verbreitete Lichtmasse vermehrte. Nach Mitternacht zogen hinter dem Vulkan schwere Wolken auf und bedeckten hin und wieder den Mond und das schöne Sternbild des Skorpions. Wir sahen am Ufer Feuer hin und her tragen. Es waren wahrscheinlich Fischer, die sich zur Fahrt rüsteten. Wir hatten auf der Reise fortwährend in den alten spanischen Reisebeschreibungen gelesen, und diese sich hin und her bewegenden Lichter erinnerten uns an die, welche Pedro Gutierez, ein Page der Königin Isabella, in der denkwürdigen Nacht, da die Neue Welt entdeckt wurde, auf der Insel Guanahani sah.

Am 17. Juni morgens war der Horizont neblig und der Himmel leicht umzogen. Desto schärfer traten die Berge von Lanzarote in ihren Umrissen hervor. Die Feuchtigkeit erhöht die Durchsichtigkeit der Luft und rückt zugleich scheinbar die Gegenstände näher.

Inmitten dieses Archipels, den Schiffe, die nach Teneriffa gehen, selten befahren, machte die Gestaltung der Küsten den eigentümlichsten Eindruck auf uns. Wir glaubten uns an die Ufer des Rheins bei Bonn versetzt.

Die Insel Lanzarote hieß früher Titeroigotra. Bei der Ankunft der Spanier zeichneten sich die Bewohner vor den anderen Kanariern durch Merkmale höherer Kultur aus. Sie hatten Häuser aus behauenen Steinen, während die Guanchen auf Teneriffa als wahre Troglodyten in Höhlen wohnten. Auf Lanzarote herrschte zu jener Zeit ein seltsamer Gebrauch. Eine Frau hatte mehrere Männer, welche in der Ausübung der Rechte des Familienhauptes wechselten. Der eine Ehemann ward als solcher nur während eines Mondumlaufs anerkannt, sofort übernahm ein anderer das Amt, und jener trat in das Hausgesinde zurück. Es ist zu bedauern, daß wir von den Geistlichen im Gefolge Johanns von Béthencourt, welche die Geschichte der Eroberung der Kanaren geschrieben haben, nicht mehr von den Sitten eines Volkes erfahren, bei dem so sonderbare Bräuche herrschten.

Wegen des Windes mußten wir zwischen den Inseln Alegranza und Montaña Clara durchfahren. Nach den Angaben eines alten portugiesischen Wegweisers meinte der Kapitän, sich einem kleinen Fort nördlich von Teguise, dem Hauptort von Lanzarote, gegenüber zu befinden. Man hielt einen Basaltfelsen für ein Kastell, man salutierte es durch Aufhissen der spanischen Flagge und warf das Boot aus, um durch einen Offizier beim Kommandanten des vermeintlichen Forts erkundigen zu lassen, ob die Engländer in der Umgebung kreuzten. Wir wunderten uns nicht wenig, als wir vernahmen, daß das Land, das wir für einen Teil der Küste von Lanzarote gehalten, die kleine Insel Graciosa sei und daß es auf mehrere Kilometer in der Runde keinen bewohnten Ort gebe.

Wir benutzten das Boot, um ans Land zu gehen, das den Schlußpunkt einer weiten Bai bildete. Ganz unbeschreiblich ist das Gefühl des Naturforschers, der zum erstenmal einen außereuropäischen Boden betritt. Die Aufmerksamkeit wird von so vielen Gegenständen in Anspruch genommen, daß man sich von seinen Empfindungen kaum Rechenschaft zu geben vermag. Bei jedem Schritt glaubt man einen neuen Naturkörper vor sich zu haben, und in der Aufregung erkennt man häufig Dinge nicht wieder, die in unseren botanischen Gärten und naturgeschichtlichen Sammlungen zu den gemeinsten gehören. An 200 Meter vom Ufer sahen wir einen Mann mit der Angelrute fischen. Man fuhr im Boot auf ihn zu, aber er ergriff die Flucht und versteckte sich hinter einem Felsen. Die Matrosen hatten Mühe, seiner habhaft zu werden. Der Anblick der Korvette, der Kanonendonner am einsamen, jedoch zuweilen von Kapern besuchten Orte, das Landen des Bootes, alles hatte dem armen Fischer Angst eingejagt. Da er versicherte, seit mehreren Wochen kein Fahrzeug auf offener See gesehen zu haben, beschloß der Kapitän, geradezu nach Santa Cruz zu steuern.

Mit Sonnenuntergang schifften wir uns wieder ein und gingen unter Segel, aber der Wind war zu schwach, als daß wir unseren Weg nach Teneriffa hätten fortsetzen können. Die See war ruhig; ein rötlicher Dunst umzog den Horizont und ließ alle Gegenstände größer erscheinen. In solcher Einsamkeit, ringsum so viele unbewohnte Eilande, schwelgten wir lange im Anblick einer wilden, großartigen Natur. Die schwarzen Berge von Graciosa zeigten 160 bis 200 Meter hohe senkrechte Wände. Ihre Schatten, die auf die Meeresfläche fielen, gaben der Landschaft einen schwermütigen Charakter. Alles umher verkündete Verwüstung und Unfruchtbarkeit; aber einen freundlichen Anblick bot im Hintergrund des Bildes die Küste von Lanzarote. In einer engen Schlucht, zwischen zwei mit zerstreuten Baumgruppen gekrönten Hügeln, zog sich ein kleiner bebauter Landstrich hin. Die letzten Strahlen der Sonne beleuchteten das zur Ernte reife Korn. Selbst die Wüste belebt sich, sobald man den Spuren der arbeitsamen Menschenhand begegnet.

Wir versuchten aus der Bucht herauszukommen, und zwar durch den Kanal zwischen Alegranza und Montaña Clara, durch den wir ohne Schwierigkeit hereingelangt waren, um an der Nordspitze von Graciosa ans Land zu gehen. Da der Wind sehr flau wurde, so trieb uns die Strömung nahe zu einem Riff, an dem sich die See ungestüm brach, und das die alten Karten als »Infierno« bezeichnen.

Da der schwache Wind und die Strömung uns aus dem Kanal von Alegranza nicht herauskommen ließen, beschloß man, während der Nacht zwischen der Insel Clara und der

Roca del Oeste zu kreuzen. Dies hätte beinahe sehr schlimme Folgen für uns gehabt. Es ist gefährlich, sich bei Windstille in der Nähe dieses Riffes aufzuhalten, gegen das die Strömung ausnehmend stark hinzieht. Um Mitternacht fingen wir an, die Wirkung der Strömung gewahr zu werden. Die nahe vor uns senkrecht aus dem Wasser aufsteigenden Felsmassen benahmen uns den wenigen Wind, der wehte; die Korvette gehorchte dem Steuer fast nicht mehr und jeden Augenblick fürchtete man zu stranden. Es ist schwer begreiflich, wie eine einzelne Basaltkuppe mitten im weiten Weltmeer das Wasser in solche Aufregung versetzen kann.

Am 18. Juni morgens wurde der Wind etwas frischer. Wir verloren die kleinen Inseln Alegranza, Montaña Clara und Graciosa aus dem Gesicht. Montaña Clara ist berühmt wegen der schönen Kanarienvögel, die dort vorkommen. Es gibt dort auch Ziegen, zum Beweis, daß das Eiland im Inneren nicht so öde ist als die Küste, die wir gesehen.

Da der Horizont dunstig war, konnten wir auf der ganzen Überfahrt von Lanzarote nach Teneriffa des Pik de Teyde nicht ansichtig werden.

Seeleute, die häufig diese Striche befahren, wundern sich, daß der Pik de Teyde und der der Azoren zuweilen in sehr großer Entfernung zum Vorschein kommen, ein andermal in weit größerer Nähe nicht sichtbar sind, obgleich der Himmel klar erscheint und der Horizont nicht dunstig ist. Der Zustand der Atmosphäre hat den bedeutendsten Einfluß auf die Sichtbarkeit ferner Gegenstände. Im allgemeinen läßt sich annehmen, daß der Pik von Teneriffa im Juli und August, bei sehr warmem, trockenem Wetter, ziemlich selten sehr weit gesehen wird, daß er dagegen im Januar und Februar, bei leicht bedecktem Himmel und unmittelbar nach oder einige Stunden vor einem starken Regen in außerordentlich großer Entfernung zu Gesicht kommt.

Zweites Kapitel

Aufenthalt auf Teneriffa · Reise von Santa Cruz
nach Orotava · Besteigung des Piks

Von unserer Abreise nach Graciosa an war der Horizont fortwährend so dunstig, daß trotz der ansehnlichen Höhe der
Berge Canarias die Insel erst am 19. abends in Sicht kam. Sie ist
die Kornkammer des Archipels der »glückseligen Inseln«.

Am 19. Juni morgens sahen wir den Berggipfel Naga, aber
der Pik von Teneriffa blieb fortwährend unsichtbar. Das Land
trat nur undeutlich hervor, ein dicker Nebel verwischte alle
Umrisse. Als wir uns der Reede von Santa Cruz näherten,
bemerkten wir, daß der Nebel, vom Winde getrieben, auf uns
zukam. Das Meer war sehr unruhig, wie fast immer in diesen
Strichen. Wir warfen Anker, nachdem wir mehrmals das Senkblei ausgeworfen; denn der Nebel war so dicht, daß man kaum
ein paar Kabellängen sah. Aber eben, da man anfing, den Platz
zu salutieren, zerstreute sich der Nebel völlig, und da erschien
der Pik de Teyde in einem freien Stück Himmel über den Wolken, und die ersten Strahlen der Sonne, die für uns noch nicht
aufgegangen war, beleuchteten den Gipfel des Vulkans. Wir
eilten eben aufs Vorderteil der Korvette, um dieses herrliche
Schauspiel zu genießen, da signalisierte man vier englische
Schiffe, die ganz nahe an unserem Hinterteile auf der See
lagen. Wir waren an ihnen vorbeigesegelt, ohne daß sie uns
bemerkt hatten, und derselbe Nebel, der uns den Anblick des
Piks entzogen, hatte uns der Gefahr entrückt, nach Europa
zurückgebracht zu werden.

Alsbald hoben wir den Anker, und der »Pizarro« näherte
sich so viel wie möglich dem Fort, um unter den Schutz dessel-

ben zu kommen. Hier auf dieser Reede, als zwei Jahre vor unserer Ankunft die Engländer zu landen versuchten, riß eine Kanonenkugel Admiral Nelson den Arm ab (im Juli 1797). Die englischen Schiffe entfernten sich von der Reede; sie hatten tags zuvor auf das Paketboot »Alcadia« Jagd gemacht, das wenige Tage vor uns von Coruña abgegangen war. Es hatte in den Hafen von Palmas auf Canaria einlaufen müssen, und mehrere Passagiere, die in einer Schaluppe nach Santa Cruz auf Teneriffa fuhren, waren gefangen worden.

Die Lage dieser Stadt hat große Ähnlichkeit mit der von Guayra, dem besuchtesten Hafen der Provinz Caracas. An beiden Orten ist die Hitze aus denselben Ursachen sehr groß; aber von außen erscheint Santa Cruz trübseliger. Auf einem öden, sandigen Strande stehen blendend weiße Häuser mit platten Dächern und Fenstern ohne Glas vor einer schwarzen senkrechten Felsmauer ohne allen Pflanzenwuchs. Ein hübscher Hafendamm aus gehauenen Steinen und der öffentliche, mit Pappeln besetzte Spaziergang bringen die einzige Abwechslung in das eintönige Bild. Von Santa Cruz aus nimmt der Pik sich weit weniger malerisch aus als im Hafen von Orotava. Dort ergreift der Gegensatz zwischen einer lachenden, reich bebauten Ebene und der wilden Physiognomie des Vulkanes. Von den Palmen- und Bananengruppen am Strande bis zur Region des Arbutus, der Lorbeeren und Pinien ist das vulkanische Gestein mit kräftigem Pflanzenwuchs bedeckt.

Lange und mit Ungeduld warteten wir auf die Erlaubnis von seiten des Statthalters, ans Land gehen zu dürfen. Nachdem die Leute, die zu uns an Bord gekommen waren, um sich nach politischen Neuigkeiten zu erkundigen, uns mit ihren vielerlei Fragen geplagt hatten, stiegen wir endlich ans Land.

Als wir die Straßen von Santa Cruz betraten, kam es uns zum Ersticken heiß vor, und doch stand das Thermometer nur auf 25 Grad. Wenn man lange Seeluft geatmet hat, fühlt man sich unbehaglich, sooft man ans Land geht.

Santa Cruz de Teneriffa, das Añaza der Guanchen, ist eine ziemlich hübsche Stadt mit 8000 Einwohnern. Ich halte mich nicht damit auf, die Kirchen zu beschreiben, die Bibliothek der Dominikaner, die kaum ein paar hundert Bände zählt, den Hafendamm, wo die Einwohner abends zusammenkommen, um die Kühle zu genießen, und das berühmte, zehn Meter hohe Denkmal aus karrarischem Marmor, geweiht unserer lieben Frau von Candelaria zum Gedächtnis ihrer wunderbaren Erscheinung zu Chimisay bei Guimar im Jahre 1392. Der Hafen von Santa Cruz ist eigentlich eine große Karawanserei auf dem Wege nach Amerika und Indien. Fast alle Reisebeschreibungen beginnen mit einer Beschreibung von Madeira und Teneriffa, und wenn die Naturgeschichte dieser Inseln der Forschung noch ein ungeheures Feld bietet, so läßt dagegen die Topographie der kleinen Städte Funchal, Santa Cruz, Laguna und Orotava fast nichts zu wünschen übrig.

Die Empfehlungen des Madrider Hofes verschafften uns auf den Kanaren wie in allen anderen spanischen Besitzungen die befriedigendste Aufnahme. Vor allem erteilte uns der Generalkapitän die Erlaubnis, die Insel zu bereisen. Der Oberst Armiaga, Befehlshaber eines Infanterieregiments, nahm uns in seinem Hause auf und überhäufte uns mit Höflichkeit. Wir wurden nicht müde, in seinem Garten im Freien gezogene Gewächse zu bewundern, die wir bis jetzt nur in Treibhäusern gesehen hatten, den Bananenbaum, den Melonenbaum, die *Poinciana pulcherrima* und andere.

Der Kapitän der Korvette hatte zwar Befehl, so lange zu verweilen, daß wir die Spitze des Piks besteigen könnten, wenn anders der Schnee es gestattete; man gab uns aber zu erkennen, wegen der Blockade der englischen Schiffe dürften wir nur auf einen Aufenthalt von vier, fünf Tagen rechnen. Wir eilten demnach, in den Hafen von Orotava zu kommen, der am Westabhang des Vulkanes liegt, und wo wir Führer finden sollten. In Santa Cruz konnte ich niemand auffinden, der den Pik bestiegen gehabt hätte, und ich wunderte mich nicht darüber. Die merkwürdigsten Dinge haben desto weniger Reiz für uns, je näher sie uns sind, und ich kannte Schaffhauser, welche den Rheinfall niemals in der Nähe gesehen hatten.

Am 20. Juni vor Sonnenaufgang machten wir uns auf den Weg nach Villa de la Laguna, die 682 Meter über dem Hafen von Santa Cruz liegt. Der Weg hinauf läuft an der rechten Seite eines Baches hin, der in der Regenzeit schöne Fälle bildet; er ist schmal und vielfach gewunden. Bei der Stadt begegneten uns weiße Kamele, die sehr leicht beladen schienen.

Diese Tiere werden vorzugsweise dazu gebraucht, die Waren von der Douane in die Magazine der Kaufleute zu schaffen. Auf Teneriffa sind die Kamele nicht sehr häufig, während ihrer auf Lanzarote und Fuerteventura viele Tausende sind. Diese Lasttiere, wie die Pferde, sind im 15. Jahrhundert durch die normannischen Eroberer auf den Kanaren eingeführt worden.

Je näher wir Laguna kamen, desto kühler wurde die Luft, und dies tut um so wohler, da es in Santa Cruz zum Ersticken heiß ist.

Die fortwährende Kühle, die in Laguna herrscht, macht die Stadt für die Kanarier zu einem köstlichen Aufenthaltsorte. Auf einer kleinen Ebene, umgeben von Gärten, am Fuße eines Hügels, den Lorbeeren, Myrten und Erdbeerbäume krönen, ist die Hauptstadt von Teneriffa wirklich ungemein freundlich gelegen. Laguna ist in seinem Wohlstand herabgekommen, seit die Seitenausbrüche des Vulkanes den Hafen von Garachico zerstört haben und Santa Cruz der Haupthandelsplatz der Insel geworden ist; es zählt nur noch 9000 Einwohner. Die Stadt ist mit zahlreichen Windmühlen umgeben, ein Wahrzeichen des Getreidebaues in diesem hochgelegenen Striche. Ich bemerke bei dieser Gelegenheit, daß die nährenden Grasarten den Guanchen bekannt waren. Geröstetes Gerstenmehl und Ziegenmilch waren die vornehmsten Nahrungsmittel dieses Volkes, über dessen Ursprung so viele systematische Träumereien ausgeheckt worden sind. Diese Nahrung weist bestimmt darauf hin, daß die Guanchen zu den Völkern der Alten Welt gehörten, wohl selbst zur kaukasischen Rasse, und nicht zu den Volksstämmen der Neuen Welt; die letzteren kannten vor der Ankunft der Europäer weder Getreide, noch Milch, noch Käse.

Eine Menge Kapellen liegen um die Stadt Laguna. Umgeben von immergrünen Bäumen auf kleinen Anhöhen, erhöhen diese Kapellen wie überall den malerischen Reiz der Landschaft. Das Innere der Stadt entspricht dem Äußeren durchaus nicht. Die Häuser sind solide gebaut, aber sehr alt, und die Straßen öde.

Der Boden der Insel steigt amphitheatralisch auf und zeigt in kleinem Maßstabe alle Klimate von afrikanischer Hitze bis zum Froste der Hochalpen. Das südliche Europa bietet nicht dieselben Vorteile, weil der Wechsel der Jahreszeiten sich noch zu stark fühlbar macht. Teneriffa dagegen, gleichsam an der Pforte der Tropen und doch nur wenige Tagereisen von Spanien, hat schon ein gut Teil der Herrlichkeit aufzuweisen, mit der die Natur die Länder zwischen den Wendekreisen ausgestattet. Im Pflanzenreich treten bereits mehrere der schönsten und großartigsten Gestalten auf, die Bananen und Palmen. Wer Sinn für Naturschönheit hat, findet auf dieser köstlichen Insel noch kräftigere Heilmittel als das Klima. Kein Ort der Welt scheint mir geeigneter, die Schwermut zu bannen und einem schmerzlich ergriffenen Gemüte den Frieden wiederzugeben, als Teneriffa und Madeira. Und solches wirkt nicht allein die herrliche Lage und die reine Luft, sondern vor allem das Nichtvorhandensein der Sklaverei, deren Anblick einen in beiden Indien so tief empört, wie überall, wohin europäische Kolonisten ihre sogenannte Aufklärung und ihre Industrie getragen haben.

Im Winter ist das Klima von Laguna sehr neblig und die Einwohner beklagen sich häufig über Frost. Man hat indessen nie schneien gesehen.

Das Meeresufer schmücken Dattelpalmen und Kokosnußbäume; weiter oben stechen Bananengebüsche von Drachenbäumen ab, deren Stamm man ganz richtig mit dem Schlangenleib vergleicht. Die Abhänge sind mit Reben bepflanzt, die sich um sehr hohe Spaliere ranken. Mit Blüten bedeckte Orangenbäume, Myrten und Zypressen umgeben Kapellen, welche die Andacht auf freistehenden Hügeln errichtet hat. Überall sind die Grundstücke durch Hecken von Agave und Kaktus eingefriedet. Unzählige kryptogamische Gewächse, zumal Farne, bekleiden die Mauern, die von kleinen klaren Wasserquellen feucht gehalten werden. Im Winter, während der Vulkan mit Eis und Schnee bedeckt ist, genießt man in diesem Landstrich eines ewigen Frühlings. Sommers, wenn der Tag sich neigt, bringt der Seewind angenehme Kühlung. Die Bevölkerung der Küste ist hier sehr stark; sie erscheint noch größer, weil Häuser und Gärten zerstreut liegen, was den Reiz der Landschaft noch erhöht. Leider steht der Wohlstand der Bevölkerung weder mit ihrem Fleiße noch mit der Fülle der

Natur im Verhältnis. Die das Land bebauen, sind meist nicht Eigentümer desselben; die Frucht ihrer Arbeit gehört dem Adel, und das Lehnsystem, das so lange Europa unglücklich gemacht hat, läßt noch heute das Volk zu keiner Blüte gelangen.

Auf unserem Wege zum Hafen von Orotava kamen wir durch die hübschen Dörfer Matanza und Victoria. Diese beiden Namen findet man in allen spanischen Kolonien nebeneinander; sie machen einen widrigen Eindruck in einem Lande, wo alles Ruhe und Frieden atmet. Matanza bedeutet Schlachtbank, Blutbad, und schon das Wort deutet an, um welchen Preis der Sieg erkauft worden. In der Neuen Welt weist er gewöhnlich auf eine Niederlage der Eingeborenen hin; auf Teneriffa bezeichnet das Wort Matanza den Ort, wo die Spanier von denselben Guanchen geschlagen wurden, die man bald auf den spanischen Märkten als Sklaven verkaufte.

Bereits am 21. morgens waren wir auf dem Wege nach dem Gipfel des Vulkanes. Legros, der französische Vizekonsul, der Sekretär des französischen Konsulats zu Santa Cruz und der englische Gärtner von Durasno teilten mit uns die Beschwerden der Reise. Der Tag war nicht sehr schön, und der Gipfel des Piks, den man in Orotava fast immer sieht, von Sonnenaufgang bis zehn Uhr in dicke Wolken gehüllt. Ein einziger Weg führt auf den Vulkan durch Villa de Orotava, die Ginsterebene und das Malpays, derselbe, den überhaupt alle Reisenden eingeschlagen, die sich nur kurze Zeit in Teneriffa aufhalten konnten. Wenn man den Pik besteigt, ist es gerade, wie wenn man das Chamounixtal oder den Ätna besucht: man muß seinen Führern nachgehen und man bekommt nur zu sehen, was schon andere Reisende gesehen und beschrieben haben.

Der Kontrast zwischen der Vegetation in diesem Striche von Teneriffa und der in der Umgebung von Santa Cruz überraschte uns angenehm. Beim kühlen, feuchten Klima war der Boden mit schönem Grün bedeckt, während auf dem Wege von Santa Cruz nach Laguna die Pflanzen nichts als Hülsen hatten, aus denen bereits die Samen gefallen waren.

Villa de Orotava macht schon von weitem einen guten Eindruck durch die Fülle der Gewässer, die auf den Ort zueilen und durch die Hauptstraßen fließen. Die Quelle *Aqua mansa,* in

Le Dragonnier de l'Orotava.

zwei großen Becken gefaßt, treibt mehrere Mühlen und wird dann in Weingärten des anliegenden Geländes geleitet. Das Klima in der Villa ist noch kühler als am Hafen, da dort von morgens zehn Uhr an ein starker Wind weht. Das Wasser, das sich bei höherer Temperatur in der Luft aufgelöst hat, schlägt sich häufig nieder, und dadurch wird das Klima sehr neblig. Die Villa liegt etwa 312 Meter über dem Meere, also 390 Meter niedriger als Laguna; man bemerkt auch, daß dieselben Pflanzen an letzterem Orte einen Monat später blühen.

Orotava, das alte Taoro der Guanchen, liegt am steilen Abhang eines Hügels; die Straßen scheinen uns öde, die Häuser solid gebaut, aber trübselig anzusehen, gehören fast durchaus einen Adel, der für sehr stolz gilt und sich selbst anspruchsvoll als *dozo casas* bezeichnet. Wir kamen an einer sehr hohen, mit einer Menge schöner Farne bewachsenen Wasserleitung vorüber. Wir besuchten mehrere Gärten, in denen die Obstbäume des nördlichen Europas neben Orangen, Granatbäumen und Dattelpalmen stehen. Obgleich wir den Drachenbaum in Herrn Fraquis Garten aus Reiseberichten kannten, so setzte uns seine ungeheure Dicke dennoch in Erstaunen. Man behauptet, der Stamm dieses Baumes, der in mehreren sehr alten Urkunden erwähnt wird, weil er als Grenzmarke eines Feldes diente, sei schon im 15. Jahrhundert so ungeheuer dick gewesen wie jetzt. Seine Höhe schätzten wir auf 16 bis 19,5 Meter; sein Umfang nahe über den Wurzeln beträgt 14,6 Meter. Weiter oben konnten wir nicht messen, aber man hat gefunden, daß 3,25 Meter über dem Boden der Stamm 3,66 Meter Durchmesser hat. Der Stamm teilt sich in viele Äste, die kronleuchterartig aufwärts ragen und an den Spitzen Blätterbüschel tragen, ähnlich der Yucca im Tale von Mexiko. Der Drachenbaum in Herrn Franquis Garten trägt noch jedes Jahr Blüten und Früchte. Sein Anblick mahnt lebhaft an »die ewige Jugend der Natur« des Aristoteles, die eine unerschöpfliche Quelle von Bewegung und Leben ist.

Der Drachenbaum, der nur in den angebauten Strichen der Kanaren, auf Madeira und Porto Santo vorkommt, ist eine merkwürdige Erscheinung in Beziehung auf die Wanderung der Gewächse. In Afrika ist er nirgends wild gefunden worden, und Ostindien ist sein eigentliches Vaterland. Auf welche

Wege ist der Baum nach Teneriffa verpflanzt worden, wo er gar nicht häufig vorkommt? Ist sein Dasein ein Beweis dafür, daß in sehr entlegener Zeit die Guanchen mit anderen, mit asiatischen Völkern in Verkehr gestanden haben?

Von Villa de Orotava gelangten wir auf einem schmalen steinigen Pfad durch einen schönen Kastanienwald in eine Gegend, die mit einigen Lorbeerarten und der baumartigen Heide bewachsen ist. Wir machten unter einer schönen Tanne halt, um uns mit Wasser zu versehen. Man hat da eine prachtvolle Aussicht auf das Meer und die ganze Westseite der Insel.

Von hier bis zum Krater zieht sich der Weg bergan, aber durch kein einziges Tal mehr, denn die kleinen Schluchten *(Barrancos)* verdienen diesen Namen nicht. Geologisch betrachtet, ist die ganze Insel nichts als ein Berg, dessen eiförmige Grundfläche sich gegen Nordost verlängert, und der mehrere Systeme vulkanischer, zu verschiedenen Zeiten gebildeter Gebirgsarten aufzuweisen hat.

Auf die Region der baumartigen Heiden, Monte Verde genannt, folgt die der Farne. Nirgends in der gemäßigten Zone habe ich *Pteris, Blechnum* und *Asplenium* in solcher Menge gesehen. Die Wurzel der *Pteris aquilina* dient den Bewohnern

von Palma und Gomera zur Nahrung; sie zerreiben sie zu Pulver und mischen ein wenig Gerstenmehl darunter. Dieses Gemisch wird geröstet und heißt Gofio.

Der Monte Verde wird von mehreren kleinen, sehr dürren Schluchten durchzogen. Über die Regionen der Farne kommt man durch ein Gehölz von Wacholderbäumen und Tannen, das durch die Stürme sehr gelitten hat. Es ging immer aufwärts bis zum Felsen Gayta oder Portillo; hinter diesem Engpaß, zwischen zwei Basalthügeln, betritt man die große Ebene des Ginsters.

Wir brauchten gegen zwei und eine halbe Stunde, um über die Ebene des Ginsters zu kommen, die nichts ist als ein ungeheures Sandmeer. Trotz der hohen Lage zeigte hier das Thermometer 13,8 Grad Celsius. Wir litten sehr vom erstickenden Bimssteinstaub, in den wir fortwährend gehüllt waren. Mitten in der Ebene stehen Büsche von Retama, dem *Spartium nubigenum*. Dieser schöne Strauch wird drei Meter hoch und ist mit wohlriechenden Blüten bedeckt. Die dunkelbraunen Ziegen des Piks gelten als Leckerbissen, sie nähren sich von den Blättern des Spartium und sind in diesen Einöden seit unvordenklicher Zeit verwildert.

Bis zum Felsen Gayta, das heißt bis zum Anfang der großen Ebene des Ginsters ist der Pik von Teneriffa mit schönem Pflanzenwuchs überzogen, und nichts weist auf Verwüstungen in neuerer Zeit hin. Kaum hat man die mit Bimsstein bedeckte Ebene betreten, so nimmt die Landschaft einen ganz anderen Charakter an; bei jedem Schritt stößt man auf ungeheure Obsidianblöcke, die der Vulkan ausgeworfen hat. Alles ringsum ist öd und still; ein paar Ziegen und Kaninchen sind die einzigen Bewohner dieser Hochebene.

Über der Region des *Spartium nubigenum* kamen wir durch enge Schründe und kleine, sehr alte, vom Regenwasser ausgespülte Schluchten zuerst auf ein höheres Plateau und dann an den Ort, wo wir die Nacht zubringen sollten. Dieser Platz liegt mehr als 2 982 Meter über der Küste. Zwei überhängende Felsen bilden eine Art Höhle, die Schutz gegen den Wind bietet. Bis zu diesem Orte kann man auf Maultieren gelangen; viele Neugierige, die beim Abgang von Orotava den Kraterrand erreichen zu können glaubten, blieben daher hier liegen.

Obgleich es Sommer war und der schöne afrikanische Himmel über uns, hatten wir doch in der Nacht von der Kälte zu leiden. Das Thermometer fiel auf 5 Grad. Unsere Führer machten ein großes Feuer von dürren Zweigen des Retama an. Ohne Zelt und Mäntel lagerten wir uns auf Haufen verbrannten Gesteins, und die Flammen und der Rauch, die der Wind beständig gegen uns hertrieb, wurden uns sehr lästig. Wir hatten noch nie eine Nacht in so bedeutender Höhe zugebracht. Je tiefer die Temperatur sank, desto mehr bedeckte sich der Pik mit dicken Wolken. Ein sehr starker Nordwind jagte die Wolken; von Zeit zu zu Zeit brach der Mond durch das Gewölk und seine Scheibe glänzte auf tief dunkelblauem Grunde; im Angesicht des Vulkanes hatte diese nächtliche Szene etwas wahrhaft Großartiges. Der Pik verschwand bald gänzlich im Nebel, bald erschien er unheimlich nahe gerückt und warf wie eine ungeheure Pyramide seine Schatten auf die Wolken unter uns.

Gegen drei Uhr morgens brachen wir beim trüben Schein einiger Kienfackeln nach der Spitze des Piton auf. Man beginnt die Besteigung an der Nordostseite, wo der Abhang ungemein steil ist, und wir gelangten nach zwei Stunden auf ein kleines Plateau, das seiner isolierten Lage wegen *Alta Vista* heißt. Hier halten sich auch die *Neveros* auf, das heißt die Eingeborenen, die gewerbsmäßig Eis und Schnee suchen und in den benachbarten Städten verkaufen. Ihre Maultiere, die das Klettern mehr gewöhnt sind als die, welche man den Reisenden gibt, gehen bis zur Alta Vista und die *Neveros* müssen den Schnee bis dahin auf dem Rücken tragen. Über diesen Punkt beginnt das Malpays, wie man in Mexiko, in Peru und überall, wo es Vulkane gibt, einen von Dammerde entblößten und mit Lavabruchstücken bedeckten Landstrich nennt.

Wir bogen rechts vom Wege ab, um die Eishöhle zu besehen, die in 3 367 Meter Höhe liegt, also unter der Grenze des ewigen Schnees in dieser Breite. Während des Winters füllt sich die Höhle mit Schnee und Eis, und da die Sonnenstrahlen nicht über den Eingang hinaus eindringen, so ist die Sonnenwärme nicht imstande, den Behälter zu leeren.

Der Tag brach an, als wir die Eishöhle verließen. Eine weiße, flockige Wolkenschicht entzog das Meer und die niedrigen Regionen der Insel unseren Blicken. Die Wolken waren so gleichmäßig verbreitet und lagen so genau in einer Fläche, daß sie sich ganz wie eine ungeheure, mit Schnee bedeckte Ebene darstellten. Die kolossale Pyramide des Piks, die vulkanischen Gipfel von Lanzarote, Fuerteventura und Palma ragten wie Klippen aus dem weiten Dunstmeere empor. Ihre dunkle Färbung stach grell vom Weiß der Wolken ab.

Der Weg, den wir uns durch das Malpays bahnen mußten, ist äußerst ermüdend. Der Abhang ist steil, und die Lavablöcke wichen unter unseren Füßen. Die Lavatrümmer auf dem Pik haben scharfe Kanten und lassen oft Lücken, in die man Gefahr läuft bis zum halben Körper zu fallen. Leider trug die Faulheit und der üble Wille unserer Führer viel dazu bei, uns das Aufsteigen sauer zu machen; sie glichen weder den Führern im Chamounixtal noch jenen gewandten Guanchen, von denen die Sage geht, daß sie ein Kaninchen oder eine wilde Ziege im Laufe fingen. Sie waren träg zum Verzweifeln; sie hatten tags zuvor uns bereden wollen, nicht über die Station bei den Felsen hinaufzugehen. Sie setzten sich alle zehn Minuten nieder, um auszuruhen; sie warfen uns die Handstücke Obsidian und Bimsstein, die wir sorgfältig gesammelt hatten, weg, und es kam heraus, daß noch keiner auf dem Gipfel des Vulkanes gewesen war.

Nach dreistündigem Marsch erreichten wir das Ende des Malpays bei einer kleinen Ebene, la Rambleta genannt; aus ihrem Mittelpunkte steigt der Piton oder Zuckerhut empor. Hier befinden sich die Luftlöcher, welche bei den Eingeborenen Nasenlöcher des Piks heißen. Aus mehreren Spalten im Gestein dringen hier in Absätzen warme Wasserdünste; wir sahen darin das Thermometer auf 43,2 Grad steigen.

Wir hatten jetzt noch den steilsten Teil des Berges, der die Spitze bildet, den Piton, zu ersteigen. Der Abhang dieses kleinen, mit vulkanischer Asche und Bimssteinstücken bedeckten Kegels ist so schroff, daß es fast unmöglich wäre, auf den Gipfel zu gelangen, wenn man nicht einem alten Lavastrom nachginge, der aus dem Krater geflossen scheint und dessen Trümmer dem Zahn der Zeit getrotzt haben. Wir erstiegen den Piton, indem wir uns an diese Schlacken anklammerten, die scharfe Kanten haben und, halb verwittert wie sie sind, uns nicht selten in der Hand blieben.

Auf der Spitze des Piton angelangt, wunderten wir uns nicht wenig, daß wir kaum Platz fanden, bequem niederzusitzen. Wir standen vor einer kleinen kreisförmigen Mauer aus porphyrartiger Lava mit Pechsteinbasis; diese Mauer hinderte uns, in den Krater hinabzusehen. Der Wind blies so heftig aus West, daß wir uns kaum auf den Beinen halten konnten. Es war acht Uhr morgens, und wir waren starr vor Kälte, obgleich das Thermometer etwas über dem Gefrierpunkt stand. Seit langem waren wir an eine sehr hohe Temperatur gewöhnt, und der trockene Wind steigerte das Frostgefühl.

Der Krater des Pik hat, was den Rand betrifft, mit den Kratern der meisten anderen Vulkane, die ich besuchte, keine Ähnlichkeit. Auf der Spitze läuft kreisförmig ein Kamm oder eine Mauer um den Krater. Der Kamm, der wie eine Brustwehr um den Krater läuft, ist so hoch, daß er gar nicht zur Caldera gelangen ließe, wenn sich nicht gegen Ost eine Lücke darin befände, die von einem sehr alten Lavierguß herzurühren scheint. Durch diese Lücke stiegen wir auf den Boden des Trichters hinab, der elliptisch ist. Die größte Breite schätzen wir auf 97 Meter, die kleinste auf 65 Meter.

Die äußeren Ränder der Caldera sind beinahe senkrecht; sie stellen sich ungefähr dar wie die Somma, vom Atrio dei Cavalli aus gesehen. Wir stiegen auf den Boden des Kraters auf einem Streifen zerbrochener Laven, der zu der Lücke in der Umfassungsmauer hinausläuft. Hitze war nur über einigen Spalten zu spüren, aus denen Wasserdampf mit einem eigentümlichen Sumsen strömte. Einige dieser Luftlöcher oder Spalten befinden sich außerhalb des Kraterumfanges, am äußeren Rand der Brüstung, welche den Krater umgibt. Ein in dieselben gebrachtes Thermometer stieg rasch auf 68 und 75 Grad. Es zeigte ohne Zweifel eine noch höhere Temperatur an, aber wir konnten das Instrument erst ansehen, nachdem wir es herausgezogen, wollten wir uns nicht die Hände verbrennen.

Das Innere des Trichters weist darauf hin, daß der Vulkan seit Jahrtausenden nur noch aus seinen Seiten Feuer gespien hat. Sein Boden ist nicht in dem Zustand geblieben, wie ein Ausbruch ihn zurückläßt. Durch den Zahn der Zeit und den Einfluß der Dämpfe sind die Wände abgebröckelt und haben das Becken mit großen Blöcken steiniger Lava bedeckt.

Man gelangt gefahrlos auf den Boden des Kraters. Bei einem Vulkan, dessen Haupttätigkeit dem Gipfel zu geht, wie beim Vesuv, wechselt die Tiefe des Kraters vor und nach jedem Ausbruch, auf dem Pik von Teneriffa dagegen scheint die Tiefe seit langer Zeit sich gleich geblieben zu sein. In seinem jetzigen Zustand ist er eigentlich eine Solfatara; er ist ein weites Feld für interessante Beobachtungen, aber imposant ist sein Anblick nicht. Großartig wird der Punkt nur durch die Höhe über dem Meeresspiegel, durch die tiefe Stille in dieser hohen Region, durch den unermeßlichen Erdraum, den das Auge auf der Spitze des Berges überblickt.

Die Besteigung des Vulkans von Teneriffa ist nicht nur dadurch anziehend, daß sie uns so reichen Stoff für wissenschaftliche Forschung liefert; sie ist es noch weit mehr dadurch, daß sie dem, der Sinn hat für die Größe der Natur, eine Fülle malerischer Reize bietet. Solche Empfindungen zu schildern ist eine schwere Aufgabe; sie regen uns desto tiefer auf, da sie etwas Unbestimmtes haben, wie es die Unermeßlichkeit des Raumes und die Größe, Neuheit und Mannigfaltigkeit der uns umgebenden Gegenstände mit sich bringen. Wenn ein Reisender die hohen Gipfel unseres Erdballes, die

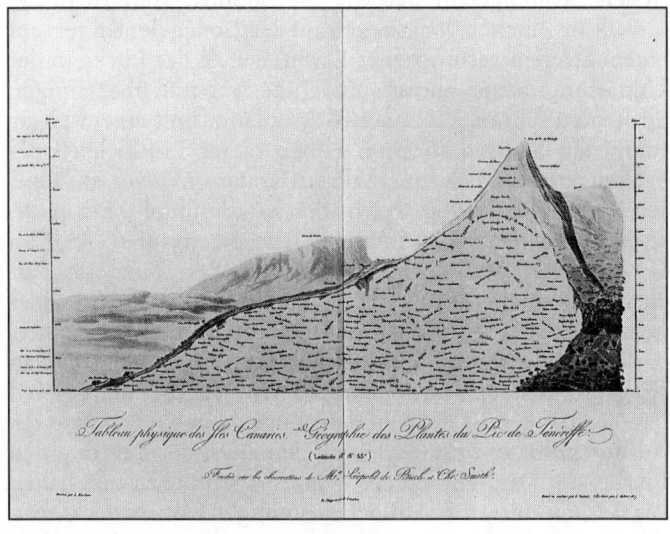

Katarakte der großen Ströme, die gewundenen Täler der Anden zu beschreiben hat, so läuft er Gefahr, den Leser durch den eintönigen Ausdruck seiner Bewunderung zu ermüden. Es scheint mir den Zwecken, die ich bei dieser Reisebeschreibung im Auge habe, angemessener, den eigentümlichen Charakter zu schildern, der jeden Landstrich auszeichnet. Man lehrt die Physiognomie einer Landschaft desto besser kennen, je genauer man die einzelnen Züge auffaßt, sie untereinander vergleicht und so auf dem Wege der Analysis den Quellen der Genüsse nachgeht, die uns das große Naturgemälde bietet.

Durch seine schlanke Gestalt und seine eigentümliche Lage vereinigt der Pik von Teneriffa die Vorteile niedrigerer Gipfel mit denen, wie sehr bedeutende Höhen sie bieten. Man erblickt auf seiner Spitze nicht allein einen ungeheuren Meereshorizont, der über die höchsten Berge der benachbarten Inseln hinaufreicht, man sieht auch die Wälder von Teneriffa und die bewohnten Küstenstriche so nahe, daß noch Umrisse und Farben in den schönsten Kontrasten hervortreten.

Wir lagerten uns am äußeren Rande des Kraters und blickten zuerst nach Nordwest, wo die Küsten mit Dörfern und Weilern geschmückt sind. Vom Winde fortwährend hin und her getriebene Dunstmassen zu unseren Füßen boten uns das mannigfaltigste Schauspiel. Eine ebene Wolkenschicht zwischen uns und den tiefen Regionen der Insel war da und dort durch die kleinen Luftströme durchbrochen, welche nachgerade die von der Sonne erwärmte Erdoberfläche zu uns heraufsandte. Der Hafen von Orotava, die darin ankernden Schiffe, die Gärten und Weinberge um die Stadt wurden durch eine Öffnung sichtbar, welche jeden Augenblick größer zu werden schien. Aus diesen einsamen Regionen blickten wir nieder in eine bewohnte Welt; wir ergötzten uns am lebhaften Kontrast zwischen den dürren Flanken des Piks, seinen mit Schlacken bedeckten steilen Abhängen, seinen pflanzenlosen Plateaus und dem lachenden Anblick des bebauten Landes; wir sahen, wie sich die Gewächse nach der mit der Höhe abnehmenden Temperatur in Zonen verteilten. Unter dem Piton beginnen Flechten die verschlackten, glänzenden Laven zu überziehen, ein Veilchen *(Viola cheiranthifolia)*, das der *Viola decumbens* nahe steht, geht am Abhang des Vulkanes bis zu 3 390 Meter Höhe.

Mit Blüten bedeckte Retamabüsche schmücken die kleinen von den Regenströmen eingerissenen und durch die Seitenausbrüche verstopften Täler; unter der Retama folgt die Region der Farne und auf diese die der baumartigen Heiden. Wälder von Lorbeeren, Rhamnus und Erdbeerbäumen liegen zwischen den Heidekräutern und den mit Reben und Obstbäumen bepflanzten Geländen. Ein reicher grüner Teppich breitet sich von der Ebene der Ginster und der Zone der Alpenkräuter bis zu den Gruppen von Dattelpalmen und Musen, deren Fuß das Weltmeer zu bespülen scheint.

Daß auf der Spitze des Piks die Dörfchen, Weinberge und Gärten an der Küste einem so nahe gerückt scheinen, dazu trägt die erstaunliche Durchsichtigkeit der Luft viel bei. Trotz der bedeutenden Entfernung erkannten wir nicht nur die Häuser, die Baumstämme, das Takelwerk der Schiffe, wir sahen auch die reiche Pflanzenwelt der Ebenen in den lebhaftesten Farben glänzen. Auf dieser Durchsichtigkeit beruht vornehmlich die Pracht der Landschaften unter den Tropen; sie hebt den Glanz der Farben der Gewächse und steigert die magische Wirkung ihrer Harmonien und ihrer Kontraste.

Umsonst verlängerten wir unseren Aufenthalt auf dem Gipfel des Piks, des Momentes harrend, wo wir den ganzen Archipel der glückseligen Inseln würden übersehen können. Wir sahen zu unseren Füßen Palma, Gomera und die Große Canaria. Die Berge von Lanzarote, die bei Sonnenaufgang dunstfrei gewesen, hüllten sich bald wieder in dichte Wolken.

Die Kälte, die wir auf dem Gipfel des Piks empfanden, war für die Jahreszeit sehr bedeutend. Das Thermometer zeigte im Schatten 2,7 Grad Celsius. Der Wind war West, also dem entgegengesetzt, der einen großen Teil des Jahres Teneriffa die heiße Luft zuführt, die über den glühenden Wüsten Afrikas aufsteigt.

Trotz der Wärme, die man am Rande des Kraters unter den Füßen spürt, ist der Aschenkegel im Winter mehrere Monate mit Schnee bedeckt. Der heftige kalte Wind, der seit Sonnenaufgang blies, zwang uns, am Fuße des Piton Schutz zu suchen. Hände und Gesicht waren uns erstarrt, während unsere Stiefel auf dem Boden, auf den wir den Fuß setzten, verbrannten. In wenigen Minuten waren wir am Fuß des Zuckerhutes, den wir so mühsam erklommen, und diese Geschwindigkeit war zum Teil unwillkürlich, da man häufig die Asche hinunterruscht. Ungern schieden wir von dem einsamen Ort, wo sich die Natur in ihrer ganzen Großartigkeit vor uns auftut.

Wir gingen langsam durch das Malpays; auf losen Lavablökken tritt man nicht sicher auf. Der Station bei den Felsen zu wird der Weg abwärts äußerst beschwerlich; der dichte kurze Rasen ist so glatt, daß man sich beständig nach hinten beugen muß, um nicht zu stürzen. Auf der sandigen Ebene der Retama zeigte das Thermometer 22,2 Grad, und dies schien uns nach dem Frost, der uns auf dem Gipfel geschüttelt, eine erstickende Hitze. Wir hatten gar kein Wasser; die Führer hatten nicht allein den kleinen Vorrat Malvasier heimlich getrunken, sondern sogar die Wassergefäße zerbrochen. In der schönen Region der Farne und der baumartigen Heiden genossen wir endlich einige Kühlung.

In der Nähe der Stadt Orotava trafen wir große Schwärme von Kanarienvögeln. Diese in Europa so wohlbekannten Vögel waren ziemlich gleichförmig grün, einige auf dem Rükken gelblich; ihr Schlag glich dem der zahmen Kanarienvögel, man merkt indessen, daß die, welche auf der Insel Gran Canaria und auf dem kleinen Eiland Monte Clara bei Lanzarote gefangen werden, einen stärkeren und zugleich harmonischeren Schlag haben. In allen Himelsstrichen hat jeder Schwarm derselben Vogelart seine eigene Sprache. Die gelben Kanarienvögel sind eine Spielart, die in Europa entstanden ist. Aber der Vogel der Kanarischen Inseln, der von allen den schönsten Gesang hat, ist in Europa unbekannt, der Capirote, der so sehr die Freiheit liebt, daß er sich niemals zähmen ließ. Ich bewunderte seinen weichen, melodischen Schlag in einem Garten bei Orotava, konnte ihn aber nicht nahe genug zu Gesicht bekommen, um zu bestimmen, welcher Gattung er angehört.

Wir kamen, als der Tag sich neigte, im Hafen von Orotava an und erhielten daselbst die unerwartete Nachricht, daß der »Pizarro« erst in der Nacht vom 24. zum 25. unter Segel gehen werde. Hätten wir auf diesen Aufschub rechnen können, so wären wir entweder länger auf dem Pik geblieben oder hätten einen Ausflug nach dem Vulkan Chahorra gemacht. Den folgenden Tag durchstreiften wir die Umgegend von Orotava.

Am Vorabend des Johannistages wohnten wir einem ländlichen Feste in Herrn Littles Garten bei. Dieser Handelsmann hat einen mit vulkanischen Trümmern bedeckten Hügel angepflanzt und an diesem köstlichen Punkt einen englischen Garten angelegt, wo man eine herrliche Aussicht auf die Pyramide des Piks, auf die Dörfer an der Küste und die Insel Palma hat, welche die weite Meeresfläche begrenzt. Ich kann diese Aussicht nur mit der in den Golfen von Neapel und Genua vergleichen, aber hinsichtlich der Großartigkeit der Massen und der Fülle des Pflanzenwuchses steht Orotava über beiden. Bei Einbruch der Nacht bot uns der Abhang des Vulkanes auf einmal ein eigentümliches Schauspiel. Nach einem Brauch, den ohne Zweifel die Spanier eingeführt hatten, obgleich er an sich uralt ist, hatten die Hirten die Johannisfeuer angezündet. Die zerstreuten Lichtmassen, die vom Winde gejagten Rauchsäulen hoben sich an den Seiten des Piks vom Dunkelgrün der Wälder ab. Freudengeschrei drang aus der Ferne zu uns herüber und schien der einzige Laut, der die Stille der Natur an jenen einsamen Ort unterbrach.

Am 24. Juni morgens verließen wir den Hafen von Orotava, in Laguna speisten wir beim französischen Konsul. Er hatte die Gefälligkeit, die Besorgung der geologischen Sammlungen zu übernehmen, die wir dem Naturalienkabinett des Königs von Spanien übermachten. Als wir vor der Stadt auf die Reede hinausblickten, sahen wir zu unserem Schreck den »Pizarro« unter Segel. Im Hafe angelangt, erfuhren wir, er laviere mit wenigen Segeln, uns erwartend. Die englischen, bei Teneriffa stationierten Schiffe waren verschwunden, und wir hatten keinen Augenblick zu verlieren, um aus diesen Strichen wegzukommen.

Bevor ich die Alte Welt verlasse und in die Neue übersetze, habe ich einen Gegenstand zu berühren, der allgemeineres Interesse bietet, weil er sich auf die Geschichte der Menschheit und die historischen Verhängnisse bezieht, durch welche ganze Volksstämme vom Erdboden verschwunden sind. Auf Cuba, St. Domingo, Jamaica fragt man sich, wo die Ureinwohner dieser Länder hingekommen sind; auf Teneriffa fragt man sich, was aus den Guanchen geworden ist, deren in Höhlen versteckte, vertrocknete Mumien ganz allein der Vernichtung entgangen sind. Im fünfzehnten Jahrhundert holten fast alle Handelsvölker, besonders aber die Spanier und Portugiesen, Sklaven von den Kanaren, wie man sie jetzt von der Küste von Guinea holt. Die christliche Religion, die in ihren Anfängen die menschliche Freiheit so mächtig förderte, mußte der europäischen Habsucht als Vorwand dienen. Jedes Individuum, das gefangen wurde, ehe es getauft war, verfiel der Sklaverei. Zu jener Zeit hatte man noch nicht zu beweisen gesucht, daß der Neger ein Mittelding zwischen Mensch und Tier ist; der gebräunte Guanche und der afrikanische Neger wurden auf dem Markte zu Sevilla miteinander verkauft, und man stritt nicht über die Frage, ob nur Menschen mit schwarzer Haut und Wollhaar der Sklaverei verfallen sollen.

Auf dem Archipel der Kanaren bestanden mehrere kleine, einander feindlich gegenüberstehende Staaten. Oft war dieselbe Insel zwei unabhängigen Fürsten unterworfen, wie in der Südsee und überall, wo die Kultur noch auf tiefer Stufe steht. Die Handelsvölker befolgten damals hier dieselbe arglistige Politik, wie jetzt auf den Küsten von Afrika; sie leisteten den Bürgerkriegen Vorschub. So wurde ein Guanche Eigentum des andern, und dieser verkaufte jenen den Europäern; manche zogen den Tod der Sklaverei vor und töteten sich und ihre Kinder. So hatte die Bevölkerung der Kanaren durch den Sklavenhandel, durch die Menschenräuberei der Piraten, besonders aber durch lange blutige Zwiste bereits starke Verluste erlitten, als Alonso de Lugo sie vollends eroberte. Den Überrest der Guanchen raffte im Jahr 1494 größtenteils die berühmte Pest, die sogenannte Modorra hin, die man den vielen Leichen zuschrieb, welche die Spanier nach der Schlacht bei Laguna hatten frei liegen lassen. Wenn ein halb wildes Volk, das man um sein Eigentum gebracht, im selben Land neben einer zivilisierten Nation leben muß, so sucht es sich in den Gebirgen und Wäldern zu isolieren. Inselbewohner haben keine andere Zuflucht, und so war denn das herrliche Volk der Guanchen zu Anfang des siebzehnten Jahrhundert so gut wie ausgerottet.

Drittes Kapitel

Überfahrt von Teneriffa an die Küste von Südamerika · Ankunft in Cumana

Am 25. Juni abends verließen wir die Reede von Santa Cruz und schlugen den Weg nach Südamerika ein. Es wehte stark aus Nordost und das Meer schlug infolge der Gegenströmungen kurze gedrängte Wellen. Die Kanarischen Inseln, auf deren hohen Bergen ein rötlicher Dunst lag, verloren wir bald aus dem Gesicht. Nur der Pik zeigte sich von Zeit zu Zeit in Blinken, wahrscheinlich weil der in der hohen Luftregion herrschende Wind dann und wann die Wolken um den Piton verjagte. Zum erstenmal empfanden wir, welchen lebhaften Eindruck der Anblick von Ländern an der Grenze des heißen Erdgürtels, wo die Natur so reich, so großartig und so wundervoll auftritt, auf unser Gemüt gemacht. Wir hatten nur kurze Zeit auf Teneriffa verweilt, und doch schieden wir von der Insel, als hätten wir lange dort gelebt.

Unsere Überfahrt von Santa Cruz nach Cumana, dem östlichsten Hafen von Terra Firma, war so schön als je eine. Wir schnitten den Wendekreis am 27., und obgleich der »Pizarro« eben kein guter Segler war, legten wir doch den 4 050 Kilometer langen Weg von der Küste von Afrika zur Küste der Neuen Welt in zwanzig Tagen zurück. Ein paar Landvögel, die der starke Wind auf die hohe See verschlagen, zogen uns einige Tage nach.

Unser Weg war derselbe, den seit Kolumbus' erster Reise alle Fahrzeuge nach den Antillen einschlagen. Es ist bekannt, daß auf der Überfahrt von Santa Cruz nach Cumana, wie von Acapulco nach den Philippinen, die Matrosen fast keine Hand an die Segel zu legen brauchen.

Je weiter wir uns von der afrikanischen Küste entfernten, desto schwächer wurde der Wind; oft blieb er einige Stunden ganz aus, und diese Windstillen wurden regelmäßig durch elektrische Erscheinungen unterbrochen. Schwarze, dichte, scharf umrissene Wolken zogen sich im Ost zusammen; man konnte meinen, es sei eine Bö im Anzug und man werde die Marssegel reffen müssen, aber nicht lange, so erhob sich der Wind wieder, es fielen einige schwere Regentropfen und das Gewitter verzog sich, ohne daß man hatte donnern hören. Mittels solcher kleinen, mit Windstillen wechselnden Böen gelangt man in den Monaten Juni und Juli von den Kanarischen Inseln nach den Antillen oder an die Küsten von Südamerika.

Nichts geht über die Pracht und Milde des Klimas im tropischen Weltmeer. Während der Passatwind stark blies, stand das Thermometer bei Tage auf 23 bis 24 Grad, bei Nacht zwischen 22 und 22,5 Grad. Welcher Abstand zwischen den stürmischen Meeren in nördlichen Breiten und diesen Strichen, wo in der Natur ewige Ruhe herrscht!

Nördlich von den Inseln des Grünen Vorgebirges stießen wir auf große Bündel schwimmenden Tangs. Es war die tropische Seetraube, *Fucus natans,* die nur bis 40 Grad nördlicher und südlicher Breite unter dem Meeresspiegel wächst. Diese Algen scheinen hier das Vorhandensein der Strömungen anzuzeigen. Die Seestriche, wo viel einzelner Tang vorkommt, und die mit Seegewächsen bedeckten Strecken, welche Kolumbus mit großen Wiesen vergleicht und die der Mannschaft der »Santa Maria« unter 42 Grad der Länge Schrecken einjagten, sind nicht miteinander zu verwechseln.

Vom 22. Breitengrad an fanden wir die Meeresfläche mit fliegenden Fischen bedeckt; sie schnellten sich vier, fünf, ja sechs Meter in die Höhe und fielen auf den Oberlauf nieder. Die Natur ist eine unerschöpfliche Quelle der Forschung, und im Maß, als die Wissenschaft vorschreitet, bietet sie dem, der sie recht zu befragen weiß, immer wieder eine neue Seite, von der er sie bis jetzt nicht betrachtet hatte.

Ich erwähnte die fliegenden Fische *(Exocoetus volitans),* um die Naturkundigen auf die ungeheure Größe ihrer Schwimmblase aufmerksam zu machen. Die Blase nimmt über die

Hälfte vom Körperinhalt des Tieres ein und trägt somit wahrscheinlich dazu bei, daß es so leicht ist. Die Fische können, wie die meisten Kiementiere, ziemlich lange und mittels derselben Organe im Wasser und in der Luft atmen. Sie bringen einen großen Teil ihres Lebens in der Luft zu, aber ihr elendes Leben wird ihnen dadurch nicht leichter gemacht. Verlassen sie das Meer, um den gefräßigen Goldbrassen zu entgehen, so begegnen sie in der Luft den Fregatten, Albatrossen und anderen Vögeln, die sie im Fluge erschnappen. Ich bezweifle indessen, daß sich die fliegenden Fische allein, um der Verfolgung ihrer Feinde zu entgehen, aus dem Wasser schnellen. Gleich den Schwalben schießen sie zu Tausenden fort, geradeaus und immer gegen die Richtung der Wellen.

Am 1. Juli stießen wir auf die Trümmer eines Wracks. Wir konnten einen Mastbaum sehen, der mit schwimmendem Tang überzogen war. In einem Strich, wo die See beständig ruhig ist, konnte das Fahrzeug nicht Schiffbruch erlitten haben. Vielleicht, daß diese Trümmer aus den nördlichen stürmischen Meeren kamen und infolge der merkwürdigen Drehung, welche die Wasser des Atlantischen Meeres in der nördlichen Halbkugel erleiden, wieder zum Fleck zurückwanderten, wo das Schiff zugrunde gegangen.

Seit unserem Eintritt in die heiße Zone wurden wir nicht müde, in jeder Nacht die Schönheit des südlichen Himmels zu bewundern, an dem, je weiter wir nach Süden vorrückten, immer neue Sternbilder vor unseren Blicken aufstiegen. Ein sonderbares, bis jetzt ganz unbekanntes Gefühl wird in einem rege, wenn man dem Äquator zu, und namentlich beim Übergang aus der einen Halbkugel in die andere, die Sterne, die man von Kindheit auf kennt, immer tiefer hinabrücken und endlich verschwinden sieht. Nichts mahnt den Reisenden so auffallend an die ungeheure Entfernung seiner Heimat, als der Anblick eines neuen Himmels. Die Gruppierung der großen Sterne, einige zerstreute Nebelflecke, die an Glanz mit der Milchstraße wetteifern, Strecken, die sich durch ihr tiefes Schwarz auszeichnen, geben dem Südhimmel eine ganz eigentümliche Physiognomie. Wer auch keine astronomischen Kenntnisse hat, fühlt, daß er nicht in Europa ist, wenn er das ungeheure Sternbild des Schiffes oder die leuchtenden Magellanschen Wolken am Horizont aufsteigen sieht. Erde und Himmel, allem in dem Äquinoktialländern drückt sich der Stempel des Fremdartigen auf.

In der Nacht vom 4. zum 5. Juli, unter 16 Grad Breite, sahen wir das südliche Kreuz zum erstenmal deutlich; es war stark geneigt und erschien von Zeit zu Zeit zwischen den Wolken, deren Mittelpunkt, wenn das Wetterleuchten dadurch hinzuckte, wie Silberlicht aufflammte. Wenn es einem Reisenden gestattet ist, von seinen persönlichen Empfindungen zu sprechen, so darf ich sagen, daß ich in dieser Nacht einen der Träume meiner frühesten Jugend in Erfüllung gehen sah.

Unsere Freude beim Erscheinen des südlichen Kreuzes wurde lebhaft von denjenigen unter der Mannschaft geteilt, die in den Kolonien gelebt hatten. In der Meereseinsamkeit begrüßt man einen Stern wie einen Freund, von dem man lange Zeit getrennt gewesen.

Die letzten Tage unserer Überfahrt waren nicht so günstig, als das milde Klima und die ruhige See uns hoffen ließen. Nicht die Gefahren der See störten uns in unserem Genusse, aber der Keim eines bösartigen Fiebers entwickelte sich unter uns, je näher wir den Antillen kamen. Im Zwischendeck war es furchtbar heiß, stand das Thermometer auf 34 bis 36 Grad. Zwei Matrosen, mehrere Passagiere und, was ziemlich auffallend ist, zwei Neger von der Küste von Guinea und ein Mulattenkind wurden von einer Krankheit befallen, die epidemisch zu werden drohte. Die Symptome waren nicht bei allen Kranken gleich bedenklich; mehrere aber, und gerade die kräftigsten, delirierten schon am zweiten Tage, und die Kräfte lagen völlig darnieder. Bei der Gleichgültigkeit, mit der an Bord der Paketboote alles behandelt wird, was mit der Führung des Schiffes und der Schnelligkeit der Überfahrt nichts zu tun hat, dachte der Kapitän nicht daran, gegen die Gefahr, die uns bedrohte, die gemeinsten Mittel vorzukehren. Es wurde nicht geräuchert, und ein unwissender, phlegmatischer galicischer Wundarzt verordnete Aderlässe, weil er das Fieber der sogenannten Schärfe und Verderbnis des Blutes zuschrieb. Es war keine Unze Chinarinde an Bord, und wir hatten vergessen, beim Einschiffen uns selbst damit zu versehen; unsere Instrumente hatten uns mehr Sorge gemacht als unsere Gesundheit, und wir hatten unbedachtsamerweise vorausgesetzt, daß es an Bord eines spanischen Schiffes nicht an peruanischer Fieberrinde fehlen könne.

Am 8. Juli genas ein Matrose, der schon in den letzten Zügen lag, durch einen Zufall, der der Erwähnung wohl wert ist. Seine Hängematte war so befestigt, daß zwischen seinem Gesicht und dem Deck keine 26 Zentimeter Raum blieben. In dieser Lage konnte man ihm unmöglich die Sakramente reichen; nach dem Brauch auf den spanischen Schiffen hätte das Allerheiligste mit brennenden Kerzen herbeigebracht werden und die ganze Mannschaft dabeisein müssen. Man schaffte daher den Kranken an einen luftigen Ort bei der Luke, wo man aus Segeln und Flaggen ein kleines viereckiges Gemach hergestellt hatte. Hier sollte er liegen bis zu seinem Tode, den man nahe glaubte; aber kaum war er aus einer übermäßig heißen, stockenden, mit Miasmen erfüllten Luft in eine kühlere, reinere, fortwährend erneuerte gebracht, so kam er allmählich aus seiner Betäubung zu sich. Mit dem Tage, da er aus dem Zwischendeck fortgeschafft worden, fing die Genesung an.

Am 12. Juli glaubte ich ankündigen zu können, daß tags darauf vor Sonnenaufgang Land in Sicht sein werde. Einige Reihen Mondbeobachtungen bestätigten die Angabe des Chronometers; aber wir wußten besser, wo sich die Korvette befand, als wo das Land lag, dem unser Kurs zuging und das auf den französischen, spanischen und englischen Karten so verschieden angegeben ist.

Die Steuerleute verließen sich mehr auf das Log als auf den Gang des Chronometers; sie lächelten zu der Behauptung, daß bald Land in Sicht kommen müsse, und glaubten, man habe noch zwei bis drei Tage zu fahren. Es gereichte mir daher zu großer Befriedigung, als ich am 13. gegen sechs Uhr morgens hörte, man sehe von den Masten ein sehr hohes Land, jedoch wegen des Nebels, der darauf lag, nur undeutlich. Es windete sehr stark, und die See war sehr unruhig. Es regnete hier und da in großen Tropfen, und alles deutete auf ungestümes Wetter.

Obgleich das Ergebnis der doppelten Sonnenhöhen hinlänglich bewies, daß das hohe Land, das am Horizont aufstieg, nicht Trinidad war, sondern Tabago, steuerte der Kapitän dennoch nach Nord-Nord-West fort, um letztere Insel aufzusuchen.

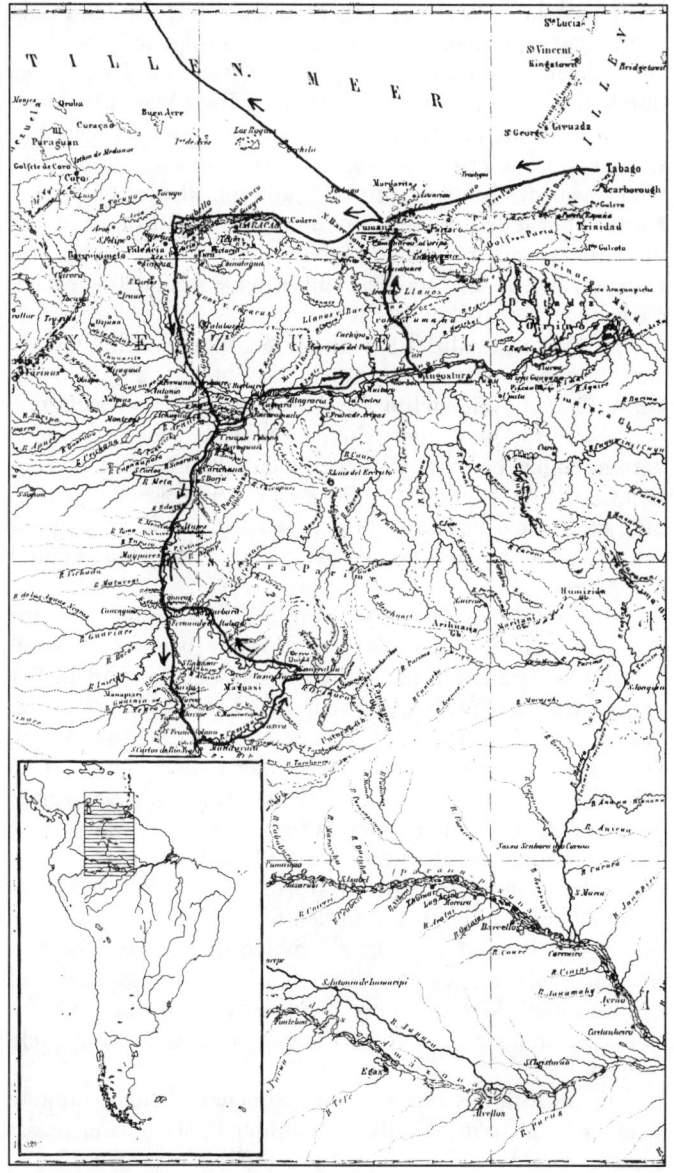

49

Es blieb kein Zweifel mehr über den Schiffsort den Inseln gegenüber, und man beschloß, um das nördliche Vorgebirge von Tabago zu laufen, zwischen dieser Insel und La Granada durchzugehen und auf einen Hafen der Insel Margarita loszusteuern. In diesen Strichen liefen wir jeden Augenblick Gefahr, von Kapern aufgebracht zu werden, aber zu unserem Glück war die See sehr unruhig, und ein kleiner englischer Kutter überholte uns, ohne uns nur anzurufen. Bonpland und mir war vor einem solchen Unfall weniger bange, seit wir so nahe am amerikanischen Festland sicher waren, daß wir nicht nach Europa zurückgebracht wurden.

Der Anblick der Insel Tabago ist höchst malerisch. Es ist ein sorgfältig bebauter Felsklumpen. Das blendende Weiß des Gesteins sticht angenehm vom Grün zerstreuter Baumgruppen ab. Sehr hohe zylindrische Fackeldisteln krönen die Bergkämme und geben der tropischen Landschaft einen ganz eigenen Charakter. Schon ihr Anblick sagt dem Reisenden, daß er eine amerikanische Küste vor sich hat, denn die Kakteen gehören ausschließlich der Neuen Welt an, wie die Heidekräuter der Alten.

Wir waren eben um das Nordkap von Tabago und die kleine St. Giles gelaufen, als man vom Mastkorb ein feindliches Geschwader signalisierte. Wir wendeten sogleich, und die Passagiere wurden unruhig, da mehrere ihr kleines Vermögen in Waren gesteckt hatten, die sie in den spanischen Kolonien zu verwerten gedachten. Das Geschwader schien sich nicht zu rühren, und es zeigte sich bald, daß man eine Menge einzelner Klippen für Segel angesehen hatte.

Nach Sonnenuntergang wurde der Wind schwächer, und je näher der Mond zum Zenit rückte, desto mehr klärte sich der Himmel auf. In dieser und in den folgenden Nächten fielen sehr viele Sternschnuppen; gegen Norden zeigten sie sich nicht so häufig als gegen Süden. Diese Verteilung weist darauf hin, daß diese Meteore, über deren Wesen wir noch sehr im unklaren sind, zum Teil von örtlichen Ursachen abhängig sein mögen.

Die an Bord des »Pizarro« ausgebrochene Seuche breitete sich rasch aus, seit wir uns nahe an der Küste befanden; das Thermometer stand bei Nacht regelmäßig zwischen 22 und

23 Grad, bei Tag zwischen 24 und 27 Grad. Die Kongestionen gegen den Kopf, die ausnehmende Trockenheit der Haut, das Darniederliegen der Kräfte, alle Symptome wurden immer bedenklicher; wir waren aber so ziemlich am Ziele unserer Fahrt, und so hofften wir, alle Kranken genesen zu sehen, wenn man sie an der Insel Margarita oder im Hafen von Cumana, die für sehr gesund gelten, ans Land bringen könnte.

Diese Hoffnung ging nicht ganz in Erfüllung. Der jüngste Passagier bekam das bösartige Fieber und unterlag ihm, blieb aber zum Glück das einzige Opfer. Es war ein junger Asturier von 19 Jahren, der einzige Sohn einer armen Witwe. Mehrere Umstände machten den Tod des jungen Mannes, aus dessen Gesicht viel Gefühl und Gutmütigkeit sprachen, ergreifend für uns. Er war mit Widerstreben zu Schiffe gegangen; er hatte seine Mutter durch den Ertrag seiner Arbeit unterstützen wollen, aber diese hatte ihre Liebe und den eigenen Vorteil dem Gedanken zum Opfer gebracht, daß ihr Sohn, wenn er in die Kolonien ginge, bei einem reichen Verwandten, der auf Kuba lebte, sein Glück machen könnte. Der unglückliche junge Mann verfiel rasch in Betäubung, redete dazwischen irre und starb am dritten Tage der Krankheit. Das gelbe Fieber oder schwarze Erbrechen rafft in Veracruz nicht leicht die Kranken so furchtbar schnell dahin. Ein anderer, noch jüngerer Asturier wich keinen Augenblick vom Bette des Kranken und bekam, was ziemlich auffallend ist, die Krankheit nicht. Er wollte mit seinem Landsmann nach San Jago de Cuba gehen und sich dort von ihm im Hause des Verwandten einführen lassen, auf den sie ihre ganze Hoffung gesetzt hatten. Es war herzzerreißend, wie der, welcher den Freund überlebte, sich seinem tiefen Schmerze überließ und die unseligen Ratschläge verwünschte, die ihn in ein fernes Land getrieben, wo er nun allein und verlassen dastand.

Wir standen beisammen auf dem Deck in trüben Gedanken. Es war kein Zweifel mehr, das Fieber, das an Bord herrschte, hatte seit einigen Tagen einen bösartigen Charakter angenommen. Unsere Blicke hingen an einer gebirgigen, wüsten Küste, auf die zuweilen ein Mondstrahl durch die Wolken fiel. Die leise bewegte See leuchtete in schwachem phosphorischem Schein; man hörte nichts als das eintönige Geschrei einiger großen Seevögel, die das Land zu suchen schienen. Tiefe Ruhe herrschte ringsum am einsamen Ort; aber diese Ruhe der Natur stand im Widerspiel mit den schmerzlichen Gefühlen in unserer Brust. Gegen acht Uhr wurde langsam die Totenglocke geläutet; bei diesem Trauerzeichen brachen die Matrosen ihre Arbeit ab und ließen sich zu kurzem Gebet auf die Knie nieder, eine ergreifende Handlung, die an die Zeiten mahnt, wo die ersten Christen sich als Glieder einer Familie betrachteten, und die auch jetzt noch die Menschen im Gefühl gemeinsamen Unglücks einander näher bringt. In der Nacht schaffte man die Leiche des Asturiers auf das Deck, und auf die Vorstellung des Priesters wurde er erst nach Sonnenaufgang ins Meer geworfen, damit man die Leichenfeier nach dem Gebrauch der Römischen Kirche vornehmen konnte. Kein Mann an Bord, den nicht das Schicksal des jungen Mannes rührte, den wir noch vor wenigen Tagen frisch und gesund gesehen hatten.

Die Passagiere auf dem »Pizarro« spürten zwar noch nichts von den Vorboten der Krankheit, beschlossen aber doch, das Fahrzeug am nächsten Landungsplatz zu verlassen und die Ankunft eines anderen Postschiffes zu erwarten, um ihren Weg nach Kuba oder Mexiko fortzusetzen. Sie betrachteten das Zwischendeck des Schiffes als einen Herd der Ansteckung, und obgleich es mir keineswegs erwiesen schien, daß das Fieber durch Berührung anstecke, hielt ich es doch durch die Vorsicht geraten, in Cumana ans Land zu gehen.

Der Entschluß, den wir in der Nacht vom 14. auf den 15. Juli faßten, äußerte einen glücklichen Einfluß auf den Verfolg unserer Reisen. Statt einiger Wochen verweilten wir ein ganzes Jahr in Terra Firma; ohne die Seuche an Bord des »Pizarro« wären wir nie an den Orinoko, an den Casiquiare und an die Grenze der portugiesischen Besitzungen am Rio Negro gekommen. Vielleicht verdanken wir es auch dieser unserer Reiserichtung, daß wir während eines so langen Aufenthaltes in den Äquinoktialländern so gesund blieben.

Bekanntlich schweben die Europäer in den ersten Monaten, nachdem sie unter den glühenden Himmel der Tropen versetzt worden, in sehr großer Gefahr. Die Fähigkeit, sich zu akklimatisieren, scheint im umgekehrten Verhältnis zu stehen mit dem Unterschied zwischen der mittleren Temperatur der heißen Zone und der des Geburtslandes des Reisenden oder Kolonisten, der das Klima wechselt, weil die Lufttemperatur den mächtigsten Einfluß auf die Reizbarkeit und die Vitalität der Organe äußert. Ein Preuße, ein Pole, ein Schwede sind mehr gefährdet, wenn sie auf die Inseln oder nach Terra Firma kommen, als ein Spanier, ein Italiener und selbst ein Bewohner des südlichen Frankreichs. Für die nordischen Völker beträgt der Unterschied in der mittleren Temperatur 19 bis 21 Grad, für die südlichen nur 9 bis 10 Grad. Wir waren so glücklich, die Zeit, in der der Europäer nach der Landung die größte Gefahr läuft, im ausnehmend heißen, aber sehr trockenen Klima von Cumana zu verleben, einer Stadt, die für sehr gesund gilt. Hätten wir unseren Weg nach Veracruz fortgesetzt, so hätten wir leicht das Los mehrerer Passagiere des Paketbootes »Alcudia« teilen können, das mit dem »Pizarro« in die Habana kam, als eben das schwarze Erbrechen auf Kuba und an der Ostküste von Mexiko schreckliche Verheerungen anrichtete.

Es dauerte lange, bis wir die hohe Küste der Insel Margarita zu sehen bekamen, wo wir einlaufen sollten, um hinsichtlich der englischen Kreuzer, und ob es gefährlich sei, bei Guaira anzulegen, Erkundigung einzuziehen.

Gegen elf Uhr morgens kam uns ein sehr niedriges Eiland zu Gesicht, auf dem sich einige Sanddünen erhoben: Durch das Fernrohr ließ sich keine Spur von Bewohnern oder von Anbau entdecken. Hin und wieder standen zylindrische Kakteen wie Kandelaber. Der fast pflanzenlose Boden schien sich wellenförmig zu bewegen infolge der starken Brechung, welche die Sonnenstrahlen erleiden, wenn sie durch Luftschichten hindurchgehen, die auf einer stark erhitzten Fläche aufliegen.

Das flache Land, das wir vor uns hatten, stimmte schlecht zu der Vorstellung, die wir uns von der Insel Margarita gemacht hatten. Während man beschäftigt war, die Angaben der Karten zu vergleichen, ohne sie in Übereinstimmung bringen zu können, signalisierte man vom Mast einige kleine Fischerboote. Der Kapitän des »Pizarro« rief sie durch einen Kanonenschuß herbei, aber ein solches Zeichen dient zu nichts in Ländern, wo der Schwache, wenn er dem Starken begegnet, glaubt, sich nur auf Vergewaltigungen gefaßt machen zu müssen. Die Boote ergriffen die Flucht nach dem Westen zu, und wir sahen uns hier in derselben Verlegenheit wie bei unserer Ankunft auf den Kanaren vor der kleinen Insel Graciosa. Niemand an Bord war je in der Gegend am Land gewesen. So ruhig die See war, so schien doch die Nähe eines kaum ein paar Fuß hohen Eilandes Vorsichtsmaßregeln zu erheischen. Man steuerte nicht weiter dem Lande zu, und da das Senkblei nur 5,5 bis 7,3 Meter Wasser anzeigte, warf man eilends den Anker aus.

Der Kapitän beschloß, einen Steuermann an Land zu schicken; man legte Hand an, um die Schaluppe ins Wasser zu lassen. Da die Küste ziemlich fern war, konnte die Rückfahrt zur Korvette schwierig werden, wenn der Wind abends stark wurde.

Als wir uns eben anschickten, an Land zu gehen, sah man zwei Pirogen an der Küste hinfahren. Man rief sie durch einen zweiten Kanonenschuß an, und obgleich man die Flagge von Kastilien aufgezogen hatte, kamen sie doch nur zögernd herbei. Diese Pirogen waren, wie alle der Eingeborenen, aus einem Baumstamm, und in jeder befanden sich achtzehn Indianer vom Stamme der Guaykeri, nackt bis zum Gürtel und von hohem Wuchs. Ihr Körperbau zeugte von großer Muskelkraft, und ihre Hautfarbe war ein Mittelding zwischen Braun und Kupferrot. Von weitem, wie sie unbeweglich dasaßen und sich vom Horizont abhoben, konnte man sie für Bronzestatuen halten.

Sobald die Pirogen so nahe waren, daß man die Indianer spanisch anrufen konnte, verloren sie ihr Mißtrauen und fuhren geradezu an Bord. Wir erfuhren von ihnen, das niedrige Eiland, bei dem wir geankert hatten, sei die Insel Coche, die immer unbewohnt gewesen und an der die spanischen Schiffe, die aus Europa kommen, gewöhnlich weiter nördlich zwischen derselben und der Insel Margarita durchgehen, um im Hafen von Pampatar einen Lotsen mitzunehmen.

Die Guaykeri gehören zum Stamm zivilisierter Indianer, welche an den Küsten von Margarita und in den Vorstädten von Cumana wohnen. Sie genießen verschiedene Vorrechte, da sie seit der ersten Zeit der Eroberung sich als treue Freunde der Kastilianer bewährt haben. Die Indianer, auf die wir in den zwei Pirogen gestoßen, hatten den Hafen von Cumana in der Nacht verlassen. Sie wollten Bauholz in den Cedrowäldern *(Cedrela odorata, L.)* holen, die sich vom Kap San José bis über die Mündung des Rio Carupano hinaus erstrecken. Sie gaben uns frische Kokosnüsse und einige Fische von der Gattung *Choetodon,* deren Farbe wir nicht genug bewundern konnten.

Der Patron einer der Pirogen erbot sich, an Bord des »Pizarro« zu bleiben, um uns als Lotse zu dienen. Der Mann empfahl sich durch sein ganzes Wesen; er war ein scharfsinniger Beobachter und hatte sich in lebhafter Wißbegier mit den Meeresprodukten wie mit den einheimischen Gewächsen abgegeben. Ein glücklicher Zufall fügte es, daß der erste Indianer, dem wir bei unserer Landung begegneten, der Mann war, dessen Bekanntschaft unseren Reisezwecken äußerst förderlich wurde. Mit Vergnügen schreibe ich in dieser Erzählung den Namen Carlos del Pino nieder, so hieß der Mann, der uns 16 Monate lang auf unseren Zügen längs der Küsten und im inneren Lande begleitet hat.

Gegen Abend ließ der Kapitän den Anker lichten. Westwärts steuernd, hatten wir bald die kleine Insel Cubagua vor uns, die jetzt ganz öde ist, früher aber durch Perlenfischerei berühmt war. Hier hatten die Spanier unmittelbar nach Kolumbus' und Ojedas Reisen eine Stadt unter dem Namen Neucadiz gegründet, von der keine Spur mehr vorhanden ist.

In diesem Striche angelangt, sahen wir die hohen Berge von Kap Macanao im Westen der Insel Margarita majestätisch am Horizont aufsteigen.

Der Wind war sehr schwach; der Kapitän hielt es für ratsamer, bis zum Tagesanbruch zu lavieren. Er scheute sich, bei Nacht in den Hafen von Cumana einzulaufen, und ein unglücklicher Zufall, der vor kurzem eben hier vorgekommen war, schien diese Vorsicht zu gebieten. Ein Paketboot hatte Anker geworfen, ohne die Laternen auf dem Hinterschiff anzuzünden; man hielt es für ein feindliches Fahrzeug, und die Batterien von Cumana gaben Feuer darauf. Dem Kapitän des Postschiffes wurde ein Bein weggerissen, und er starb wenige Tage darauf in Cumana.

Wir brachten die Nacht zum Teil auf dem Verdeck zu. Der indianische Lotse unterhielt uns von den Tieren und Gewächsen seines Landes. Wir hörten zu unserer großen Freude, wenige Meilen von der Küste sei ein gebirgiger, von Spaniern bewohnter Landstrich, wo empfindliche Kälte herrsche, und in den Ebenen kommen zwei sehr verschiedene Krokodile (*Crocodilus acutus* und *C. Bava*) vor, ferner Boas, elektrische Aale (*Gymnotus electrucus, Temblador*) und mehrere Tigerarten. Obgleich die Worte Bava, Cachicamo und Temblador uns ganz unbekannt waren, ließ uns die naive Beschreibung der Gestalt und der Sitten der Tiere doch alsbald die Arten erkennen, welche die Kreolen so benennen. Wir dachten nicht daran, daß diese Tiere über ungeheure Landstriche zerstreut sind, und hofften, sie gleich in den Wäldern bei Cumana beobachten zu können. Nichts reizt die Neugierde des Naturkundigen mehr als der Bericht von den Wundern eines Landes, das er betreten soll.

Am 16. Juli 1799 bei Tagesanbruch, lag eine grüne, malerische Küste vor uns. Die Berge von Neuandalusien begrenzten, halb von Wolken verschleiert, nach Süden den Horizont. Die Stadt Cumana mit ihrem Schloß erschien zwischen Gruppen von Kokosbäumen. Um neun Uhr morgens, 41 Tage nach unserer Abfahrt von Coruña, gingen wir im Hafen vor Anker. Die Kranken schleppten sich auf das Verdeck, um sich am Anblick eines Landes zu laben, wo ihre Leiden ein Ende finden sollten.

Viertes Kapitel

Erster Aufenthalt in Cumana
Die Ufer des Manizanes

Wir waren am 16. Juli mit Tagesanbruch auf dem Ankerplatz, gegenüber der Mündung des Rio Manizanes, angelangt, konnten uns aber erst spät am Morgen ausschiffen, weil wir den Besuch des Hafenbeamten abwarten mußten. Unsere Blicke hingen an den Gruppen von Kokosbäumen, die das Ufer säumten und deren 20 Meter hohe Stämme die Landschaft beherrschten. Die Ebene war bedeckt mit Büschen von Cassien, Capparis und den baumartigen Mimosen, die gleich den Pinien Italiens ihre Zweige schirmartig ausbreiten. Die gefiederten Blätter der Palmen hoben sich von einem Himmelsblau ab, das keine Spur von Dunst trübte. Die Sonne stieg rasch zum Zenit auf; ein blendendes Licht war in der Luft verbreitet und lag auf den weißlichen Hügeln mit zerstreuten zylindrischen Kakteen und auf dem ewig ruhigen Meere, dessen Ufer von Alcatras *(Pelicanus fuscus, L.),* Reihern und Flamingos bevölkert sind. Das glänzende Tageslicht, die Kraft der Pflanzenfarben, die Gestalten der Gewächse, das bunte Gefieder der Vögel, alles trug den großartigen Stempel der tropischen Natur.

Cumana, die Hauptstadt von Neuandalusien, liegt 4,5 Kilometer vom Landungsplatz oder der Batterie de la Boca, bei der wir an Land gestiegen, nachdem wir über die Barre des Manizanes gefahren. Wir hatten über eine weite Ebene zu gehen, die zwischen der Vorstadt der Guaykeri und der Küste liegt. Die starke Hitze wurde durch die Strahlung des zum Teil pflanzenlosen Bodens noch gesteigert. Das Thermometer, in den weißen Sand gesteckt, zeigte 37,7 Grad Celsius.

Der indianische Lotse führte uns durch seinen Garten, der viel mehr einem Gehölz als einem bebauten Lande glich. Er zeigte uns als Beweis der Fruchtbarkeit des Klimas einen Käsebaum *(Bombax heptaphyllum),* dessen Stamm im vierten Jahre bereits gegen 75 Zentimeter Durchmesser hatte. Ich glaube aber doch, daß die Angabe des Indianers über das Alter des Käsebaumes etwas übertrieben war; denn in der gemäßigten Zone, auf dem feuchten und warmen Boden Nordamerikas zwischen dem Mississippi und den Alleghanies werden die Bäume in zehn Jahren nicht über 32 Zentimeter dick, und das Wachstum ist dort im allgemeinen nur um ein Fünftel rascher als in Europa. Im Garten des Lotsen sahen wir auch zum erstenmal einen Guama *(Inga spuria)* voll Blüten, deren zahlreiche Staubfäden sich durch ihre ungemeine Länge und ihren Silberglanz auszeichnen. Die Blüte der Guama ist 4 Zentimeter lang. Dieser schöne Baum, der am liebsten an feuchten Orten wächst, wird zwischen 15,5 und 19,5 Meter hoch. Wir gingen durch die Vorstadt der Indianer, deren Straßen geradlinig und mit kleinen, ganz neuen Häusern von sehr freundlichem Ansehen besetzt sind. Dieser Stadtteil war infolge des Erdbebens, das Cumana anderthalb Jahre vor unserer Ankunft zerstört hatte, eben erst neu aufgebaut worden. Kaum waren wir auf einer hölzernen Brücke über den Manizanes gegangen, in dem hier Bava oder Krokodile von der kleinen Art vorkommen, begegneten uns überall die Spuren dieser schrecklichen Katastrophe; neue Gebäude erhoben sich auf den Trümmern der alten.

Wir wurden vom Kapitän des »Pizarro« zum Statthalter der Provinz, Don Vicente Emparan geführt, um ihm die Pässe zu überreichen, die das Staatssekretariat uns ausgestellt hatte. Er empfing uns mit der Offenheit und edlen Einfachheit, die von jeher Züge des baskischen Volkscharakters waren. Ehe er zum Statthalter von Portobelo und Cumana ernannt wurde, hatte er sich als Schiffskapitän in der königlichen Marine ausgezeichnet. Sein Name erinnert an einen der merkwürdigsten und traurigsten Vorfälle in der Geschichte der Seekriege. Nach dem letzten Bruch zwischen Spanien und England schlugen sich zwei Brüder des Statthalters Emparan bei Nacht vor Cadiz mit ihren Schiffen, weil jeder das andere Schiff für ein feindliches hielt. Der Kampf war so furchtbar, daß beide Schiffe fast zugleich sanken. Nur ein kleiner Teil der beiderseitigen Mannschaft wurde gerettet, und die beiden Brüder hatten das Unglück, einander kurz vor ihrem Tode zu erkennen.

Der Statthalter von Cumana äußerte sich sehr zufrieden über unseren Entschluß, uns eine Zeitlang in Neuandalusien aufzuhalten, das zu jener Zeit in Europa kaum dem Namen nach bekannt war und das in seinen Gebirgen und an den Ufern seiner zahlreichen Ströme der Naturforschung das reichste Feld der Beobachtung bietet. Der Statthalter zeigte uns mit einheimischen Pflanzen gefärbte Baumwolle und schöne Möbel ganz aus einheimischen Hölzern. Wir wußten, daß wir, trotz der Befehle des Hofes und der Empfehlung eines mächtigen Ministers, bei unserem Aufenthalt in den spanischen Kolonien mit zahllosen Unannehmlichkeiten zu kämpfen haben würden, wenn es uns nicht gelang, bei den Regenten dieser ungeheuren Landstrecken besondere Teilnahme für uns zu wecken. Emparan war ein zu warmer Freund der Wissenschaft, um es seltsam zu finden, daß wir so weit hergekommen, um Pflanzen zu sammeln und die Lage gewisser Örtlichkeiten astronomisch zu bestimmen. Er argwöhnte keine anderen Beweggründe unserer Reise als die in unseren Pässen angegebenen, und die öffentlichen Beweise der Achtung, die er uns während unseres langen Aufenthaltes in seinem Regierungsbezirk gegeben, haben Großes dazu beigetragen, uns überall in Südamerika eine freundliche Aufnahme zu verschaffen.

Am Abend ließen wir unsere Instrumente ausschiffen und fanden zu unserer großen Befriedigung keines beschädigt. Wir mieteten ein geräumiges, für die astronomischen Beobachtungen günstig gelegenes Haus. Man genoß darin, wenn der Seewind wehte, eine angenehme Kühle; die Fenster waren ohne Scheiben, nicht einmal mit Papier bezogen, das in Cumana meist statt des Glases dient. Sämtliche Passagiere des »Pizarro« verließen das Schiff, aber die vom bösartigen Fieber Befallenen genasen sehr langsam. In den spanischen Kolonien ist die Gastfreundschaft so groß, daß ein Europäer, käme er auch ohne Empfehlung und ohne Geldmittel an, so ziemlich sicher auf Unterstützung rechnen kann, wenn er krank in irgendeinem Hafen an Land geht. Die Katalonier, Galicier und Biscayer stehen im stärksten Verkehr mit Amerika. Sie bilden dort gleichsam drei gesonderte Korporationen, die auf die Sitten, den Gewerbefleiß und den Handel der Kolonien bedeutenden Einfluß haben. Der ärmste Einwohner von Siges oder Vigo ist sicher, im Hause eines katalonischen oder galicischen Pulpero (Krämer) Aufnahme zu finden, ob er nun nach Chile oder nach Mexiko oder auf die Philippinen kommt. Ich habe die rührendsten Beispiele gesehen, wie für unbekannte Menschen ganze Jahre lang unverdrossen gesorgt wird. Man kann hören, Gastfreundschaft sei leicht zu üben in einem herrlichen Klima, wo es Nahrungsmittel im Überfluß gibt, wo die einheimischen Gewächse wirksame Heilmittel liefern und der Kranke in seiner Hängematte unter einem Schuppen das nötige Obdach findet. Soll man aber die Überlast, welche die Ankunft eines Fremden, dessen Gemütsart man nicht kennt, einer Familie verursacht, für nichts rechnen? Und die Beweise gefühlvoller Teilnahme, die aufopfernde Sorgfalt der Frauen, die Geduld, die während einer langen, schweren Wiedergenesung nimmer ermüdet, soll man von dem allem absehen?

Der Boden, auf dem die Stadt Cumana liegt, gehört einer geologisch sehr interessanten Bildung an. Die Kette der Kalkalpen des Brigantin und Tataraqual streicht von Ost nach West vom Gipfel Imposible bis zum Hafen von Mochima und nach Campanario. In einer sehr fernen Zeit scheint das Meer diesen Gebirgsdamm von der Felsenküste von Araya und Maniquarez getrennt zu haben. Der weite Golf von Cariaco ist durch einen Einbruch des Meeres entstanden, und ohne Zweifel stand damals an der Südküste das ganze mit salzsaurem Natron getränkte Land, durch das der Manizanes läuft, unter Wasser. Ein Blick auf den Stadtplan von Cumana läßt diese Tatsache unzweifelhaft erscheinen. Das Meer zog sich langsam zurück und legte das weite Gestade trocken, auf dem sich eine Hügelgruppe erhebt, die aus Gips und Kalkstein von der neuesten Bildung besteht.

Die Stadt Cumana legt sich an diese Hügel, die einst ein Eiland im Golf von Cariaco waren. Das Stück der Ebene nordwärts von der Stadt heißt »der kleine Strand«, sie dehnt sich gegen Osten bis zur Punta Delgada aus, und hier bezeichnet ein enges mit *Gomphrena flava* bedecktes Tal den Punkt, wo einst der Durchbruch der Gewässer stattfand.

Der Hügel aus Kalkstein, den wir, wie oben bemerkt, als eine Insel im ehemaligen Golf betrachten, ist mit Fackeldisteln bedeckt. Manche davon sind zehn bis dreizehn Meter hoch, und ihr mit Flechten bedeckter, in mehrere Äste kronleuchterartig geteilter Stamm nimmt sich höchst seltsam aus. Bei Maniquarez an der Punta Araya maßen wir einen Kaktus, dessen Stamm über 1,54 Meter Umfang hatte. Ein Europäer, der nur die Fackeldisteln unserer Gewächshäuser kennt, wundert sich, daß das Holz dieses Gewächses mit dem Alter sehr hart wird, daß es jahrhundertelang der Luft und Feuchtigkeit widersteht und daß es die Indianer von Cumana vorzugsweise zu Rudern und Türschwellen verwenden.

Die Kaktusgebüsche spielen auf dürrem Boden in Südamerika dieselbe Rolle wie in unseren nördlichen Ländern die mit Binsen und Hydrocharideen bewachsenen Brüche. Ein Ort, wo stachlige Kakteen von hohem Wuchs in Reihen stehen, gilt fast für undurchdringlich. Solche Stellen, Tunales genannt, halten nicht allein den Eingeborenen auf, der bis zum Gürtel nackt ist, sie sind ebensosehr von den Stämmen gefürchtet, die ganz bekleidet gehen. Auf unseren einsamen Spaziergängen versuchten wir es manchmal, in den Tunal einzudringen, der die Spitze des Schloßberges krönt, und durch den zum Teil ein Fußweg führt. Hier ließe sich der Bau dieses sonderbaren Gewächses an Tausenden von Exemplaren beobachten. Zuweilen wurden wir von der Nacht überrascht, denn in diesem Klima gibt es keine Dämmerung. Unsere Lage war dann desto bedenklicher, da der Cascabel oder die Klapperschlange, der Coral und andere Schlangen mit Giftzähnen zur Legezeit solche heißen, trockenen Orte aussuchen, um ihre Eier in den Sand zu legen.

Das Schloß San Antonio, wo man an Festtagen die Flagge von Kastilien aufzieht, liegt nur 58,5 Meter über dem Meeresspiegel. Auf seinem kahlen Kalkhügel beherrscht es die Stadt und liegt, wenn man in den Hafen einfährt, höchst malerisch da. Es hebt sich hell von der dunklen Wand der Gebirge ab, deren Gipfel bis zur Schneeregion ansteigen und deren luftiges Blau mit dem Himmelsblau verschmilzt. Geht man vom

Fort San Antonio gegen Südwest herab, so kommt man am Abhang desselben Felsens zu den Trümmern des alten Schlosses Santa Maria. Dies ist ein herrlicher Punkt, um gegen Sonnenuntergang des kühlen Seewindes und der Aussicht auf den Meerbusen zu genießen. Die hohen Berggipfel der Insel Margarita erscheinen über der Felsenküste der Landenge von Araya; gegen Westen mahnen die kleinen Inseln Caracas, Picuito und Borocha an die Katastrophe, durch welche die Küste von Terra Firma zerrissen worden ist. Diese Eilande gleichen Festungswerken, und da die Sonne die unteren Luftschichten, die See und das Erdreich ungleich erwärmt, so erscheinen ihre Spitzen infolge der Luftspiegelung hinaufgezogen, wie die Enden der großen Vorgebirge der Küste. Mit Vergnügen verfolgt man bei Tage diese wechselnden Erscheinungen; bei Einbruch der Nacht sieht man dann, wie die in der Luft schwebenden Gesteinsmassen sich wieder auf ihre Grundlage niedersenken, und das Gestirn, das der organischen Natur Leben verleiht, scheint durch die veränderliche Beugung seiner Strahlen den starren Fels vom Fleck zu rücken und dürre Sandebenen wellenförmig zu bewegen.

Die eigentliche Stadt Cumana liegt zwischen dem Schlosse San Antonio und den kleineren Flüssen Manizanes und Santa Catalina. Das durch die Arme des ersten Flusses gebildete Delta ist ein fruchtbares Land, bewachsen mit Mammea, Achra, Bananen und anderen Gewächsen, die in den Gärten oder Charas der Indianer gebaut werden. Die Stadt hat kein ausgezeichnetes Gebäude aufzuweisen, und bei der Häufigkeit der Erdbeben wird sie schwerlich je welche haben.

Die Vorstädte von Cumana sind fast so stark bevölkert als die alte Stadt. Es sind ihrer drei: Die der Serritos, wo einige schöne Tamarindenbäume stehen, die südöstlich gelegene, San Francisco genannt, und die große Vorstadt der Guaykeris oder der Guaygueris. Der Name dieses Indianerstammes war vor der Eroberung ganz unbekannt. Die Eingeborenen, die denselben jetzt führen, gehörten früher zu der Nation der Guaraunos, die nur noch auf dem Sumpfboden zwischen den Armen des Orinoko lebt. Alte Männer versicherten mich, die Sprache ihrer Vorfahren sei eine Mundart der Guaraunosprache gewesen, aber seit hundert Jahren gebe es in Cumana und auf Margarita keinen Eingeborenen vom Stamme mehr, der etwas anderes spreche als Kastilianisch.

Das Wort Guaykeri verdankt, gerade wie die Worte Peru und Peruaner, seinen Ursprung einem bloßen Mißverständnisse. Als die Begleiter des Kolumbus an der Insel Margarita hinfuhren, auf deren Nordküste noch jetzt der am höchsten stehende Teil dieser Nation wohnt, stießen sie auf einige Eingeborene, die Fische harpunierten, indem sie einen mit einer sehr feinen Spitze versehenen, an einen Strick gebundenen Stock gegen sie schleuderten. Sie fragten sie in haitischer Sprache, wie sie hießen; die Indianer aber meinten, die Fremden erkundigten sich nach den Harpunen aus dem harten, schweren Holz der Macanapalme und antworteten: Guaike, Guaike, das heißt: spitzer Stock. Die Guaykeri, ein gewandtes, zivilisiertes Fischervolk, unterscheiden sich jetzt auffallend von den wilden Guaraunos am Orinoko, die ihre Hütten an den Stämmen der Morichepalme aufhängen.

Geht man zur indianischen Vorstadt hinaus und am Fluß Santa Catalina gegen Süden hinauf, so kommt man zuerst an ein Kaktusgebüsch und dann an einen wunderschönen Platz, den Tamarindenbäume, Brasilienholzbäume, Bombax und andere durch ihr Laub und ihre Blüten ausgezeichnete Gewächse beschatten. Der Boden bietet hier gute Weide, und Melkereien, aus Rohr erbaut, liegen zerstreut zwischen den Baumgruppen. Die Milch bleibt frisch, wenn man sie nicht in der Frucht des Flaschenkürbisbaumes, die ein Gewebe aus sehr dichten Holzfasern ist, sondern in porösen Tongefäßen von Maniquarez aufbewahrt. Infolge eines in nördlichen Ländern herrschenden Vorurteiles hatte ich geglaubt, in der heißen Zone geben die Kühe keine sehr fette Milch; aber der Aufenthalt in Cumana, besonders aber die Reise über die weiten, mit Gräsern und krautartigen Mimosen bewachsenen Ebenen von Calabozo haben mich belehrt, daß sich die Wiederkäuer Europas vollkommen an das heißeste Klima gewöhnen, wenn sie nur Wasser und gutes Futter finden. Die Milchwirtschaft ist in den Provinzen Neuandalusien, Barcelona und Venezuela ausgezeichnet, und häufig ist die Butter auf den Ebenen der heißen Zonen besser als auf dem Rücken der Anden.

Am Strande und bei den Melkereien hat man besonders bei Sonnenaufgang eine sehr schöne Aussicht auf eine Gruppe hoher Kalkberge. Der höchste Gipfel der Bergkette, der Brigantin, nimmt sich hinter dem Brito und dem Tataraqual höchst malerisch aus. Sein Name rührt her von der Gestalt eines sehr tiefen Tales an seinem nördlichen Abhang, das dem Inneren eines Schiffes gleicht. Der Gipfel des Berges ist fast kahl und abgeplattet; es ist eine senkrechte Wand, oder, um mich des bezeichnenden Ausdruckes der spanischen Schiffer zu bedienen, ein Tisch, eine Mesa.

Der Statthalter von Cumana hatte im Jahre 1797 mutige Männer ausgeschickt, die das völlig unbewohnte Land untersuchen und einen geraden Weg nach Neubarcelona über den Gipfel der Mesa eröffnen sollten. Man vermutete mit Recht, dieser Weg werde kürzer und für die Gesundheit der Reisenden nicht so gefährlich sein als der längs der Küste, den die Kuriere von Caracas einschlagen; aber alle Bemühungen, über die Bergkette zu kommen, waren fruchtlos. Durch das von den Gebirgen im Inneren und dem südlichen Abhang des Cerro de San Antonio gebildete Längental fließt der Manizanes. In der ganzen Umgebung ist dies der einzige ganz bewaldete Landstrich; er heißt die Ebene der Charas (*Chacra,* verdorben *Chara,* heißt eine von einem Garten umgebene Hütte) wegen der vielen Pflanzungen, welche die Einwohner seit einigen Jahren den Fluß entlang versucht haben. Ein schmaler Pfad führt vom Hügel von San Francisco durch den Forst zum Kapuzinerhospiz, einem höchst angenehmen Landhaus, das die aragonesischen Mönche für alte entkräftete Missionare, die ihres Amtes nicht mehr walten können, gebaut haben. Gegen Ost werden die Waldbäume immer kräftiger, und man sieht hier und da die gemeinen Machi oder Heulaffen, die sonst in der Gegend von Cumana sehr selten sind. Zu den Füßen der Capparis, Bauhinien und des Zygophyllum mit goldgelben Blüten breitet sich ein Teppich von Bromelien (Chihuchihue, aus der Familie der Ananas) aus, deren Geruch und deren kühles Laub die Klapperschlangen hierher ziehen.

Der Manizanes hat sehr klares Wasser. Er entspringt, wie alle Flüsse Neuandalusiens, in einem Striche der Savannen (Llanos).

Die Ufer des Manizanes sind sehr freundlich, von Mimosen, Erythrina, Ceiba und anderen Bäumen von riesenhaftem Wuchs beschattet. Ein Fluß, dessen Temperatur zur Zeit des Hochwassers auf 22 Grad fällt, während das Thermometer an der Luft auf 30 bis 33 Grad steht, ist eine unschätzbare Wohltat in einem Lande, wo das ganze Jahr eine furchtbare Hitze herrscht und wo man den Trieb hat, mehrere Male des Tages zu baden. Die Kinder bringen sozusagen einen Teil ihres Lebens im Wasser zu; alle Einwohner, selbst die weiblichen Glieder der reichsten Familien, können schwimmen, und in einem Lande, wo der Mensch dem Naturzustande noch so nahe ist, hat man sich, wenn man morgens einander begegnet, nichts Wichtigeres zu fragen, als, ob der Fluß heute kühler sei als gestern. Man hat verschiedene Bademethoden. So besuchten wir jeden Abend einen Zirkel sehr achtenswerter Personen in der Vorstadt der Guaykeri. Da stellte man bei schönem Mondschein Stühle ins Wasser; Männer und Frauen waren leicht gekleidet, und die Familie und die Fremden blieben ein paar Stunden im Flusse sitzen, rauchten Zigarren dazu und unterhielten sich nach Landessitte von der ungemeinen Trokkenheit der Jahreszeit, vom starken Regenfall in den benachbarten Distrikten, besonders aber vom Luxus, den die Damen in Cumana den Damen in Caracas und Habana zum Vorwurf machen. Durch die Bavas oder kleinen Krokodile, die jetzt sehr selten sind und den Menschen nahekommen, ohne anzugreifen, ließ sich die Gesellschaft durchaus nicht stören. Diese Tiere sind 1 bis 1,3 Meter lang; wir haben nie eines im Manizanes gesehen, wohl aber Delphine, die zuweilen bei Nacht im Flusse heraufkommen und die Badenden erschrekken, wenn sie durch ihre Luftlöcher Wasser spritzen.

Der Hafen von Cumana hat eine Reede, welche die Flotten von ganz Europa aufnehmen könnte. Der ganze Meerbusen von Cariaco, der 67 Kilometer lang und 11 bis 15 Kilometer breit ist, bietet vortrefflichen Ankergrund. Von den Stürmen bei den Antillischen Inseln spürt man nie etwas in diesem Strich, wo man in Schaluppen ohne Verdeck das Meer befährt.

Die Stadt liegt am Fuße eines kahlen Hügels und wird von einem Schlosse beherrscht. Kein Glockenturm, keine Kuppel fällt von weitem dem Reisenden ins Auge, nur einige Tamarinden-, Kokosnuß- und Dattelstämme erheben sich über die Häuser mit platten Dächern. Die Ebene ringsum, besonders dem Meere zu, ist trübselig, staubig und dürr, wogegen ein frischer, kräftiger Pflanzenwuchs von weitem den geschlängelten Lauf des Flusses bezeichnet, der die Stadt von den Vorstädten, die Bevölkerung von europäischer und gemischter Abkunft von den kupferfarbigen Eingeborenen trennt. Der freistehende, kahle, weiße Schloßberg San Antonio wirft zugleich eine große Masse Licht und strahlende Wärme zurück; er besteht aus Breccien, deren Schichten versteinerte Seetiere einschließen. In weiter Ferne gegen Süden streicht dunkel ein mächtiger Gebirgszug hin. Dies sind die hohen Kalkalpen von Neuandalusien, wo dem Kalk Sandsteine und andere neuere Bildungen aufgelagert sind. Majestätische Wälder bedecken diese Kordillere im inneren Lande und hängen durch ein bewaldetes Tal mit dem nackten, tonigen und salzhaltigen Boden zusammen, auf dem Cumana liegt. Am Gestade und am Meerbusen sieht man Scharen von Fischreihern und Alcatras, sehr plumpe Vögel, die gleich den Schwänen mit gehobenen Flügeln über das Wasser gleiten. Näher bei den Wohnstätten der Menschen sind Tausende von Galinazogeiern, wahre Schakale unter dem Gefieder, rastlos beschäftigt, tote Tiere zu suchen. Ein Meerbusen, auf dessen Grunde heiße Quellen vorkommen, trennt die sekundären Gebirgsbildungen vom primitiven Schiefergebirge der Halbinsel Araya. Beide Küsten werden von einem ruhigen, blauen, beständig vom selben Winde leicht bewegten Meere bespült. Ein reiner, trockener Himmel, an dem nur bei Sonnenaufgang leichtes Gewölk aufzieht, ruht auf der See, auf der baumlosen Halbinsel und der Ebene von Cumana, während man zwischen den Berggipfeln im Inneren Gewitter sich bilden, sich zusammenziehen und in fruchtbaren Regengüssen sich entladen sieht.

Zu den Zügen, welche der Küstenstrich von Neuandalusien und der von Peru gemein haben, kommt nur noch, daß die Erdbeben dort wie hier gleich häufig sind und daß die Natur für diese Erscheinungen beidemal dieselben Grenzen einzuhalten scheint. Wir selbst haben in Cumana sehr starke Erdstöße verspürt; eben war man daran, die vor kurzem eingestürzten Gebäude wieder aufzurichten, und so hatten wir

Gelegenheit, uns an Ort und Stelle über die furchtbare Katastrophe vom 14. Dezember 1797 genau zu erkundigen.

Es ist eine an der Küste von Cumana und auf der Insel Margarita sehr weit verbreitete Meinung, daß der Meerbusen von Cariaco sich infolge der Zertrümmerung des Landes und eines gleichzeitigen Einbruchs des Meeres gebildet hat. Die Erinnerung an diese gewaltige Umwälzung hatte sich unter den Indianern bis zum Ende des 15. Jahrhunderts erhalten, und wie erzählt wird, sprachen die Eingeborenen bei der dritten Reise des Christoph Kolumbus davon wie von einem ziemlich neuen Ereignis. Im Jahre 1530 wurden die Bewohner der Küsten von Paria und Cumana durch neue Erdstöße erschreckt. Das Meer stürzte über das Land her. Zugleich bildete sich eine ungeheure Spalte in den Bergen von Cariaco, am Ufer des Meerbusens dieses Namens, und eine gewaltige Masse Salzwasser, mit Asphalt vermischt, sprang aus dem Glimmerschiefer hervor. Am Ende des 16. Jahrhunderts waren die Erdbeben sehr häufig, und nach den Überlieferungen überschwemmte das Meer öfter den Strand und stieg 30 bis 39 Meter hoch. Die Einwohner flüchteten sich auf den Cerro de San Antonio und auf den Hügel, auf dem jetzt das kleine Kloster San Francisco steht. Man glaubt sogar, infolge dieser häufigen Überschwemmungen habe man das an den Berg gelehnte Stadtviertel angelegt, das zum Teil auf dem Abhang desselben liegt.

Da sich wegen der beständigen Verheerungen der Termiten oder weißen Ameisen in den Archiven keine Urkunde befindet, die über 150 Jahre hinaufreicht, so weiß man nicht genau, wann die früheren Erdbeben stattgefunden haben. Man weiß nur, daß das Jahr 1766 für die Ansiedler das entsetzlichste gewesen ist. Seit 15 Monaten hatte Trockenheit geherrscht, als am 21. Oktober 1766 die Stadt Cumana von Grund auf zerstört wurde. In wenigen Minuten stürzten sämtliche Häuser zusammen. An verschiedenen Orten der Provinz tat sich die Erde auf und spie nach Schwefel riechendes Wasser aus. Während der Jahre 1766 und 1767 lagerten die Einwohner von Cumana in den Straßen und begannen mit dem Wiederaufbau ihrer Häuser erst, als sich die Erdbeben nur noch alle Monate wiederholten. Während sich der Boden beständig wellenförmig bewegte, war es, als wollte sich die Luft in Wasser auflösen. Durch ungeheure Regengüsse schwollen die Flüsse an; das Jahr war ausnehmend fruchtbar, und die Indianer, deren leichten Hütten die stärksten Erdstöße nichts anhaben, feierten nach einem uralten Aberglauben durch festlichen Tanz den Untergang der Welt und ihre bevorstehende Wiedergeburt.

Nach der Überlieferung waren beim Erdbeben von 1766 die Stöße bloße waagerechte, wellenförmige Bewegungen; erst am Unglückstage des 14. Dezember 1797 spürte man in Cumana zum erstenmal eine hebende Bewegung von unten nach oben. Über vier Fünftel der Stadt wurden damals völlig zerstört, und der Stoß, der von einem starken unterirdischen Getöse begleitet war, glich der Explosion einer in großer Tiefe angelegten Mine. Zum Glück ging dem heftigen Stoß eine leichte wellenförmige Bewegung voraus, so daß die meisten Einwohner sich auf die Straßen flüchten konnten, und von denen, die eben in den Kirchen waren, nur wenige das Leben verloren. Man glaubt in Cumana allgemein, die verheerendsten Erdbeben werden durch ganz schwache Schwingungen des Bodens und durch ein Sausen angekündigt, und Leuten, die an solche Vorfälle gewöhnt sind, entgeht solches nicht. In diesem verhängnisvollen Augenblick hört man überall den Ruf: *Misericordia! tiembla! tiembla!* (Erbarmen! Sie bebt! Sie bebt!) Die Ängstlichen achten auf das Benehmen der Hunde, Ziegen und Schweine. Die letzteren, die einen ausnehmend scharfen Geruch haben und gewohnt sind, im Boden zu wühlen, verkünden die Nähe der Gefahr durch Unruhe und Geschrei.

In Cumana verspürte man eine halbe Stunde vor der großen Katastrophe am 14. Dezember 1797 am Klosterberg von San Francisco einen starken Schwefelgeruch. Am selben Ort war das unterirdische Getöse am stärksten. Zugleich sah man am Ufer des Manizanes, beim Hospiz der Kapuziner und im Meerbusen von Cariaco bei Mariguitar Flammen aus dem Boden schlagen. Letztere in nicht vulkanischen Ländern so auffallende Erscheinung ist in den aus Alpenkalk bestehenden Gebirgen bei Cumanacao, im Tale des Rio Bordones, auf der Insel Margarita und mitten in den Savannen oder Llanos von Neuandalusien ziemlich häufig. In diesen Savannen steigen

Feuergarben zu bedeutender Höhe auf; man kann sie stundenlang an den dürrsten Orten beobachten, und man versichert,
wenn man den Boden, dem der brennbare Stoff entströmt,
untersuchte, sei keinerlei Spalte darin zu bemerken. Dieses
Feuer, das an die Wasserstoffquellen oder Salse in Modena und
an die Irrlichter unserer Sümpfe erinnert, zündet das Gras
nicht an.

Fünftes Kapitel

Die Halbinsel Araya · Salzsümpfe

Die ersten Wochen unseres Aufenthaltes in Cumana verwendeten wir dazu, unsere Instrumente zu berichtigen, in der Umgebung zu botanisieren und die Spuren des Erdbebens vom 14. Dezember 1797 zu beobachten. Die Mannigfaltigkeit der Gegenstände, die uns zumal in Anspruch nahmen, ließ uns nur schwer den Weg zu geordneten Studien und Beobachtungen finden. Wenn unsere ganze Umgebung den lebhaftesten Reiz für uns hatte, so machten dagegen unsere Instrumente die Neugier der Einwohnerschaft rege. Wir wurden sehr oft durch Besuche von der Arbeit abgezogen, und wollte man die Leute nicht vor den Kopf stoßen, so mußte man sich wohl herbeilassen, auf oft verworrene Fragen Auskunft zu geben und stundenlang dieselben Versuche zu wiederholen.

Wenn unser Haus in Cumana für die Beobachtung des Himmels und der meteorologischen Vorgänge sehr günstig gelegen war, so mußten wir dagegen zuweilen bei Tage etwas ansehen, was uns empörte. Der große Platz ist zum Teil mit Bogengängen umgeben, über denen eine lange hölzerne Galerie hinläuft, wie man sie in allen heißen Ländern sieht. Hier wurden die Schwarzen verkauft, die von den afrikanischen Küsten herüberkommen. Unter allen europäischen Regierungen war die von Dänemark die erste und lange die einzige, die den Sklavenhandel abgeschafft hat, und dennoch waren die ersten Sklaven, die wir ausgestellt sahen, auf einem dänischen Sklavenschiff gekommen. Der gemeine Eigennutz, der mit Menschenpflicht, Nationalehre und den Gesetzen des Vaterlandes im Streite liegt, läßt sich durch nichts in seinen Spekulationen stören.

Die zum Verkauf ausgesetzten Sklaven waren junge Leute von fünfzehn bis zwanzig Jahren. Man lieferte ihnen jeden Morgen Kokosöl, um sich den Körper damit einzureiben und die Haut glänzend schwarz zu machen. Jeden Augenblick erschienen Käufer und schätzten nach der Beschaffenheit der Zähne Alter und Gesundheitszustand der Sklaven; sie rissen ihnen den Mund auf, ganz wie es auf dem Pferdemarkt geschieht. Es ist ein empörender Gedanke, daß es noch heutigentags auf den Antillen spanische Ansiedler gibt, die ihre Sklaven mit dem Glüheisen zeichnen, um sie wieder zu erkennen, wenn sie entlaufen. So behandelt man Menschen, die anderen Menschen die Mühe des Säens, Ackerns und Erntens ersparen.

Je tieferen Eindruck der erste Verkauf von Negern in Cumana auf uns gemacht hatte, desto mehr wünschten wir uns Glück, daß wir uns bei einem Volk und auf einem Kontinent befanden, wo ein solches Schauspiel sehr selten vorkommt und die Zahl der Sklaven im allgemeinen höchst unbedeutend ist. Dieselbe betrug im Jahre 1800 in den Provinzen Cumana und Barcelona nicht über 6 000, während man zu derselben Zeit die Gesamtbevölkerung auf 110 000 schätzte. Der Handel mit afrikanischen Sklaven, den die spanischen Gesetze niemals begünstigt haben, ist jetzt völlig bedeutungslos auf Küsten, wo im 16. Jahrhundert der Handel mit afrikanischen Sklaven schauerlich lebhaft war.

Unser erster Ausflug galt der Halbinsel Araya und jenen ehemals durch den Sklavenhandel und die Perlenfischerei vielberufenen Landstrichen. Am 19. August, zwei Uhr nach Mitternacht, schifften wir uns bei der indianischen Vorstadt auf dem Manizanes ein. Unser Hauptzweck bei dieser kleinen Reise war, die Trümmer des alten Schlosses zu Araya zu besehen, die Salzwerke zu besuchen und auf den Bergen, welche die schmale Halbinsel Maniquarez bilden, einige geologische Untersuchungen anzustellen. Die Nacht war köstlich kühl, Schwärme leuchtender Insekten *(Elater noctilucus)* glänzten in der Luft, auf dem mit Sesuvium bedeckten Boden und in den Mimosenbüschen am Fluß. Es ist, als ob das Schauspiel, welches das Himmelsgewölbe bietet, sich auf der Erde auf der ungeheuren Ebene der Grasfluren wiederholte.

Als wir flußabwärts an die Pflanzungen oder Charas kamen, sahen wir Freudenfeuer, die Neger angezündet hatten. Leichter, gekräuselter Rauch stieg zu den Gipfeln der Palmen auf und gab der Mondscheibe einen rötlichen Schein. Es war Sonntagnacht, und die Sklaven tanzten zur rauschenden, eintönigen Musik einer Guitarre. Der Grundzug im Charakter der afrikanischen Völker von schwarzer Rasse ist ein unerschöpfliches Maß von Beweglichkeit und Frohsinn. Nachdem er die Woche über hart gearbeitet, tanzt und musiziert der Sklave am Feiertage dennoch lieber, als daß er ausschläft. Hüten wir uns, über diese Sorglosigkeit, diesen Leichtsinn hart zu urteilen, wird ja doch dadurch ein Leben voll Entbehrung und Schmerz versüßt.

Die Barke, in der wir über den Meerbusen von Cariaco fuhren, war sehr geräumig. Man hatte große Jaguarfelle ausgebreitet, damit wir bei Nacht ruhen konnten. Noch waren wir nicht zwei Monate in der heißen Zone, und bereits waren unsere Organe so empfindlich für den kleinsten Temperaturwechsel, daß wir vor Frost nicht schlafen konnten. Zu unserer Verwunderung sahen wir, daß das Thermometer auf 21,8 Grad stand. In der anziehenden Reisebeschreibung des Kapitän Bligh, der infolge einer Meuterei an Bord des Schiffes »Bounty« 5 400 Kilometer in einer offenen Schaluppe zurücklegen mußte, liest man, daß er zwischen dem zehnten und zwölften Grad südlicher Breite weit mehr vom Frost als vom Hunger gelitten. Im Januar 1803, bei unserem Aufenthalt in Guayaquil, sahen wir die Eingeborenen sich über Kälte beklagen und sich zudecken, wenn das Thermometer auf 23,8 Grad fiel, während sie bei 30,5 Grad die Hitze erstickend fanden. Es brauchte nicht mehr als sieben bis acht Grad, um die entgegengesetzten Empfindungen von Frost und Hitze zu erzeugen, weil an diesen Küsten der Südsee die gewöhnliche Lufttemperatur 28 Grad beträgt. In Cumana hört man bei starken Regengüssen in den Straßen schreien: *»Que hielo! Estoy emparando!«* (»Welche Eiskälte. Ich friere, als wäre ich auf dem Rücken der Berge!«) und doch fällt das dem Regen ausgesetzte Thermometer nur auf 21,5 Grad. Aus allen diesen Beobachtungen geht hervor, daß man zwischen den Wendekreisen auf Ebenen, wo die Lufttemperatur bei Tage fast beständig auf 28 Grad ist, bei

Nacht das Bedürfnis fühlt, sich zuzudecken, so oft bei feuchter Luft das Thermometer um 4 bis 5,5 Grad fällt.

Gegen acht Uhr morgens stiegen wir an der Landspitze von Araya bei der »Neuen Saline« ans Land. Ein einzelnes Haus steht auf einer kahlen Ebene neben einer Batterie von drei Kanonen, auf die sich seit der Zerstörung des Forts St. Jacob die Verteidigung dieser Küste beschränkt. Der Salineninspektor bringt sein Leben in einer Hängematte zu, aus der er den Arbeitern seine Befehle erteilt, und ein *lancha del rey* (königliche Barke) führt ihm jede Woche von Cumana seine Lebensmittel zu. Man wundert sich, daß bei einem Salzwerk kein Dorf oder auch nur ein Hof liegt. Kaum findet man am Ende der Landspitze von Araya ein paar armselige indianische Fischerhütten.

Diese großen Salzsümpfe sind auf den ältesten spanischen Karten bald als Bucht, bald als Lagune angegeben. Im Jahre 1726 zerstörte ein außerordentliches Ereignis die Saline von Araya. Man spürte einen heftigen Windstoß, eine große Seltenheit in diesen Strichen, wo die See meist nicht unruhiger ist als das Wasser unserer Flüsse; die Flut drang weit ins Land hinein, und durch den Einbruch des Meeres wurde der Salzsee in einen mehrere Meilen langen Meerbusen verwandelt. Seitdem hat man nördlich von der Hügelkette, welche das Schloß von der Nordküste der Halbinsel trennt, künstliche Behälter oder Kasten angelegt.

Der Ton, aus dem zu Araya das Salz gewonnen wird, stimmt mit dem Salzton überein, der in Berchtesgaden und in Südamerika in Zipaquira mit dem Steinsalz vorkommt. Das salzsaure Natron ist in diesem Ton nicht in sichtbaren Teilchen eingesprengt. Wenn man diese Masse mit Regenwasser netzt und der Sonne aussetzt, schießt das Salz in großen Kristallen an. Im neuen Salzwerk bei den Batterien von Araya leitet man allerdings das Meerwasser in die Kasten. Dieses besteht aus fünf Behältern oder Kasten, von denen die größten eine regelmäßige Form und 8740 Quadratmeter Oberfläche haben. Die mittlere Tiefe beträgt 21 Zentimeter. Die Indianer pumpen mit der Hand das Meerwasser aus einem Hauptbehälter in die Kasten. Leicht ließe sich indessen der Wind als Triebkraft benützen, da der Seewind fortwährend stark auf die Küste bläst.

Nachdem wir die Salinen besehen und unsere geodätischen Arbeiten beendigt hatten, brachen wir gegen Abend auf, um einige Meilen weiterhin in einer indianischen Hütte bei den Trümmern des Schlosses von Araya die Nacht zuzubringen. Unsere Instrumente und unseren Mundvorrat schickten wir voraus, denn wenn wir von der großen Hitze und von der Zurückstrahlung des Bodens erschöpft waren, spürten wir in diesen Ländern nur abends und in der Morgenkühle Eßlust. Wir wandten uns nach Süd und gingen zuerst über die kahle, mit Salzton bedeckte Ebene und dann über zwei aus Sandstein bestehende Hügelketten, zwischen denen die Lagune liegt. Die Nacht überraschte uns, während wir einen schmalen Pfad verfolgten, der einerseits vom Meer, andererseits von senkrechten Felswänden begrenzt ist. Die Flut war im raschen Steigen und engte unseren Weg mit jedem Schritt ein. Am Fuße des alten Schlosses von Araya angelangt, lag ein Naturbild mit einem melancholischen, romantischen Anstrich vor uns, und doch wurde weder durch die Kühle eines finsteren Forstes noch durch die Großartigkeit der Pflanzengestalten die Schönheit der Trümmer gehoben. Sie liegen auf einem kahlen, dürren Berge, mit Agaven, Säulenkaktus und Mimosen bewachsen, und gleichen nicht einem Werke von Menschenhand, als vielmehr Felsmassen, die in den ältesten Umwälzungen des Erdballes zertrümmert worden sind.

Wir wollten haltmachen, um des großartigen Schauspieles zu genießen und den Untergang der Venus zu beobachten, deren Scheibe von Zeit zu Zeit zwischen dem Gemäuer des Schlosses erschien; aber der Mulatte, der uns als Führer diente, wollte verdursten und drang lebhaft in uns, umzukehren. Er hätte längst bemerkt, daß wir uns verirrt hatten, und da er hoffte, durch die Furcht auf uns zu wirken, sprach er beständig von Tigern und Klapperschlangen. Giftige Reptilien sind allerdings beim Schlosse Araya sehr häufig, und erst vor kurzem waren beim Eingang des Dorfes Maniquarez zwei Jaguare erlegt worden. Nach den aufbehaltenen Fellen waren sie nicht viel kleiner als die ostindischen Tiger. Vergeblich führten wir unserem Führer zu Gemüt, daß diese Tiere an einer Küste, wo die Ziegen ihnen reichlich Nahrung bieten, keinen Menschen anfallen; wir mußten nachgeben und hingehen, woher wir gekommen waren. Nachdem wir drei Viertelstunden über einen von der steigenden Flut bedeckten Strand gegangen, stieß der Neger zu uns, der unseren Mundvorrat getragen hatte; da er uns nicht kommen sah, war er unruhig geworden und uns entgegengegangen. Er führte uns durch ein Gebüsch von Fackeldisteln zu der Hütte einer indianischen Familie. Wir wurden mit der herzlichen Gastfreundschaft aufgenommen, die man in diesen Ländern bei Menschen aller Kasten findet. Von außen war die Hütte, in der wir unsere Hängematten befestigten, sehr sauber; wir fanden daselbst Fische, Bananen u. dgl., und, was im heißen Landstrich über die ausgesuchtesten Speisen geht, vortreffliches Wasser.

Des anderen Tages bei Sonnenaufgang sahen wir, daß die Hütte, in der wir die Nacht zugebracht hatten, zu einem Haufen kleiner Wohnungen am Ufer des Salzsees gehörte. Es sind dies die schwachen Überbleibsel eines ansehnlichen Dorfes, das sich einst um das Schloß gebildet hatte. Die Trümmer einer Kirche waren halb im Sand begraben und mit Strauchwerk bewachsen. Nachdem im Jahre 1762 das Schloß von Araya, um die Unterhaltungskosten der Besatzung zu ersparen, gänzlich zerstört worden war, zogen die in der Umgegend angesiedelen Indianer und Farbigen allmählich nach Maniquarez, Cariaco und in die indianische Vorstadt von Cumana. Nur wenige blieben aus Anhänglichkeit an den Heimatboden am wilden, öden Ort. Diese armen Leute leben vom Fischfang, der an den Küsten und auf den Untiefen in der Nähe äußerst ergiebig ist. Sie schienen mit ihrem Los zufrieden und fanden die Frage seltsam, warum sie keine Gärten hätten und keine nutzbaren Gewächse bauten. »Unsere Gärten«, sagten sie, »sind drüben über der Meeresenge; wir bringen Fische nach Cumana und verschaffen uns dafür Bananen, Kokosnüsse und Maniok.« Der Hauptreichtum der Einwohner besteht in Ziegen, die sehr groß und schön sind. Sie laufen frei herum, wie die Ziegen auf dem Pik von Teneriffa; sie sind völlig verwildert, und man zeichnet sie wie die Maultiere, weil sie nach Aussehen, Farbe und Zeichnung nicht zu unterscheiden wären. Die wilden Ziegen sind hellbraun und nicht verschiedenfarbig wie die zahmen. Wenn ein Kolonist auf der Jagd eine Ziege schießt, die er nicht als sein Eigentum erkennt, so bringt er sie sogleich dem Nachbarn, dem sie gehört.

Am 20. morgens führte uns der Sohn unseres Wirtes, ein sehr kräftiger junger Indianer, über den Barigon und Caney ins Dorf Maniquarez. Es waren vier Stunden Weges. Durch das Rückprallen der Sonnenstrahlen vom Sand stieg das Thermometer auf 31,3 Grad. Die Säulenkakteen, die am Wege stehen, geben der Landschaft einen grünen Schein, ohne Kühle und Schatten zu bieten. Unser Führer setzte sich, ehe er fünf Kilometer weit gegangen war, jeden Augenblick nieder. Im Schatten eines schönen Tamarindenbaumes bei den Casas de la Vela wollte er sich gar niederlegen, um den Anbruch der Nacht abzuwarten. Ich hebe diesen Charakterzug hervor, da er überall einem entgegentritt, so oft man mit Indianern reist, und zu den irrigsten Vorstellungen von der Körperverfassung der verschiedenen Menschen Anlaß gegeben hat. Der kupferfarbige Eingeborene, der besser als der reisende Europäer an die glühende Hitze des Himmelsstrichs gewöhnt ist, beklagt sich nur deshalb mehr darüber, weil ihn kein Reiz antreibt. Geld ist keine Lockung für ihn, und hat er sich je einmal durch Gewinnsucht verführen lassen, so reut ihn sein Entschluß, sobald er auf dem Wege ist. Derselbe Indianer aber, der sich beklagt, wenn man ihm beim Botanisieren eine Pflanzenbüchse zu tragen gibt, treibt einen Kahn gegen die rascheste Strömung und rudert so 14 bis 15 Stunden in einem fort, weil er sich zu den Seinigen zurücksehnt.

Als wir über die kahlen Hügel am Vorgebirge Cirial gingen, spürten wir einen starken Bergölgeruch. Der Wind kam vom Orte her, wo die Bergölquellen liegen, deren schon die ersten Beschreibungen dieser Länder erwähnen. – Das Töpfergeschirr von Maniquarez ist seit unvordenklicher Zeit berühmt, und dieser Industriezweig ist ganz in den Händen der Indianerweiber. Es wird noch geradeso fabriziert wie vor der Eroberung. In 300 Jahren konnte die Töpferscheibe keinen Eingang auf einer Küste finden, die von Spanien nur 30 bis 40 Tagereisen zur See entfernt ist. Die Eingeborenen haben eine dunkle Vorstellung davon, daß es ein solches Werkzeug gibt, und sie würden sich desselben bedienen, wenn man ihnen das Muster in die Hand gäbe. Die Tongruben sind 2,75 Kilometer östlich von Maniquarez. Dieser Ton ist das Zersetzungsprodukt eines durch Eisenoxyd rot gefärbten Glimmerschiefers. Die Indianerinnen nehmen vorzugsweise solchen, der viel Glimmerschiefer enthält. Sie formen mit großem Geschick Gefäße von 60 Zentimeter bis ein Meter Durchmesser mit sehr regelmäßiger Krümmung. Da sie den Brennofen nicht kennen, so schichten sie Strauchwerk von Desmanthus, Cassia und baumartiger Capparis um die Töpfe und brennen sie in freier Luft.

Für den merkwürdigsten, man kann sagen für den wunderbarsten aller Naturkörper auf der Küste von Araya gilt beim Volke der Augenstein, *piedra de los ojos*. Diese Gebilde aus Kalkerde ist in aller Munde; nach der Volksphysik ist es ein Stein und ein Tier zugleich. Man findet es im Sande, und da rührt es sich nicht; nimmt man es aber einzeln auf und legt es auf eine ebene Fläche, z.B. auf einen Zinn- oder Fayence-Teller, so bewegt es sich, sobald man es mit Zitronensaft reizt. Steckt man es ins Auge, so dreht sich das angebliche Tier um sich selbst und schiebt jeden fremden Körper heraus, der zufällig ins Auge geraten ist. Wir sahen alsbald, daß diese Steine die dünnen porösen Deckel kleiner einschaliger Muscheln sind. Sie haben zwei bis acht Millimeter Durchmesser; die eine Fläche ist eben, die andere gewölbt. Diese Kalkdeckel brausen mit Zitronensaft auf und rücken von der Stelle, indem sich die Kohlensäure entwickelt. Die *piedras de los ojos* wirken, wenn man sie ins Auge schiebt, wie die kleinen Perlen und verschiedene runde Samen, deren sich die Wilden in Amerika bedienen, um den Tränenfluß zu steigern. Diese Erklärungen waren aber gar nicht nach dem Geschmack der Einwohner von Araya. Die Natur erscheint dem Menschen desto größer, je geheimnisvoller sie ist, und die Volksphysik weist alles von sich, was einfach ist.

Ostwärts von Maniquarez an der Südküste liegen nahe aneinander drei Landzungen. In dieser Gegend besteht der Meeresboden offenbar aus Glimmerschiefer, und aus dieser Gebirgsart entspringt 26 Meter vom Ufer eine Naphthaquelle, deren Geruch sich weit in die Halbinsel hinein verbreitet. Man mußte bis zum halben Leibe ins Wasser gehen, um die interessante Erscheinung in der Nähe zu beobachten. Das Wasser ist mit *Zostera* bedeckt, und mitten in einer sehr großen Bank dieses Gewächses sieht man einen freien runden Fleck von einem Meter Durchmesser, auf dem einzelne Massen von *Ulva lactuca* schwimmen. Hier kommen die Quellen zu Tage. Der Boden des Meerbusens ist mit Sand bedeckt, und das Bergöl, das, durchsichtig und von gelber Farbe, dem eigentlichen Naphtha nahekommt, sprudelt stoßweise unter Entwicklung von Luftblasen hervor. Stampft man den Boden mit den Füßen fest, so sieht man die kleinen Quellen wegrücken. Das Naphtha bedeckt das Meer über 320 Meter weit.

Nachdem wir uns in der Umgegend von Maniquarez umgesehen, bestiegen wir ein Fischerboot, um nach Cumana zurückzukehren. Nichts zeigt so deutlich, wie ruhig die See in diesen Strichen ist, als die Kleinheit und der schlechte Zustand dieser Kähne, die ein sehr hohes Segel führen. Der Kahn, den wir ausgesucht hatten, weil er noch am wenigsten beschädigt war, zeigte sich so leck, daß der Sohn des Steuermannes fortwährend mit einer Tutuma, der Frucht der *Crescentia cujete,* das Wasser ausschöpfen mußte. Es kommt im Meerbusen von Cariaco, besonders nordwärts von der Halbinsel Araya, nicht selten vor, daß die mit Kokosnüssen beladenen Pirogen umschlagen, wenn sie zu nahe am Winde gerade gegen den Wellenschlag steuern. Vor solchen Unfällen fürchten sich aber nur Reisende, die nicht gut schwimmen können; denn wird die Piroge von einem indianischen Fischer mit seinem Sohne geführt, so dreht der Vater den Kahn wieder um und macht sich daran, das Wasser wieder hinauszuschaffen, während der Sohn schwimmend die Kokosnüsse zusammenholt. In weniger als einer Viertelstunde ist die Piroge wieder unter Segel, ohne daß der Indianer in seinem unerschöpflichen Gleichmut eine Klage hätte hören lassen.

In Peru, in Guatemala und in Mexiko sind Trümmer von Gebäuden, historische Malereien und Bildwerke Zeugen der alten Kultur der Eingeborenen; aber in einer ganzen Provinz findet man kaum ein paar Familien, die einen klaren Begriff von der Geschichte der Inka und der mexikanischen Fürsten haben. Der Eingeborene hat seine Sprache, seine Tracht und seinen Volkscharakter behalten; aber mit dem Aufhören des Gebrauches der Quippu und der symbolischen Malereien, durch die Einführung des Christentums und andere Umstände sind die geschichtlichen und religiösen Überlieferungen allmählich untergegangen. Andererseits sieht der Ansiedler von europäischer Abkunft verächtlich auf alles herab, was sich auf die unterworfenen Völker bezieht. Er sieht sich in die Mitte gestellt zwischen die frühere Geschichte des Mutterlandes und die seines Geburtslandes, und die eine ist ihm so gleichgültig wie die andere.

Die Geschichte der neuen Kolonien hat nur zwei merkwürdige Ereignisse aufzuweisen, ihre Gründung und ihre Trennung vom Mutterlande. Aber statt Bilder des friedlichen Fortschrittes, des Gewerbefleißes und der Entwicklung der Gesetzgebung in den Kolonien vorzuführen, erzählt diese Geschichte nur von verübtem Unrecht und von Gewalttaten. Welchen Reiz können jene außerordentlichen Zeiten haben, wo die Spanier unter Karls V. Regierung mehr Mut als sittliche Kraft entwickelten, und die ritterliche Ehre wie der kriegerische Ruhm durch Fanatismus und Golddurst befleckt wurde?

Ich glaube hiermit die hauptsächlichsten Ursachen angegeben zu haben, aus denen in den heutigen Kolonien die Nationalerinnerungen sich verlieren, ohne daß andere, auf das nunmehr bewohnte Land sich beziehende, würdig an ihre Stelle träten. Dieser Umstand, wir können es nicht genug wiederholen, äußert einen bedeutenden Einfluß auf die ganze Lage der Ansiedler. In der stürmevollen Zeit einer staatlichen Wiedergeburt sehen sie sich auf sich selbst gestellt, und es ergeht ihnen wie einem Volke, das es verschmähte, seine Geschichtsbücher zu befragen und aus den Unfällen vergangener Jahrhunderte Lehren der Weisheit zu schöpfen.

Sechstes Kapitel

Die Berge von Neuandalusien
Das Tal von Cumanacoa · Der Gipfel des Cocollar
Missionen der Chaymasindianer

Unserem ersten Ausflug auf die Halbinsel Araya folgte bald ein zweiter längerer und lehrreicherer ins Innere des Gebirges zu den Missionen der Chaymasindianer. Wir betraten jetzt ein mit Wäldern bedecktes Land; wir sollten ein Kloster besuchen, das im Schatten von Palmen und Baumfarnen in einem engen Tale liegt, wo man mitten im heißen Erdstrich köstliche Kühle genießt. In den benachbarten Bergen gibt es dort Höhlen, welche von Tausenden von Nachtvögeln bewohnt sind, und jenseits dieser Berge lebt ein vor kurzem noch nomadisches Volk, kaum aus dem Naturzustand getreten, wild, jedoch nicht barbarisch, geistesbeschränkt, nicht weil es lange versunken war, sondern weil es eben nichts weiß.

Zu diesen so mächtig anziehenden Gegenständen kamen noch geschichtliche Erinnerungen. Am Vorgebirge Paria sah Kolumbus zuerst das Festland; hier laufen die Täler aus, die bald von den kriegerischen, menschenfressenden Kariben, bald von den zivilisierten Handelsvölkern Europas verwüstet wurden. Bereits wurden die Antillen angebaut und man führte dort die Gewächse der Alten Welt ein; aber in Terra Firma kam es lange zu keiner ordentlichen und planmäßigen Niederlassung. Die Spanier besuchten die Küste nur, um sich mit Gewalt oder im Tauschhandel Sklaven, Perlen, Goldkörner und Farbholz zu verschaffen. Durch den Schein gewaltigen Religionseifers meinte man diese unersättliche Habsucht in eine höhere Sphäre zu heben. So hat jedes Jahrhundert seine eigene geistige und sittliche Farbe.

Der Handel mit den kupferfarbigen Eingeborenen führte zu denselben Unmenschlichkeiten wie der Negerhandel; er hatte auch dieselben Folgen, Sieger und Unterworfene verwilderten dadurch. Von Stunde an wurden die Kriege unter den Eingeborenen häufiger; die Gefangenen wurden aus dem inneren Lande an die Küste geschleppt und an die Weißen verkauft, die sie auf ihren Schiffen fesselten. Und doch waren die Spanier damals und noch lange nachher eines der zivilisiertesten Völker Europas. Ein Abglanz der Herrlichkeit, in der in Italien Kunst und Literatur blühten, hatte sich über alle Völker verbreitet, deren Sprache dieselbe Quelle hat wie die Sprache Dantes und Petrarcas. Man sollte glauben, in dieser mächtigen geistigen Entwicklung, bei solch erhabenem Schwung der Einbildungskraft hätten sich die Sitten sänftigen müssen. Aber jenseits der Meere, überall, wo der Golddurst zum Mißbrauch der Gewalt führt, haben die europäischen Völker in allen Abschnitten der Geschichte denselben Charakter entwickelt. Man wundert sich aber nicht so sehr über das entsetzliche Bild der Eroberung von Amerika, wenn man daran denkt, was trotz der Segnungen einer menschlicheren Gesetzgebung noch jetzt auf den Westküsten von Afrika vorgeht.

Der Sklavenhandel hatte Dank den von Carl V. zur Geltung gebrachten Grundsätzen auf Terra Firma längst aufgehört; aber die Conquistadoren setzten ihre Streifzüge ins Land fort, und damit den kleinen Krieg, der die amerikanische Bevölkerung herabbrachte, dem Nationalhaß immer frische Nahrung gab, auf lange Zeit die Keime der Kultur erstickte. Endlich ließen Missionare unter dem Schutze des weltlichen Arms Worte des Friedens hören. Es war Pflicht der Religion, daß sie der Menschheit einigen Trost brachte für die Greuel, die in ihrem Namen verübt worden; sie führte für die Eingeborenen das Wort vor dem Richterstuhl der Könige, sie widersetzte sich den Gewalttätigkeiten der Pfründeninhaber, sie vereinigte umherziehende Stämme zu den kleinen Gemeinden, die man Missionen nennt und die der Entwicklung des Ackerbaus Vorschub leisten. So haben sich allmählich, aber in gleichförmiger, planmäßiger Entwicklung jene großen mönchischen Niederlassungen gebildet, jenes merkwürdige Regiment, das immer darauf hinausgeht, sich abzuschließen, und Länder, die vier und fünfmal größer sind als Frankreich, den Mönchsorden unterwirft.

Einrichtungen, die trefflich dazu dienten, dem Blutvergießen Einhalt zu tun und den ersten Grund zur gesellschaftlichen Entwicklung zu legen, sind in der Folge dem Fortschritt derselben hinderlich geworden. Die Abschließung hatte zur Folge, daß die Indianer so ziemlich blieben, was sie waren, als ihre zerstreuten Hütten noch nicht um das Haus des Missionars beisammen lagen. Ihre Zahl hat ansehnlich zugenommen, keineswegs aber ihr geistiger Gesichtskreis.

Sie haben mehr und mehr von der Charakterstärke und der natürlichen Lebendigkeit eingebüßt, die auf allen Stufen menschlicher Entwicklung die edlen Früchte der Unabhängigkeit sind. Man hat alles bei ihnen, sogar die unbedeutendsten Verrichtungen des häuslichen Lebens, der unabänderlichen Regel unterworfen, und so hat man sie gehorsam gemacht, zugleich aber auch dumm. Ihr Lebensunterhalt ist meist gesicherter, ihre Sitten sind milder geworden; aber der Zwang und das trübselige Einerlei des Missionsregiments lastet auf ihnen und ihr düsteres, verschlossenes Wesen verrät, wie ungern sie die Freiheit der Ruhe zum Opfer gebracht haben. Die Mönchszucht innerhalb der Klostermauern entzieht zwar dem Staate nützliche Bürger, indessen mag sie immerhin hin und da Leidenschaften zur Ruhe bringen, große Schmerzen lindern, der geistigen Vertiefung förderlich sein; aber in die Wildnisse der Neuen Welt verpflanzt, auf allen Beziehungen des bürgerlichen Lebens angewendet, muß sie desto verderblicher wirken, je länger sie andauert. Sie hält von Geschlecht zu Geschlecht die geistige Entwicklung nieder, sie hemmt den Verkehr unter den Völkern, sie weist alles ab, was die Seele erhebt und den Vorstellungskreis erweitert. Aus allen diesen Ursachen zusammen verharren die Indianer in den Missionen in einem Zustand von Unkultur, der Stillstand heißen müßte, wenn nicht auch die menschlichen Vereine denselben Gesetzen gehorchten, wie die Entwicklung des menschlichen Geistes überhaupt, wenn sie nicht Rückschritte machten, eben weil sie nicht fortschreiten.

Am 4. September um fünf Uhr morgens brachen wir zu unserem Ausflug zu den Chaymasindianern und in die hohe Gebirgsgruppe von Neuandalusien auf. Man hatte uns geraten, wegen des sehr beschwerlichen Weges unser Gepäck möglichst zu beschränken. Zwei Lasttiere reichten auch hin, unseren Mundvorrat, unsere Instrumente und das nötige Papier zum Pflanzentrocknen zu tragen.

Der Morgen war köstlich kühl. Der Weg oder vielmehr der Fußpfad nach Cumanacoa führt am rechten Ufer des Manizanes hin über das Kapuzinerhospiz, das in einem kleinen Gehölze von Gayacbäumen und baumartigen Capparis liegt. Nachdem wir von Cumana aufgebrochen, hatten wir auf dem Hügel von San Franzisko in der kurzen Morgendämmerung eine weite Aussicht über die See, über die mit goldgelb blühender Bava *(Zygophyllum arboreum, Jacq.)* bedeckte Ebene und die Berge des Brigantin.

Der Weg läuft neun Kilometer über einen baumlosen Landstrich, der früher Seeboden war. Man findet hier nicht nur Kaktus, Büsche des cistusblätterigen Tribulus und die schöne purpurfarbige Euphorbie, sondern auch *Avicennia, Allionia, Peruvium, Thalinum* und die meisten Portulaceen, die am Golf von Cariaco vorkommen. Diese geographische Verteilung der Gewächse weist, wie es scheint, auf den Umriß der alten Küste hin und spricht dafür, daß die Hügel, an deren Südhang wir hinzogen, einst eine durch einen Meeresarm vom Festlande getrennte Insel bildeten.

Nach zwei Stunden Weges gelangten wir an den Fuß der hohen Bergkette im Inneren. Hier beginnen neue Gebirgsarten und damit ein anderer Habitus des Pflanzenwuchses. Alles erhält einen großartigeren, malerischen Charakter. Der quellenreiche Boden ist nach allen Richtungen von Wasserfäden durchzogen. Bäume von riesiger Höhe, mit Schlinggewächsen bedeckt, steigen aus den Schluchten empor; ihr schwarze, von der Sonnenglut und vom Sauerstoff verbrannte Rinde sticht ab vom frischen Grün der Pothos und der Dracontien, deren lederartige, glänzende Blätter nicht selten mehrere Fuß lang sind.

Wir kamen an Hütten vorbei, die von Mestizen bewohnt sind. Jede Hütte liegt mitten in einem Gehege, das Bananenbäume, Melonenbäume, Zuckerrohr und Mais einfriedigt. Man müßte sich wundern, wie klein diese Flecke urbar gemachten Landes sind, wenn man nicht bedächte, daß ein mit Pisang angepflanzter Morgen Landes gegen zwanzigmal mehr

Nahrungsstoff liefert, als die gleiche mit Getreide bestellte Fläche. In diesen gesegneten Landstrichen entspricht die unermeßliche Fruchtbarkeit des Bodens der Gluthitze und der Feuchtigkeit der Luft. Ein kleines Stück Boden, auf dem Bananenbäume, Maniok, Yams und Mais stehen, ernährt reichlich eine zahlreiche Bevölkerung. Daß die Hütten einsam im Walde zerstreut liegen, wird für den Reisenden ein Merkmal der Überfülle der Natur; oft reicht ein ganz kleiner Fleck urbaren Landes für den Bedarf mehrerer Familien hin.

Je tiefer wir den den Wald hineinkamen, desto mehr zeigte uns das Barometer, daß der Boden mehr und mehr anstieg. Die Baumstämme boten uns hier einen ganz eigenen Anblick, eine Grasart mit quirlförmigen Zweigen klettert, gleich einer Liane, 2,6 bis 3,25 Meter hoch und bildet über dem Wege Gewinde, die sich im Luftzuge schaukeln. Gegen drei Uhr nachmittags hielten wir auf einer kleinen Hochebene an, Quetepo genannt, die etwa 370 Meter über dem Meere liegt. Es stehen hier einige Hütten an einer Quelle, deren Wasser bei den Eingeborenen als sehr kühl und gesund berühmt ist. Das Thermometer stand auf 28,7 Grad Celsius.

Auf einem Sandsteinhügel über der Quelle hatten wir eine prachtvolle Aussicht auf das Meer, das Vorgebirge Macanao und die Halbinsel Maniquarez. Ein ungeheurer Wald breitete sich zu unseren Füßen bis zum Ozean hinab; die Baumgipfel, mit Lianen behangen, mit langen Blütenbüscheln gekrönt, bildeten einen ungeheuren grünen Teppich, dessen tiefdunkle Färbung das Licht in der Luft noch glänzender erscheinen ließ. Dieser Anblick ergriff uns um so mehr, da uns hier zum erstenmal die Vegetation der Tropen in ihrer Massenhaftigkeit entgegentrat. Auf dem Hügel von Quetepe, unter den Stämmen von *Malpighia corolloboefolia* mit stark lederartigen Blättern, in Gebüschen von *Polygala montana,* brachten wir die ersten Melastomen, namentlich die schöne Art, die unter dem Namen *Melastoma rufescens* beschrieben worden ist. Dieser Aussichtspunkt wird uns lange im Gedächtnis bleiben; der Reisende behält die Orte lieb, wo er zuerst ein Pflanzengeschlecht angetroffen, das er bis dahin nie wild wachsend gesehen hatte.

Weiter gegen Südwest wird der Boden dürr und sandig; wir erstiegen eine ziemlich hohe Berggruppe, welche die Küste von den großen Ebenen oder Savannen an den Ufern des Orinoko trennt. Der Teil dieser Berggruppe, durch den der Weg nach Cumanacoa läuft, ist pflanzenlos und fällt gegen Nord und Süd steil ab. Er führt den Namen Imposible. Wir kamen kurz vor Sonnenuntergang auf dem Gipfel an, und ich konnte eben noch ein paar Stundenwinkel aufnehmen, um mittels des Chronometers die Länge des Ortes zu bestimmen.

Die Aussicht auf dem Imposible ist noch schöner und weiter als auf der Ebene Quetepe. Deutlich konnten wir mit bloßem Auge den abgestutzten Gipfel des Brigantin, dessen geographische Lage genau zu kennen so wichtig wäre, den Landungsplatz und die Reede von Cumana sehen. Die Felsenküste von Araya lag nach ihrer ganzen Länge vor uns. Besonders fiel uns die merkwürdige Bildung des Hafens auf, den man *Laguna grande* oder *Laguna del Obispo* nennt. Ein weites, von hohen Bergen umgebenes Becken steht durch einen schmalen Kanal, durch den nur ein Schiff fahren kann, mit dem Meerbusen von Cariaco in Verbindung. Unser Blick verfolgte die Windungen des Meeresarmes, der sich wie ein Fluß durch senkrechte, kahle Felsen sein Bett gegraben hat. Dieser merkwürdige Anblick erinnert an die phantastische Landschaft, die Leonardo da Vinci auf dem Hintergrunde seines berühmten Bildes der Gioconda angebracht hat.

Die Nacht brachten wir in einem Hause zu, wo ein Militärposten von acht Mann unter einem spanischen Unteroffizier liegt. Es ist ein Hospiz, das neben einem Pulvermagazin liegt und wo der Reisende alle Bequemlichkeit findet.

Die Llaneros, das heißt die Bewohner der Ebenen, schicken ihre Produkte, namentlich Mais, Leder und Vieh, über den Imposible in den Hafen von Cumana. Wir sahen rasch hintereinander Indianer oder Mulatten mit Maultieren ankommen. Der einsame Ort erinnert mich lebhaft an die Nächte, die ich oben auf dem St. Gotthard zugebracht hatte. Es brannte an mehreren Stellen in den weiten Waldungen um den Berg. Die rötlichen, halb in ungeheure Rauchwolken gehüllten Flammen gewährten das großartigste Schauspiel. Die Einwohner zünden die Wälder an, um die Weiden zu verbessern und das Unterholz zu vertilgen, unter dem das Gras erstickt, das hierzulande schon selten genug ist. Häufig entstehen auch ungeheure Waldbrände durch die Unvorsichtigkeit der Indianer, die auf ihren Zügen die Feuer, an denen sie gekocht haben, nicht auslöschen. Durch diese Zufälle sind auf dem Wege von Cumana nach Cumanacoa die alten Bäume seltener geworden; und die Einwohner machen die richtige Bemerkung, daß an verschiedenen Orten der Provinz die Trockenheit zugenommen habe, nicht allein weil der Boden durch die vielen Erdbeben von Jahr zu Jahr mehr zerklüftet wird, sondern auch weil er nicht mehr so stark bewaldet ist als zur Zeit der Eroberung.

Am 5. September vor Sonnenaufgang brachen wir vom Imposible auf. Der Weg abwärts ist für die Lasttiere sehr gefährlich; der Pfad ist meist nur 40 Zentimeter breit und läuft beiderseits an Abgründen hin.

Wenn man vom Imposible herabkommt, sieht man den Alpenkalk unter dem Sandstein wieder zum Vorschein kommen. Da die Schichten meist nach Süd und Südost fallen, so kommen am Südabhang des Berges sehr viele Quellen zutage. In der Regenzeit werden diese Quellen zu reißenden Bergströmen, die im Schatten von Hura, Cuspa und Cecropia mit silberglänzenden Blättern niederstürzen.

Die Cuspa ist ein den europäischen Botanikern noch unbekannter Baum. Er diente lange nur als Bauholz. Sein Stamm wird kaum fünf bis 6,5 Meter hoch. Seine sehr dünne, blaßgelbe Rinde ist ein ausgezeichnetes Fiebermittel; dieselbe hat sogar mehr Bitterkeit als die Rinden der Chinchonen, aber diese Bitterkeit ist nicht so unangenehm. Die Cuspa wird mit sehr gutem Erfolg als weingeistiger Extrakt und als wässeriger Aufguß sowohl mit Wechselfiebern als in bösartigen Fiebern gegeben.

Als wir aus der Schlucht, die sich am Imposible hinabzieht, herauskamen, betraten wir den dichten Wald, durch den eine Menge kleiner Flüsse laufen, die man leicht durchwatet. Mitten im Walde an den Ufern des Rio Erdeño findet man, wie am Südabhang des Cocollar, Melonenbäume und Orangenbäume mit großen süßen Früchten wild wachsend. Es sind wahrscheinlich Überbleibsel einiger Conucas oder indianischen Pflanzungen; denn auch der Orangenbaum kann in diesen Landstrichen nicht zu den ursprünglichen, hier heimischen Gewächsen gerechnet werden sowenig als der Pisang, der Melonenbaum, der Mais, der Maniok und so viele andere nutzbare Gewächse, deren eigentliche Heimat wir nicht kennen, obgleich sie den Menschen seit uralter Zeit auf seinen Wanderungen begleitet haben.

Wenn ein eben aus Europa angekommener Reisender zum erstenmal die Wälder Südamerikas betritt, so hat er ein ganz unerwartetes Naturbild vor sich. Bei jedem Schritt fühlt er, daß er sich nicht an den Grenzen der heißen Zone befindet, sondern mitten drin, auf einem gewaltigen Kontinent, wo alles riesenhaft ist, Berge, Ströme und Pflanzenmassen. Hat er Sinn für landschaftliche Schönheit, so weiß er sich von seinen mannigfaltigen Empfindungen kaum Rechenschaft zu geben. Er weiß nicht zu sagen, was mehr sein Staunen erregt, die feierliche Stille der Einsamkeit oder die Schönheit der einzelnen Gestalten und ihre Kontraste oder die Kraft und Fülle des vegetabilischen Lebens. Es ist, als hätte der mit Gewächsen überladene Boden gar nicht Raum genug zu ihrer Entwicklung. Überall verstecken sich die Baumstämme hinter einem grünen Teppich, und wollte man all die Orchideen, die Pfeffer- und Pothosarten, die auf einem einzigen Heuschreckenbaum oder amerikanischen Feigenbaum *(Ficus gigantea)* wachsen, sorgsam verpflanzen, so würde ein ganzes Stück Land damit bedeckt. – Dieselben Lianen, die am Boden kriechen, klettern zu den Baumwipfeln empor und schwingen sich, mehr als 30 Meter hoch, von einem zum anderen. So kommt es, daß, da die Schmarotzergewächse sich überall durcheinander wirren, der Botaniker Gefahr läuft, Blüten, Früchte und Laub, die verschiedenen Arten angehören, zu verwechseln.

Wir wanderten einige Stunden im Schatten dieser Wölbungen, durch die man kaum hin und wieder den blauen Himmel sieht. Er schien mir um so tiefer indigoblau, da das Grün der tropischen Gewächse meist einen sehr kräftigen, ins Bräunliche spielenden Ton hat. Zerstreute Felsmassen waren mit einem großen Baumfarn bewachsen. Hier sahen wir zum ersten Male jene Nester in Gestalt von Flaschen oder kleinen Taschen, die an den Ästen der niedrigsten Bäume aufgehängt sind. Es sind Werke des bewunderungswürdigen Bautriebes der Drosseln, deren Gesang sich mit dem heiseren Geschrei der Papageien und Aras mischte. Die letzteren, die wegen der lebhaften Farben ihres Gefieders allgemein bekannt sind, flogen nur paarweise, während die eigentlichen Papageien in Schwärmen von mehreren hundert Stücken umherfliegen.

Gute fünf Kilometer vor dem Dorfe San Fernando kamen wir aus dem Walde heraus. Ein schmaler Fußpfad führt auf mehreren Umwegen in ein offenes, aber ausnehmend feuchtes Land. Unter dem gemäßigten Himmelsstrich hätten unter solchen Umständen Gräser und Riedgräser einen weiten Wiesenteppich gebildet; hier wimmelte der Boden von Wasserpflanzen mit pfeilförmigen Blättern, besonders von Canna-Arten, unter denen wir die prachtvollen Blüten der Costus, der Thalien und Helikonien erkannten. Diese saftigen Gewächse werden 2,5 bis 3,5 Meter hoch, und wo sie dicht beisammen stehen, könnten sie in Europa für kleine Wälder gelten.

Bei San Fernando war die Verdunstung unter den Strahlen der Sonne so stark, daß wir, da wir sehr leicht gekleidet waren, durchnäßt wurden wie in einem Dampfbad. Am Wege wuchs eine Art Bambusrohr, das die Indianer Jagua oder Guadua nennen und das über 13 Meter hoch wird. Nichts kann zierlicher sein als diese baumartige Grasart. Form und Stellung der Blätter geben ihr ein Ansehen von Leichtigkeit, das mit dem hohen Wuchs angenehm kontrastiert. Der glatte glänzende Stamm der Jagua ist meist den Bachufern zugeneigt und schwankt beim leisesten Luftzug hin und her.

Der Weg mit dem Bambusgebüsch zu beiden Seiten führte uns zum kleinen Dorfe San Fernando, das auf einer schmalen, von sehr steilen Kalksteinwänden umgebenen Ebene liegt. Es war die erste Mission, die wir in Amerika betraten. Die Häuser oder vielmehr Hütten der Chaymasindianer sind weit auseinander gerückt und nicht von Gärten umgeben. Die breiten geraden Straßen schneiden sich unter rechten Winkeln; die sehr dünnen, unsoliden Wände bestehen aus Letten und Lianenzweigen. Die gleichförmige Bauart, das ernste schweigsame Wesen der Einwohner die ausnehmende Reinlichkeit in den Häusern, alles erinnert an die Gemeinden der mährischen Brüder. Jede indianische Familie baut draußen vor dem Dorfe außer ihrem eigenen Garten den *Conuco de la comunidad*. In diesem arbeiten die Erwachsenen beider Geschlechter morgens und abends je eine Stunde. In den Missionen, die der Küste zu liegen, ist der Gemeindegarten meist eine Zucker- oder Indigoplantage, welcher der Missionar vorsteht und deren Ertrag, wenn das Gesetz streng befolgt wird, nur zur Erhaltung der Kirche und zur Anschaffung von Paramenten verwendet werden darf. Auf dem großen Platze mitten im Dorfe stehen die Kirche, die Wohnung des Missionars und das bescheidene Gebäude, das pomphaft *Casa del Rey,* »königliches Haus« betitelt wird. Es ist eine förmliche Karawanserei, wo die Reisenden Obdach finden, und, wie wir oft erfahren, eine wahre Wohltat in einem Lande, wo das Wort Wirtshaus noch unbekannt ist.

Wir waren an die Ordensleute, die den Missionen der Chaymasindianer vorstehen, durch ihren Syndikus in Cumana empfohlen. Diese Empfehlung kam uns desto mehr zustatten, als die Missionare oft an einer alten Verordnung festhalten, nach welcher kein Weißer weltlichen Standes sich länger als eine Nacht in einem indianischen Dorfe aufhalten darf. Will man in den spanischen Missionen angenehm reisen, so darf man sich meist nicht allein auf den Paß des Madrider Staatssekretärs oder der Zivilbehörden verlassen, man muß sich mit Empfehlungen geistlicher Behörden versehen; am wirksamsten sind die der Guardiane der Klöster und der in Rom residierenden Ordensgenerale, vor denen die Missionare weit mehr Respekt haben als vor den Bischöfen.

Der Missionar von San Fernando war ein sehr bejahrter, aber noch sehr kräftiger und munterer Kapuziner aus Aragon. Seine bedeutende Körperrundung, sein guter Humor, sein Interesse für Gefechte und Belagerungen stimmten schlecht zu der Vorstellung, die man sich im Norden vom schwärmerischen Trübsinn und dem beschaulichen Leben der Missionare macht. Er empfing uns ganz freundlich und erlaubte uns, unsere Hängematten in einem Gange seines Hauses zu befestigen. Er saß den größten Teil des Tages über in einem großen Armstuhle von rotem Holz und beklagte sich bitter über die Trägheit und Unwissenheit seiner Landsleute. Er richtete tausenderlei Fragen an uns über den eigentlichen Zweck unserer Reise, die ihm sehr gewagt oder zum wenigsten ganz unnütz schien.

Als er unsere Instrumente, unsere Bücher und getrockneten Pflanzen sah, konnte er sich eines boshaften Lächelns nicht enthalten, und er gestand mit der in diesem Klima landesüblichen Naivität, von allen Genüssen dieses Lebens, den Schlaf nicht ausgenommen, sei doch gutes Kuhfleisch, *carne de vaca,* der köstlichste: die Sinnlichkeit quillt eben überall über, wo es an geistiger Beschäftigung fehlt.

In der Nacht vom 5. September und am anderen Morgen lag ein dicker Nebel, und doch waren wir nur 195 Meter über dem Meeresspiegel. Der Weg von San Fernando nach Cumanacoa führt über kleine Pflanzungen durch ein offenes feuchtes Tal. Wir wateten durch viele Bäche. Im Schatten stand das Thermometer nicht über 30 Grad, wir waren aber unmittelbar den Sonnenstrahlen ausgesetzt, weil die Bambus am Wege nur wenig Schutz gewähren, und wir hatten stark von der Hitze zu leiden.

In der Nähe von Cumanacoa wird der Boden ebener und das Tal nach und nach weiter. Die kleine Stadt liegt auf einer kahlen, fast kreisrunden, von hohen Bergen umgebenen Ebene und nimmt sich von außen recht trübselig aus. Die Bevölkerung ist kaum 2300 Seelen stark. Die Häuser sind sehr niedrig, unsolid und, drei oder vier ausgenommen, sämtlich aus Holz. Wir brachten indessen unsere Instrumente ziemlich gut beim Verwalter der Tabakregie unter, einem liebenswürdigen, geistig sehr regsamen Manne. Er hatte uns eine geräumige bequeme Wohnung einrichten lassen; wir blieben vier Tage hier, und er ließ sich nicht abhalten, uns auf allen unseren Ausflügen zu begleiten.

Cumanacoa wurde im Jahre 1717 gegründet. Die Stadt hieß anfangs San Baltazar de las Arias, aber der indianische Name verdrängte jenen, wie der Name Caracas den Namen Santiago de Leon.

Unser erster Aufenthalt in den Missionen fiel in die Regenzeit. Jede Nacht war der Himmel mit schweren Wolken wie mit einem dichten Schleier umzogen, und nur durch Ritzen im Gewölk konnte ich ein paar Sternbeobachtungen anstellen. Das Thermometer stand auf 18,5 bis 20 Grad, und dies ist in der heißen Zone und für das Gefühl des Reisenden, der von der Küste herkommt, bedeutend kühler. In Cumana sah ich die Temperatur bei Nacht niemals unter 21 Grad sinken. Am heißesten ist es von Mittag bis drei Uhr, wo dann das Thermometer auf 26 bis 27 Grad steht. Zur Zeit der größten Hitze, etwa zwei Stunden nach dem Durchgang der Sonne durch den Meridian, zog fast regelmäßig ein Gewitter auf, das auch zum Ausbruch kam. Dicke, schwarze, sehr niedrig ziehende Wolken lösten sich in Regen auf; diese Güsse dauerten 2 bis 3 Stunden, und während derselben fiel das Thermometer um fünf bis sechs Grad. Gegen fünf Uhr hörte der Regen ganz auf, die Sonne kam aber bis zum Untergang nicht leicht zum Vorschein, und das Hygrometer ging dem Trockenpunkte zu; aber um acht oder neun Uhr abends waren wir schon wieder in eine dicke Wolkenschicht gehüllt. Dieser Wetterwechsel erfolgt, wie man uns versicherte, durchaus gesetzmäßig monatelang einen Tag wie den anderen, und doch läßt sich nicht der geringste Luftzug spüren.

Die Vegetation auf der Ebene um die Stadt ist sehr einförmig, aber infolge der großen Feuchtigkeit der Luft ungemein frisch. Ihre Haupteigentümlichkeiten sind ein baumartiges Solanum, das 13 Meter hoch wird, die *Urtica baccifera* und eine neue Art der Gattung *Guettarda*. Der Boden ist sehr fruchtbar, und er wäre auch leicht zu bewässern, wenn man von den vielen Bächen, deren Quellen das ganze Jahr nicht versiegen, Kanäle zöge. Das wichtigste Erzeugnis ist der Tabak, und nur diesem verdankt es die kleine, schlecht gebaute Stadt, wenn sie einen gewissen Ruf hat. Seit der Einführung der Pacht *(Estanco real de Tabaco)* im Jahre 1799 ist der Tabaksbau in der Provinz Cumana fast ganz auf Cumanacoa beschränkt. Dieses Pachtsystem ist ein beim Volke äußerst verhaßtes Monopol. Die ganze Tabakernte muß an die Regierung verkauft werden, und um den Schmuggel zu steuern oder vielmehr nur ihn einzuschränken, ließ man geradezu nur an einem Punkte Tabak bauen. Aufseher streifen durch das Land; sie zerstören jede Anpflanzung, die sie außerhalb der zum Bau angewiesenen Distrikte finden, und geben die Unglücklichen an, die es wagen, selbstgemachte Zigarren zu rauchen. Dies hat nicht wenig dazu beigetragen, den Haß zwischen den Kolonien und dem Mutterlande zu schüren.

Beschäftigt man sich mit der Geschichte unserer Kulturpflanzen, so sieht man mit Überraschung, daß vor der Eroberung der Gebrauch des Tabaks über den größten Teil von Amerika verbreitet war, während man die Kartoffel weder in Mexiko, noch auf den Antillen kannte, wo sie doch in gebirgigen Lagen sehr gut fortkommt. Ferner wurde in Portugal schon im Jahre 1559 Tabak gebaut, während die Kartoffel erst am Ende des 17. und zu Anfang des 18. Jahrhunderts in den europäischen Ackerbau überging. Letzteres Gewächs, das für das Wohl der menschlichen Gesellschaft so bedeutsam geworden ist, hat sich auf beiden Kontinenten weit langsamer verbreitet als ein Produkt, das nur für einen Luxusartikel gelten kann.

Das wichtigste Produkt nach dem Tabak ist im Tale von Cumanacoa der Indigo, er kommt an Glanz und Fülle der Farbe oft dem Indigo von Guatemala nahe. Alle Indigofarben, die wir gesehen, sind nach demselben Plane einrichtet. Zwei Weichküpen, in denen das Kraut »faulen« soll, stehen nebeneinander. Jede mißt 1,5 Quadratmeter und ist 75 Zentimeter tief. Aus diesen oberen Kufen läuft die Flüssigkeit in die Stampfkasten, zwischen denen die Wassermühle angebracht ist. Der Baum des großen Rades läuft zwischen diesen Kasten durch, und an ihm sitzen an langen Stielen die Löffel zum Stampfen. Aus einer weiten Abseiheküpe kommt der farbhaltige Bodensatz in die Trockenkasten und wird daselbst auf Brettern aus Brasilholz ausgebreitet, die mittels kleiner Rollen unter Dach gebracht werden können, wenn unerwartet Regen eintritt. Diese geneigten, sehr niedrigen Dächer geben den Trockenkasten von weitem das Aussehen von Treibhäusern. Im Tale von Cumanacoa verläuft die Gärung des Krautes, das man »faulen« läßt, ungemein rasch. Sie dauert meist nicht länger als 4 bis 5 Stunden. Dies kann nur von der Feuchtigkeit des Klimas herrühren und daher, daß während der Entwicklung der Pflanze die Sonne nicht scheint. Ich habe während meines Aufenthaltes in Cumana den etwas schweren kupferfarbigen Indigo von Cumanacoa und den von Caracas zur Vergleichung in Schwefelsäure aufgelöst, und die Auflösung des ersteren schien mir weit satter blau.

Trotz der ausgezeichneten Beschaffenheit der Produkte und der Fruchtbarkeit des Bodens ist der Landbau in Cumanacoa noch völlig in der Kindheit. Es fehlt an Menschenhänden, und die schwache Bevölkerung nimmt durch die Auswanderung in die Llanos täglich ab. Diese unermeßlichen Savannen nähren den Menschen reichlich, weil sich das Vieh dort so leicht vermehrt, während der Indigo- und Tabaksbau viel Sorge und Mühe macht. Der Ertrag des letzteren ist desto unsicherer, da die Regenzeit bald länger, bald kürzer dauert. Die Pflanzer sind von der königlichen Pacht, die ihnen Vorschüsse macht, völlig abhängig, und man baut lieber Nahrungsgewächse als Tabak.

Als wir dem südlichen Rand des Beckens von Cumanacoa zugingen, sahen wir den Turimiquiri vor uns liegen. Eine ungeheure Felswand, das Überbleibsel eines alten Küstenstrichs, steigt mitten im Walde empor. Weiter nach West, beim Cerro del Chuchivano, erscheint die Bergkette wie durch ein Erdbeben auseinandergerissen. Die Spalte ist über 290 Meter breit und von senkrechten Felsen umgeben. Tief beschattet von den Bäumen, deren verschlungene Zweige nicht Raum haben, sich auszubreiten, nahm sich die Spalte aus wie eine durch einen Erdfall entstandene Grube.

Wir besuchten öfter einen kleinen Hof, Conuco de Bermudez, dem Erdspalt von Chuchivano gegenüber. Man baut hier auf feuchtem Boden Bananen, Tabak und mehrere Arten von Baumwollbäumen, besonders die, deren Wolle nankinggelb ist und die auf der Insel Margarita so häufig vorkommt. Der Eigentümer sagte uns, der Erdspalt sei von Jaguaren bewohnt. Diese Tiere bringen den Tag in Höhlen zu und schleichen bei Nacht um die Wohnungen. Da sie reichlich Nahrung haben, werden sie bis zu zwei Meter lang. Ein solcher Tiger hatte im verflossenen Jahre ein zum Hof gehöriges Pferd verzehrt. Er schleppte seine Beute bei hellem Mondschein über die Savanne unter einen ungeheuer dicken Ceibabaum. Vom Winselns des verendenden Pferdes erwachten die Sklaven im Hofe. Sie rückten mitten in der Nacht aus, bewaffnet mit Spießen und Machetes. Der Tiger lag auf seiner Beute und ließ sie ruhig herankommen; er erlag erst nach langem hartnäckigem Widerstand. Dieser Fall und andere zeigen, daß der große Jaguar von Terra Firma wie der Jaguarete in Paraguay und der eigentliche asiatische Tiger vor dem Menschen nicht fliehen, wenn ihm dieser zu Leibe geht und die Zahl der Angreifenden ihn nicht scheu macht.

Dem Hofe Bermudez gegenüber liegen die Öffnungen zweier geräumiger Höhlen im Erdspalt von Cuchivano; von Zeit zu Zeit schlagen Flammen daraus empor, die man bei Nacht sehr weit sieht. Die benachbarten Berge sind dann davon beleuchtet, und nach der Höhe der Felsen, über welche diese brennenden Dünste hinaufreichen, wäre man versucht zu glauben, daß sie mehrere hundert Fuß hoch werden. Beim letzten großen Erdbeben in Cumana war diese Erscheinung von einem unterirdischen dumpfen, anhaltenden Getöse begleitet.

Auf einer botanischen Exkursion nach Rinconada versuchten wir vergeblich, in die Spalte einzudringen. Wir hätten die Felsen, die in ihrem Schoße die Ursachen dieses merkwürdigen Feuers zu bergen schienen, gerne näher untersucht; aber die üppige Vegetation, die miteinander verschlungenen Lianen und Dornsträucher ließen uns nicht vorwärts kommen. Zum Glück nahmen die Bewohner des Tales lebhaften Anteil an unseren Forschungen, nicht sowohl weil sie sich vor einem vulkanischen Ausbruch fürchteten, als weil sie sich in den Kopf gesetzt hatten, der Risco del Cuchivano enthalte eine Goldgrube. Es half nichts, daß wir ihnen auseinandersetzten, warum wir an Gold im Muschelkalk nicht glauben könnten; sie wollten einmal wissen, »was der deutsche Bergmann vom Reichtum des Erzgangs halte«. Seit Karl V. und den Welsern hat sich in Terra Firma im Volk der Glaube an das besondere bergmännische Geschick der Deutschen erhalten. Wohin ich in Südamerika kam, überall, sobald man erfuhr, wo ich her sei, zeigte man mir Muster von Erzen. In den Kolonien ist jeder Franzose ein Arzt, jeder Deutsche ein Bergmann.

Die Pflanzer bahnten mit ihren Sklaven einen Weg durch den Wald bis zum ersten Fall des Rio Juagua, und am 10. September machten wir unseren Ausflug nach dem Risco del Cuchivano. Kaum hatten wir die Schlucht betreten, so bemerkten wir, daß Tiger in der Nähe waren, sowohl an einem frisch gerissenen Stachelschwein als am Gestank ihres Kotes, der dem einer europäischen Katze gleicht. Zur Vorsicht gingen die Indianer nach dem Hofe zurück und brachten Hunde von sehr kleiner Rasse mit. Man behauptet, wenn man dem Jaguar auf schmalem Pfad begegne, springe er zuerst auf den

Hund los, nicht auf den Menschen. Wir stiegen nicht am Ufer des Baches, sondern an der Felswand über dem Wasser hinauf. Man geht an einem 65 bis 100 Meter tiefen Abgrund hin auf einem ganz schmalen Vorsprung, wie auf dem Wege von Grindelwald am Mettenberg hin zum großen Gletscher. Wird der Vorsprung so schmal, daß man nicht mehr weiß, wohin man den Fuß setzen soll, so steigt man zum Bach hinunter, watet durch oder läßt sich von einem Sklaven hinübertragen und klimmt an der anderen Bergwand weiter. Das Niederklettern ist ziemlich mühselig, und man darf sich nicht auf die Lianen verlassen, die wie große Stricke von den Baumwipfeln niederhängen. Die Ranken- und Schmarotzergewächse hängen nur locker an den Ästen, die sie umschlingen; ihre Stengel haben zusammen ein ganz ansehnliches Gewicht, und wenn man auf abschüssigem Boden sich mit dem ganzen Körper an Lianen hängt, läuft man Gefahr, eine ganze grüne Laube niederzureißen. Je weiter wir kamen, desto dichter wurde die Vegetation. An mehreren Stellen hatten die Baumwurzeln, die in die Spalten zwischen den Schichten hineingewachsen waren, das Kalkgestein zersprengt. Wir konnten kaum die Pflanzen fortbringen, die wir bei jedem Schritt aufnahmen. Die Canna, die Helikonen mit schönen purpurnen Blüten, die Costus und andere Gewächse aus der Familie der Amomeen werden hier 2,6 bis 3,25 Meter hoch. Ihr helles, frisches Grün, ihr Seidenglanz und ihr strotzendes Fleisch stechen grell ab vom bräunlichen Ton des Baumfarns mit dem zartgefiederten Laub. Die Indianer hieben mit ihren großen Messern Kerben in die Baumstämme und machten uns auf die Schönheit der roten und goldgelben Hölzer aufmerksam. Sie zeigten uns ein Gewächs mit zusammengesetzter Blüte, das 6,5 Meter hoch ist (*Eupatorium laevigatum, Lamarck*), die sogenannte Rose von Belveria (*Brownea racimosa*), berühmt wegen ihrer herrlichen purpurroten Blüten, und das heimische Drachenblut, eine noch nicht beschriebene Art Kroton, deren roter, adstringierender Saft zur Stärkung des Zahnfleisches gebraucht wird. Sie unterschieden die Arten durch den Geruch, besonders aber durch Kauen der Holzfasern. Wir konnten übrigens von den scharfen Sinnen unserer Führer nicht viel Nutzen ziehen; denn wie soll man zu Blättern, Blüten oder Früchten gelangen, deren

Äste mehr als 16 Meter über dem Boden sind? Mit Überraschung sieht man in dieser Schlucht die Baumrinde, sogar den Boden mit Moosen und Flechten überzogen. Diese Kryptogamen sind hier so häufig wie im Norden. Die feuchte Luft und der Mangel an direktem Sonnenlicht begünstigen ihre Entwicklung, und doch beträgt die Temperatur bei Tag 25, bei Nacht 19 Grad Celsius.

Die angebliche Goldgrube von Cuchivano ist nichts weiter als ein Loch, das man in eine der schwarzen, an Schwefelkies reichen Mergelschichten im Kalk zu graben angefangen. Das Wasser spült metallisch glänzende Körner goldgelben Schwefelkieses aus, und deshalb glaubt das Volk, der Bach führe Gold.

Unseren Führern behagte mein Unglaube sehr schlecht; ich hatte gut sagen, aus dieser angeblichen Goldgrube könnte man höchstens Alaun und Eisenvitriol gewinnen; sie lasen nichtsdestoweniger heimlich jedes Stückchen Schwefelkies auf, das sie im Wasser glänzen sahen. Wie viele Zeit haben wir auf unserer fünfjährigen Reise verloren, um auf das dringende Verlangen unserer Wirte Schluchten zu untersuchen, in denen schwefelkieshaltige Schichten seit Jahrhunderten den stolzen Namen *Minas de oro* führen!

Nachdem wir den Schwefelkies am Rio Juagua untersucht, gingen wir weiter in der Schlucht hinauf, die sich wie ein enger, von sehr hohen Bäumen beschatteter Kanal fortzieht. Nach sehr beschwerlichem Marsch und ganz durchnäßt, weil wir so oft über den Bach gegangen waren, langten wir am Fuß der Höhlen von Cuchivano an, aus denen man vor einigen Jahren die Flammen hatten brechen sehen. 1560 Meter hoch steigt senkrecht eine Felswand auf. In einem Landstrich, wo der üppige Pflanzenwuchs überall den Boden und das Gestein bedeckt, kommt es selten vor, daß ein großer Berg in senkrechtem Durchschnitt seine Schichten zeigt. Mitten in diesem Durchschnitt, leider dem Menschen unzugänglich, liegen die Spalten, die zu zwei Höhlen führen.

Wir ruhten am Fuße der Höhlen aus. Hier sah man die Flammen hervorkommen, welche in den letzten Jahren häufiger geworden sind. Unsere Führer und der Pächter brachten die Flammen zur Sprache, die man in Cumana hatte aus dem

Boden schlagen sehen, und die Stöße, die man jetzt an Orten empfindet, wo man früher nichts von Erdbeben wußte. Sie erinnerten daran, daß man in Macarapan seit einigen Monaten öfter Schwefelgeruch spüre. Auf diese und ähnliche Erscheinungen gründeten sie Prophezeiungen, die fast sämtlich in Erfüllung gegangen sind. Entsetzliche Zerstörungen haben im Jahre 1812 in Caracas stattgefunden, zum Beweis, welche gewaltige Unruhe im Nordosten von Terra Firma in der Natur herrscht.

Am 12. setzten wir unsere Reise nach dem Kloster Caripe, dem Hauptort der Chaymasmissionen fort. Wir kamen durch das kleine indianische Dorf Aricagua, das, vom bewaldeten Hügeln umgeben, sehr freundlich daliegt. Von hier an ging es bergauf, und wir hatten über vier Stunden zu steigen. Dieses Stück des Weges ist sehr angreifend; man setzt 22mal über den Pututucuar, ein reißendes Bergwasser voll Kalksteinblöcken. Hat man auf der *Cuesta del Cocollar* 650 Meter Meereshöhe erreicht, so sieht man zu seiner Überraschung fast keine Wälder oder auch nur große Bäume mehr. Man geht über eine ungeheure, mit Gräsern bewachsene Hochebene. Nur Mimosen mit halbkugeliger Krone und 1 bis 1,3 Meter hohem Stamm unterbrechen die öde Einförmigkeit der Savannen. Überall, wo Abhänge oder halb mit Erde bedeckte Steinmassen sich zeigen, breitet die Clusia oder der Cupey mit den großen Nymphäenblüten sein herrliches Grün aus. Die Wurzeln dieses Baumes haben zuweilen 24 Zentimeter Durchmesser und gehen oft schon fünf Meter über dem Boden vom Stamme ab.

Nachdem wir noch lange bergan gestiegen waren, kamen wir auf einer kleinen Ebene zum Hato del Cocollar. Es ist dies ein Hof, der 796 Meter hoch ganz allein auf dem Plateau liegt. In dieser Einsamkeit blieben wir drei Tage, vortrefflich verpflegt von dem Eigentümer, der vom Hafen von Cumana an unser Begleiter war. Wir fanden daselbst bei der reichen Weide Milch, vortreffliches Fleisch und vor allem ein herrliches Klima. Bei Tag stieg das Thermometer nicht über 22 oder 23 Grad, bei Nacht zeigte es kaum 14 Grad.

So weit das Auge reicht, sieht man auf dem hohen Punkt nichts als kahle Savannen; nur hin und wieder tauchen aus den Schluchten kleine Baumgruppen auf, und trotz der scheinbaren Einförmigkeit der Vegetation findet man zunehmend viele sehr interessante Pflanzen. Wir führen hier nur an eine prachtvolle Lobelia mit purpurnen Blüten, die *Brownea cocinea,* die über 30 Meter hoch wird, und vor allem den Pejoa, der im Lande berühmt ist, weil seine Blätter, wenn man sie zwischen den Fingern zerreibt, einen köstlichen aromatischen Geruch von sich geben. Was uns am meisten am einsamen Orte entzückte, das war die Schönheit und die Stille der Nächte. Der Eigentümer blieb mit uns wach. Er schien sich daran zu weiden, wie Europäer, die eben erst unter die Tropen gekommen, sich nicht genug wundern konnten über die frische Frühlingsluft, deren man nach Sonnenuntergang hier auf den Bergen genießt. In jenen fernen Ländern, wo der Mensch die Gaben der Natur noch voll zu schätzen weiß, preist der Grundeigentümer das Wasser seiner Quelle, den gesunden Wind, der um den Hügel weht, und daß es keine schädlichen Insekten gibt, wie wir in Europa uns der Vorzüge unseres Wohnhauses oder des malerischen Effekts unserer Pflanzungen rühmen.

Nichts ist dem Eindruck majestätischer Ruhe zu vergleichen, den der Anblick des gestirnten Himmels an diesem einsamen Ort in einem hinterläßt. Blickten wir bei Einbruch der Nacht hinaus über die Prärien, die bis zum Horizont fortstreichen, über die grün bewachsene, sanft gewellte Hochebene, so war es uns, gerade wie in den Steppen am Orinoko, als sähen wir weit weg das gestirnte Himmelsgewölbe auf dem Ozean ruhen. Der Baum, unter dem wir saßen, die leuchtenden Insekten, die in der Luft tanzten, die glänzenden Sternbilder im Süden, alles mahnte uns daran, wie weit wir von der Heimaterde waren. Und wenn nun, inmitten dieser fremdartigen Natur, aus einer Schlucht herauf das Schellengeläute einer Kuh oder das Brüllen des Stieres zu unseren Ohren drang, dann sprang mit einmal der Gedanke an die Heimat in uns auf. Es war, als hörten wir aus weiter, weiter Ferne Stimmen, die über das Weltmeer herüberriefen und uns mit Zauberkraft aus einer Hemisphäre in die andere versetzten. So wunderbar beweglich ist die Einbildungskraft des Menschen, die ewige Quelle seiner Freuden und seiner Schmerzen.

In der Morgenkühle machten wir uns auf, den Turimiquiri zu besteigen. So heißt der Gipfel des Cocollar, der mit dem Bri-

gantin nur einen Gebirgsstock bildet, welcher bei den Eingeborenen früher Sierra de los Tageres hieß. Man macht einen
Teil des Weges auf Pferden, die frei in den Savannen laufen,
zum Teil aber an den Sattel gewöhnt sind. So plump ihr Aussehen ist, klettern sie doch ganz flink den schlüpfrigsten Rasen
hinauf. Überall, wo der Sandstein zutage kommt, ist der
Boden eben und bildet gleichsam kleine Plateaus, die wie Stufen übereinander liegen. Bis zu 1365 Meter und sogar darüber
ist der Berg, wie alle in der Nachbarschaft, nur mit Gräsern
bewachsen. Ja, der kurze Rasen zeigt sich auf dem Cocollar
stellenweise sogar schon bei 680 Meter über dem Meer, und
man kann auf demselben bis zu 1950 Meter Höhe gehen; weiter hinauf, über diesem mit Gräsern bedeckten Gürtel, befindet sich auf den Menschen fast unzugänglichen Gipfeln ein
Wäldchen von Cedrela, Javillo (*Hura crepitans*) und Mahagoni-
bäumen. Nach diesen lokalen Verhältnissen muß man annehmen, daß die Bergsavannen des Cocollar und Turimiquiri ihre
Entstehung nur der verderblichen Sitte der Eingeborenen verdanken, die Wälder anzuzünden, die sie in Weideland verwandeln wollen. Jetzt, da die Gräser und Alpenpflanzen seit drei-
hundert Jahren den Boden mit einem dicken Filz überzogen
haben, können die Baumsamen sich nicht mehr im Boden
befestigen und keimen, obgleich Wind und Vögel sie fortwährend von entlegenen Wäldern in die Savannen übertragen.

Das Klima auf diesen Bergen ist so mild, daß beim Hofe auf
dem Cocollar der Baumwollbaum, der Kaffeebaum, sogar das
Zuckerrohr gut fortkommen. Die Weiden auf dem Turimiquiri nehmen an Güte ab, je höher sie liegen. Überall, wo zerstreute Felsmassen Schatten bieten, kommen Flechten und
verschiedene europäische Moose vor. *Melastoma xanthostachis*
und ein Strauch (*Palicourea rigida*), dessen große, lederartige
Blätter im Wind wie Pergament rauschen, wachsen hier und
da in der Savanne. Aber die Hauptzierde des Rasens ist ein
Liliengewächs mit goldgelber Blüte, die *Marcia martinicensis*.

Man unterscheidet im Lande den abgerundeten Gipfel des
Turimiquiri und die spitzen Piks oder Cucuruchos, die dicht
bewaldet sind, und wo es viele Tiger gibt, auf die man wegen
des großen und schönen Fells Jagd macht. Den runden begra-
sten Gipfel fanden wir 1378 Meter hoch. Von diesem Gipfel

läuft nun nach West ein steiler Felskamm aus, der 1,8 Kilometer von jenem durch eine ungeheure Spalte unterbrochen ist, die gegen den Meerbusen von Cariaco hinunterläuft. An der Stelle, wo der Kamm hätte weiterlaufen sollen, erheben sich zwei Bergspitzen aus Kalkstein, von denen die nördliche die höhere ist. Dies ist der eigentliche Cucurucho de Turimiquiri, der für höher gilt als der Brigantin, der den Schiffern, die der Küste von Cumana zusteuern, so wohl bekannt ist. Wir maßen den Cucurucho und fanden, daß seine absolute Höhe über 2 047 Meter beträgt.

Am 14. September gingen wir vom Cocollar zur Mission San Antonio hinunter. Der Weg führt anfangs über Savannen, die mit großen Kalksteinblöcken übersät sind, und dann betritt man dichten Wald. Nachdem man zwei sehr steile Grate überstiegen, hat man ein schönes Tal vor sich, das, 22,5 Kilometer lang, von Ost nach West streicht. In diesem Tale liegen die Missionen San Antonio und Guanaguana. Erstere ist berühmt wegen einer kleinen Kirche aus Backsteinen, in erträglichem Stil, mit zwei Türmen und dorischen Säulen. Der Guardian der Kapuziner wurde mit diesem Kirchenbau in nicht ganz zwei Sommern fertig, obgleich er nur Indianer aus seinem Dorfe verwendet hatte. Die Säulenkapitäle, die Gesimse und ein mit Sonnen und Arabesken gezierter Fries wurden aus mit Ziegenmehl vermischtem Ton modelliert. Der Statthalter der Provinz mißbilligte es, daß in Missionen mit solchem Luxus gebaut werde, und zum großen Leidwesen der Mönche wurde die Kirche nicht ausgebaut. Die Indianer von San Antonio sind weit entfernt, solches zu beklagen, sie sind insgeheim mit dem Spruche des Statthalters vollkommen einverstanden, weil er ihrer natürlichen Trägheit behagt. Sie machen sich eben so wenig aus architektonischen Ornamenten als einst die Eingeborenen in den Jesuitenmissionen in Paraguay.

Ich hielt mich in der Mission San Antonio nur auf, um auf das Barometer zu sehen und ein paar Sonnenhöhen zu nehmen. Der große Platz liegt 420 Meter über Cumana. Jenseits des Dorfes durchwateten wir die Flüsse Colorado und Guarapiche. Der Colorado hat eine sehr starke Strömung und wird bei seiner Mündung breiter als der Rhein; der Guarapiche ist, nachdem er den Rio Areo aufgenommen, über 90 Meter tief. An seinen

Ufern wächst eine ausnehmend schöne Grasart. Der Halm mit zweizeiligen Blättern wird 5 bis 6,5 Meter hoch. Unsere Maultiere konnten sich durch den dicken Morast auf dem schmalen ebenen Weg kaum durcharbeiten. Es goß in Strömen vom Himmel; der ganze Wald erschien infolge des starken anhaltenden Regens wie ein Sumpf.

Gegen Abend langten wir in der Mission Guanaguana an, die so ziemlich in derselben Höhe liegt wie das Dorf San Antonio. Es tat uns sehr not, daß wir trockneten. Der Missionar nahm uns sehr herzlich auf. Es war ein alter Mann, der, wie es schien, seine Indianer sehr verständig behandelte. Das Dorf steht erst seit dreißig Jahren am jetzigen Fleck, früher lag es weiter nach Süden und lehnte sich an einen Hügel. Man wundert sich, mit welcher Leichtigkeit man die Wohnsitze der Indianer verlegt. Es gibt in Südamerika Dörfer, die in weniger als einem halben Jahrhundert dreimal den Ort gewechselt haben. Den Eingeborenen knüpfen so schwache Bande an den Boden, auf dem er wohnt, daß er den Befehl, sein Haus abzureißen und es anderswo wieder aufzubauen, gleichmütig aufnimmt. Ein Dorf wechselt seinen Platz wie ein Lager. Wo es nur Ton, Rohr, Palmenblätter und Helikonenblätter gibt, ist die Hütte in wenigen Tagen wieder fertig. Diesen gewaltsamen Änderungen liegt oft nichts zugrunde als die Laune eines frisch aus Spanien angekommenen Missionars, der meint, die Mission sei dem Fieber ausgesetzt oder liege nicht luftig genug. Es ist vorgekommen, daß ganze Dörfer mehrere Stunden weit verlegt wurden, bloß weil der Mönch die Aussicht aus seinem Hause nicht schön oder weit genug fand.

Guanaguana hat noch keine Kirche. Der alte Geistliche, der schon seit dreißig Jahren in den Wäldern Amerikas lebte, äußerte gegen uns, die Gemeindegelder, d. h. der Ertrag der Arbeit der Indianer, müßten zuerst zum Bau des Missionshauses, dann zum Kirchenbau und endlich für die Kleidung der Indianer verwendet werden. Nun, die Indianer, die lieber ganz nackt gehen als die leichtesten Kleider tragen, können gut warten, bis die Reihe an sie kommt. Die Indianer in Guanaguana bauen Baumwolle für sich, für die Kirche und für den Missionar. Die Eingeborenen haben höchst einfache Vorrichtungen, um den Samen von der Baumwolle zu trennen. Es sind hölzerne Zylinder von sehr kleinem Durchmesser, zwischen denen die Baumwolle durchläuft, und die man wie Spinnräder mit dem Fuße umtreibt. Diese höchst mangelhaften Maschinen leisten indessen gute Dienste, und man fängt in den anderen Missionen an, sie nachzuahmen. Aber hier wie überall, wo der Segen der Natur die Entwicklung der Industrie hemmt, macht man nur ganz wenige Morgen Landes urbar, und kein Mensch denkt daran, mit dem Anbau der Nahrungspflanzen zu wechseln. Die Indianer von Guanaguana erzählten mir als etwas Ungewöhnliches, im verflossenen Jahre seien sie, ihre Weiber und Kinder drei Monate lang *al monte* gewesen, d. h. sie seien in den benachbarten Wäldern umhergezogen, um sich von saftigen Pflanzen, von Palmkohl, von Farnwurzeln und wilden Baumfrüchten zu nähren. Sie sprachen von diesem Nomadenleben keineswegs wie von einem Notstand. Nur der Missionar hatte dabei zu leiden gehabt, weil das Dorf ganz verlassen stand und die Gemeindegenossen, als sie aus den Wäldern heimkamen, weniger lenksam waren als zuvor.

Das schöne Tal von Guanaguana läuft gegen Ost in die Ebenen von Punzere und Terecen aus. Gerne hätten wir diese Ebene besucht, um die Quellen von Bergöl zwischen den Flüssen Guarapiche und Areo zu untersuchen; aber die Regenzeit war förmlich eingetreten, und wir hatten täglich vollauf zu tun, um die gesammelten Pflanzen zu trocknen und aufzubewahren. Vor Punzere sieht man in den Savannen Säckchen von Seidengewebe an den niedrigsten Baumästen hängen. Es ist dies die *Seda silvestre* oder einheimische wilde Seide, die einen schönen Glanz hat, aber sich sehr rauh anfühlt. Der Nachtschmetterling, der sie spinnt, stimmt vielleicht mit denen in den Provinzen Guanaxuato und Antioquia überein, die gleichfalls wilde Seide liefern. Im schönen Walde von Punzere kommen zwei Bäume vor, die unter den Namen Curucay und Canela bekannt sind; ersterer liefert ein von den Piajes oder indianischen Zauberern sehr gesuchtes Harz, der zweite hat Blätter, die nach echtem Ceylonzimt riechen. Von Punzere läuft der Weg nach dem Hafen San Juan, wenn man zu den berühmten Bergölquellen von Buen Pastor gehen will. Man beschrieb sie uns als kleine Schachte oder Trichter, die sich von selbst im sumpfigen Boden gebildet haben. Diese Erscheinung erinnert an den Asphaltsee oder Chapopote auf der Insel Trinidad, der in gerader Linie von Buen Pastor nur 64 Kilometer entfernt ist.

Nachdem wir eine Weile mit dem Verlangen gekämpft, den Guarapiche hinunter in den Golfo triste zu fahren, wandten wir uns gerade den Bergen zu. Die Täler von Guanaguana und Caripe sind durch eine Art Damm oder Grat aus Kalkstein, der unter dem Namen *Cuchilla de Guanaguana* weit und breit berühmt ist, voneinander getrennt. Wir fanden den Übergang beschwerlich, weil wir damals noch nicht in den Kordilleren gereist waren, aber so gefährlich, als man ihn in Cumana schildert, ist er keineswegs. Allerdings ist der Weg an mehreren Stellen etwa 40 Zentimeter breit; der Bergsattel, über den er wegläuft, ist mit kurzem, sehr glattem Rasen bedeckt, die Abhänge zu beiden Seiten sind ziemlich jäh, und wenn der Reisende fiele, könnte er auf dem Grase bis zu 260 Meter hinunterrollen. Indessen sind die Bergseiten vielmehr nur starke Böschungen als eigentliche Abgründe, und die Maultiere hierzulande haben einen so sicheren Gang, daß man sich ruhig ihnen anvertrauen kann. Ihr Benehmen ist ganz wie das der Saumtiere in der Schweiz und in den Pyrenäen. Je wilder ein Land ist, desto feinfühliger und schärfer witternd wird der Instinkt der Haustiere. Spüren die Maultiere eine Gefahr, so bleiben sie stehen und wenden den Kopf hin und her, bewegen die Ohren auf und ab; man sieht, sie überlegen, was zu tun sei. Sie kommen langsam zum Entschluß, aber er fällt immer richtig aus, wenn er frei ist, das heißt, wenn der Reisende ihn nicht unvorsichtigerweise stört oder übereilt. Man kann auch die Gebirgsbewohner sagen hören: »Ich gebe Ihnen nicht das Maultier, das den bequemsten Schritt hat, sondern das vernünftigste, *la mas racional.*« Dieses Wort aus dem Mundes eines Volkes, die Frucht langer Erfahrung, widerlegt das System, das in den Tieren nur belebte Maschinen sieht, wohl besser als alle Beweisführung der spekulativen Philosophie.

Auf dem höchsten Punkt des Kammes angelangt, hatten wir eine interessante Fernsicht. Wir übersahen mit einem Blick die weiten Savannen von Maturin und am Rio Tigre, den Spitzberg Turimiquiri und zahllose parallel streichende Bergketten, die von weitem einer wogenden See gleichen. Gegen Nordost öffnet sich das Tal, in dem das Kloster Caripe liegt. Sein Anblick ist um so einladender, als es bewaldet ist und so von den kahlen, nur mit Gras bewachsenen Bergen umher freundlich absticht.

Der Weg vom Kamm herab ist bei weitem nicht so lang als der hinauf. Wir fanden, daß das Tal von Caripe 390 Meter höher liegt als das Tal von Guanaguana. Ein Bergzug von unbedeutender Breite trennt zwei Becken; das eine ist köstlich kühl, das andere als furchtbar heiß verrufen. Unter allen hochgelegenen Tälern in Neuandalusien ist auch nur das von Caripe sehr stark bewohnt.

Siebentes Kapitel

Das Kloster Caripe · Die Höhle des Guacharo
Nachtvögel

Eine Allee von Perseabäumen führte uns zum Hospiz der aragonensischen Kapuziner. Bei einem Kreuz aus Brasilholz mitten auf einem großen Platz machten wir halt. Das Kloster lehnt sich an eine ungeheure, senkrechte, dicht bewachsene Felswand. Das blendend weiße Gestein blickt nur hin und wieder hinter dem Laube vor. Man kann sich kaum eine malerischere Lage denken. An die Stelle der europäischen Buchen und Ahorne treten hier die großartigeren Gestalten der Ceiba und der Praga- und Irassepalmen. Unzählige Quellen brechen aus den Bergwänden, die das Becken von Caripe kreisförmig umgeben und deren gegen Süd steil abfallende Hänge 320 Meter hohe Profile bilden. Diese Quellen kommen meist aus Spalten oder engen Schluchten hervor. Die Feuchtigkeit, die sie verbreiten, befördert das Wachstum der großen Bäume, und die Eingeborenen, welche einsame Orte lieben, legen ihre Conucos längs dieser Schluchten an. Bananen- und Melonenbäume stehen hier um Gebüsche von Baumfarn. Dieses Durcheinander von kultivierten und wilden Gewächsen gibt diesen Punkten einen eigentümlichen Reiz.

Wir wurden von den Mönchen im Hospiz mit der größten Zuvorkommenheit aufgenommen. Der Pater Guardian war nicht zu Hause; aber er war von unserem Abgang von Cumana in Kenntnis gesetzt und hatte alles aufgeboten, um uns den Aufenthalt angenehm zu machen. Das Hospiz hatte einen inneren Hof mit einem Kreuzgang wie die spanischen Klöster. Dieser geschlossene Raum war sehr bequem für uns, um unsere Instrumente unterzubringen und zu beobachten. Wir trafen im Kloster zahlreiche Gesellschaft: junge, vor kurzem aus Europa angekommene Mönche sollten eben in die Missionen verteilt werden, während alte, kränkliche Missionare in der scharfen, gesunden Gebirgsluft von Caripe Genesung suchten. Ich wohnte in der Zelle des Guardians, in der sich eine ziemlich ansehnliche Büchersammlung befand.

Da das Kloster nur 780 Meter über dem Meer liegt, so fällt es auf, wie rasch die Wärme von der Küste an abnimmt. Wegen der dichten Wälder können die Sonnenstrahlen nicht vom Boden abprallen, und dieser ist feucht und mit einem dicken Gras- und Moosfilz bedeckt. Bei anhaltend nebliger Witterung ist von Sonnenwirkung ganze Tage lang nichts zu spüren und gegen Einbruch der Nacht wehen frische Winde von der Sierra del Guacharo ins Tal herunter.

Die Erfahrung hat erwiesen, daß das gemäßigte Klima und die leichte Luft des Ortes dem Anbau des Kaffeebaumes, der bekanntlich hohe Lagen liebt, sehr förderlich sind. Der Superior der Kapuziner, ein tätiger, aufgeklärter Mann, hat in seiner Provinz diesen neuen Kulturzweig eingeführt. Man baute früher Indigo in Caripe, aber die Pflanze, die starke Hitze verlangt, lieferte hier so wenig Farbstoff, daß man es aufgab. Wir fanden im Gemeindeconuco viele Küchenkräuter, Mais, Zukkerrohr und fünftausend Kaffeestämme, die eine reiche Ernte versprachen. In Caripe stellt sich der Gemeindeconuco als ein großer, schöner Garten dar. Die Eingeborenen sind gehalten, jeden Morgen von sechs bis zehn Uhr darin zu arbeiten. Die Alkalden und Alguazils von indianischem Blut führen dabei die Aufsicht. Es sind das die hohen Staatsbeamten, die allein einen Stock tragen dürfen und vom Superior des Klosters angestellt werden. Sie legen auf jenes Recht sehr großes Gewicht. Ihr pedantischer, schweigsamer Ernst, ihre kalte, geheimnisvolle Miene, der Eifer, mit dem sie in der Kirche und bei den Gemeindeversammlungen repräsentieren, kommt den Europäern höchst lustig vor.

Solange wir uns in Caripe und in den anderen Missionen der Chaymas aufhielten, sahen wir die Indianer überall milde behandeln. Der Guardian des Klosters verkauft den Ertrag des Gemeindeconuco, und da alle Indianer darin arbeiten, so haben auch alle gleichen Teil am Gewinn. Mais, Kleidungsstücke, Ackergeräte und, wie man versichert, zuweilen auch Geld werden unter ihnen verteilt.

Am berühmtesten ist das Tal von Caripe, neben der ausnehmenden Kühle des Klimas, durch die große Cueva oder Höhle von Guacharo. In einem Lande, wo man so großen Hang zum Wunderbaren hat, ist eine Höhle, aus der ein Strom entspringt und in der Tausende von Nachtvögeln leben, mit deren Fett man in den Missionen kocht, natürlich ein unerschöpflicher Gegenstand der Unterhaltung und des Streits.

Die Höhle, welche die Einwohner eine »Fettgrube« nennen, liegt nicht im Tal von Caripe selbst, sondern etwa 13 Kilometer vom Kloster gegen West-Süd-West. Sie mündet in einem Seitentale aus, das der Sierra des Guacharo zuläuft. Am 18. September brachen wir nach der Sierra auf, begleitet von den indianischen Alkalden und den meisten Ordensmännern des Klosters. Ein schmaler Pfad führte zuerst anderhalb Stunden lang südwärts über eine lachende, schön begraste Ebene, dann wandten wir uns westwärts an einem kleinen Flusse hinauf, der aus der Höhle hervorkommt. Man geht drei Viertelstunden lang aufwärts bald im Wasser, das nicht tief ist, bald zwischen dem Fluß und einer Felswand auf sehr schlüpfrigem, morastigem Boden. Zahlreiche Erdfälle, umherliegende Baumstämme, über welche die Maultiere nur schwer hinüberkommen, die Rankengewächse am Boden machen dieses Stück des Weges sehr ermüdend. Wir waren überrascht, hier, kaum 970 Meter über dem Meere, eine Kreuzblüte zu finden, den *Raphanus pinnatus.* Man weiß, wie selten Arten dieser Familie unter den Tropen sind; sie haben gleichsam einen nordischen Typus, und auf diesen waren wir hier auf dem Plateau von Caripe, in so geringer Meereshöhe, nicht gefaßt.

Wenn man am Fuß des hohen Guacharoberges nur noch vierhundert Schritte von der Höhle entfernt ist, sieht man den Eingang noch nicht. Der Bach läuft durch eine Schlucht, die das Wasser eingegraben, und man geht unter einem Felsüberhang, so daß man den Himmel gar nicht sieht. Der Weg schlängelt sich mit dem Fluß und bei der letzten Biegung steht man auf einmal vor der ungeheuren Mündung der Höhle. Der Anblick hat etwas Großartiges selbst für Augen, die mit der malerischen Szenerie der Hochalpen vertraut sind.

Der Eingang ist nach Süd gekehrt; es ist eine Wölbung, 26 Meter breit und 23 Meter hoch. Auf dem Fels über der Grotte stehen riesenhafte Bäume. Der Mamei und der Genipabaum mit breiten glänzenden Blättern strecken ihr Äste gerade gen Himmel, während die des Coubaril und der Erythrina sich ausbreiten und ein dichtes grünes Gewölbe bilden. Pothos mit saftigen Stengeln, Oxalis und Orchideen von seltsamem Bau wachsen in den dürrsten Felsspalten, während vom Winde geschaukelte Rankengewächse sich vor dem Eingang der Höhle zu Gewinden verschlingen. Wir sahen in diesen Blumengewinden eine violette Bignonie, das purpurfarbige Dolichos und zum erstenmal die prachtvolle Solandra, deren orangegelbe Blüte eine über 10 Zentimeter lange fleischige Röhre hat.

Aber diese Pflanzenpracht schmückt nicht allein die Außenseite des Gewölbes, sie dringt sogar in den Vorhof der Höhle ein. Mit Erstaunen sahen wir, daß sechs Meter hohe prächtige Helikonien mit Pisangblättern, Pragapalmen und baumartige Arumarten die Ufer des Baches bis unter die Erde säumten. Die Vegetation zieht sich in die Höhle von Caripe hinein, und sie hört erst 30 bis 40 Schritte vom Eingang auf. Wir waren gegen 140 Meter weit gegangen, ehe wir nötig hatten, die Fackeln anzuzünden. Das Tageslicht dringt so weit ein, weil die Höhle nur einen Gang bildet, der sich in derselben Richtung von Südost nach Nordwest hineinzieht. Da, wo das Licht zu verschwinden anfängt, hört man das heisere Geschrei der Nachtvögel, die, wie die Eingeborenen glauben, nur in diesen unterirdischen Räumen zu Hause sind.

Der Guacharo hat die Größe unserer Hühner, die Stimme der Ziegenmelker, die Gestalt der geierartigen Vögel mit Büscheln steifer Seide um den krummen Schnabel. Sein Gefieder ist dunkel graublau, mit kleinen schwarzen Streifen und Tupfen; Kopf, Flügel und Schwanz zeigen große weiße, herzförmige, schwarz gesäumte Flecken. Die Augen des Vogels können das Tageslicht nicht ertragen, sie sind blau und kleiner als bei den Ziegenmelkern. Die Flügel haben 17 bis 18 Schwungfedern und ihre Spannung beträgt 1,13 Meter. Der Guacharo verläßt die Höhle bei Einbruch der Nacht, besonders bei Mondschein. Es ist so ziemlich der einzige körnerfressende Nachtvogel, den wir bis jetzt kennen; schon der Bau seiner Füße zeigt, daß er nicht jagt wie unsere Eulen. Er frißt sehr harte Samen wie der Nußhäher. Die Indianer behaupten, der Guacharo gehe weder Käfern noch Nachtschmetterlingen nach, von denen die Ziegenmelker sich nähren. Man darf nur die Schnäbel des Guacharo und des Ziegenmelkers vergleichen, um zu sehen, daß ihre Lebensweise ganz verschieden sein muß.

Schwer macht man sich einen Begriff vom furchtbaren Lärm, den Tausende dieser Vögel im dunkeln Innern der Höhle machen. Das gellende durchdringende Geschrei des Guacharo hallt wider vom Felsgewölbe, und aus der Tiefe der Höhle kommt das Echo zurück. Die Indianer zeigten uns die Nester der Vögel, indem sie Fackeln an eine lange Stange banden. Sie staken 20 bis 23 Meter hoch über unseren Köpfen in trichterförmigen Löchern, von denen die Decke wimmelt. Je tiefer man in die Höhle hineinkommt, je mehr Vögel das Licht der Kopalfackeln aufscheucht, desto stärker wird der Lärm. Wurde es ein paar Minuten ruhiger um uns her, so erschallte von weither das Klagegeschrei der Vögel, die in anderen Zweigen der Höhle nisteten.

Jedes Jahr um den Johannistag gehen die Indianer mit Stangen in die Cueva del Guacharo und zerstören die meisten Nester. Man schlägt jedesmal mehrere tausend Vögel tot, wobei die Alten, als wollten sie ihre Brut verteidigen, mit furchtbarem Geschrei den Indianern um die Köpfe fliegen. Die Jungen, die zu Boden fallen, werden auf der Stelle ausgeweidet. Ihr Bauchfell ist stark mit Fett durchwachsen, und eine Fettschicht läuft vom Unterleib zum After und bildet zwischen den Beinen des Vogels eine Art Knopf. Zur Zeit der »Fetternte«, wie man es in Caripe nennt, bauen sich die Indianer aus Palmblättern Hütten am Eingang und im Vorhof der Höhle. Wir sahen noch Überbleibsel derselben. Hier läßt man das Fett der jungen, frisch getöteten Vögel am Feuer aus und gießt es in Tongefäße. Dieses Fett ist unter dem Namen Guacharoschmalz oder -öl bekannt; es ist halbflüssig, hell und geruchlos. Es ist so rein, daß man es länger als ein Jahr aufbewahren kann, ohne daß es ranzig wird. In der Klosterküche zu Caripe wurde kein anderes Fett gebraucht als das aus der Höhle, und wir haben nicht bemerkt, daß die Speisen irgendeinen unangenehmen Geruch oder Geschmack davon bekämen.

Der Gebrauch des Guacharofetts ist in Caripe uralt und die Missionare haben nur die Gewinnungsart geregelt. Die Mitglieder einer indianischen Familie Namens Morocoymas behaupten von den ersten Ansiedlern im Tale abzustammen und als solche rechtmäßige Eigentümer der Höhle zu sein; sie beanspruchen das Monopol des Fetts, aber infolge der Klosterzucht sind ihre Rechte gegenwärtig nur noch Ehrenrechte. Nach dem System der Missionare haben die Indianer Guacharoöl für das ewige Kirchenlicht zu liefern; das Übrige, so behauptet man, wird ihnen abgekauft. Wir erlauben uns kein Urteil, weder über die Rechtsansprüche der Morocoymas, noch über den Ursprung der von den Mönchen den Indianern auferlegten Verpflichtung. Es erschiene natürlich, daß der Ertrag der Jagd denen gehörte, die sie anstellen; aber in den Wäldern der Neuen Welt, wie im Schoße der europäischen Kultur, bestimmt sich das öffentliche Recht danach, wie sich das Verhältnis zwischen dem Starken und dem Schwachen, zwischem dem Eroberer und dem Unterworfenen gestaltet.

Das Geschlecht der Guacharo wäre längst ausgerottet, wenn nicht mehrere Umstände zur Erhaltung desselben zusammenwirkten. Aus Aberglauben wagen sich die Indianer selten weit in die Höhle hinein. Auch scheint derselbe Vogel in benachbarten, aber dem Menschen unzugänglichen Höhlen zu nisten. Vielleicht bevölkert sich die große Höhle immer wieder mit Kolonien, welche aus jenen kleinen Erdlöchern ausziehen; denn die Missionare versicherten uns, bis jetzt habe die Menge der Vögel nicht merkbar abgenommen.

Wir gingen in die Höhle hinein und am Bache fort, der daraus entspringt. Derselbe ist neun bis zehn Meter breit. Man verfolgt das Ufer, solange die Hügel aus Kalkinkrustationen dies gestatten; oft, wenn sich der Bach zwischen sehr hohen Stalaktitenmassen durchschlängelt, muß man in das Bett selbst hinunter, das nur 60 Zentimeter tief ist. Wir hörten zu unserer Überraschung, diese unterirdische Wasserader sei die Quelle des Rio Caripe, der wenige Kilometer davon, nach seiner Vereinigung mit dem kleinen Rio de Santa Maria, für Pirogen schiffbar wird. Am Ufer des unterirdischen Baches fanden wir eine Menge Palmholz; es sind Überbleibsel der Stämme, auf denen die Indianer zu den Vogelnestern an der Decke hinaufsteigen. Die von den Narben der alten Blattstiele gebildeten Ringe dienen gleichsam als Sprossen einer aufrecht stehenden Leiter.

Die Höhle von Caripe behält, genau gemessen, auf 472 Meter dieselbe Richtung, dieselbe Breite und die anfängliche Höhe von 20 bis 23 Meter. Wir hatten viel Mühe, die Indianer zu bewegen, daß sie über das vordere Stück hinausgingen, das sie allein jährlich zum Fettsammeln besuchen. Es brauchte das ganze Ansehen der Patres, um sie bis zu der Stelle zu bringen, wo der Boden rasch unter einem Winkel von 60 Grad ansteigt und der Bach einen kleinen unterirdischen Fall bildet. Diese von Nachtvögeln bewohnte Höhle ist für die Indianer ein schauerlich geheimnisvoller Ort; sie glauben, tief hinten wohnen die Seelen ihrer Vorfahren. Der Mensch, sagen sie, soll Scheu tragen vor Orten, die weder von der Sonne, Zis, noch vom Monde, Nuna, beschienen sind. Zu den Guacharos gehen, heißt so viel, als zu den Vätern versammelt werden, sterben. Daher nahmen auch die Zauberer, Piaches, und die Giftmischer, Imorons, ihre nächtlichen Gaukeleien am Eingang der Höhle vor, um den obersten der bösen Geister, Ivorokiamo, zu beschwören.

Da, wo der Bach den unterirdischen Fall bildet, stellt sich das dem Höhleneingang gegenüberliegende, grün bewachsene Gelände ungemein malerisch dar. Man sieht vom Ende eines geraden, 470 Meter langen Ganges darauf hinaus. Die Stalaktiten, die von der Decke herabhängen und in der Luft schwebenden Säulen gleichen, heben sich von einem grünen Hintergrunde ab. Nach mehreren fruchtlosen Versuchen gelang es Bonpland, zwei Guacharos zu schießen, die, vom Fackelschein geblendet, uns nachflatterten. Damit fand ich Gelegenheit, den Vogel zu zeichnen, der bis dahin den Zoologen ganz unbekannt gewesen war. Wir erkletterten nicht ohne Beschwerde die Erhöhung, über die der unterirdische Bach herunterkommt. Wir sahen da, daß die Höhle sich weiterhin bedeutend verengt, nur noch 13 Meter hoch ist und nordostwärts in ihrer ursprünglichen Richtung, parallel mit dem großen Tale des Caripe fortstreicht.

In dieser Gegend der Höhle setzt der Bach eine schwärzliche Erde ab. Es war ein Gemisch von Kieselerde, Tonerde und vegetabilischem Detritus. Wir gingen in dickem Kot bis zu einer Stelle, wo uns zu unserer Überraschung eine unterirdische Vegetation entgegentrat. Die Samen, welche die Vögel zum Futter für ihre Jungen in die Höhle bringen, keimen überall, wo sie auf die Dammerde fallen, welche die Kalkinkrustationen bedeckt. Vergeilte Stengel mit ein paar Blattrudimenten waren zum Teil 60 Zentimeter hoch. Es war unmöglich, Gewächse, die sich durch den Mangel an Licht nach Form, Farbe und ganzem Habitus völlig umgewandelt hatten, spezifisch zu unterscheiden. Diese unterirdischen, bleichen, formlosen Gewächse mochten den Eingeborenen wie Gespenster erscheinen, die vom Erdboden hierhergebannt waren. Mich aber erinnerten sie an eine der glücklichsten Zeiten meiner frühen Jugend, an einen langen Aufenthalt in den Freiberger Erzgruben, wo ich über das Vergeilen der Pflanzen Versuche anstellte.

Mit aller ihrer Autorität konnten die Missionare die Indianer nicht vermögen, noch weiter in die Höhle hineinzugehen. Je mehr die Decke sich senkte, desto gellender wurde das Geschrei der Guacharos. Wir mußten uns der Feigheit unserer Führer gefangen geben und umkehren.

Wir gingen dem Bache nach wieder zur Höhle hinaus. Ehe unsere Augen vom Tageslicht geblendet wurden, sahen wir vor der Höhle draußen das Wasser durch das Laub glänzen. Es war, als stünde weit weg ein Gemälde vor uns und die Öffnung der Höhle wäre der Rahmen dazu. Als wir endlich heraus waren, setzten wir uns am Bache nieder und ruhten von der Anstrengung aus. Wir waren froh, daß wir das heisere Geschrei der Vögel nicht mehr hörten und einen Ort hinter uns hatten, wo sich mit der Dunkelheit nicht der wohltuende Eindruck der Ruhe und der Stille paart. Wir konnten es kaum glauben, daß der Name Höhle von Caripe bis jetzt in Europa völlig unbekannt gewesen sein sollte. Schon wegen der Guacharos hätte sie berühmt werden sollen; denn außer den Bergen von Caripe und Cumanacoa hat man diese Nachtvögel bis jetzt nirgends angetroffen.

Die Missionare hatten am Eingang der Höhle ein Mahl zurichten lassen. Pisang- und Vijaoblätter, die seidenartig glänzen, dienten uns nach Landessitte als Tischtuch.

Soviel wir uns auch bei den Einwohnern von Caripe, Cumanacoa und Cariaco erkundigten, wir hörten nie, daß man in
der Höhle des Guacharo je Knochen von Fleischfressern oder
Knochenbreccien mit Pflanzenfressern gefunden hätte.

Achtes Kapitel

Abreise von Caripe · Berg und Tal Santa Maria
Die Mission Catuaro · Hafen von Cariaco

Rasch verflossen uns die Tage, die wir im Kapuzinerkloster in den Bergen von Caripe zubrachten, und doch war unser Leben so einfach als einförmig. Von Sonnenaufgang bis Einbruch der Nacht streiften wir durch die benachbarten Wälder und Berge, um Pflanzen zu sammeln, deren wir nie genug beisammen haben konnten. Konnten wir des starken Regens wegen nicht weit hinaus, so besuchten wir die Hütten der Indianer, den Gemeindeconuco oder die Versammlungen, in denen die Alkalden jeden Abend die Arbeiten für den folgenden Tag austeilen. Wir kehrten erst ins Kloster zurück, wenn uns die Glocke ins Refektorium an den Tisch der Missionare rief. Zuweilen gingen wir mit ihnen frühmorgens in die Kirche, um der »Doctrina« beizuwohnen, das heißt dem Religionsunterricht der Eingeborenen. Es ist ein zum wenigsten sehr gewagtes Unternehmen, mit Neubekehrten über Dogmen zu verhandeln, zumal wenn sie des Spanischen nur in geringem Grade mächtig sind. Andererseits verstehen gegenwärtig die Ordensleute von der Sprache der Chaymas so gut wie nichts, und die Ähnlichkeit gewisser Laute verwirrt den armen Indianern die Köpfe so sehr, daß sie sich die wunderlichsten Vorstellungen machen. Ich gebe nur ein Beispiel. Wir sahen eines Tages, wie sich der Missionar große Mühe gab, darzutun, daß *infierno,* die Hölle, und *invierno,* der Winter, nicht dasselbe Ding seien, sondern so verschieden wie Hitze und Frost. Die Chaymas kennen keinen anderen Winter als die Regenzeit, und unter der »Hölle der Weißen« dachten sie sich einen Ort, wo die Bösen furchtbaren Regengüssen ausgesetzt seien. Der Missionar verlor die Geduld, aber es half alles nichts; der erste Eindruck, den zwei ähnlichen Konsonanten hervorgebracht, war nicht mehr zu verwischen; im Kopfe der Neophyten waren die Vorstellungen Regen und Hölle, *invierno* und *infierno,* nicht mehr auseinanderzubringen.

Nachdem wir fast den ganzen Tag im Freien zugebracht, schrieben wir abends im Kloster unsere Beobachtungen und Bemerkungen nieder, trockneten unsere Pflanzen und zeichneten die, welche nach unserer Ansicht neue Gattungen bildeten. Die Mönche ließen uns volle Freiheit, und wir denken mit Vergnügen an einen Aufenthalt zurück, der so angenehm als für unser Unternehmen förderlich war.

Der Verdruß, daß der bedeckte Himmel uns die Sterne entzog, war der einzige, den wir im Tal von Caripe erlebt. Wildheit und Friedlichkeit, Schwermut und Lieblichkeit, beides zusammen ist der Charakter der Landschaft. Inmitten einer so gewaltigen Natur herrscht in unserem Inneren nur Friede und Ruhe. Ja noch mehr, in der Einsamkeit dieser Berge wundert man sich weniger über die neuen Eindrücke, die man bei jedem Schritte erhält, als darüber, daß die verschiedensten Klimate so viele Züge miteinander gemein haben. Auf den Hügeln, an die das Kloster sich lehnt, stehen Palmen und Baumfarne; abends, wenn der Himmel auf Regen deutet, schallt das eintönige Geheul der roten Brüllaffen durch die Luft, das dem fernen Brausen des Windes im Walde gleicht. Aber trotz dieser unbekannten Töne, dieser fremdartigen Gestalten der Gewächse, all dieser Wunder der Neuen Welt, läßt doch die Natur den Menschen allerorten eine Stimme hören, die in vertrauten Lauten zum ihm spricht. Der Rasen am Boden, das alte Moos und das Farnkraut auf den Baumwurzeln, der Bach, der über die geneigten Kalksteinschichten niederstürzt, das harmonische Farbenspiel von Wasser, Grün und Himmel, alles ruft den Reisenden wohlbekannte Empfindungen zurück.

Die Naturschönheiten dieser Berge nahmen uns völlig in Anspruch, und so wurden wir erst am Ende gewahr, daß wir den guten gastfreundlichen Mönchen zur Last fielen. Ihr Vorrat an Wein und Weizenbrot war nur gering, und wenn auch das eine wie das andere dortzulande bei Tisch nur als Luxusartikel gelten, so machte es uns doch sehr verlegen, daß unsere Wirte sie sich selbst versagten. Bereits war unsere Brotration auf ein Viertel herabgekommen, und doch nötigte uns der furchtbare Regen, unsere Abreise noch einige Tage zu verschieben. Wie unendlich lang kam uns dieser Aufschub vor! Wie bange war uns vor der Glocke, die uns ins Refektorium rief!

Endlich am 22. September brachen wir auf mit Maultieren, die unsere Instrumente und Pflanzen trugen.

Als das Tal von Caripe hinter uns lag, kamen wir zuerst über eine Hügelkette, die nordostwärts vom Kloster liegt. Der Weg führte immer bergan über eine weite Savanne auf die Hochebene Guardia de San Augustin. Wir befanden uns in 1069 Meter absoluter Höhe. Die Savannen oder natürlichen Wiesen, die den Klosterkühen eine treffliche Weide bieten, sind völlig ohne Baum und Buschwerk. Es ist dies das eigentliche Bereich der Monokotyledonen, denn aus dem Grase erhebt sich nur da und dort eine Agave, deren Blütenschaft über 8,5 Meter hoch wird. Auf der Hochebene von Guardia sahen wir uns wie auf einen alten, vom langen Aufenthalt des Wassers waagrecht geebneten Seeboden versetzt. Man meint noch die Krümmungen des alten Ufers zu erkennen, die vorspringenden Landzungen, die steilen Klippen, welche Eilande gebildet. Auf diesen frühen Zustand scheint selbst die Verteilung der Gewächse hinzudeuten. Der Boden des Beckens ist eine Savanne, während die Ränder mit hochstämmigen Bäumen bewachsen sind.

Von dieser Ebene geht es forwährend abwärts bis zum indianischen Dorf Santa Cruz. Man kommt zuerst über einen jähen glatten Abhang, den die Missionare seltsamerweise das Fegefeuer nennen. Er besteht aus verwittertem, mit Ton bedecktem Schiefersandstein, und die Böschung scheint furchtbar steil. Beim Hinabsteigen nähern die Maultiere die Hinterbeine den Vorderbeinen, senken das Kreuz und rutschen aufs Geratewohl hinab. Der Reiter hat nichts zu befürchten, wenn er nur die Zügel fahren läßt und dem Tiere keinerlei Zwang antut. An diesem Punkt sieht man zur Linken die große Pyramide des Guacharo. Dieser Kalksteinkegel nimmt sich sehr malerisch aus, man verliert ihn aber bald wieder aus dem

Gesicht, wenn man den dichten Wald betritt, der unter dem Namen Montaña de Santa Maria bekannt ist. Es geht nun sieben Stunden lang in einem fort abwärts, und kaum kann man sich einen entsetzlicheren Weg denken; es ist eine Art Schlucht, in der während der Regenzeit die wilden Wasser von Fels zu Fels abwärts stürzen. Die Stufen sind 0,6 bis 1 Meter hoch, und die armen Lasttiere messen erst den Raum ab, der erforderlich ist, um die Ladung zwischen den Baumstämmen durchzubringen, und springen dann von einem Felsblock auf den anderen. Aus Besorgnis, einen Fehltritt zu tun, bleiben sie eine Weile stehen, als wollten sie die Stelle untersuchen, und schieben die vier Beine zusammen wie die wilden Ziegen. Verfehlt das Tier den nächsten Steinblock, so sinkt es bis zum halben Leibe in den weichen, ockerhaltigen Ton, der die Zwischenräume der Steine ausfüllt. Wo diese fehlen, finden Menschen- und Tierbeine Halt an ungeheuren Baumwurzeln. Die Kreolen vertrauen der Gewandtheit und dem glücklichen Instinkt der Maultiere so sehr, daß sie auf dem langen, gefährlichen Wege abwärts im Sattel bleiben. Wir stiegen lieber ab, da wir Anstrengung weniger scheuten als jene und gewöhnt waren, langsam vorwärts zu kommen, weil wir immer Pflanzen sammelten und die Gebirgsarten untersuchten.

Der Wald, der den steilen Abhang des Berges von Santa Maria bedeckt, ist einer der dichtesten, die ich je gesehen. Die Bäume sind wirklich ungeheuer hoch und dick. Unter ihrem dichten dunkelgrünen Laub herrscht beständig ein Dämmerlicht, ein Dunkel, weit tiefer als in unseren Tannen-, Eichen- und Buchenwäldern. Es ist, als könnte die Luft trotz der hohen Temperatur nicht all das Wasser aufnehmen, das der Boden, das Laub der Bäume, ihre mit einem uralten Filz von Orchideen, Peperomien und anderen Saftpflanzen bedeckten Stämme ausdünsten. Zu den aromatischen Gerüchen, welche Blüten, Früchte, sogar das Holz verbreiten, kommt ein anderer, wie man ihn bei uns im Herbst bei nebligem Wetter spürt. Unter den majestätischen Bäumen, die 40 bis 42 Meter hoch werden, machten uns die Führer auf den Curucay aufmerksam, der ein weißliches, flüssiges, starkriechendes Harz gibt. Die Cumanagatos und Tagires räucherten einst damit vor ihren Götzen. Nach dem Curucay und ungeheuren, über 3 bis

3,25 Meter dicken Hymenäastämmen nahmen unsere Aufmerksamkeit am meisten in Anspruch: das Drachenblut (*Croto sanguifluum*), dessen purpurbrauner Saft an der weißen Rinde herabfließt; der heilkräftige Farn Calahuala und die Irasse-, Macanilla-, Corozo- und Pragapalmen. Letztere gibt einen sehr schmackhaften »Palmkohl«, den wir im Kloster Caripe zuweilen gegessen. Von diesen Palmen mit gefiederten, stachligen Blättern stachen die Baumfarne äußerst angenehm ab. Einer derselben, *Cyathea speziosa,* wird über 11,5 Meter hoch, eine ungeheure Größe für ein Gewächs aus dieser Familie. Wir fanden hier im Tal von Caripe fünf neue Arten Baumfarne; zu Linnés Zeit kannten die Botaniker ihrer nicht vier auf beiden Kontinenten.

Man bemerkt, daß die Baumfarne im allgemeinen weit seltener sind als die Palmen. Die Natur hat ihnen gemäßigte, feuchte, schattige Standorte angewiesen. Sie scheuen den unmittelbaren Sonnenstrahl und lieben versteckte Plätze, das Dämmerlicht, eine feuchte, gemäßigte, stockende Luft. Wohl gehen sie hie und da bis zur Küste hinab, aber dann nur im Schutze dichten Schattens.

Dem Fuße des Berges von Santa Maria zu wurden die Baumfarne immer seltener, die Palmen häufiger. Die schönen Schmetterlinge mit großen Flügeln, die Nymphalen, die ungeheuer hoch fliegen, mehrten sich; alles deutete darauf, daß wir nicht mehr weit von der Küste und einem Landstrich waren, wo die mittlere Temperatur 28 bis 30 Grad Celsius beträgt.

Der Himmel war bedeckt und drohte mit einem der Güsse, bei denen zuweilen 20 bis 26 Millimeter Regen an einem Tage fällt. Die Sonne beschien hin und wieder die Baumwipfel, und obgleich wir vor ihrem Strahl geschützt waren, erstickten wir beinahe vor Hitze. Schon rollte der Donner in der Ferne, die Wolken hingen am Gipfel des hohen Guacharogebirges, und das klägliche Geheul der Araguatos verkündete den nahen Ausbruch des Gewitters. Wir hatten hier zum erstenmal Gelegenheit, diese Heulaffen in der Nähe zu sehen. Sie gehören zur Gattung *Alouate (Stentor, Geoffroy),* deren verschiedene Arten von den Zoologen lange verwechselt worden sind. Während die kleinen amerikanischen Sapaju, die wie Sperlinge pfeifen, ein einfaches dünnes Zungenbein haben, liegt die

Simia ursina.

Zunge bei den großen Affen, den Alouaten und Marimondas, auf einer großen Knochentrommel. Der den Araguatos eigene klägliche Ton entsteht, wenn die Luft gewaltsam in die knöcherne Trommel einströmt. Bedenkt man, wie groß bei den Alouatos die Knochenschachtel ist und wie viele Heulaffen in den Wäldern von Cumana und Guayana auf einem einzigen Baum beisammen sitzen, so wundert man sich nicht mehr so sehr über die Stärke und den Umfang ihrer vereinigten Stimmen.

Der Araguato, bei den Tamanacasindianern Aravata, bei den Maypures Marave genannt, gleicht einem jungen Bären. Er ist vom Scheitel des kleinen, stark zugespitzten Kopfes bis zum Anfang des Wickelschwanzes ein Meter lang; sein Pelz ist dicht und rotbraun von Farbe; auch Brust und Bauch sind schön behaart. Das Gesicht des Araguato ist blauschwarz, die Haut desselben fein und gefaltet. Der Bart ist ziemlich lang, und trotz seines kleinen Gesichtswinkels von nur 30 Grad hat er im Blick und Gesichtsausdruck so viel Menschenähnliches wie die Marimonda (*Simia Belzebuth*) und der Kapuziner am Orinoko (*S. chiropotes*).

Der Araguato bei Caripe ist eine neue Art der Gattung *Stentor,* die ich unter dem Namen *Simia ursina* bekannt gemacht habe.

Wir hatten haltgemacht, um den Heulaffen zuzusehen, wie sie zu dreißig, vierzig in einer Reihe von Baum zu Baum auf den verschlungenen waagrechten Ästen über den Weg zogen. Während dieses neue Schauspiel uns ganz in Anspruch nahm, kam uns ein Trupp Indianer entgegen, die den Bergen von Caripe zuzogen. Sie waren völlig nackt, wie meistens die Eingeborenen hierzulande. Die ziemlich schwer beladenen Weiber schlossen den Zug; die Männer, sogar die kleinsten Jungen, waren alle mit Bogen und Pfeilen bewaffnet. Sie zogen still, die Augen am Boden, ihres Weges. Wir hätten gerne von ihnen erfahren, ob es noch weit nach der Mission Santa Cruz sei, wo wir übernachten wollten. Da die Indianer uns immer *si Padre, no Padre* zur Antwort gaben, meinten wir, sie verstehen ein wenig Spanisch. In den Augen der Eingeborenen ist jeder Weiße ein Mönch, ein Pater. Wie wir auch den Indianern mit Fragen, wie weit es noch sei, zusetzten, sie erwiderten offenbar aufs Geratewohl *si* oder *no,* und wir konnten aus ihren Antworten nicht klug werden. Dies war uns um so verdrießlicher, da ihr Lächeln und ihr Gebärdenspiel verrieten, daß sie uns gern gefällig gewesen wären, und der Wald immer dichter zu werden schien. Wir mußten uns trennen; die indianischen Führer, welche die Chaymassprache verstanden, waren noch weit zurück, da die beladenen Maultiere bei jedem Schritt in die Schluchten stürzten.

Nach mehreren Stunden beständig abwärts über zerstreute Felsblöcke sahen wir uns unerwartet am Ende des Waldes von Santa Maria. So weit das Auge reichte, lag eine Grasflur vor uns, die sich in der Regenzeit frisch begrünt hatte. Der Blick streifte über Baumwipfel weg, die 260 Meter tief unter dem Wege sich wie ein hingebreiteter dunkelgrüner Teppich ausnahmen. Die Lichtungen im Walde glichen großen Trichtern, in denen wir an der zierlichen Gestalt und den gefiederten Blättern die Praga- oder Irassepalmen erkannten. Vollends malerisch wird die Landschaft dadurch, daß die Sierra des Guacharo vor einem liegt. Ihr nördlicher Abhang ist steil und bildet eine Felsmauer über 970 Meter hoch. Diese Wand ist so schwach bewachsen, daß man die Linien der Kalkschichten mit dem Auge verfolgen kann. Der Gipfel der Sierra ist abgeplattet, und nur am Ostende erhebt sich, gleich einer geneigten Pyramide, der majestätische Pik Guacharo. Seine Gestalt erinnert an die Aiguilles und Hörner der Schweizer Alpen (Schreckhörner, Finsteraarhorn).

Die Savanne, über die wir zum indianischen Dorf Santa Cruz zogen, besteht aus mehreren sehr ebenen Plateaus, die wie Stockwerke übereinanderliegen. Dies scheint darauf hinzudeuten, daß hier lange Zeit Wasserbecken übereinanderlagen und sich ineinander ergossen. Wo wir den Kalkstein im Walde von Santa Maria zum letztenmal sahen, fanden wir Nester von Eisenerz darin und, wenn wir recht gesehen haben, ein Ammonshorn; es gelang uns aber nicht, es loszubrechen. Es maß 18 Zentimeter im Durchmesser. Diese Beobachtung ist um so interessanter, als wir sonst in diesem Teile von Südamerika nirgends einen Ammoniten gesehen haben. Die Mission Santa Maria liegt mitten in der Ebene. Wir kamen gegen Abend daselbst an, halb verdurstet, da wir fast acht Stunden kein Wasser gehabt hatten. Das Thermometer zeigte 26 Grad, wir waren nur 370 Meter über dem Meer. Wir brachten die Nacht in einer der Ajupas zu, die man »Häuser des Königs« nennt und die den Reisenden als Tambo oder Karawanserei dienen. Wegen des Regens war an keine Sternbeobachtung zu denken, und wir setzten des anderen Tages, 23. September, unseren Weg zum Meerbusen von Cariaco hinunter fort. Jenseits von Santa Cruz fängt der dichte Wald von neuem an. Wir fanden daselbst unter Melastomenbüschen einen schönen Farn mit Blättern gleich denen der Osmunda, die in der Ordnung der Polypodiaceen eine neue Gattung (*Polybotria*) bildet.

Von der Mission Catuaru aus wollten wir ostwärts gehen, erfuhren aber zu unserem großen Verdruß, daß der starke Regen die Wege bereits ungangbar gemacht habe und wir Gefahr laufen, unsere frisch gesammelten Pflanzen zu verlieren. Ein reicher Kakaopflanzer sollte uns von Santa Rosalia in den Hafen von Carupano begleiten. Wir hatten noch zu rechter Zeit gehört, daß er in Geschäften nach Cumana müsse. So beschlossen wir denn, uns in Cariaco einzuschiffen und gerade über den Meerbusen, statt zwischen der Insel Margarita und der Landenge Araya durch, nach Cumana zurückzufahren.

Die Mission Catuaro liegt in ungemein wilder Umgebung. Hochstämmige Bäume stehen noch um die Kirche her und die Tiger fressen bei Nacht den Indianern ihre Hühner und Schweine. Wir wohnten beim Geistlichen und trafen dort den Corregidor des Distriktes, einen liebenswürdigen, gebildeten Mann. Es gab uns drei Indianer mit, die mit ihren Machetes vor uns her einen Weg durch den Wald bahnen sollten. In diesem wenig betretenen Lande ist die Vegetation in der Regenzeit so üppig, daß ein Mann zu Pferde auf den schmalen, mit Schlingpflanzen und verschlungenen Baumästen bedeckten Fußsteigen fast nicht durchkommt.

Der Weg durch den Wald von Catuaro ist nicht viel anders als der vom Berge Santa Maria herab. Man geht wie in einer engen, durch die Bergwasser ausgespülten, mit feinem, zähem Ton gefüllten Furche dahin. Bei den jähsten Abhängen senken die Maultiere das Kreuz und rutschen hinunter; das nennt man nun Saca-Manteca, weil der Kot so weich ist wie Butter. Bei der großen Gewandtheit der einheimischen Maultiere ist dieses Hinabgleiten ohne alle Gefahr. Der Weg führte über die Felsschichten herab, die Stufen von verschiedener Höhe bilden, und so ist es auch hier ein wahrer *»chemin des échelles«.* Weiterhin, wenn man zum Walde heraus ist, kommt man zum Berge Buenavista. Er verdient den Namen, denn von hier sieht man die Stadt Cariaco in einer weiten, mit Pflanzungen, Hütten und Gruppen von Kokospalmen bedeckten Ebene. Westlich von Cariaco breitet sich der weite Meerbusen aus, den eine Felsmauer vom Ozean trennt; gegen Osten zeigen sich, gleich blauen Wolken, die hohen Gebirge von Areo und Paria. Es ist eine der weitesten, prachtvollsten Aussichten an der Küste von Neu-Andalusien.

Wir fanden in Cariaco einen großen Teil der Einwohner in ihren Hängematten krank am Wechselfieber. Diese Fieber werden im Herbst bösartig und gehen in Ruhr über. Bedenkt man, wie außerordentlich fruchtbar und feucht die Ebene ist und welch ungeheure Masse von Pflanzenstoff hier zersetzt wird, so sieht man leicht, warum die Luft hier nicht so gesund sein kann wie über dem dürren Boden von Cumana. Nicht leicht finden sich in der heißen Zone große Fruchtbarkeit des Bodens, häufige, lange dauernde Wasserniederschläge, eine ungemein üppige Vegetation beisammen, ohne daß diese Vorteile durch ein Klima aufgewogen würden, das der Gesundheit der Weißen mehr oder weniger gefährlich wird.

Aus denselben Ursachen, welche den Boden so fruchtbar machen und die Entwicklung der Gewächse beschleunigen, entwickeln sich Gase aus dem Boden, die sich mit der Luft mischen und sie ungesund machen.

Laguna de Campoma heißt ein weites Sumpfland, das in der trockenen Jahreszeit in drei Becken zerfällt, die nordwestlich von der Stadt Cariaco am Ende des Meerbusens liegen. Übelriechende Dünste steigen fortwährend vom stehenden Sumpfwasser auf. Sie riechen nach Schwefelwasserstoff und zugleich nach faulen Fischen und zersetzten Vegetabilien.

Die Miasmen bilden sich im Tale von Cariaco gerade wie in der römischen Campagna; aber durch die tropische Hitze wird ihre verderbliche Kraft gesteigert. Durch die Lage der Laguna von Campoma wird der Nordwest, der sehr oft nach Sonnenuntergang weht, den Einwohnern der kleinen Stadt

Cariaco höchst gefährlich. Sein Einfluß unterliegt desto weniger einem Zweifel, da die Wechselfieber dem Sumpfe zu, der der Hauptherd der faulen Miasmen ist, immer häufiger in Nervenfieber übergehen. Ganze Familien freier Neger, die an der Nordküste des Meerbusens von Cariaco kleine Pflanzungen besitzen, liegen mit Eintritt der Regenzeit sich in ihren Hängematten. Diese Fieber nehmen bösartigen Charakter an, wenn man sich, erschöpft von langer Arbeit und starker Hautausdünstung, dem feinen Regen aussetzt, der gegen Abend häufig fällt. Die Farbigen, besonders aber die Kreolenneger, widerstehen den klimatischen Einflüssen mehr als irgendein anderer Menschenschlag. Man behandelt die Kranken mit Limonade, mit dem Aufguß von *Scoparia dulcis,* selten mit Cuspare, d.h. mit der Chinarinde von Angustora.

Die in Cariaco herrschenden Fieber nötigten uns zu unserem Bedauern, unseren Aufenthalt daselbst abzukürzen. Da wir noch nicht recht akklimatisiert waren, so rieten uns selbst die Kolonisten, an die wir empfohlen waren, uns auf den Weg zu machen. Wir lernten in der Stadt viele Leute kennen, die durch eine gewisse Leichtigkeit des Benehmens, durch umfassenderen Ideenkreis und, darf ich hinzusetzen, durch verschiedene Vorliebe für die Regierungsform der Vereinigten Staaten verrieten, daß sie viel mit dem Auslande in Verkehr standen. Hier hörten wir zum erstenmal in diesem Himmelsstrich die Namen Franklin und Washington mit Begeisterung aussprechen. Neben dem Ausdruck dieser Begeisterung bekamen wir Klagen zu hören über den gegenwärtigen Zustand von Neuandalusien und leidenschaftliche, ungeduldige Wünsche für eine bessere Zukunft. Diese Stimmung mußte einem Reisenden auffallen, der unmittelbar Zeuge der großen politischen Erschütterungen in Europa gewesen war. Noch gab sich darin nichts Feindseliges, Gewaltsames, keine bestimmte Richtung zu erkennen. Seit dem Jahre 1797 ist eine geistige Umwälzung eingetreten, die in ihren Folgen dem Mutterland noch lange nicht verderblich geworden wäre, hätte nicht das Ministerium fort und fort alle Interessen gekränkt, alle Wünsche mißachtet. Es gibt in den Streitigkeiten der Kolonien mit dem Mutterland wie fast in allen Volksbewegungen einen Moment, wo die Regierungen, wenn sie nicht über den Gang der menschlichen

Dinge völlig verblendet sind, durch kluge vorsichtige Mäßigung das Gleichgewicht herstellen und den Sturm beschwören können. Lassen sie diesen Zeitpunkt vorübergehen, glauben sie durch physische Gewalt eine moralische Bewegung niederschlagen zu können, so gehen die Ereignisse unaufhaltsam ihren Gang, und die Trennung der Kolonien erfolgt mit desto verderblicherer Gewaltsamkeit, wenn das Mutterland während des Streites seine Monopole und seine frühere Gewalt wieder eine Zeitlang hatte aufrechterhalten können.

Wir schiffen uns morgens sehr früh ein, in der Hoffnung, die Überfahrt über den Meerbusen von Cariaco in einem Tage machen zu können. Das Meer ist hier nicht unruhiger als unsere großen Landseen, wenn sie vom Winde sanft bewegt werden. Es sind vom Landungsplatz nach Cumana nur 22,5 Kilometer. Als wir die kleine Stadt Cariaco im Rücken hatten, gingen wir westwärts am Flusse Carenicuar hin, der schnurgerade wie ein künstlicher Kanal durch Gärten und Baumwollpflanzungen läuft. Der ganze, etwas sumpfige Boden ist aufs sorgsamste angebaut. Wir sahen am Flusse indianische Weiber ihr Zeug mit der Frucht der Parapara (*Sapindus saponaria*) waschen. Die Schale der Frucht gibt einen starken Schaum.

Kaum waren wir zu Schiffe, so hatten wir mit widrigen Winden zu kämpfen. Es regnete in Strömen, und ein Gewitter brach in der Nähe aus. Scharen von Flamingos, Reihern und Kormoranen zogen dem Ufer zu. Nur der Alkatras, eine große Pelikanart, fischte ruhig mitten im Meerbusen weiter. Wir waren unser achtzehn Passagiere, und auf der engen, mit Rohrzucker, Pisangbüscheln und Kokosnüssen überladenen Piroge konnten wir unsere Instrumente und Sammlungen kaum unterbringen. Der Rand des Fahrzeuges stand kaum über Wasser.

Der widrige Wind und der Regen nötigten uns, bei Pericantral, einem kleinen Hof auf der Südküste des Meerbusens, zu landen. Diese ganze schön bewachsene Küste ist fast ganz unbebaut; man zählt kaum 700 Einwohner, und außer dem Dorf Mariguitar sieht man nichts als Pflanzungen von Kokosbäumen, die die Ölbäume des Landes sind.

Wir verließen den Hof Pericantral erst nach Sonnenuntergang. Die Südküste des Meerbusens in ihrem reichen Pflanzenschmuck bietet den lachendsten Anblick, die Nordküste ist dagegen felsig, nackt und dürr. Trotz des dürren Bodens und des seltenen Regens, der zuweilen 15 Monate ausbleibt, wachsen auf der Halbinsel Araya 15 bis 25 Kilogramm schwere Patillas oder Wassermelonen. In der heißen Zone ist die Luft etwa zu 90 Prozent mit Wasserdunst gesättigt, und die Vegetation erhält sich dadurch, daß die Blätter die wunderbare Eigenschaft haben, das in der Luft aufgelöste Wasser einzusaugen. Wir hatten auf der engen, überladenen Piroge eine recht schlechte Nacht und befanden uns um drei Uhr morgens an der Mündung des Rio Manizanes. Wir waren seit mehreren Wochen an den Anblick der Gebirge, an Gewitterhimmel und finstere Wälder gewöhnt, und so fielen uns jetzt die Naturverhältnisse von Cumana, der ewig heitere Himmel, der kahle Boden, die Masse des überall zurückgeworfenen Lichtes doppelt auf.

Bei Sonnenaufgang sahen wir Tamurosgeier (*Vultur aura*) zu vierzig bis fünfzig auf den Kokospalmen sitzen. Diese Vögel hocken zum Schlafen in Reihen zusammen wie die Hühner, und sie sind so träge, daß sie, lange ehe die Sonne untergeht, aufsitzen und erst wieder erwachen, wenn ihre Scheibe bereits über dem Horizont steht. Es ist, als ob die Bäume mit gefiederten Blättern nicht minder träge wären. Die Mimosen und Tamarinden schließen bei heiterem Himmel ihre Blätter 25 bis 30 Minuten vor Sonnenuntergang, und sie öffnen sie am Morgen erst, wenn die Scheibe bereits ebenso lange am Himmel steht.

Neuntes Kapitel

Körperbeschaffenheit und Sitten der Chaymas
Ihre Sprachen

Die Eingeborenen oder Ureinwohner bilden in den Ländern, deren Gebirge wir vor kurzem durchwandert, in den beiden Provinzen Cumana und Nueva Barcelona, beinahe noch die Hälfte der schwachen Bevölkerung. Ihre Kopfzahl läßt sich auf 60 000 schätzen, wovon 24 000 auf Neuandalusien kommen. Die Indianer in Cumana leben nicht alle in den Missionsdörfern; man findet sie zerstreut in der Umgebung der Städte, an den Küsten, wohin sie des Fischfangs wegen ziehen, selbst auf den kleinen Höfen in den Llanos oder Savannen. In den Missionen der aragonesischen Kapuziner, die wir besucht, leben allein 15 000 Indianer, die fast sämtlich dem Chaymasstamm angehören. Indessen sind die Dörfer dort nicht so stark bevölkert wie in der Provinz Barcelona. Die mittlere Seelenzahl ist nur 500 bis 600, während man weiter nach Westen in den Missionen der Franziskaner von Piritu indianische Dörfer mit 2 000 bis 3 000 Einwohnern trifft. Wenn ich die Zahl der Eingeborenen in den Provinzen Cumana und Barcelona auf 60 000 schätzte, so meinte ich nur die in Terra Firma lebenden, nicht die Guaykeri auf der Insel Margarita und die große Masse der Guaraunen, die auf den Inseln im Delta des Orinoko ihre Unabhängigkeit behauptet haben. Diese schätzt man gemeinhin auf 6 000 bis 8 000. Außer den Guaraunenfamilien, die sich hie und da auf den sumpfigen, mit Morichepalmen bewachsenen Landstrichen, also auf dem Festlande selbst blicken lassen, gibt es seit dreißig Jahren in Neu-Andalusien keine wilden Indianer mehr.

Ungern brauche ich das Wort wild, weil es zwischen dem unterworfenen, in den Missionen lebenden, und dem freien oder unabhängigen Indianer einen Unterschied in der Kultur voraussetzt, dem die Erfahrung häufig widerspricht. In den Wäldern Südamerikas gibt es Stämme Eingeborener, die unter Häuptlingen friedlich in Dörfern leben, auf ziemlich ausgedehntem Gebiet Pisang, Maniok und Baumwolle bauen und aus letzterer ihre Hängematten weben. Sie sind um nichts barbarischer als die nackten Indianer in den Missionen, die man das Kreuz hat schlagen lehren. Die irrige Meinung, als wären sämtliche nicht unterworfene Eingeborene umherziehende Jägervölker, ist in Europa ziemlich verbreitet. In Terra Firma bestand der Ackerbau lange vor der Ankunft der Europäer; er besteht noch jetzt zwischen dem Orinoko und dem Amazonenstrom in den Lichtungen der Wälder, wohin nie ein Missionar den Fuß gesetzt hat. Das verdankt man allerdings dem Regiment der Missionen, daß der Eingeborene Anhänglichkeit an Grund und Boden bekommt, sich an festen Wohnsitz gewöhnt und ein ruhigeres, friedlicheres Leben lieben lernt. Sie haben allerdings die Freiheit der Eingeborenen beschränkt, aber fast allerorten ist durch sie eine Zunahme der Bevölkerung herbeigeführt worden, wie sie beim Nomadenleben der unabhängigen Indianer nicht möglich ist.

Im Maße als die Ordensgeistlichen gegen die Wälder vorrücken und den Eingeborenen Land abgewinnen, suchen ihrerseits die weißen Ansiedler von der anderen Seite her das Gebiet der Missionen in Besitz zu bekommen. Dabei sucht der weltliche Arm fortwährend die unterworfenen Indianer dem Mönchsregiment zu entziehen. Nach einem ungleichen Kampfe treten allmählich Pfarrer an die Stelle der Missionare, Weiße und Mischlinge lassen sich, begünstigt von den Corregidoren, unter den Indianern nieder. Die Missionen werden zu spanischen Dörfern, und die Eingeborenen wissen bald gar nicht mehr, daß sie eine Volkssprache gehabt haben. So rückt die Kultur von der Küste ins Binnenland vor, langsam, durch menschliche Eigenschaften aufgehalten, aber sichern, gleichmäßigen Schrittes.

Die Provinzen Neu-Andalusien und Barcelona, die man unter dem Namen *Gobierno de Cumana* begreift, zählen in ihrer gegenwärtigen Bevölkerung mehr als 14 Völkerschaften; es sind in Neu-Andalusien die Chaymas, Guaykeri, Pariagoten,

Quaqua, Aruaken, Kariben und Guaraunen; in der Provinz Barcelona die Cumanagoten, Palenques, Kariben, Piritu, Tomuzen, Topocuaren, Chacopoten und Guariven. Unter den übrigen Völkerschaften sind die Chaymas in den Bergen von Caripe, die Kariben auf den südlichen Savannen von Neubarcelona und die Cumanagoten in den Missionen von Piritu die zahlreichsten. Einige Familien Guaraunen sind auf dem linken Ufer des Orinoko, da, wo das Delta beginnt, der Missionszucht unterworfen worden. Die Sprachen der Guaraunen, Kariben, Cumanagoten und Chaymas sind die verbreitetsten.

Die Indianer in den Missionen treiben sämtlich Ackerbau, und mit Ausnahme derer, die in den hohen Gebirgen leben, bauen alle dieselben Gewächse; ihre Hütten stehen am einen Ort in Reihen wie am anderen; die Einteilung ihres Tagewerks, ihre Arbeit im Gemeindeconuco, ihr Verhältnis zu den Missionaren und den aus ihrer Mitte gewählten Beamten, alles ist nach Vorschriften geordnet, die überall gelten.

Es gibt in den Missionen nur wenige Dörfer, wo die Familien verschiedenen Völkerschaften angehören und nicht dieselbe Sprache reden. Aus so verschiedenartigen Elementen bestehende Gemeinden sind schwer zu regieren. Meist haben die Mönche ganze Nationen oder doch bedeutende Stücke derselben in nahe beieinander gelegenen Dörfern untergebracht. Die Eingeborenen sehen nur Leute ihres eigenen Stammes; denn Hemmung des Verkehrs, Vereinzelung, das ist ein Hauptartikel in der Staatskunst der Missionare. Bei den unterworfenen Chaymas, Kariben, Tamanancas erhalten sich die nationalen Eigentümlichkeiten um so mehr, da sie auch noch ihre Sprache besitzen. Wenn sich die Individualität des Menschen in den Mundarten gleichsam widerspiegelt, so wirken diese wieder auf Gedanken und Empfindung zurück. Durch den innigen Verband zwischen Sprache, Volkscharakter und Körperbildung erhalten sich die Völker einander gegenüber in ihrer Verschiedenheit und Eigentümlichkeit, und dies ist eine unerschöpfliche Quelle von Bewegung und Leben in der geistigen Welt.

Die Missionare konnten den Indianern gewisse alte Gebräuche bei der Geburt eines Kindes, beim Mannbarwerden, bei der Bestattung der Toten verbieten; sie konnten es dahin bringen, daß sie sich nicht mehr die Haut bemalten oder in Kinn,

Nase und Wange sich Einschnitte machten; sie konnten beim großen Haufen die abergläubischen Vorstellungen ausrotten, die in manchen Familien im geheimen sich forterben; aber es war leichter, Gebräuche abzustellen und Erinnerungen zu verwischen, als die alten Vorstellungen durch neue zu ersetzen. In den Missionen ist dem Indianer sein Lebensunterhalt gesicherter als zuvor. Er liegt nicht mehr in beständigem Kampfe mit feindlichen Gewalten, mit Menschen und Elementen, und führt so dem wilden, unabhängigen Indianer gegenüber ein einförmigeres, untätigeres, der Entwicklung der Geistes- und Gemütskraft weniger günstiges Leben. Wenn er gutmütig ist, so kommt dies nur daher, weil er die Ruhe liebt, nicht weil er gefühlvoll ist und gemütlich. Alle seine Handlungen scheinen nur durch das augenblickliche Bedürfnis bestimmt zu werden. Er ist schweigsam, verdrossen, in sich gekehrt, seine Miene ist ernst, geheimnisvoll.

Ich beginne mit der Nation der Chaymas, deren über 15 000 in den oben beschriebenen Missionen leben. Diese nicht sehr kriegerische Nation wohnt entlang dem hohen Gebirge des Cocollar und Guacharo an den Ufern des Guarapiche, des Rio Colorado, des Areo und des Cano de Caripe.

Die Chaymas sind meist von kleinem Wuchs. Die Mittelgröße eines Chaymas beträgt 1,57 Meter. Ihr Körper ist gedrungen, untersetzt, die Schultern sind sehr breit, die Brust flach, alle Glieder rund und fleischig. Ihre Hautfarbe ist die der ganzen amerikanischen Rasse.

Der Gesichtsausdruck ist nicht eben hart und wild, hat aber doch etwas Ernstes, Finsteres. Die Stirn ist klein, wenig gewölbt; daher heißt es auch in mehreren Sprachen dieses Landstriches von einem schönen Weibe, »sie sei fett und habe eine schmale Stirne«. Die Augen sind schwarz, tiefliegend und stark in die Länge gezogen. Der große Mund mit breiten, aber nicht dicken Lippen hat häufig einen gutmütigen Ausdruck. Zwischen Nase und Mund laufen bei beiden Geschlechtern zwei Furchen von den Nasenlöchern gegen die Mundwinkel. Das Kinn ist sehr kurz und rund; die Kinnladen sind auffallend stark und breit.

Die Zähne sind bei der Chaymas schön und weiß, aber lange nicht so stark wie bei den Negern. Den ersten Reisenden war der Brauch aufgefallen, mit gewissen Pflanzensäften und Ätzkalk die Zähne schwarz zu färben; gegenwärtig weiß man nichts mehr davon. Ich bezweifle sehr, daß der Brauch des Schwärzens mit Schönheitsbegriffen zusammenhängt oder daß es ein Mittel gegen Zahnschmerzen sein sollte. Von diesem Übel wissen die Indianer so gut wie nichts; auch die Weißen in den spanischen Kolonien, wenigstens in den heißen Landstrichen, wo die Temperatur so gleichförmig ist, leiden selten daran.

Die Chaymas haben wie fast alle eingeborenen Völker, die ich gesehen, kleine, schmale Hände. Ihre Füße aber sind groß, und die Zehen bleiben beweglicher als gewöhnlich. Alle Chaymas sehen einander ähnlich wie nahe Verwandte, und dies wird desto auffallender, als sich bei ihnen zwischen dem zwanzigsten und fünfzigsten Jahre das Alter nicht durch Hautrunzeln, durch graues Haar oder Hinfälligkeit des Körpers verrät. Tritt man in eine Hütte, so kann man oft unter den Erwachsenen kaum den Vater vom Sohn, die eine Generation von der anderen unterscheiden.

Die Chaymas haben, wie alle halbwilden Völker in sehr heißen Ländern, eine entschiedene Abneigung gegen Kleider. In der heißen Zone schämen sich die Eingeborenen, wie sie sagen, daß sie Kleider tragen sollen, und sie laufen in die Wälder, wenn man sie zu früh nötigt, ihr Nacktgehen aufzugeben. Bei den Chaymas bleiben, trotz des Eiferns der Mönche, Männer und Weiber im Inneren der Häuser nackt. Wenn sie durch das Dorf gehen, tragen sie eine Art Hemd aus Baumwollzeug, das kaum bis zum Knie reicht. Es kam vor, daß wir Eingeborenen außerhalb der Mission begegneten, die namentlich bei Regenwetter ihr Hemd ausgezogen hatten und es aufgerollt unter dem Arm trugen.

Die Weiber der Chaymas sind nach unseren Schönheitsbegriffen nicht hübsch; indessen haben die jungen Mädchen etwas Sanftes und Wehmütiges im Blick, das von dem ein wenig harten und wilden Ausdruck des Mundes angenehm absticht. Die Haare tragen sie in zwei langen Zöpfen geflochten. Die Haut bemalen sie sich nicht und kennen in ihrer Armut keinen anderen Schmuck als Hals- und Armbänder aus Muscheln, Vogelknochen und Fruchtkernen. Männer und

Weiber sind sehr muskulös, aber die Körper sind fleischig mit runden Formen.

Die Lebensweise der Chaymas ist höchst einförmig. Sie legen sich um sieben Uhr abends nieder und stehen lange vor Tag, um halb fünf Uhr morgens, auf. Jeder Indianer hat ein Feuer bei seiner Hängematte. Im Innern sind die Hütten der Indianer äußerst sauber. Ihr Bettzeug, ihre Schilfmatten, ihre Töpfe mit Maniok oder gegorenem Mais, ihre Bogen und Pfeile, alles befindet sich in der schönsten Ordnung. Männer und Weiber baden täglich, und da sie fast immer nackt gehen, so kann bei ihnen die Unreinlichkeit nicht aufkommen. Außer dem Haus im Dorf haben sie meist auf ihren Conucos, an einer Quelle oder am Eingang einer recht einsamen Schlucht, eine mit Palmen- und Bananenblättern gedeckte Hütte von geringem Umfang. Obgleich sie auf dem Conuco weniger bequem leben, halten sie sich dort auf, sooft sie nur können. Schon oben gedachten wir ihres unwiderstehlichen Triebes, die Gesellschaft zu fliehen und zum Leben in der Wildnis zurückzukehren. Die kleinsten Kinder entlaufen nicht selten ihren Eltern und ziehen vier, fünf Tage in den Wäldern herum, von Früchten, von Palmkohl und Wurzeln sich nährend. Wenn man in den Missionen reist, sieht man häufig die Dörfer fast ganz leer stehen, weil die Einwohner in ihren Gärten sind oder auf der Jagd.

Entbehrung und Leiden sind auch bei den Chaymas, wie bei allen halbbarbarischen Völkern, das Los der Weiber. Die schwerste Arbeit fällt ihnen zu. Wenn wir die Chaymas abends aus ihrem Garten heimkommen sahen, trug der Mann nichts als das Messer (*Machete*), mit dem er sich seinen Weg durch das Gesträuch bahnt. Das Weib ging gebückt unter der gewaltigen Last Bananen und trug ein Kind auf dem Arm, und zwei andere saßen nicht selten oben auf dem Bündel. Trotz dieser gesellschaftlichen Unterordnung scheinen mir die Weiber der südamerikanischen Indianer glücklicher als die der wilden im Norden. In den Missionen arbeiteten die Männer im Felde so gut wie die Weiber.

Man macht sich keinen Begriff davon, wie schwer die Indianer Spanisch lernen. Was mir aber nicht allein bei den Chaymas, sondern in allen sehr entlegenen Missionen am meisten auffiel, das ist, daß es den Indianern so ungemein schwer wird, die einfachsten Gedanken zusammenzubringen und auf spanisch auszudrücken, selbst wenn sie die Bedeutung der Worte und den Satzbau kennen. Die Missionare versichern, dieses Stocken sei nicht Folge der Schüchternheit, sondern nur Unvermögen, den Mechanismus einer von ihren Landessprachen abweichenden Sprache zu handhaben. Ich war oft erstaunt, mit welcher Geläufigkeit in Caripe der Alcalde, der Governador, der Sargento mayor stundenlang zu den vor der Kirche versammelten Indianern sprachen; sie verteilten die Arbeiten für die Woche, schalten die Trägen, drohten den Unanstelligen. Diese Häuptlinge, die selbst Chaymas sind und die Befehle des Missionars der Gemeinde zur Kenntnis bringen, sprechen dabei alle auf einmal, mit lauter Stimme, mit starker Betonung, fast ohne Gebärdenspiel. Ihre Züge bleiben dabei unbeweglich, ihr Blick ist ernst, gebieterisch.

Dieselben Menschen, die so viel Geisteslebendigkeit verrieten und ziemlich gut spanisch verstanden, konnten ihre Gedanken nicht mehr zusammenbringen, wenn sie uns auf unsern Ausflügen in der Nähe des Klosters begleiteten und wir durch die Mönche Fragen an sie richten ließen. Man konnte sie Ja oder Nein sagen lassen, je nachdem man die Frage stellte; und ihre Trägheit und nebenbei auch jene schlaue Höflichkeit, die auch dem rohesten Indianer nicht ganz fremd ist, ließ sie nicht selten ihren Antworten die Wendung geben, auf die unsere Fragen zu deuten schienen. Wenn sich Reisende auf die Aussagen von Eingeborenen berufen wollen, können sie vor diesem gefälligen Jasagen sich nicht genug in acht nehmen.

Alle Zahlenverhältnisse fassen die Chaymas außerordentlich schwer. Ich habe nicht einen gesehen, den man nicht sagen lassen konnte, er sei achtzehn oder aber sechzig Jahre alt. Die Chaymassprache hat Worte, die ziemlich große Zahlen ausdrücken, aber wenige Indianer wissen damit umzugehen, und da sie im Verkehr mit den Missionaren dazu genötigt sind, so zählen die fähigsten spanisch, aber so, daß man ihnen die geistige Anstrengung ansieht, bis auf dreißig oder fünfzig. In der Chaymassprache zählen dieselben Menschen nicht über fünf oder sechs. Ich bin weit entfernt, die Sprachen der Neuen

Welt den schönsten Sprachen Asiens und Europas gleichstellen zu wollen; aber keine von diesen hat ein klareres, regelmäßigeres und einfacheres Zahlsystem als das Oquichua und das Aztekische, die in den großen Reichen Couzco und Anahuac gesprochen wurden. Dürfte man nun sagen, in diesen Sprachen zähle man nicht über vier, weil es in den Dörfern, wo sich dieselben unter den armen Bauern von peruanischem oder mexikanischem Stamm erhalten haben, Menschen gibt, die nicht weiter zählen können? Die seltsame Ansicht, nach der so viele Völker Amerikas nur bis zu fünf, zehn oder zwanzig sollen zählen können, ist durch Reisende aufgekommen, die nicht wußten, daß die Menschen, je nach dem Geist der verschiedenen Mundarten, in allen Himmelsstrichen nach fünf, zehn oder zwanzig Einheiten (das heißt nach den Fingern einer Hand, beider Hände, der Hände und Füße zusammen) einen Abschnitt machen, und daß sechs, dreizehn oder zwanzig auf verschiedene Weise durch fünf eins, zehn drei und »Fuß zehn« ausgedrückt werden.

Die amerikanischen Sprachen sind so ganz anders gebaut als die Tochtersprachen des Lateinischen, daß die Jesuiten, welche alles, was ihre Anstalten fördern konnte, aufs sorgfältigste in Betracht zogen, bei den Neubekehrten statt des Spanischen einige indianische, sehr reiche, sehr regelmäßige und weit verbreitete Sprachen, namentlich das Kechua und das Guarani, einführten. Sie suchten durch diese Sprachen die ärmeren, plumperen, im Satzbau nicht so regelmäßigen Mundarten zu verdrängen. Und der Tausch gelang ohne alle Schwierigkeit; die Indianer verschiedener Stämme ließen sich ganz gelehrig dazu herbei, und so wurden diese verallgemeinerten Sprachen zu einem bequemen Verkehrsmittel zwischen den Missionaren und den Neubekehrten. Diese Sprachen boten ihnen ein bequemes Mittel, um ein Band um zahlreiche Horden zu schlingen, die bis jetzt vereinzelt, einander feindlich gesinnt durch die Sprachverschiedenheit geschieden waren.

Nicht allein ausgebildete Sprachen, wie die der Inka, das Aymara, Guarani, Cora und das Mexikanische, sondern auch sehr rohe Sprachen zeigen in ihrem grammatischen Bau die überraschendsten Ähnlichkeiten. Eben wegen dieser allgemeinen Ähnlichkeit im Bau lernt der Indianer in den Missionen viel leichter eine amerikanische Sprache als die des europäischen Mutterlandes. In den Wäldern am Orinoko habe ich die rohesten Indianer zwei, drei Sprachen sprechen hören. Häufig verkehren Wilde verschiedener Nationen in einem anderen als ihrem eigenen Idiom miteinander.

Hätte man das System der Jesuiten befolgt, so wären bereits weit verbreitete Sprachen fast allgemein geworden. Auf Terra Firma und am Orinoko spräche man jetzt nur karibisch oder tamanakisch, im Süden und Südwesten Quichua, Guarani, Omagua und araukanisch. Die Missionare könnten sich diese Sprachen zu eigen machen, deren grammatische Formen höchst regelmäßig und fast so fest sind wie im Griechischen und Sanskrit, und würden so den Eingeborenen, über die sie herrschen, weit näher kommen. Die zahllosen Schwierigkeiten in der Verwaltung von Missionen, die aus einem Dutzend Völkerschaften bestehen, verschwänden mit der Sprachverwirrung. Die wenig verbreiteten Mundarten würden tote Sprachen; aber der Indianer behielte mit einer amerikanischen Sprache auch seine Individualität und seine nationale Physiognomie. Man erreichte so auf friedlichem Wege, was die allzusehr gepriesenen Inka, die den Fanatismus in die Neue Welt eingeführt, mit Waffengewalt durchzuführen begonnen.

Die drei verbreitetsten Sprachen in den Provinzen Cumana und Barcelona sind gegenwärtig die der Chaymas, das Cumanagotische und das Karibische. Sie haben im Lande von jeher als verschiedene Idiome gegolten; jede hat ihr Wörterbuch, zum Gebrauch der Missionen verfaßt.

Auf dem rechten Ufer des Orinoko, südöstlich von der Mission Encaramada, über hundert Meilen von den Chaymas, wohnen die Tamanaken (Tamanacu), deren Sprache in mehrere Dialekte zerfällt. Trotz dieser Entfernung und der vielfach örtlichen Hindernisse erkennt man in der Sprache der Chaymas einen Zweig der Tamanakensprache. Die Verwandtschaft zwischen der Sprache dieses Volkes und der der Chaymas habe ich erst lange nach meiner Rückkehr nach Europa gefunden, als ich meine gesammelten Notizen mit einer Grammatik verglich, die ein alter Missionar am Orinoko in Italien hat drucken lassen.

Der starke Verkehr zwischen den Eingeborenen und den Spaniern seit der Eroberung hat zur natürlichen Folge gehabt, daß nicht wenige amerikanische Worte in die spanische Sprache übergegangen sind. Manche dieser Worte bezeichnen meist Dinge, die vor der Entdeckung der Neuen Welt unbekannt waren, und wir denken jetzt kaum mehr an ihren barbarischen Ursprung (z. B. Savanne, Kannibale). Fast alle gehören der Sprache der Großen Antillen an, die früher die Sprache von Haiti, Quizqueja oder Itis hieß. Ich nenne nur die Worte Mais, Tabak, Kanoe, Batate, Kazike, Balsa, Conuco usw. Als die Spanier mit dem Jahre 1498 anfingen, Terra Firma zu besuchen, hatten sie bereits Worte für die nutzbarsten Gewächse, die auf den Antillen wie auf den Küsten von Cumana und Paria vorkommen. Sie behielten nicht nur diese von den Haitiern entlehnten Benennungen bei, durch sie wurden dieselben über ganz Amerika verbreitet zu einer Zeit, wo die Sprache von Haiti bereits eine tote Sprache war, und bei Völkern, die von der Existenz der Antillen gar nichts wußten.

Zehntes Kapitel

Zweiter Aufenthalt in Cumana · Erdbeben
Ungewöhnliche Meteore

Wir blieben wieder einen Monat in Cumana. Die beschlossene
Fahrt auf dem Orinoko und Rio Negro erforderte Zurüstungen aller Art. Wir mußten die Instrumente auswählen, die sich
auf engen Kanoes am leichtesten fortbringen ließen; wir mußten uns für eine zehnmonatige Reise im Binnenlande, das in
keinem Verkehr mit den Küsten steht, mit Geldmitteln versehen. Da astronomische Ortsbestimmung der Hauptzweck dieser Reise war, so war es mir von großem Belang, daß mir die
Beobachtung einer Sonnenfinsternis nicht entging, die Ende
Oktober eintreten sollte. Ich blieb lieber bis dahin in Cumana,
wo der Himmel meist schön und heiter ist. Wenn ich die
Länge von Cumana genau bestimmte, so hatte ich einen Aus-
gangspunkt für die chronometrischen Bestimmungen, auf die
ich allein rechnen konnte, wenn ich mich nicht lange genug
aufhielt, um Monddistanzen zu nehmen oder die Jupitertrabanten zu beobachten.

Fast hätte ein Unfall mich genötigt, die Reise an den Orinoko aufzugeben oder doch lange hinauszuschieben. Am
27. Oktober gingen wir wie gewöhnlich am Ufer des Meerbusens, um die Kühle zu genießen und das Eintreten der Flut
zu beobachten, die an diesem Seestrich nicht mehr als 32 bis
35 Zentimeter beträgt. Es war acht Uhr abends, und der Seewind hatte sich noch nicht aufgemacht. Wir gingen über den
Strand zwischen dem Landungsplatz und der Vorstadt der
Guaykeri. Ich hörte hinter mir gehen, und wie ich mich
umwandte, sah ich einen hochgewachsenen Mann von der
Farbe der Zambos, nackt bis zum Gürtel. Er hielt fast über

meinem Kopf eine Macana, einen dicken, unten keulenförmig dicker werdenden Stock aus Palmholz. Ich wich dem Schlage aus, indem ich links zur Seite sprang. Bonpland, der mir zur Rechten ging, war nicht so glücklich; er hatte den Zambo später bemerkt als ich und erhielt über die Schläfe einen Schlag, der ihn zu Boden streckte. Wir waren allein, unbewaffnet, zwei Kilometer von jeder Wohnung auf einer weiten Ebene an der See. Der Zambo kümmerte sich nicht mehr um mich, sondern ging langsam davon und nahm Bonplands Hut auf, der die Gewalt des Schlages etwas gebrochen hatte und weit weggeflogen war. Aufs äußerste erschrocken, da ich meinen Reisegefährten zu Boden stürzen und eine Weile bewußtlos daliegen sah, dachte ich nur an ihn. Ich half ihm aufstehen; der Schmerz und der Zorn gab ihm doppelte Kraft. Wir stürzten auf den Zambo zu, der, sei es aus Feigheit, die bei diesem Menschenschlag gemein ist, oder weil er von weitem Leute am Strande sah, nicht auf uns wartete und dem Tunal zulief, einem kleinen Buschwerk aus Fackeldisteln und baumartigen Avicennien. Zufällig fiel er unterwegs; Bonpland, der zunächst an ihm war, rang mit ihm und setzte sich dadurch der äußersten Gefahr aus. Der Zambo zog ein langes Messer aus seinem Beinkleid, und im ungleichen Kampfe wären wir sicher verwundet worden, wären nicht biscayische Handelsleute, die auf dem Strande Kühlung suchten, uns zu Hilfe gekommen. Als der Zambo sich umringt sah, gab er die Gegenwehr auf; er entsprang wieder, und nachdem wir ihm lange durch die stachligen Kakteen nachgelaufen, schlüpfte er in einen Viehstall, aus dem er sich ruhig herausholen und ins Gefängnis führen ließ.

Bonpland hatte in der Nacht Fieber; aber als ein kräftiger Mann, voll der Munterkeit, die eine der kostbarsten Gaben ist, welche die Natur einem Reisenden verleihen kann, ging er schon des anderen Tages wieder seiner Arbeit nach. Der Schlag der Macana hatte bis zum Scheitel die Haut gequetscht, und er spürte die Nachwehen mehrere Monate während unseres Aufenthaltes in Caracas. Beim Bücken, um Pflanzen aufzunehmen, wurde er mehrere Male von einem Schwindel befallen, der uns befürchten ließ, daß im Schädel etwas ausgetreten sein möchte. Zum Glück war diese Besorgnis unbegründet, und die Symptome, die uns anfangs beunruhigt, verschwanden nach und nach. Die Einwohner von Cumana bewiesen uns die rührendste Teilnahme.

Trotz des Unfalls, der Bonpland betroffen, war ich anderen Tags, am 28. Oktober, um fünf Uhr morgens auf dem Dach unseres Hauses, um mich zur Beobachtung der Sonnenfinsternis zu rüsten. Die Sichel der Venus und das Sternbild des Schiffes, das durch seine gewaltigen Nebelflecke nahe aneinander so stark hervortritt, verschwanden in den Strahlen der aufgehenden Sonne. Ich hatte mir zu einem so schönen Tag um so mehr Glück zu wünschen, als ich seit mehreren Wochen wegen der Gewitter, die regelmäßig zwei, drei Stunden nach dem Durchgang der Sonne durch den Meridian im Süden und Südosten aufzogen, die Uhren nicht nach den korrespondierenden Höhen hatte richten können. Ein rötlicher Dunst verschleierte bei Nacht die Sterne. Die Erscheinung war sehr ungewöhnlich, da man in anderen Jahren oft drei, vier Monate lang keine Spur von Wolken und Nebel sieht. Ich konnte den Verlauf und das Ende der Sonnenfinsternis vollständig beobachten.

Die Tage vor und nach der Sonnenfinsternis boten sehr auffallende atmosphärische Erscheinungen. Wir waren im hiesigen sogenannten Winter, d. h. in der Jahreszeit des bewölkten Himmels und der kurzen Gewitterregen. Vom 10. Oktober bis 3. November stieg bei Einbruch der Nacht ein rötlicher Nebel am Horizont auf und zog in wenigen Minuten einen mehr oder minder dichten Schleier über das blaue Himmelsgewölbe. Wenn der rötliche Nebel den Himmel leicht überzog, so behielten die Sterne der ersten Größen nicht einmal im Zenit ihr ruhiges planetarisches Licht. Sie flimmerten in allen Höhen wie nach einem starken Gewitterregen.

Zwischen dem 28. Oktober und 3. November war der rötliche Nebel dicker als bisher; bei Nacht war die Hitze erstickend, obgleich das Thermometer nur auf 26 Grad stand. Der Seewind, der meist von acht oder neun Uhr abends die Luft abkühlt, ließ sich gar nicht spüren. Die Luft war wie in Glut; der staubige, ausgedörrte Boden bekam überall Risse. Am 4. November gegen zwei Uhr nachmittags hüllten dicke, sehr schwarze Wolken die hohen Berge Brigantin und Tataraqual ein. Sie rückten allmählich bis ins Zenit. Gegen vier Uhr fing es an über uns zu donnern, aber ungemein hoch, ohne Rollen, trockene, oft kurz abgebrochene Schläge. Im Moment, wo die stärkste elektrische Entladung stattfand, um vier Uhr zwölf Minuten, erfolgten zwei Erdstöße 15 Sekunden hintereinander. Das Volk schrie laut auf der Straße. Bonpland, der über einen Tisch gebeugt Pflanzen untersuchte, wurde beinahe zu Boden geworfen. Ich selbst spürte den Stoß sehr stark, obgleich in in einer Hängematte lag. Die Richtung des Stoßes war, was in Cumana ziemlich selten vorkommt, von Nord nach Süd. Sklaven, die aus einem 6 bis 6,5 Meter tiefen Brunnen am Manizanes Wasser schöpften, hörten ein Getöse wie einen starken Kanonenschuß. Das Getöse schien aus dem Brunnen heraufzukommen, eine auffallende Erscheinung, die übrigens in allen Ländern Amerikas, die den Erdbeben ausgesetzt sind, häufig vorkommt.

Einige Minuten vor dem ersten Stoß trat ein heftiger Sturm ein, dem ein elektrischer Regen mit großen Tropfen folgte. Der Himmel blieb bedeckt, und auf den Sturm folgte eine Windstille, welche die ganze Nacht anhielt. Der Sonnenuntergang bot ein Schauspiel von seltener Pracht. Der dicke Wolkenschleier zerriß dicht am Horizont wie zu Fetzen, und die Sonne schien 12 Grad hoch auf indigoblauem Grunde. Ihre Scheibe war ungemein stark in die Breite gezogen, verschoben und am Rande ausgeschweift. Die Wolken waren vergoldet, und Strahlenbündel in den schönsten Regenbogenfarben liefen bis zur Mitte des Himmels auseinander. Auf dem großen Platze war viel Volk versammelt. Letztere Erscheinung, das Erdbeben, der Donnerschlag während desselben, der rote Nebel seit vielen Tagen, alles wurde der Sonnenfinsternis zugeschrieben.

Gegen neun Uhr abends erfolgte ein dritter Erdstoß, weit schwächer als die ersten, aber begleitet von einem deutlich vernehmbaren unterirdischen Geräusch. In der Nacht vom 3. zum 4. November war der rötliche Nebel so dick, daß ich den Ort, wo der Mond stand, nur an einem schönen Hof von 12 Grad Durchmesser erkennen konnte.

Es waren kaum 22 Monate verflossen, seit die Stadt Cumana durch ein Erdbeben fast gänzlich zerstört worden.

Das Volk sieht die Nebel, welche den Horizont umziehen, und das Ausbleiben des Seewindes bei Nacht für sichere schlimme Vorzeichen an. Wir erhielten viele Besuche, die sich erkundigten, ob unsere Instrumente neue Stöße für den anderen Tag anzeigten. Besonders groß und allgemein wurde die Unruhe, als am 5. November, zur selben Stunde wie tags zuvor, ein heftiger Sturm eintrat, dem ein Donnerschlag und ein paar Tropfen Regen folgten; aber es ließ sich kein Stoß spüren. Sturm und Gewitter kamen fünf oder sechs Tage zur selben Stunde, ja fast zu selben Minute wieder.

Das Erdbeben vom 4. November, das erste, das ich erlebt, machte einen um so stärkeren Eindruck auf mich, da es, vielleicht zufällig, von so auffallenden meteorischen Erscheinungen begleitet war. Auch war es eine wirkliche Hebung von unten nach oben, kein wellenförmiger Stoß. Ich hätte damals nicht geglaubt, daß ich nach langem Aufenthalt auf den Hochebenen von Quito und an den Küsten von Peru mich selbst an ziemlich starke Bewegungen des Bodens so sehr gewöhnen würde, wie wir in Europa an das Donnern gewöhnt sind.

Der rötliche Dunst, der kurz nach Sonnenuntergang den Horizont umzog, hatte seit dem 7. November aufgehört. Die Luft war wieder so rein wie sonst, und das Himmelsgewölbe zeigte im Zenit das Dunkelblau, das den Klimaten eigen ist, wo die Wärme, das Licht und große Gleichförmigkeit der elektrischen Spannung miteinander die vollständigste Auflösung des Wassers in der Luft zu bewirken scheinen. In der Nacht vom 7. zum 8. beobachtete ich die Immersion des zweiten Jupitertrabanten. Die Streifen des Planeten waren deutlicher, als ich sie je zuvor gesehen.

Die Nacht vom 11. zum 12. November war kühl und ausnehmend schön. Gegen Morgen, von 2.30 Uhr an, sah man gegen Ost höchst merkwürdige Feuermeteore. Bonpland, der aufgestanden war, um auf der Galerie die Kühle zu genießen, bemerkte sie zuerst. Tausende von Feuerkugeln und Sternschnuppen fielen hintereinander, vier Stunden lang. Ihre Richtung war sehr regelmäßig von Nord nach Süd. Nach Bonplands Aussage war gleich zu Anfang der Erscheinung kein Stück am Himmel so groß wie drei Monddurchmesser, das nicht jeden Augenblick von Feuerkugeln und Sternschnuppen gewimmelt hätte. Der ersteren waren weniger; da man ihrer aber von verschiedenen Größen sah, so war zwischen diesen beiden Klassen von Erscheinungen unmöglich, eine Grenze zu ziehen. Alle Meteore ließen acht bis zehn Grad lange Lichtstreifen hinter sich zurück. Die Phosphoreszenz dieser Lichtstreifen hielt sieben bis acht Sekunden an. Manche Sternschnuppen hatten einen sehr deutlichen Kern von der Größe der Jupiterscheibe, von dem sehr stark leuchtende Lichtfunken ausfuhren. Die Feuerkugeln schienen wie durch Explosion zu platzen; aber die größten, von 1 bis 1° 13' Durchmesser, verschwanden ohne Funkenwerfen und ließen leuchtende, 15 bis 20 Minuten breite Streifen hinter sich. Das Licht der Meteore war weiß, nicht rötlich, wahrscheinlich weil die Luft ganz dunstfrei und sehr durchsichtig war. Aus demselben Grunde haben unter den Tropen die Sterne erster Größe beim Aufgehen ein auffallend weißeres Licht als in Europa.

Fast alle Einwohner von Cumana sahen die Erscheinung mit an, weil sie vor vier Uhr aus den Häusern gehen, um die Frühmesse zu hören. Der Anblick der Feuerkugeln war ihnen keineswegs gleichgültig; die ältesten erinnerten sich, daß dem großen Erdbeben des Jahres 1766 ein ganz ähnliches Phänomen vorausgegangen war.

Von vier Uhr an hörte die Erscheinung allmählich auf; Feuerkugeln und Sternschnuppen wurden seltener, indessen konnte man noch eine Viertelstunde nach Sonnenaufgang mehrere an ihrem weißen Licht und dem raschen Hinfahren erkennen.

Elftes Kapitel

Reise von Cumana nach Guaira
Morro de Nueva Barcelona · Das Vorgebirge
Codera · Weg von Guaira nach Caracas

Am 18. November um acht Uhr abends waren wir unter Segel, um längs der Küste von Cumana nach dem Hafen von Guaira zu fahren, aus dem die Einwohner von Venezuela den größten Teil ihrer Produkte ausführen. Es sind nur 270 Kilometer, und die Überfahrt währt meist nur 36 bis 40 Stunden. Den kleinen Küstenfahrzeugen kommen Wind und Strömungen zumal zugute. Der Landweg von Cumana nach Neubarcelona und von da nach Caracas ist so ziemlich in demselben Zustand wie vor der Entdeckung von Amerika. Man hat mit allen Hindernissen eines morastigen Bodens, zerstreuter Felsblöcke und einer wuchernden Vegetation zu kämpfen; man muß unter freiem Himmel schlafen, Täler durchziehen und über Ströme setzen, die wegen der Nähe des Gebirges rasch anschwellen. Zu diesen Hindernissen kommt die Gefahr, die der Reisende läuft, weil das Land sehr ungesund ist, besonders die Niederungen zwischen der Küstenkette und dem Meeresufer.

Man zieht zuweilen den Weg zu Lande dem zur See vor, wenn man von Caracas nach Cumana zurückgeht und nicht gerne gegen die Strömung fährt. Der Kurier von Caracas braucht dazu neun Tage; wir sahen häufig Leute, die sich ihm anschlossen, in Cumana krank an Typhus und miasmatischen Fiebern ankommen. Der Baum (*Bonplandia trifoliata*), dessen Rinde ein treffliches Mittel gegen dieses Fieber ist, wächst in denselben Tälern, am Saume derselben Wälder, deren Ausdünstungen so gefährlich sind.

Als wir zur See von Cumana nach Guaira gingen, war unser Plan der: Wir wollten bis zum Ende der Regenzeit in Caracas bleiben, von dort über die großen Ebenen oder Llanos in die Missionen am Orinoko reisen, diesen ungeheuren Strom südlich von den Katarakten bis zum Rio Negro und zur Grenze von Brasilien hinauffahren und über die Hauptstadt des spanischen Guayana, gemeiniglich wegen ihrer Lage Angostura, d. h. Engpaß, geheißen, nach Cumana zurückkehren. Wie lange wir zu dieser Reise von 3150 Kilometern, wovon wir über zwei Drittel im Kanoe zu machen hatten, brauchen würden, ließ sich unmöglich bestimmen. An den Küsten kennt man nur das Stück des Orinoko nahe seiner Mündung. Was jenseits der Llanos liegt, ist für die Einwohner von Cumana und Caracas unbekanntes Land. In einem Lande, wo man so wenig reist, findet man Gefallen daran, den Fremden gegenüber die Gefahren, die von Klima, von wilden Tieren und Menschen drohen, zu übertreiben. Wir waren an diese Abschreckungsmittel, welche die Kolonisten mit naiver und gutgemeinter Offenheit in Anwendung bringen, noch nicht gewöhnt; trotzdem hielten wir an dem einmal gefaßten Entschlusse fest. Wir konnten auf die Teilnahme und Unterstützung des Statthalters, Don Vicente Emparan, uns verlassen, sowie auf die Empfehlungen der Franziskanermönche, welche an den Ufern des Orinoko die eigentlichen Herren sind.

Zum Glück für uns war einer dieser Geistlichen, Juan Gonzales, eben in Cumana. Dieser junge Mönch war nur ein Laienbruder, aber sehr verständig, gebildet, voll Leben und Mut. Er war mit den Wäldern zwischen den Katarakten und den Quellen des Orinoko vollkommen bekannt und bestärkte uns in unserem Verlangen, die vielbestrittene Gabelung des Orinoko zu untersuchen; er erteilte uns guten Rat für die Erhaltung der Gesundheit in einem Klima, in dem er selbst so lange an Wechselfiebern gelitten. Wir hatten das Vergnügen, auf der Rückreise vom Rio Negro Frater Juan in Nueva Barcelona wieder anzutreffen. Da er sich in La Habana nach Cadiz einschiffen wollte, übernahm er es gefällig, einen Teil unserer Pflanzensammlungen und unserer Insekten vom Orinoko nach Europa zu bringen, aber die Sammlungen gingen leider mit ihm zur See zugrunde. Der vortreffliche junge Mann, der uns sehr zugetan war, kam im Jahre 1801 in einem Sturme an der afrikanischen Küste ums Leben.

Das Fahrzeug, in dem wir von Cumana nach Guaira fuhren, war eines von denen, die zum Handel an den Küsten und mit den Antillen gebraucht werden. Sie sind zehn Meter lang und haben mehr als ein Meter Bord über Wasser; sie sind ohne Verdeck und laden gewöhnlich 200 bis 250 Zentner. Obgleich die See vom Vorgebirge Codera bis Guaira sehr unruhig ist, hat man seit 30 Jahren kein Beispiel, daß eines dieser Fahrzeuge auf der Überfahrt von Cumana an die Küste von Caracas gesunken wäre. Die indianischen Schiffer sind so gewandt, daß selbst bei ihren häufigen Fahrten von Cumana nach Guadeloupe oder den dänischen Inseln, die mit Klippen umgeben sind, ein Schiffbruch zu den Seltenheiten gehört. Diese 540 bis 670 Kilometer weiten Fahrten auf offener See, wo man keine Küste mehr sieht, werden auf offenen Fahrzeugen nach der Weise der Alten, ohne Beobachtung der Sonnenhöhe, ohne Seekarten, fast immer ohne Kompaß unternommen. Der indianische Steuermann richtet sich bei Nacht nach dem Polarstern, bei Tage nach dem Sonnenlauf und dem Wind, der selten wechselt.

Wir fuhren rasch den kleinen Fluß Manizanes hinab, dessen Krümmungen Kokosbäume bezeichnen wie Pappeln und alte Weiden in unseren Klimaten. Auf dem anstoßenden Strande schimmerten auf den Dornbüschen, die bei Tag nur staubige Blätter zeigen, da es noch Nacht war, viele Tausende Lichtfunken. Die leuchtenden Insekten vermehren sich in der Regenzeit. Man wird unter den Tropen des Schauspiels nicht müde, wenn diese hin und her zuckenden rötlichen Lichter sich im klaren Wasser widerspiegeln und ihre Bilder und die der Sterne am Himmelsgewölbe untereinander wimmeln.

Wir schieden vom Küstenland von Cumana, als hätten wir lange da gelebt. Es war das erste Land, das wir unter einem Himmelsstrich betreten, nach dem ich mich seit meiner frühesten Jugend gesehnt hatte. Der Eindruck der Natur ist so mächtig und großartig, daß man schon nach wenigen Monaten Aufenthalt lange Jahre darin verbracht zu haben meint. Ich berufe mich auf alle, die mit mehr Sinn für die Schönheiten der Natur als für die Reize des geselligen Lebens lange in der heißen Zone gelebt haben. Das erste Land, das ihr Fuß betreten, wie teuer und denkwürdig bleibt es ihnen ihr Leben lang! Oft und bis ins höchste Alter regt sich in ihnen ein dunkles Sehnsuchtsgefühl, es noch einmal zu sehen. Cumana und sein staubiger Boden stehen noch jetzt weit öfter vor meinem inneren Auge als alle Wunder der Kordilleren. Unter dem schönen südlichen Himmel wird selbst ein Land fast ohne Pflanzenwuchs reizend durch das Licht und die Magie der in der Luft spielenden Farben. Die Sonne beleuchtet nicht allein, sie färbt die Gegenstände, sie umgibt sie mit einem leichten Duft, der, ohne die Durchsichtigkeit der Luft zu mindern, die Farben harmonischer macht, die Lichteffekte mildert und über die Natur eine Ruhe ausgießt, die sich in unserer Seele widerspiegelt.

Wir liefen während der Flut über die Barre, welche der kleine Manizanes an seiner Mündung gebildet hat. Der abendliche Seewind schwellte sanft die Gewässer des Meerbusens von Cariaco. Der Mond war noch nicht aufgegangen, aber der Teil der Milchstraße zwischen den Füßen des Centauren und dem Sternbilde des Schützen schien ein Silberschimmer auf die Meeresfläche zu werfen. Der weiße Fels, auf dem das alte Schloß San Antonio steht, tauchte zuweilen zwischen den hohen Wipfeln der Kokospalmen am Ufer auf. Nicht lange, so erkannten wir die Küste nur noch an den zerstreuten Lichtern fischender Guaykeri; da empfanden wir doppelt den Reiz des Landes und das schmerzliche Gefühl, scheiden zu müssen. Vor fünf Monaten hatten wir dieses Ufer betreten wie ein neu entdecktes Land, Fremdlinge in der ganzen Umgebung, in jeden Busch, an jeden feuchten, schattigen Ort nur mit Zagen den Fuß setzend. Jetzt, da die Küste unseren Blicken entschwand, lebten Erinnerungen daran in uns, die uns uralt dünkten. Boden, Gebirgsart, Gewächse, Bewohner, mit allem waren wir vertaut geworden.

Wir steuerten zuerst auf die Halbinsel Araya zu; dann fuhren wir 135 Kilometer nach West und West-Süd-West. Schwärme von Tümmlern zogen unserem Fahrzeug nach. Ihrer 15 oder 16 schwammen in gleichem Abstand voneinander. Wenn sie nun bei der Wendung mit ihren breiten Flossen auf die Wasserfläche schlugen, gab es einen starken Lichtschimmer; es war, als bräche Feuer aus der Meerestiefe. Jeder Schwarm ließ beim Durchschneiden der Wellen einen Lichtstreifen hinter sich zurück.

Um Mitternacht befanden wir uns zwischen nackten Felseninseln, die wie Bollwerke aus dem Meere steigen; es ist die Gruppe der Caracas- und Chimanaseilande. Der Mond war aufgegangen und beschien die zerklüfteten, kahlen, seltsam gestalteten Felsmassen. Diese Felsen sind schwerlich über 290 Meter hoch, aber nachts bei Mondlicht scheinen sie von sehr bedeutender Höhe.

Wir ankerten ein paar Stunden auf der Reede von Nueva Barcelona an der Mündung des Flusses Neveri, dessen indianischer Name Inipiricuar lautet. Der Fluß wimmelt von Krokodilen, die sich zuweilen bis auf die hohe See hinnauswagen, besonders bei Windstille.

Der Hafen von Barcelona, der auf unseren Karten kaum angegeben ist, treibt seit 1795 einen sehr lebhaften Handel. Aus diesem Hafen werden größtenteils die Produkte der weiten Steppen ausgeführt, die sich vom Südhang der Küstenkette bis zum Orinoko ausbreiten und sehr reich sind an Vieh aller Art. Der Handel dieser Länder gründet sich auf den Bedarf der Großen und Kleinen Antillen an gesalzenem Fleisch, Rindvieh, Maultieren und Pferden.

Wir gingen am rechten Ufer des Neveri ans Land und bestiegen ein kleines Fort, el Morro de Barcelona, das 120 bis 140 Meter über dem Meere liegt. Vergebens warteten wir auf Nachricht über die englischen Kreuzer, die längs der Küsten stationiert waren. Zwei unserer Reisegefährten kamen aus Spanien, wo sie in der königlichen Garde gedient hatten. Ihnen mußte noch mehr davor bangen, aufgebracht und nach Jamaika gebracht zu werden. Ich hatte keine Pässe von der Admiralität; aber im Vertrauen auf den Schutz, den die großbritannische Regierung Reisenden gewährt, die bloß wissenschaftliche Zwecke verfolgen, hatte ich gleich nach meiner Ankunft in Cumana an den Gouverneur der Insel Trinidad geschrieben und ihm mitgeteilt, was ich in diesen Ländern suchte. Die Antwort, die mir über den Meerbusen von Paria zukam, war sehr befriedigend.

Als wir uns westlich vom Morro von Barcelona und der Mündung des Rio Unare befanden, wurde das Meer, das bisher sehr still gewesen, immer unruhiger, je näher wir Kap Codera kamen. Der Stoß der Wellen wurde auf unserem Fahrzeug schwer empfunden. Meine Reisegefährten litten sehr; ich aber schlief ganz ruhig, da ich, ein ziemlich seltenes Glück, nie seekrank werde. Es windete stark die Nacht über. Bei Sonnenaufgang am 20. November waren wir so weit, daß wir hoffen konnten, das Kap in wenigen Stunden zu umschiffen, und gedachten noch am selben Tage nach Guaira zu kommen; aber unser Schiffer bekam wieder Angst vor den Kapern, die dort vor dem Hafen lagen. Es schien ihm geraten, sich ans Land zu machen, im kleinen Hafen Higuerote, über den wir schon hinaus waren, vor Anker zu gehen und die Nacht abzuwarten, um die Überfahrt fortzusetzen. Wenn man Leuten, die seekrank sind, vom Landen spricht, so weiß man im voraus, wofür sie stimmen. Alle Vorstellungen halfen nichts, man mußte nachgeben, und schon um neun Jahr morgens am 20. November lagen wir auf der Reede in der Bucht von Higuerote.

Wir fanden daselbst weder Dorf noch Hof, nur zwei oder drei von armen Fischern, Mestizen, bewohnte Hütten. Ihre gelbe Gesichtsfarbe und die auffallende Magerkeit der Kinder mahnten daran, daß diese Gegend eine der ungesündesten, den Fiebern am meisten unterworfenen auf der ganzen Küste ist. Die See ist hier so seicht, daß man in der kleinsten Barke nicht landen kann, ohne durch das Wasser zu gehen. Die Wälder ziehen sich bis zum Strande herunter, und diesen überzieht ein dichtes Buschwerk von sogenannten Wurzelträgern, Avicennien, Manschenillbäumen und der neuen Art der Gattung Suriana. Diesem Buschwerke, besonders aber den Ausdünstungen der Mangroven schreibt man es hier zu, daß die Luft zu ungesund ist.

Überall, wo Mangroven am Meeresufer wachsen, ziehen sich zahllose Weichtiere und Insekten an den Strand. Diese Tiere lieben Beschattung und Zwielicht, und im dicken, verschlungenen Wurzelwerk, das wie ein Gitter über dem Wasser steht, finden sie Schutz gegen Wellenschlag. Die Schaltiere heften sich an das Gitter, die Krabben verkriechen sich in die hohlen Stämme, der Tang, den Wind und Flut an die Küsten treiben, bleibt an den sich zu Boden niederneigenden Zweigen hängen. Auf diese Weise, indem sich der Schlamm zwischen den Wurzeln anhäuft, wird durch die Küstenwälder das feste Land allgemach vergrößert. Die Mangroven und die anderen Gewächse, die immer neben ihnen vorkommen, gehen ein, sobald der Boden trocken wird und sie nicht mehr im Salzwasser stehen. Ihre alten, mit Schaltieren bedeckten, halb im Sande begrabenen Stämme bezeichnen nach Jahrhunderten den Weg, den sie bei ihrer Wanderung eingeschlagen, und die Grenze des Landstrichs, den sie dem Meere abgewonnen.

Meinen Reisegefährten war bei der hochgehenden See vor dem Schlingern unseres kleinen Schiffes so bange, daß sie beschlossen, den Landweg von Higuerote nach Caracas einzuschlagen; derselbe führt durch ein wildes, feuchtes Land. Es war mir lieb, daß auch Bonpland diesen Weg wählte, auf dem er trotz des beständigen Regens und der ausgetretenen Flüsse viele neue Pflanzen zusammenbrachte. Ich selbst ging mit dem indianischen Steuermann allein zur See weiter; es schien mir zu gewagt, die Instrumente, die uns an den Orinoko begleiten sollten, aus den Augen zu lassen.

Wir gingen mit Einbruch der Nacht unter Segel. Der Wind war nicht sehr günstig, und wir hatten viele Mühe, um Kap Codera herumzukommen. Die Wellen waren kurz und brachen sich häufig ineinander; es gehörte die Erschöpfung durch einen furchtbar heißen Tag dazu, um in einem kleinen, dicht am Wind segelnden Fahrzeug schlafen zu können.

Mit Sonnenaufgang am 21. November befanden wir uns westwärts vom Kap Codera dem Curuao gegenüber. Der indianische Steuermann erschrak nicht wenig, als sich nordwärts in der Entfernung einer Seemeile eine englische Fregatte blicken ließ. Sie hielt uns wahrscheinlich für eines der Fahrzeuge, die mit den Antillen Schleichhandel treiben und vom Gouverneur von Trinidad unterzeichnete Lizenzscheine führten. Sie ließ uns durch das Boot, das auf uns zuzukommen schien, nicht einmal anrufen. Vom Kap Codera an ist die Küste felsig und sehr hoch, und die Ansichten, die sie bietet, sind zugleich wild und malerisch. Überall fallen die Berge, 970 bis 1300 Meter hoch, steil ab; ihre Flanken werfen breite Schlagschatten über das feuchte Land, das sich bis zur See ausbreitet und geschmückt mit frischem Grün daliegt. An diesem Uferstrich wachsen großenteils die tropischen Früchte, die man auf den Märkten von Caracas in so großer Menge sieht.

Nach der Landung im Hafen von Guaira traf ich noch am Abend Anstalt, um meine Instrumente nach Caracas schaffen zu lassen. Die Personen, denen ich empfohlen war, rieten mir, nicht in der Stadt zu schlafen, wo das gelbe Fieber erst seit wenigen Wochen aufgehört hatte, sondern über dem Dorfe Maiquetia in einem Hause auf einer kleinen Anhöhe, das dem kühlen Luftzuge mehr ausgesetzt war als Guaira. Am 21. abends kam ich in Caracas an, vier Tage früher als meine Reisegefährten, die auf dem Landweg durch die starken Regengüsse und die ausgetretenen Bergwasser viel auszustehen gehabt hatten.

Guaira ist viel mehr eine Reede als ein Hafen; das Meer ist immer unruhig, und die Schiffe werden vom Winde, von den Sandbänken, vom schlechten Ankergrund und den Bohrwürmern gefährdet. Das Laden ist mit großen Schwierigkeiten verbunden und wegen des starken Wellenschlages kann man hier nicht, wie in Nueva Barcelona und Porto Cabello, Maultiere einschiffen. Die freien Neger und Mulatten, welche den Kakao an Bord der Schiffe bringen, sind ein Menschenschlag von ungemeiner Muskelkraft. Sie waten bis zu halbem Leibe durch das Wasser, und was sehr merkwürdig ist, sie haben von den Haifischen, die in diesem Hafen so häufig sind, nichts zu befürchten.

Guaira ist ganz eigentümlich gelegen; es läßt sich nur mit Santa Cruz auf Teneriffa vergleichen. Die Bergkette zwischen dem Hafen und dem hochgelegenen Tal von Caracas stürzt fast unmittelbar in die See ab, und die Häuser der Stadt lehnen sich an eine schroffe Felswand. Zwischen dieser Wand und der See bleibt kaum ein 200 bis 270 Meter breiter ebener Raum. Die Stadt hat 6 000 bis 8 000 Einwohner und besteht nur aus zwei Straßen, die nebeneinander von Ost nach West laufen. Der Anblick des Ortes hat etwas Vereinsamtes, Trübseliges; man meint nicht auf einem mit ungeheuren Wäldern bedeckten Festland zu sein, sondern auf einer felsigen Insel ohne Dammerde und Pflanzenwuchs. Außer Cabo Blanco und den Kokosnußbäumen von Maiquetia besteht die ganze Landschaft aus dem Meereshorizont und dem blauen Himmelsgewölbe. Bei Tag ist die Hitze erstickend und meistens auch bei Nacht. Das Klima von Guaira gilt mit Recht für heißer als das von Cumana,

Porto Cabello und Coro, weil der Seewind schwächer ist und durch die Wärme, welche nach Sonnenuntergang von den senkrechten Felsen ausstrahlt, die Luft erhitzt wird.

Während meines Aufenthalts in Guaira kannte man die Geißel des gelben Fiebers erst seit zwei Jahren; auch war die Sterblichkeit nicht bedeutend gewesen, da die Küste von Caracas weit weniger von Fremden besucht war als La Habana und Vera Cruz. Man hatte hier und da Leute, selbst Kreolen und Farbige, plötzlich an gewissen Fiebern sterben sehen, die durch gallige Komplikationen, durch Blutungen und andere gleich bedenkliche Symptome einige Ähnlichkeit mit dem gelben Fieber zu haben schienen. Es waren meist Menschen, die das anstrengende Geschäft des Holzfällens trieben, zum Beispiel in den Wäldern bei dem kleinen Hafen von Capurano oder am Meerbusen von Santa Fé, westlich von Cumana. Ihr Tod setzt häufig in Städten, die für sehr gesund galten, nicht akklimatisierte Europäer in Schrecken, aber die Keime der Krankheit, von denen sie sporadisch befallen wurden, pflanzten sich nicht fort. Auf den Küsten von Terra Firma war der eigentliche amerikanische Typhus, *vomito prieto* (schwarzes Erbrechen) und gelbes Fieber genannt, nur in Porto Cabello, in Cartagena de la Indias und in Santa Marta bekannt. Die kürzlich gelandeten Spanier und die Bewohner des Tales von Caracas scheuten damals den Aufenthalt in Guaira nicht; man beklagte sich nur über die drückende Hitze, die einen großen Teil des Jahres herrschte. Viele zogen dem kühlen, aber äußerst veränderlichen Klima von Caracas das heiße, aber beständige von Guaira vor; von ungesunder Luft in diesem Hafen war fast gar nicht die Rede.

Seit dem Jahre 1797 ist alles anders geworden. Der Hafen wurde auch anderen Handelsfahrzeugen als denen des Mutterlandes geöffnet. Matrosen aus kälteren Ländern als Spanien, und daher empfindlicher für die klimatischen Einflüsse der heißen Zone, fingen an, mit Guaira zu verkehren. Da brach das gelbe Fieber aus; von Typhus befallene Nordamerikaner wurden in den spanischen Spitälern aufgenommen.

Seitdem hat das gelbe Fieber seine Verheerungen in Guaira fortgesetzt, es wütete nicht allein unter den frisch aus Spanien angekommenen Truppen, sondern auch unter denen, die fern von der Küste in den Llanos ausgehoben wurden, also in einem Lande, das fast so heiß als Guaira, aber gesund ist.

Seit das gelbe Fieber in Guaira so furchtbare Verheerungen angerichtet, hat man nicht verfehlt, die Unreinlichkeit des kleinen Ortes zu übertreiben, wie man mit Veracruz und den Quais oder Warfs von Philadelphia getan. Die Straßen von Guaira schienen mir im allgemeinen ziemlich reinlich, ausgenommen den Stadtteil, wo die Schlachtbänke sind. Auf der Reede ist nirgends eine Strandstrecke, wo sich zersetzte Tange und Weichtiere anhäufen, aber die benachbarte Küste nach Osten, dem Kap Codera zu, also unter dem Winde von Guaira, ist äußerst ungesund. Wechselfieber, Faul- und Gallenfieber kommen in Mecuto und Caravalleda häufig vor.

Wir litten sehr durch die Hitze, die durch das Rückstrahlen des dürren, staubigen Bodens noch gesteigert wurde; die übermäßige Einwirkung des Sonnenlichtes hatte indessen keine nachteiligen Folgen für uns. In Guaira fürchtet man die Insolation und ihren Einfluß auf die Gehirnfunktionen ungemein, besonders zu einer Zeit, wo das gelbe Fieber sich zu zeigen anfängt. Ich stand eines Tages auf dem Dache unseres Hauses, um den Mittagspunkt und den Unterschied zwischen dem Thermometerstand in der Sonne und im Schatten zu beobachten, da kam hinter mir ein Mann gelaufen und wollte mir einen Trank aufdrängen, den er fertig in der Hand trug. Es war ein Arzt, der mich von seinem Fenster aus seit einer halben Stunde in bloßem Kopf hatte in der Sonne stehen sehen. Er versicherte mir, da ich ein hoher Nordländer sei, müsse ich nach der Unvorsichtigkeit, die ich eben begangen, unfehlbar noch diesen Abend einen Anfall vom gelben Fieber bekommen, wenn ich keine Arznei nehme. Diese Prophezeiung, so ernstlich sie gemeint war, beunruhigte mich nicht, da ich mich längst für akklimatisiert hielt; wie konnte ich aber eine Zumutung ablehnen, die aus so herzlicher Teilnahme entsprang? Ich verschluckte den Trank, und der Arzt mag mich zu den Kranken geschrieben haben, denen er im Laufe des Jahres das Leben gerettet.

Wenn man zur Zeit der stärksten Hitze die glühende Luft Guairas atmet und den Blick auf das Gebirge richtet, so scheint es einem unbegreiflich, daß in gerader Entfernung von zehn bis zwölf Kilometer in einem engen Tal eine Bevölkerung von 40 000 Seelen einer Frühlingskühle genießen soll, einer Temperatur, die bei Nacht auf zwölf Grad heruntergeht. Daß auf diese Weise verschiedene Klimate einander nahe gerückt sind, kommt in den ganzen Kordilleren der Anden häufig vor.

Der Weg von Guaira in das Tal von Caracas ist sogar besser unterhalten als die alte Straße, die aus dem Hafen von Veracruz nach Perote führt. Man braucht mit guten Maultieren nur drei Stunden von Guaira nach Caracas und zum Rückwege nur zwei, mit Lasttieren oder zu Fuß vier bis fünf Stunden. Man kommt zuerst über einen sehr steilen Felsabhang und über die Stationen Torre Quemada, Curucuti und Salto zu einem großen Wirtshaus (la Venta), das 1170 Meter über dem Meere liegt. Die Hitze, welche die Felswände und vollends die dürre Ebene zu den Füßen ausstrahlen, ist drückend zum Ersticken. Auf diesem Wege und überall, wo man auf starken Abhängen in ein anderes Klima gelangt, schien mir das Gefühl von gesteigerter Muskelkraft und von Wohlbehagen, das beim Eintritt in kühlere Luftschichten über einen kommt, nicht so stark als umgekehrt die lästige Mattigkeit und Erschlaffung, die einen befällt, wenn man in die heißen Küstenebenen hinuntergeht.

Seitdem die Neutralen von Zeit zu Zeit in den spanischen Häfen zugelassen wurden und Fremde häufiger nach Caracas gehen, ist die Venta in Europa und in den Vereinigten Staaten bereits wegen ihrer schönen Lage berühmt. Und allerdings hat man hier bei unbewölktem Himmel eine prachtvolle Aussicht über die See und die nahen Küsten. Man hat einen Horizont von mehr als 100 Kilometer Halbmesser vor sich. Ich fand diesen Anblick noch weit überraschender, wenn der Himmel nicht ganz rein und Wolkenstreifen, die oben stark beleuchtet sind, gleich schwimmenden Eilanden sich von der unermeßlichen Meeresfläche abheben. Nebelschichten in verschiedenen Höhen bilden Mittelgründe zwischen dem Auge des Beobachters und den Niederungen, und durch eine leicht erklärliche Täuschung wird dadurch die Szenerie großartiger, imposanter. Von Zeit zu Zeit kommen in den Rissen der vom Winde gejagten und sich ballenden Wolken Bäume und Wohnungen zum Vorschein, und die Gegenstände scheinen dann ungleich tiefer unten zu liegen als bei reiner, nach allen Seiten durchsichtiger Luft.

Von der Venta geht es noch über 290 Meter hinauf zum Guayavo. Dies ist beinahe der höchste Punkt der Straße, ich ging aber mit dem Barometer noch weiter, etwas über den Gipfel hinauf, in die Schanze Cuchilla. Da ich keinen Paß hatte, in fünf Jahren bedurfte ich desselben nur bei der Landung, so wäre ich beinahe von einem Artillerieposten verhaftet worden. Um die alten Soldaten zu besänftigen, übersetzte ich ihnen in spanische Varas, wie hoch der Posten über dem Meere liegt. Daran schien ihnen sehr wenig gelegen, und wenn sie mich gehen ließen, so verdanke ich es einem Andalusier, der gar freundlich wurde, als ich ihm sagte, die Berge seines Heimatlandes, die Sierra Nevada de Granada seien viel höher als alle Berge in der Provinz Caracas.

Als ich zum erstenmal über die Hochebene nach der Hauptstadt von Venezuela ging, traf ich vor dem kleinen Wirtshaus auf dem Guayavo viele Reisende, die ihre Maultiere ausruhen ließen. Es waren Einwohner von Caracas; sie stritten über den Aufstand zur Befreiung des Landes, der kurz vorher stattgefunden. Joseph España hatte auf dem Schafott geendet; sein Weib schmachtete im Gefängnis, weil sie ihren Mann auf der Flucht bei sich aufgenommen und nicht der Regierung angegeben hatte. Die Aufregung der Gemüter, die Bitterkeit, mit der man über Fragen stritt, über die Landsleute nie verschiedener Meinung sein sollten, fielen mir ungemein auf. Während man ein langes und breites über den Haß der Mulatten gegen die freien Neger und die Weißen, über den Reichtum der Mönche und die Mühe, die man habe, die Sklaven in der Zucht zu halten, verhandelte, hüllte uns ein kalter Wind, der vom hohen Gipfel der Silla herabzukommen schien, in einen dicken Nebel und machte der lebhaften Unterhaltung ein Ende; man suchte Schutz in der Venta. In der Wirtsstube machte ein bejahrter Mann, der vorhin am ruhigsten gesprochen hatte, die anderen darauf aufmerksam, wie unvorsichtig es sei, zu einer Zeit, wo überall Angeber lauern, sei es auf dem Berge oder in der Stadt, über politische Gegenstände zu verhandeln. Diese in der Bergeinöde gesprochenen Worte machten einen tiefen Eindruck auf mich, und ich sollte denselben auf unseren Reisen durch die Anden von Neugranada und Peru noch oft erhalten.

Ob man auf den weiten Meereshorizont hinausblickt oder nach Südost, nach dem gezackten Felskamm, der scheinbar die Cumbre mit der Silla verbindet, während die Schlucht Tocume dazwischen liegt, überall bewundert man den großartigen Charakter der Landschaft. Von Guayavo an geht man eine halbe Stunde über ein ebenes, mit Alpenpflanzen bewachsenes Plateau. Dieses Stück des Weges heißt wegen der vielen Krümmungen Las Vueltas. Auf dem Wege der Vueltas sieht man zum erstenmal die Hauptstadt 580 Meter tiefer in einem mit Kaffeebäumen und europäischen Obstbäumen üppig bepflanzten Tale liegen. Die Reisenden machen gewöhnlich halt bei einer schönen Quelle, die auf fallenden Gneisschichten von der Sierra herabkommt. Von nun an geht es beständig abwärts, bis zum Kreuz von Guaira, das auf einem offenen Platze 1232 Meter über dem Meere steht, und von da an bei den Zollhäusern vorbei und durch das Quartier Pastora in die Stadt Caracas.

Zwölftes Kapitel

Allgemeine Bemerkungen über die Provinzen
von Venezuela · Ihre verschiedenen Interessen
Die Stadt Caracas · Ihr Klima

Die Wichtigkeit einer Hauptstadt hängt nicht allein von ihrer
Volkszahl, von ihrem Reichtum und ihrer Lage ab; um dieselbe
einigermaßen richtig zu beurteilen, muß man den Umfang des
Gebiets, dessen Mittelpunkt sie ist, die Menge einheimischer
Erzeugnisse, mit denen sie Handel treibt, die Verhältnisse, in
denen sie zu den ihrem politischen Einfluß unterworfenen Provinzen steht, in Rechnung ziehen. Diese verschiedenen Umstände modifizieren sich durch die mehr oder weniger gelok-
kerten Bande zwischen den Kolonien und dem Mutterland.

Caracas ist die Hauptstadt eines Landes, das fast zweimal so
groß ist wie das heutige Peru und an Flächengehalt dem
Königreich Neugranada wenig nachsteht. Die *Capitania general*
von Caracas hat 972 000 Quadratkilometer Umfang, Peru
607 000 Quadratkilometer, Neugranada 1 316 000 Quadratkilometer. Dieses Land, das im spanischen Regierungsstil *Capitania general de Caracas* oder *de las Provincias de Venezuela* heißt, hat
gegen eine Million Einwohner, worunter 60 000 Sklaven. Es
umfaßt längs den Küsten Neuandalusien oder die Provinz
Cumana, Barcelona, Venezuela oder Caracas, Coro oder Maracaibo; im Inneren die Provinzen Varinas und Guayana. Überblickt man die sieben vereinigten Provinzen von Terra Firma,
so sieht man, daß sie drei gesonderte Zonen bilden, die von
Ost nach West laufen. Zuvorderst liegt das bebaute Land am
Meeresufer und bei der Kette der Küstengebirge; dann kommen Savannen oder Weiden und endlich jenseits des Orinoko
die dritte, die Waldzone, die nur mittels der Ströme, die hin-
durchlaufen, zugänglich ist.

Die kupferfarbigen Eingeborenen, die Indianer, bilden nur da einen sehr ansehnlichen Teil der ackerbauenden Bevölkerung, wo die Spanier bei der Eroberung ordentliche Regierungen, eine bürgerliche Gesellschaft, alte, meist sehr verwickelte Institutionen vorgefunden. In der Generalkapitanerie Caracas ist die indianische Bevölkerung des bebauten Landstriches, wenigstens außerhalb der Missionen, unbeträchtlich. Als ich im Jahre 1800 die Gesamtbevölkerung auf 900 000 Seelen schätzte, nahm ich die Indianer zu einem Neuntel an, während sie in Mexiko fast die Hälfte ausmachen.

Unter den Rassen, aus denen die Bevölkerung von Venezuela besteht, ist die schwarze, auf die man zugleich mit Teilnahme wegen ihres Unglücks und mit Furcht wegen einer möglichen gewaltsamen Auflehnung blickt, nicht der Kopfzahl nach, aber wegen der Zusammendrängung auf einen kleinen Flächenraum, von Belang. Die Sklaven machen in der ganzen Capitanerie nur ein Fünfzehntel der ganzen Bevölkerung aus; auf Kuba, wo unter allen Antillen die Neger den Weißen gegenüber am wenigsten zahlreich sind, war im Jahre 1811 das Verhältnis 1 zu 3. Die sieben vereinigten Provinzen von Venezuela haben 60 000 Sklaven; Kuba, das achtmal kleiner ist, hat 212 000.

Die 60 000 Sklaven in den vereinigten Provinzen von Venezuela sind so ungleich verteilt, daß auf die Provinz Caracas allein 40 000 kommen, worunter ein Fünftel Mulatten, auf Maracaibo 10 000 bis 12 000, auf Cumana und Barcelona kaum 6 000. In der Provinz Venezuela sind die Sklaven fast alle auf einem nicht sehr ausgedehnten Landstrich beisammen. Auf den Llanos zählt man nur 4 000 bis 5 000, die auf den Höfen zerstreut und mit der Hut des Viehes beschäftigt sind. Die Zahl der Freigelassenen ist sehr beträchtlich, denn die spanische Gesetzgebung und die Sitten leisten der Freilassung Vorschub. Der Herr darf dem Sklaven, der ihm 300 Piaster bietet, die Freiheit nicht versagen, hätte der Sklave auch wegen des besonderen Geschickes im Handwerk, das er treibt, doppelt soviel gekostet. Die Fälle, daß jemand im letzten Willen mehr oder weniger Sklaven die Freiheit schenkt, sind in der Provinz Venezuela häufiger als irgendwo.

Nach den Negern ist es in den Kolonien von besonderem Belang, die Zahl der weißen Kreolen, die ich Hispano-Amerikaner nenne, und der in Europa gebürtigen Weißen zu kennen. Es fällt schwer, sich über einen so kitzligen Punkt genaue Auskunft zu verschaffen. Wie in der Alten Welt ist auch in der Neuen Welt die Zählung dem Volk ein Greuel, weil es meint, es sei dabei auf die Erhöhung der Abgaben abgesehen.

Als der junge Tupac-Amaru, der in sich den rechtmäßigen Erben des Reiches der Inka erblickte, an der Spitze von 40 000 Indianern aus den Gebirgen mehrere Provinzen von Oberperu eroberte, ruhten die Befürchtungen aller Weißen auf demselben Grunde. Die Hispano-Amerikaner fühlten so gut wie die in Europa geborenen Spanier, daß der Kampf ein Rassenkampf zwischen dem roten und weißen Manne, zwischen Barbarei und Kultur sei. Tupac-Amaru, der selbst nicht ohne Bildung war, schmeichelte anfangs den Kreolen und der europäischen Geistlichkeit, aber die Ereignisse und die Rachsucht seines Neffen Andreas Condorcan rissen ihn fort und er änderte sein Verfahren. Aus einem Aufstande für die Unabhängigkeit wurde ein grausamer Krieg zwischen den Rassen; die Weißen blieben Sieger, es kam ihnen zum Bewußtsein, was ihr gemeinsames Interesse sei, und von nun an faßten sie das Zahlenverhältnis zwischen der weißen und der indianischen Bevölkerung in den verschiedenen Provinzen sehr scharf ins Auge.

Caracas ist der Sitz einer Audiencia (hoher Gerichtshof) und eines der acht Erzbistümer, in welche das ganze spanische Amerika geteilt ist. Die Bevölkerung war im Jahre 1800 etwa 40 000. Die Stadt liegt am Eingang der Ebene von Chacao, die sich 13 Kilometer nach Ost ausdehnt und 11,25 Kilometer breit wird und durch die Rio Guaire fließt. Sie liegt 807 Meter über dem Meere. Drei Bäche, die vom Gebirge herabkommen, der Catuche, Caraguata und Anauco, laufen von Nord nach Süd durch die Stadt. Die neue Brücke über den letzteren Fluß ist schön gebaut und belebt von den Spaziergängern, welche gegen Candelaria zu die Straße von Chacao und Petara aufsuchen. Man zählt in Caracas acht Kirchen, fünf Klöster und ein Theater, das 1 500 bis 1 800 Zuschauer faßt. Zu meiner Zeit war das Parterre, in dem Männer und Frauen gesonderte Sitze haben, nicht bedeckt. Man sah zugleich die Schauspieler und die Sterne. Da das neblige Wetter mich um viele Trabantenbeobachtungen brachte, konnte ich von meiner Loge im Theater aus bemerken, ob der Jupiter in der Nacht sichtbar sein werde. Die Straßen von Caracas sind breit, gerade gezogen und schneiden sich unter rechten Winkeln, wie in allen Städten, welche die Spanier in Amerika gegründet. Die Häuser sind geräumig und höher, als sie in einem Lande, das Erdbeben ausgesetzt ist, sein sollten. Die furchtbaren Erderschütterungen am 26. März 1812 haben fast die ganze Stadt zerstört. Sie ersteht langsam aus ihren Trümmern; der Stadtteil La Trinidad, in dem ich wohnte, ward über den Haufen geworfen, als ob eine Mine darunter gesprungen wäre.

Durch das enge Tal und die Nähe der hohen Berge Avila und Silla erhält die Gegend von Caracas einen ernsten, düsteren Anstrich, besonders in der kühlsten Jahreszeit, in den Monaten November und Dezember. Die Morgen sind dann ausnehmend schön; bei reinem, klarem Himmel hat man die beiden Dome oder abgerundeten Pyramiden der Silla und den gezackten Kamm des Cerro de Avila vor sich. Aber gegen Abend trübt sich die Luft; die Berge umziehen sich, Wolkenstreifen hängen an ihren immergrünen Seiten und teilen sich gleichsam in übereinanderliegende Zonen. Beim Anblick dieses Wolkenhimmels meinte ich nicht in einem gemäßigten Tale der heißen Zone, sondern mitten in Deutschland, auf den mit Fichten und Lärchen bewachsenen Bergen des Harzes zu sein.

Aber dieser düstere, schwermütige Charakter der Landschaft, dieser Kontrast zwischen dem heiteren Morgen und dem bedeckten Himmel am Abend ist mitten im Sommer verschwunden. Im Juni und Juli sind die Nächte hell und ausnehmend schön; die Luft behält fast beständig die den Hochebenen und hochgelegenen Tälern eigentümliche Reinheit und Durchsichtigkeit, solange sie ruhig bleibt und der Wind nicht Schichten von verschiedener Temperatur durcheinanderwirft. In dieser Sommerzeit prangt die Landschaft in ihrer vollen Pracht.

Man hört das Klima von Caracas oft einen ewigen Frühling nennen. Was läßt sich auch Köstlicheres denken als eine Temperatur, die sich bei Tag zwischen 20 und 26 Grad, bei Nacht zwischen 16 und 18 Grad hält und in der der Bananenstamm,

der Orangenbaum, der Kaffeebaum, der Apfelbaum, der Apri-
kosenbaum und der Weizen nebeneinander gedeihen!

Leider ist in diesem so gemäßigten Klima die Witterung
sehr unbeständig. Die Einwohner von Caracas klagen darüber,
daß sie an einem Tage verschiedene Jahreszeiten haben und
die Übergänge von einer Jahreszeit zur anderen sehr schroff
sind. Häufig folgt zum Beispiel im Januar auf eine Nacht mit
einer mittleren Temperatur von 16 Grad ein Tag, an dem das
Thermometer im Schatten acht Stunden über 22 Grad steht.
Am selben Tage kommen Wärmegrade von 24 und von 18
Grad vor. Dergleichen Schwankungen sind in den gemäßigten
Landstrichen Europas ganz gewöhnlich, in der heißen Zone
aber sind selbst die Europäer so sehr an die Gleichförmigkeit
der äußeren Reize gewöhnt, daß ein Temperaturwechsel von
6 Grad ihnen beschwerlich wird.

Diese Unbeständigkeit der Witterung, diese etwas schroffen Übergänge von trockener, heller zu feuchter, nebliger
Luft sind Übelstände, die Caracas mit der ganzen gemäßigten
Region unter den Tropen, mit allen Orten gemein hat, die in
einer Meereshöhe von 780 bis 1560 Meter liegen. Beständig
heiterer Himmel einen großen Teil des Jahres hindurch
kommt nur in den Niederungen an der See vor und wiederum
in sehr bedeutenden Höhen, auf weiten Hochebenen. Die
dazwischenliegende Zone beginnt mit den ersten Wolkenschichten, die sich über der Erdoberfläche lagern. Unbeständigkeit und viele Nebel bei sehr milder Temperatur sind der
Witterungscharakter dieser Region. Trotz der hohen Lage ist
der Himmel in Caracas gewöhnlich weniger blau als in
Cumana. Die Beobachtungen ergeben als mittlere Jahrestem-
peratur von Caracas etwas mehr als 21,5 Grad. In den drei
Monaten April, Mai und Juni regnet es in Caracas sehr viel.

Im kühlen, köstlichen Klima, das wir eben geschildert,
gedeihen noch die tropischen Gewächse. Das Zuckerrohr
wird sogar in noch höheren Landstrichen als Caracas gebaut;
man pflanzt aber im Tale wegen der trockenen Lage und des
steinigen Bodens lieber den Kaffeebaum, der nicht viele, aber
ausgezeichnet gute Früchte gibt. In der Blütezeit des Strauchs
gewährt die Ebene nach Chacao hin den lachendsten Anblick.
Kommt ein Reisender zum erstenmal in das Tal von Caracas

herauf, so ist er angenehm überrascht, neben dem Kaffee-baum und Bananenbaum unsere Küchenkräuter, Erdbeeren, Weinreben und fast alle Obstbäume der gemäßigten Zone zu finden. Der Quittenbaum, dessen Stamm nur 1,3 bis 1,7 Meter hoch wird, ist dort so gewöhnlich, daß er fast verwildert ist. Eingemachtes von Äpfeln und besonders von Quitten ist sehr beliebt. Man hat mich versichert, die ausgezeichnet guten Äpfel, die man auf dem Markt kauft, wachsen bei Caracas auf ungeimpften Stämmen. Kirschbäume gibt es nicht; die Oliven-bäume, die ich im Hof des Klosters San Felipe de Neri gesehen, sind groß und schön; aber wegen des üppigen Wachstums tragen sie keine Früchte.

Wenn die Luftbeschaffenheit des Tals allen landwirtschaftli-chen Produkten, die in den Kolonien gebaut werden, unge-mein günstig ist, so läßt sich von der Gesundheit der Einwoh-ner und der in der Hauptstadt von Venezuela lebenden Frem-den nicht dasselbe sagen. Das äußerst unbeständige Wetter und die häufige Unterdrückung der Hautausdünstung erzeu-gen katarrhalische Beschwerden, die in den mannigfachsten Formen auftreten. Hat sich der Europäer einmal an die starke Hitze gewöhnt, so bleibt er in Cumana, in den Tälern von Ara-gua, überall, wo die Niederung unter den Tropen nicht zugleich sehr feucht ist, gesünder als in Caracas und all den Gebirgsländern, wo der gepriesene beständige Frühling herr-schen soll.

Dreizehntes Kapitel

Aufenthalt in Caracas · Berge um die Stadt
Besteigung des Gipfels der Silla

Ich blieb zwei Monate in Caracas. Bonpland und ich wohnten in einem großen, fast ganz freistehenden Hause im höchsten Teil der Stadt. Auf einer Galerie übersahen wir mit einem Blick den Gipfel der Silla, den gezackten Kamm des Galipano und das lachende Guairetal, dessen üppiger Anbau von den finsteren Bergwänden absticht. Es war in der trockenen Jahreszeit. Um die Weide zu verbessern, zündet man die Savannen und den Rasen an, der die steilsten Felsen bedeckt. Diese großen Brände bringen, von weitem gesehen, die überraschendsten Lichteffekte hervor. Überall, wo die Savannen längs der aus- und einspringenden Felsgehänge, die von den Bergwassern eingerissenen Schluchten ausfüllen, nehmen sich die brennenden Bodenstreifen bei dunkler Nacht wie Lavaströme aus, die über dem Tale hängen.

Hatten wir Ursache, mit der Lage unserer Wohnung zufrieden zu sein, so waren wir es noch vielmehr mit der Aufnahme, die uns von den Einwohnern aller Stände zu teil wurde. In Mexiko und Santa Fe de Bogota schien mir die Neigung zu ernsten wissenschaftlichen Studien vorherrschend, in Quito und Lima fand ich mehr Sinn für schöne Literatur und alles, was eine lebendige, feurige Einbildungskraft anspricht, in La Habana und in Caracas größere Bildung hinsichtlich der allgemeinen politischen Verhältnisse, umfassendere Ansichten über die Zustände der Kolonien und der Mutterländer. Der starke Handelsverkehr mit Europa und das Meer der Antillen haben auf die gesellschaftliche Entwicklung auf Kuba und in den schönen Provinzen von Venezuela gewaltigen Einfluß geäußert. Nirgends sonst im spanischen Amerika hat die Zivilisation eine so europäische Färbung angenommen.

Da Caracas auf dem Festland liegt und die Bevölkerung nicht so beweglich ist als auf den Inseln, haben sich die volkstümlichen Gebräuche mehr erhalten als in La Habana. Sehr geräuschvolle und sehr mannigfaltige Zerstreuungen bietet die Gesellschaft nicht, aber im Kreise der Familien empfindet man das Behagen, das munteres Wesen und Herzlichkeit im Verein mit feiner Sitte in uns erzeugen.

Unter den Weißen hat sich das Gefühl der Gleichheit aller Gemüter bemächtigt. Überall, wo die Farbigen entweder als Sklaven oder als Freigelassene angesehen werden, ist die angestammte Freiheit, das Bewußtsein, daß man nur Freie zu Ahnen hat, der eigentliche Adel. In den Kolonien ist die Hautfarbe das wahre äußere Abzeichen desselben.

Vergebens sucht man bei den Völkern spanischen Ursprunges das kalte, anspruchsvolle Wesen, das durch den Charakter der modernen Bildung im übrigen Europa nur noch allgemeiner zu werden scheint. In den Kolonien wie im Mutterlande knüpfen Herzlichkeit, Unbefangenheit und große Anspruchslosigkeit des Benehmens ein Band zwischen allen Ständen. Ja, man kann sagen, Eitelkeit und Selbstsucht verletzen um so weniger, da sie sich mit einer gewissen Offenheit und Naivität aussprechen.

Ich fand in Caracas in mehreren Familien Sinn für Bildung; man kennt die Hauptwerke der französischen und italienischen Literatur, man liebt die Musik, man treibt sie mit Erfolg, und sie verknüpft, wie die Pflege aller schönen Kunst, die verschiedenen Stufen der Gesellschaft. Für Naturwissenschaften und zeichnende Künste bestehen hier keine großen Anstalten, wie Mexiko und Santa Fé sie der Freigebigkeit der Regierung und dem patriotischen Eifer der spanischen Bevölkerung verdanken. In einer so wundervollen, überschwenglich reichen Natur gab sich kein Mensch an dieser Küste mit Botanik oder Mineralogie ab. Nur in einem Franziskanerkloster fand ich einen ehrwürdigen Alten, der für alle Provinzen von Venezuela den Kalender berechnete und vom gegenwärtigen Stande der Astronomie einige richtige Begriffe hatte.

In einem Lande mit so reizenden Fernsichten glaubte ich viele Leute zu finden, welche mit den hohen Bergen in der Umgegend genau bekannt wären, wir konnten aber in Caracas nicht einen Menschen auftreiben, der je auf dem Gipfel der Silla gewesen wäre. Die Jäger kommen in den Bergen nicht bis oben hinauf, und in diesen Ländern geht kein Mensch hinaus, um Alpenpflanzen zu sammeln, um Gebirgsarten zu untersuchen und ein Barometer auf hohe Punkte zu bringen. Man ist an ein einförmiges Leben zwischen seinen vier Wänden gewöhnt, man scheut die Anstrengungen und die raschen Witterungswechsel, und es ist, als lebe man nicht, um das Leben zu genießen, sondern eben nur, um fortzuleben.

Wir kamen auf unseren Spaziergängen häufig auf zwei Kaffeepflanzungen, deren Eigentümer angenehme Gesellschafter waren. Die Pflanzungen liegen der Silla von Caracas gegenüber. Wir betrachteten mit dem Fernrohr die schroffen Abhänge des Berges und seine beiden Spitzen und konnten so im voraus ermessen, mit welchen Schwierigkeiten wir zu kämpfen haben würden, um auf den Gipfel zu gelangen.

Der Generalkapitän Guevara verschaffte uns Führer. Es waren Schwarze, denen der Weg, der über den Bergkamm an der westlichen Spitze der Silla vorbei zur Küste führt, etwas bekannt war. Dieser Weg wird von den Schleichhändlern begangen; aber weder unsere Führer noch die erfahrensten Leute in der Miliz, welche die Schleichhändler in diesen Wildnissen verfolgen, waren je auf der östlichen Spitze, dem eigentlichen Gipfel der Silla gewesen. Während des Dezembers war der Berg nur fünfmal unumwölkt gewesen. Da in dieser Jahreszeit selten zwei heitere Tage aufeinander folgen, hatte man uns geraten, nicht bei hellem Wetter aufzubrechen, sondern zu einer Zeit, wo die Wolken nicht hoch stehen und man hoffen darf, über der ersten gleichförmig verbreiteten Dunstschicht in trockene, helle Luft zu gelangen. Wir brachten die Nacht des 2. Januars in der Estancia de Gallegos zu, einer Kaffeepflanzung, bei der in einer schattigen Schlucht der Bach Chacaito, der vom Gebirge herabkommt, schöne Fälle bildet.

Vor Sonnenaufgang brachen wir um fünf Uhr morgens mit den Sklaven, die unsere Instrumente trugen, auf. Wir waren unser 18 Personen und gingen auf schmalem Fußpfad in einer

Reihe hintereinander. Dieser Pfad läuft über einen steilen, mit Rasen bedeckten Abhang. Man sucht zuerst den Gipfel eines Hügels zu erreichen, der gegen Südwest hin eine Art Vorgebirge der Silla bildet. Derselbe hängt mit der Masse des Berges selbst durch einen schmalen Damm zusammen. Wir erreichten ihn gegen sieben Uhr. Der Morgen war schön und kühl, und der Himmel schien bis jetzt unser Vorhaben zu begünstigen. Das Thermometer stand ein wenig unter 14 Grad. Nach dem Barometer waren wir bereits 1335 Meter über dem Meer. Unsere Führer meinten, wir würden bis auf den Gipfel noch sechs Stunden brauchen.

Wir gingen auf einem schmalen, mit Rasen bedeckten Felsdamm, und dieser führte uns vom Vorgebirge der Puerta auf den Gipfel des großen Berges. Man blickt zu beiden Seiten in zwei Täler nieder, die vielmehr dicht bewachsene Spalten sind. Zur Rechten sieht man die Schlucht, die zwischen beiden Gipfeln herabläuft; links hat man unter sich die Spalte des Chacaito, deren reiche Gewässer am Hofe Gallego vorbeifließen. Man hört die Wasserfälle rauschen, ohne den Bach zu sehen, der im dichten Schatten der Erythrina, Clusia und der indischen Feigenbäume fließt. Nichts malerischer in einem Erdstrich, wo so viele Gewächse große, glänzende, lederartige Blätter haben, als tief unter sich die Baumwipfel von den fast senkrechten Sonnenstrahlen beleuchtet zu sehen.

Von der Puerta an wird der Berg immer steiler. Man mußte sich stark vornüberbeugen, um vorwärts zu kommen. Der Winkel beträgt häufig 30 bis 32 Grad. Der Rasen ist dicht und er war durch die lange Trockenheit sehr glatt geworden. Gern hätten wir Fußeisen und mit Eisen beschlagene Stöcke gehabt. Das kurze Gras bedeckt die Gneisfelsen, und man kann sich weder am Grase halten, noch Stufen einschneiden wie auf weicherem Boden. Dieses mehr mühsame als gefährliche Ansteigen wurde den Leuten aus der Stadt, die uns begleitet hatten und das Bergsteigen nicht gewöhnt waren, bald zu viel. Wir verloren viele Zeit, um auf sie zu warten, und wir entschlossen uns erst, unseren Weg allein fortzusetzen, als wir alle den Berg wieder hinabgehen, statt weiter heraufkommen sahen. Der Himmel fing an, sich zu bedecken. Bereits stieg aus dem feuchten Buschwald, der über uns die Region der Alpensavanne begrenzte, der Nebel wie Rauch in dünnen, geraden Streifen auf. Es war, als wäre an mehreren Punkten des Waldes zugleich Feuer ausgebrochen. Nach und nach ballten sich die Dunststreifen zusammen, lösten sich vom Boden ab und streiften, vom Morgenwind gejagt, als leichtes Gewölk um den runden Gipfel des Gebirges.

Dies war für Bonpland und mich ein untrügliches Zeichen, daß wir bald in dichten Nebel gehüllt sein würden. Da wir besorgten, unsere Führer möchten sich diesen Umstand zunutze machen, um uns im Stich zu lassen, ließen wir diejenigen, welche die unentbehrlichen Instrumente trugen, vor uns hergehen. Forwährend ging es am Abhang gegen die Spalte des Chacaito zu aufwärts. Das vertrauliche Geschwätz der schwarzen Kreolen stach merkwürdig ab vom schweigsamen Ernst der Indianer, die in den Missionen von Caripe unsere beständigen Begleiter gewesen waren. Sie machten sich über die Leute lustig, die ein Unternehmen, zu dem sie sich so lange gerüstet, so schnell aufgegeben hatten; am schlimmsten kam ein junger Kapuziner weg, ein Professor der Mathematik, der immer wieder darauf kam, daß die europäischen Spanier aller Stände an Körperkraft und Mut den Hispano-Amerikanern denn doch weit überlegen seien. Er hatte lange vor den Kreolen den Mut verloren, und so blieb er den Tag vollends in einer nahen Pflanzung und sah uns durch ein auf die Silla gerichtetes Fernrohr den Berg hinaufklettern. Zu unserem Unstern hatte der Ordensmann die Besorgung des bei einer Bergfahrt unentbehrlichen Wassers und der Mundvorräte übernommen. Die Sklaven, die zu uns stoßen sollten, wurden von ihm so lange aufgehalten, daß sie erst spät anlangten und wir zehn Stunden ohne Wasser und Brot zubrachten.

Von den zwei abgerundeten Spitzen, die den Gipfel des Berges bilden, ist die östliche die höchste, und auf diese sollten wir mit unseren Instrumenten hinaufkommen. Von der Einsenkung zwischen beiden Gipfeln hat der ganze Berg den spanischen Namen Silla, Sattel.

Vom Fuße des Falles des Chacaito bis in 1950 Meter Höhe fanden wir nur Savannen. Nur zwei kleinere Liliengewächse mit gelben Blüten erheben sich über den Gräsern, mit denen das Gestein bewachsen ist. Hie und da erinnerte ein Himbeerbusch (*Rubus jamaicensis*) an die europäischen Pflanzenformen. Vergebens sahen wir uns auf diesen Bergen von Caracas, wie später auf dem Rücken der Anden, neben den Himbeerbüschen nach einem Rosenstrauche um. In ganz Südamerika haben wir keine einheimische Rosenart gefunden.

Von Zeit zu Zeit wurden wir in Nebel gehüllt und fanden uns dann über die Richtung unseres Weges schwer zurecht, denn in dieser Höhe besteht kein gebahnter Pfad mehr. Man hilft mit den Händen nach, wenn einem auf dem steilen glitschigen Abhang die Beine im Stich lassen. So oft die Wolken uns umgaben, fiel das Thermometer auf 12 Grad, bei hellem Himmel stieg es auf 21 Grad. Wir waren in 1830 Meter Höhe und dennoch sahen wir in gleicher Höhe ostwärts in einer Schlucht ein ganzes Palmenwäldchen. Es war die *Palma real,* vielleicht zur Gattung *Oreodoxa* gehörig. Diese Gruppe von Palmen in so bedeutender Höhe war eine seltsame Erscheinung gegenüber den Weiden (*Salix Humboldtiana*), die im gemäßigteren Talgrunde von Caracas hin und wieder wachsen; so sieht man hier Gewächse mit europäischem Typus tiefer als solche der heißen Zone vorkommen.

Nach vierstündigem Marsch über die Savannen kamen wir in ein Buschwerk aus Sträuchern und niedrigen Bäumen, *el Pejual* genannt, wahrscheinlich wegen des vielen Pejoa (*Gaultheria odorata*), eines Gewächses mit wohlriechenden Blättern. Der Abhang des Berges wurde sanfter, und mit unsäglicher Lust untersuchten wir die Gewächse dieser Region. Vielleicht nirgends findet man auf so beschränktem Raum so schöne und für die Pflanzengeographie bedeutsame Pflanzen beisammen. In 1950 Meter Meereshöhe stoßen die hohen Savannen der Silla an eine Zone von Sträuchern, die an die Vegetation der Paramos oder Punas erinnern. Hier treten auf: die Familien der Alpenrosen, die Thibaudien, die Andromeden, die Vaccinien (Heidelbeerarten) und die Befarien mit harzigen Blättern.

Im kleinen Buschwalde auf der Silla ist die *Befaria ledifolia* nur 1 bis 1,3 Meter hoch. Die ganze Pflanze ist mit langen, klebrigen Haaren bedeckt und hat einen sehr angenehmen Harzgeruch. Die Bienen besuchen ihre schönen, purpurroten Blüten, die, wie bei allen Alpenpflanzen, ungemein zahlreich und ganz entwickelt oft gegen einen Zoll breit sind.

Im Pejual wachsen neben der Befaria mit purpurroten Blüten eine *Hedyotis* mit Heidekrautblättern, die 2,6 Meter hoch wird, die *Caparosa,* ein großes baumartiges Johanniskraut, ein *Lepidium,* endlich Bärlapppflanzen und Moose, welche Felsen und Baumwurzeln überziehen. Am berühmtesten ist aber dieses Buschwerk im Lande wegen eines drei bis fünf Meter hohen Strauches aus der Familie der Corymbiferen. Die Kreolen nennen denselben *Inciensos,* Weihrauch. Es ist eine neue, sehr harzreiche Trixisart; die Blüten riechen angenehm nach Borax.

Der Himmel wurde immer finsterer, das Thermometer sank unter elf Grad. Es ist dies eine Temperatur, bei der man in diesem Himmelsstrich zu frieren anfängt. Tritt man aus dem Gebüsch von Alpensträuchern, so ist man wieder auf einer Savanne. Wir stiegen ein Stück am westlichen Gipfel hinauf, um darauf in die Einsattelung, in das Tal zwischen beiden Gipfeln der Silla, hinabzugelangen. Hier war wegen des üppigen Pflanzenwuchses schwer durchzukommen, der von einem Gewächs aus der Familie der Musaceen (Bananengewächse) gebildet wird. Es ist wahrscheinlich eine *Macanta* oder *Heliconia;* sie wird 4,5 bis 5 Meter hoch. Durch diesen Wald von Musaceen mußten wir uns einen Weg bahnen. Die Neger gingen mit ihren Messern oder Machetes vor uns her.

Wir arbeiteten uns durch das Dickicht von Musaceen oder baumartigen Kräutern immer dem östlichen Gipfel zu, den wir ersteigen wollten. Von Zeit zu Zeit war er durch einen Wolkenriß zu sehen; auf einmal aber waren wir in dicken Nebel gehüllt, und wir konnten uns nur nach dem Kompaß richten; gingen wir aber weiter nordwärts, so liefen wir bei jedem Schritt Gefahr, an den Rand der ungeheuren Felswand zu gelangen, die fast 1950 Meter zum Meer abfällt. Wir mußten haltmachen; und wie so die Wolken um uns her über den Boden wegzogen, fingen wir an zu zweifeln, ob wir vor Einbruch der Nacht auf die östliche Spitze gelangen könnten. Glücklicherweise waren inzwischen die Neger, die das Wasser und den Mundvorrat trugen, eingetroffen, und wir beschlossen, etwas zu uns zu nehmen; aber unsere Mahlzeit dauerte nicht lange. Sei es nun, daß der Pater Kapuziner nicht an unsere vielen Begleiter gedacht, oder daß die Sklaven sich über den Vorrat hergemacht hatten, wir fanden nichts als Oliven und fast kein Brot. Wir hatten die vergangene Nacht fast ganz durchwacht, und waren jetzt seit neun Stunden auf den Beinen, ohne Wasser angetroffen zu haben. Unsere Führer hatten den Mut verloren, sie wollten durchaus umkehren, und Bonpland und ich hielten sie nur mit Mühe zurück.

Es war zwei Uhr nachmittags. Wir hofften immer noch, vor Sonnenuntergang auf die östliche Spitze der Silla zu gelangen und wieder in das Tal zwischen beiden Gipfeln herabkommen zu können. Hier wollten wir von den Negern aus den breiten dünnen Blättern der Helikonia eine Hütte bauen lassen, ein großes Feuer anzünden und die Nacht zubringen. Wir schickten die Hälfte unserer Leute fort mit der Weisung, uns am anderen Morgen nicht mit Oliven, sondern mit gesalzenem Fleisch entgegenzukommen.

Kaum hatten wir solches angeordnet, so fing der Wind an, stark von der See her zu blasen, und das Thermometer stieg auf 12,5 Grad. Es war ohne Zweifel ein aufsteigender Luftstrom, der die Temperatur erhöhte und damit die Dünste auflöste. Kaum zwei Minuten, so verschwanden die Wolken, und die beiden Gipfel der Silla lagen ganz auffallend nahe vor uns. Wir gingen jetzt gerade auf den östlichen Gipfel zu. Der Pflanzenwuchs hielt uns nachgerade weniger auf; zwar mußte man noch immer Helikonien umhauen, aber diese baumartigen Kräuter waren jetzt nicht mehr hoch und standen nicht mehr so dicht.

Um auf den höchsten östlichen Gipfel zu kommen, muß man so nahe als möglich an dem ungeheuren Absturz Caravalleda und der Küste zu hingehen. Wir brauchten drei Viertelstunden bis auf die Spitze der Pyramide. Dieses Stück des Weges ist keineswegs gefährlich, wenn man nur prüft, ob die Felsstücke, auf die man den Fuß setzt, fest liegen. Der dem Gneis aufgelagerte Granit ist nicht regelmäßig geschichtet, sondern durch Spalten geteilt, die sich oft unter rechten Winkeln scheiden. Prismatische, 30 Zentimeter breite, vier Meter lange Blöcke ragen schief aus dem Boden hervor, und am Rande des Absturzes sieht es aus, als ob ungeheure Balken über dem Abgrund hingen.

Auf dem Gipfel hatten wir, freilich nur einige Minuten, ganz klaren Himmel. Wir genossen einer ungemein weiten

Aussicht; wir sahen zugleich nach Norden über die See weg, nach Süden in das fruchtbare Tal von Caracas hinab. Die Temperatur der Luft war 13,7 Grad. Wir waren in 2 630 Meter Meereshöhe. Man überblickt eine Meeresstrecke von 172 Kilometer Halbmesser. Wem beim Blick in große Tiefen schwindlig wird, muß mitten auf dem kleinen Plateau bleiben. Durch seine Höhe ist der Berg eben nicht ausgezeichnet, aber er unterscheidet sich von allen Bergen, die ich bereist, durch den ungeheuren Absturz gegen die See zu. Die Küste bildet nur einen schmalen Saum, und blickt man von der Spitze der Pyramide auf die Häuser von Caravalleda hinab, so meint man infolge einer optischen Täuschung, die Felswand sei beinahe senkrecht.

Auf der Silla von Caracas ist der ungeheure nördliche Abhang, trotz seiner großen Steilheit, zum Teil bewachsen. Befaria- und Andromedabüsche hängen an der Felswand. Das kleine südwärts gelegene Tal zwischen den Gipfeln zieht sich der Meeresküste zu fort: die Alpenpflanzen füllen diese Einsenkung aus, ragen über den Kamm des Berges empor und folgen den Krümmungen der Schlucht. Man meint, unter diesen frischen Schatten müsse Wasser fließen, und die Verteilung der Gewächse, die Gruppierung so vieler unbeweglicher Gegenstände bringt Leben und Bewegung in die Landschaft.

Wir konnten die günstige Lage der Silla, die alle Gipfel umher überragt, nicht lange für unsere Zwecke nutzen. Während wir mit dem Fernrohr den Seestrich, wo der Horizont scharf begrenzt war, und die Bergkette von Ocumare betrachteten, hinter der die unbekannte Welt des Orinoko und des Amazonenstroms beginnt, zog ein dicker Nebel aus der Niederung zu den Höhen herauf. Zuerst füllte er den Talgrund von Caracas. Der von oben beleuchtete Wasserdunst war gleichförmig milchweiß gefärbt. Es sah aus, als stände das Tal unter Wasser, als bildeten die Berge umher die schroffen Ufer eines Meeresarms.

Während ich, auf dem Gestein sitzend, die Inklination der Magnetnadel beobachtete, sah ich, daß sich eine Menge haariger Bienen, etwas kleiner als die Honigbiene des nördlichen Europas, auf meine Hände gesetzt hatten. Diese Bienen nisten im Boden. Sie fliegen selten aus, und nach ihren trägen Bewegungen konnte man glauben, sie seien auf den Bergen starr vor Kälte. Man nennt sie hierzulande *Angelitos,* Engelchen, weil sie nur sehr selten stechen. Solange man von der Harmlosigkeit dieser Angelitos nicht vollkommen überzeugt ist, kann man sich einiger Besorgnis nicht erwehren. Ich gestehe, daß ich oft während astronomischer Beobachtungen beinahe die Instrumente hätte fallen lassen, wenn ich verspürte, daß mir Gesicht und Hände voll dieser haarigen Bienen saßen. Unsere Führer versicherten, sie setzen sich nur zur Wehr, wenn man sie durch Anfassen der Füße reize.

Es wäre unvorsichtig gewesen, in diesem dichten Nebel am Rande eines 2 270 bis 2 600 Meter hohen Abhanges länger zu verweilen. Wir gingen wieder vom Ostgipfel der Silla herunter und nahmen dabei eine Grasart auf, die nicht nur eine neue, sehr interessante Gattung bildet, sondern die wir auch, zu unserer großen Überraschung, später auf dem Gipfel des Vulkanes Pichincha in der südlichen Halbkugel, 1 800 Kilometer von der Silla, wieder fanden (*Aegopogon cenchroides*). *Lichen floridus,* der im nördlichen Europa überall vorkommt, bedeckte die Zweige der Befaria und der *Gaultheria odorata* und hing bis zur Wurzel der Gesträuche nieder. Während ich die Moose unter-

suchte, welche den Gneis im Grunde zwischen beiden Gipfeln überziehen, fand ich zu meiner Überraschung echte Geschiebe, gerollte Quarzstücke. Die Geschiebe können nicht von höheren Punkten herabgeschwemmt sein, weil keine Höhe ringsum die Silla überragt. Sollte man annehmen, daß sie mit der ganzen Bergkette längs des Meeresufers emporgehoben worden sind?

Es war viereinhalb Uhr abends, als wir mit unseren Beobachtungen fertig waren. In der Freude über den glücklichen Erfolg unserer Reise dachten wir nicht daran, daß der Weg abwärts im Finstern über steile, mit kurzem glattem Rasen bedeckte Abhänge gefährlich sein könnte. Wegen des Nebels konnten wir nicht in das Tal hinuntersehen; wir sahen aber deutlich den Doppelhügel der Puerta, und derselbe erschien, wie immer die Gegenstände, die fast senkrecht unter einem liegen, ganz auffallend nahe gerückt. Wir gaben den Gedanken auf, zwischen den beiden Gipfeln der Silla zu übernachten, und nachdem wir den Weg wieder gefunden, den wir uns im Heraufsteigen durch den dichten Helikonienbusch gebahnt, kamen wir in den Pejual, in die Region der wohlriechenden und harzigen Sträucher. Die herrlichen Befarien, ihre mit großen Purpurblüten bedeckten Zweige, nahmen uns wieder ganz in Anspruch. Wenn man in diesen Erdstrichen Pflanzen für Herbarien sammelt, ist man um so wählerischer, je üppiger die Vegetation ist. Man wirft Zweige, die man eben abgeschnitten, wieder weg, weil sie einem nicht so schön vorkommen als Zweige, die man nicht erreichen konnte. Wendet man endlich, mit Pflanzen beladen, dem Buschwerk den Rükken, so will es einem fast reuen, daß man nicht noch mehr mitgenommen. Wir hielten uns solange im Pejual auf, daß die Nacht uns überraschte, ehe wir in 1750 Meter Höhe die Savanne betraten.

Da es zwischen den Wendekreisen fast keine Dämmerung gibt, sieht man sich auf einmal aus dem hellsten Tageslicht in Finsternis versetzt. Der Mond stand über dem Horizont; seine Scheibe ward zuweilen durch dicke Wolken bedeckt, die ein heftiger kalter Wind über den Himmel jagte. Die steilen, mit gelbem trockenem Grase bewachsenen Abhänge lagen bald im Schatten, bald wurden sie auf einmal wieder beleuchtet und erschienen dann als Abgründe, in deren Tiefe man niedersah. Wir gingen in einer Reihe hintereinander; man suchte sich mit den Händen zu halten, um nicht zu fallen und den Berg hinabzurollen. Von den Führern, welche unsere Instrumente trugen, fiel einer um den anderen ab, um auf dem Berg zu übernachten. Unter denen, die uns blieben, war ein Kongoneger, dessen Gewandtheit ich bewunderte; er trug einen großen Inklinationskompaß auf dem Kopf und hielt die Last trotz der ungemeinen Steilheit des Abhanges beständig im Gleichgewicht. Der Nebel im Tal war nach und nach verschwunden. Die zerstreuten Lichter, die wir tief unter uns sahen, täuschten uns in doppelter Beziehung; einmal schien der Abhang noch gefährlicher, als er wirklich war, und dann meinten wir in den sechs Stunden, in denen wir abwärts gingen, den Höfen am Fuße der Silla immer gleich nahe zu sein. Wir hörten ganz deutlich Menschenstimmen und die schrillen Töne der Guitarren.

Erst um zehn Uhr abends kamen wir äußerst ermüdet und durstig im Tale an. Wir waren fünfzehn Stunden lang fast beständig auf den Beinen gewesen; der rauhe Felsboden und die dürren harten Grasstoppeln hatten uns die Fußsohlen zerrissen, denn wir hatten die Stiefel ausziehen müssen, weil die Sohlen zu glatt geworden waren. An Abhängen, wo weder Sträucher noch holzige Kräuter wachsen, an denen man sich mit den Händen halten kann, kommt man barfuß sicherer herab. Um den Weg abzuschneiden, führte man uns von der Puerta zum Hofe Gallegos über einen Fußpfad, der zu einem Wasserstück, El Tanque genannt, führt. Man verfehlte den Fußpfad, und auf diesem letzten Wegstück, wo es am allersteilsten abwärts ging, kamen wir in die Nähe der Schlucht Chacaito. Durch den Donner der Wasserfälle erhielt das nächtliche Bild einen wilden großartigen Charakter.

Wir übernachteten am Fuß der Silla; unsere Freunde in Caracas hatten uns durch Fernrohre auf dem östlichen Berggipfel sehen können. Mit Teilnahme hörte man unsere beschwerliche Bergfahrt beschreiben, aber mit einer Messung, nach der die Silla nicht einmal so hoch sein sollte als der höchste Pyrenäengipfel, war man sehr unzufrieden.

Vierzehntes Kapitel

Erdbeben in Caracas
Zusammenhang zwischen dieser Erscheinung
und den vulkanischen Ausbrüchen
auf den Antillen

Wir verließen Caracas am 7. Februar in der Abendkühle, um unsere Reise an den Orinoko anzutreten. Die Erinnerung an diesen Abschnitt ist uns heute schmerzlicher als vor einigen Jahren. Unsere Freunde haben in den blutigen Bürgerkriegen, die jenen fernen Ländern jetzt die Freiheit brachten, jetzt wieder entrissen, das Leben verloren. Das Haus, in dem wir wohnten, ist nur noch ein Schutthaufen. Furchtbare Erdbeben haben die Bodenfläche umgewandelt; die Stadt, die ich beschrieben habe, ist verschwunden. An derselben Stelle, auf diesem zerklüfteten Boden, erhebt sich allmählich eine neue Stadt. Die Trümmerhaufen, die Gräber einer zahlreichen Bevölkerung, dienen bereits wieder Menschen zur Wohnung.

Die neueren Völker sind bedacht auf ihren Ruf bei der Nachwelt und verzeichnen sorgfältig die Geschichte der menschlichen Umwälzungen, und damit die Geschichte ungezügelter Leidenschaften und eingewurzelten Hasses. Mit den Umwälzungen in der äußeren Natur ist es anders; man kümmert sich wenig darum, sie genau zu beschreiben, vollends nicht, wenn sie in die Zeiten bürgerlicher Zwiste fallen.

Ich glaubte, in diesem Werke niederlegen zu sollen, was ich an zuverlässiger Kunde über die Erdstöße zusammengebracht, die am 26. März 1812 die Stadt Caracas zerstört und in der Provinz Venezuela fast in einem Augenblick über zwanzigtausend Menschen das Leben gekostet haben. Als Geschichtsschreiber der Natur hat der Reisende die Zeit des Eintritts großer Katastrophen festzustellen, ihren Zusammenhang und ihre gegenseitigen Verhältnisse zu untersuchen und im raschen Ablauf der Zeit, im ununterbrochenen Zuge sich drängender Verwandlungen feste Punkte zu bezeichnen, mit denen einst andere Katastrophen verglichen werden mögen.

Gleich nach meiner Ankunft in Terra Firma war mir der Zusammenhang zwischen zwei Naturereignissen, zwischen der Zerstörung von Cumana am 14. Dezember 1797 und dem Ausbruch der Vulkane auf den Kleinen Antillen, aufgefallen. Etwas ähnliches zeigte sich nun auch bei der Verwüstung von Caracas am 26. März 1812. Im Jahre 1797 schien der Vulkan der Insel Guadeloupe auf die Küste von Cumana reagiert zu haben; 15 Jahre später wirkte, wie es scheint, ein dem Festlande näher liegender Vulkan, der auf San Vincent, in derselben Weise bis nach Caracas und an den Apure hin. Wahrscheinlich lag beidemal der Herd des Ausbruchs in ungeheurer Tiefe, gleich weit von den Punkten der Erdoberfläche, bis zu welchen die Bewegung sich fortpflanzte.

Der Stoß, den man im Dezember 1811 in Caraças spürte, war der einzige, der der schrecklichen Katastrophe am 26. März 1812 voranging. In Caracas und 400 Kilometer in der Runde war in den fünf Monaten vor dem Untergang der Hauptstadt kein Tropfen Regen gefallen. Der 26. März war ein sehr heißer Tag; die Luft war still, der Himmel unbewölkt. Es war Gründonnerstag und ein großer Teil der Bevölkerung in den Kirchen. Nichts verkündete den Schrecken dieses Tages. Um vier Uhr sieben Minuten abends spürte man den ersten Erdstoß. »Er war so stark, daß die Kirchenglocken anschlugen, und währte fünf bis sechs Sekunden. Unmittelbar darauf folgte ein anderer, zehn bis zwölf Sekunden dauernder, währenddessen der Boden in beständiger Wellenbewegung war wie eine kochende Flüssigkeit. Schon meinte man, die Gefahr sei vorüber, als sich unter dem Boden ein furchtbares Getöse hören ließ. Es glich dem Rollen des Donners; es war aber stärker und dauerte länger als der Donner in der Gewitterzeit unter den Tropen. Diesem Getöse folgte eine senkrechte, etwa drei bis vier Sekunden anhaltende Bewegung und dieser wiederum eine etwas längere wellenförmige Bewegung. Die Stöße erfolgten in entgegengesetzter Richtung von Nord nach Süd und von Ost nach West. Dieser Bewegung von unten nach oben und diesen sich kreuzenden Schwingungen konnte nichts widerstehen. Die Stadt Caracas wurde völlig über den Haufen geworfen. Tausende von Menschen (zwischen 9 000 und 10 000) wurden unter den Trümmern der Kirchen und Häuser begraben. Die Prozession war noch nicht ausgezogen, aber der Zudrang zu den Kirchen war so groß, daß 3 000 bis 4 000 Menschen von den einstürzenden Gewölben erschlagen wurden. Die Explosion war am stärksten auf der Nordseite, im Stadtteil, der dem Berge Avila und der Silla am nächsten liegt. Die Kirchen de la Trinidad und Alta Gracia, die über 50 Meter hoch waren und deren Schiff von drei bis vier Meter dicken Pfeilern getragen wurde, lagen als kaum 1,5 bis 2 Meter hohe Trümmerhaufen da. Der Schutt hatte sich so stark gesetzt, daß man jetzt fast keine Spur mehr von Pfeilern und Säulen findet. Die Kaserne *El Quartel de San Carlos* verschwand fast völlig. Ein Regiment Linientruppen stand unter den Waffen, um sich der Prozession anzuschließen; es wurde, wenige Mann ausgenommen, unter den Trümmern des großen Gebäudes begraben. Neun Zehnteil der schönen Stadt Caracas wurden völlig verwüstet. Die Häuser, die nicht zusammenstürzten, erhielten so starke Risse, daß man nicht wagen konnte, darin zu bleiben. Im südlichen und westlichen Teil der Stadt, zwischen dem großen Platz und der Schlucht des Caraguata waren die Wirkungen des Erdbebens etwas geringer. Hier blieb die Hauptkirche mit ihren ungeheuren Strebepfeilern stehen.« (Delpeche, *Sur le tremblement de terre de Venezuela, En 1812. Ms.*)

Bei der Angabe von 9 000 bis 10 000 Toten in Caracas sind die Unglücklichen nicht gerechnet, die, schwer verwundet, erst nach Monaten aus Mangel an Nahrung und Pflege zugrunde gingen. Die Nacht vom Donnerstag zum Karfreitag bot ein Bild unsäglichen Jammers und Elends. Die sticke Staubwolke, welche über den Trümmern schwebte und wie ein Nebel die Luft verfinsterte, hatte sich zu Boden geschlagen. Kein Erdstoß war mehr zu spüren, es war die schönste, stillste Nacht. Der fast volle Mond beleuchtete die runden Gipfel der Silla, und am Himmel sah es so ganz anders aus als auf der mit Trümmern und Leichen bdeckten Erde. Man sah Mütter mit den Leichen ihrer Kinder in den Armen, die sie wieder zum Leben zu bringen hofften; Familien liefen jammernd durch die Stadt und suchten einen Bruder, einen Gatten, einen Freund, von denen man nichts wußte und die sich in der Volksmenge verloren haben mochten. Man drängte sich durch die Straßen, die nur noch an den Reihen von Schutthaufen kenntlich waren.

»Die unter den Trümmern begrabenen Verwundeten riefen die Vorübergehenden laut um Hilfe an, und es wurden auch über 2 000 hervorgezogen. Nie hat sich das Mitleid rührender, man kann sagen sinnreicher betätigt als hier, wo es galt, zu den Unglücklichen zu dringen, die man jammern hörte. Es fehlte völlig an Werkzeugen zum Graben und Wegräumen des Schuttes; man mußte die noch Lebenden mit den Händen ausgraben. Man brachte die Verwundeten und die Kranken die sich aus den Spitälern gerettet, am Ufer des Guaire unter, aber hier fanden sie kein Obdach als das Laub der Bäume. Betten, Leinwand zum Verbinden der Wunden, chirurgische Instrumente, alles Unentbehrliche lag unter den Trümmern begraben. Es fehlte an allem, in den ersten Tagen sogar an Lebensmitteln, und im Innern der Stadt ging vollends das Wasser aus. Das Erdbeben hatte die Leitungsröhren der Brunnen zertrümmert und Erdstürze hatten die Quellen verschüttet. Um Wasser zu bekommen, mußte man zum Guaire hinunter, der bedeutend angeschwollen war, und es fehlte an Gefäßen.«

»Den Toten die letzte Ehre zu erweisen, war sowohl ein Werk der Pietät, als bei der Besorgnis vor Verpestung der Luft geboten. Da es geradezu unmöglich war, so viele tausend halb unter den Trümmern steckende Leichen zu beerdigen, so wurde eine Kommission beauftragt, sie zu verbrennen. Man errichtete zwischen Trümmern Scheiterhaufen, und die Leichenfeier dauerte mehrere Tage. Im allgemeinen Jammer flüchtete das Volk zur Andacht und zu Zeremonien, mit denen es den Zorn des Himmels zu beschwichtigen hoffte. Die einen traten zu Bittgängen zusammen und sangen Trauerchöre; andere, halb sinnlos, beichtete laut auf der Straße. Da geschah auch hier, was in der Provinz Quito nach dem furchtbaren Erdbeben vom 4. Februar 1797 vorgekommen war: viele Personen, die seit Jahren nicht mehr daran gedacht hatten, den Segen der Kirche für ihre Verbindung zu suchen, schlossen den Bund der Ehe; Kinder fanden ihre Eltern, von denen sie bis jetzt verleugnet worden; Leute, die niemand eines Betruges beschuldigt hatte, gelobten Ersatz zu leisten; Familien, die lange in Feindschaft gelebt, versöhnten sich im Gefühl des gemeinsamen Unglücks.« Wenn dieses Gefühl auf die einen versittlichend wirkte und das Herz für das Mitleid aufschloß, wirkte es in anderen das Gegenteil: sie wurden nur noch hartzherziger und unmenschlicher. In großen Unfällen geht in gemeinen Seelen leichter der Edelmut verloren als die Kraft; denn es geht im Unglück wie bei der wissenschaftlichen Beschäftigung mit der Natur: nur auf die Wenigsten wirkt sie veredelnd, gibt dem Gefühl mehr Wärme, den Gedanken höheren Schwung, und der ganzen Gesinnung mehr Milde.

»So heftige Stöße, welche in einer Minute die Stadt Caracas über den Haufen warfen, konnten sich nicht auf einen kleinen Erdstrich des Festlandes beschränken. Ihre verheerenden Wirkungen verbreitete sich über die Provinzen Venezuela, Varinas und Maracaibo der Küste entlang, besonders aber in die Gebirge im Inneren. Man spürte das Erdbeben im Königreiche Neugranada von den Ausläufern der hohen Sierra de Santa Marta bis Santa Fé de Bogota und Honda am Magdalenenstrom, 810 Kilometer von Caracas.« (Delpeche) – Fischer, die den 26. März auf der Insel Orchila, 135 Kilometer östlich von Guaira, zugebracht hatten, spürten keine Stöße. Diese Abweichungen in der Richtung und Fortpflanzung des Stoßes rühren wahrscheinlich von der eigentümlichen Lagerung der Gesteinsschichten her.

Fünfzehn bis achtzehn Stunden lang nach der großen Katastrophe blieb der Boden ruhig. Die Nacht war, wie schon oben gesagt, schön und still, und erst nach dem 27. März fingen die Stöße wieder an, und zwar begleitet von einem sehr starken und sehr anhaltenden Getöse. Die Einwohner von Caracas zerstreuten sich in der Umgegend; da aber Dörfer und Höfe so stark gelitten hatten wie die Stadt, fanden sie erst jenseits des Berges Los Teques, in den Tälern von Aragua und in den Llanos Obdach. Man spürte oft 15 Schwingungen an einem Tage. Am 5. April erfolgte ein Erdbeben, fast so stark wie das, in dem die Hauptstadt untergegangen. Der Boden bewegte sich mehrere Stunden lang wellenförmig auf und ab. In den Gebirgen gab es große Erdfälle; ungeheure Felsmassen brachen von der

Silla los. Man behauptete sogar – und diese Meinung ist noch jetzt im Lande weit verbreitet –, die beiden Kuppeln der Silla seien um 95 bis 112 Meter niedriger geworden; aber diese Behauptung stützt sich auf keine Messung.

Am Tage, an dem die Bewohner von Terra Firma durch ein unterirdisches Getöse erschreckt wurden, erfolgte ein großer Ausbruch des Vulkans auf der Insel San Vincent. Der Berg, der gegen 970 Meter hoch ist, hatte seit dem Jahre 1718 keine Lava mehr ausgeworfen.

Die Zerstörung von Cumana im Jahre 1797 und von Caracas im Jahre 1812 weisen darauf hin, daß die Vulkane auf den Kleinen Antillen mit den Erschütterungen, welche die Küsten von Terra Firma erleiden, im Zusammenhang stehen. Trotzdem kommt es häufig vor, daß die Stöße, welche man im vulkanischen Archipel spürt, sich weder nach der Insel Trinidad noch nach den Küsten von Cumana und Caracas fortpflanzen. Diese Erscheinung hat aber durchaus nichts Auffallendes. Auf den Kleinen Antillen selbst beschränken sich die Erschütterungen oft auf eine einzige Insel. Der große Ausbruch des Vulkans auf San Vincent im Jahre 1812 hatte in Martinique und Guadeloupe kein Erdbeben zur Folge. Man hörte, wie in Venezuela, starke Schläge, aber der Boden blieb ruhig.

Als in den Vereinigten Staaten das große Unglück von Caracas bekannt wurde, beschloß der zu Washington versammelte Kongreß einstimmig, fünf Schiffe mit Mehl zur Verteilung unter die Dürftigsten an die Küste von Venezuela zu senden. Diese großmütige Unterstützung ward mit dem lebhaftesten Dank aufgenommen, und dieser feierliche Beschluß eines freien Volkes, dieser Beweis der Teilnahme von Volk zu Volk, wovon die sich steigernde Kultur des alten Europa in jüngster Zeit wenige Beispiele aufzuweisen hat, erschien als ein kostbares Unterpfand des gegenseitigen Wohlwollens, das auf immer die Völker des doppelten Amerikas verknüpfen soll.

Fünfzehntes Kapitel

Abreise von Caracas · Gebirge von San Pedro
und Los Teques · Victoria · Täler von Aragua

Der kürzeste Weg von Caracas an die Ufer des Orinoko hätte
uns über die südliche Kette der Berge zwischen Baruta, Sala-
manca und den Savannen von Ocumare, und über die Steppen
oder Llanos von Orituco geführt, worauf wir uns bei Cabruta,
an der Einmündung des Rio Guarico, hätten einschiffen müssen; aber auf diesem geraden Weg hätten wir unsere Absicht
nicht erreicht, die dahin ging, den schönsten und kultiviertesten Teil der Provinz, die Täler von Aragua, zu besuchen, einen
interessanten Strich der Küste mit dem Barometer zu vermessen und den Rio Apure bis zu seinem Einfluß in den Orinoko
hinabzufahren. Ein Reisender, der sich mit der Gestaltung und
den natürlichen Schätzen des Bodens bekannt machen will,
richtet sich nicht nach den Entfernungen, sondern nach dem
Interesse, das die zu bereisenden Länder bieten. Diese entscheidende Rücksicht führte uns in die Berge Los Teques, zu
den warmen Quellen von Mariara, an die fruchtbaren Ufer des
Sees von Valencia und über die ungeheuren Steppen von Calabozo nach San Fernando am Apure im östlichen Teil der Provinz Varinas.

Am Tage, wo wir die Hauptstadt von Venezuela verließen,
übernachteten wir am Fuße der bewaldeten Berge, die das Tal
gegen Südwest schließen. Wir zogen am rechten Ufer des
Guaire bis zum Dorfe Antimano auf einer sehr schönen, zum
Teil in den Fels gehauenen Straße. Man kommt durch La Vega
und Carapa. Zerstreute Häuser, von Dattelbäumen umgeben,
deuten auf günstige Verhältnisse der Bewohner. Eine nicht
sehr hohe Bergkette trennt den kleinen Guaireflluß vom Tale

De la Pascua und den Goldbergwerken von Baruta und Oripoto. Auf dem Wege aufwärts nach Carapa hat man noch einmal die Aussicht auf die Silla, die sich als eine gewaltige, gegen das Meer jäh abstürzende Kuppel darstellt. Dieser runde Gipfel und der wie eine Mauerzinne gezackte Kamm des Galipano sind die einzigen Berggestalten, die der Landschaft Charakter geben; die übrigen Höhen sind sehr einförmig und langweilig.

Beim Dorfe Antimano waren alle Baumgärten voll blühender Pfirsichbäume. Aus diesem Dorf, aus Valle und von den Ufern des Macarao kommen eine Menge Pfirsiche, Quitten und anderes europäisches Obst auf den Markt von Caracas. Vom Antimano bis Las Ajuntas geht man siebzehnmal über den Guaire. Der Weg ist sehr beschwerlich; statt aber eine neue Straße zu bauen, täte man vielleicht besser, dem Fluß ein anderes Bett anzuweisen, der durch Einsickerung und Verdunstung sehr viel Wasser verliert. Jede Krümmung bildet eine größere oder kleinere Lache. Diese Verluste sind nicht gleichgültig in einer Provinz, wo der ganz bebaute Boden, mit Ausnahme eines Striches zwischen der See und der Küstenbergkette, sehr trocken ist. Es regnet weit seltener und weniger als im Innern von Neuandalusien, in Cumanacoa und an den Ufern des Guarapiche. Die Schichten des Urgebirges sind unter einem Winkel von 70 bis 80 Grad geneigt und fallen meist nach Nordwest, so daß die Wasser entweder im Gebirge versinken oder nördlich an den Küstengebirgen in reichlichen Quellen zutage kommen. Daraus, daß die Gneis- und Glimmerschieferschichten gegen Süd aufgerichtet sind, scheint sich mir größtenteils die große Dürre des Küstenstrichs zu erklären. Im Innern der Provinz findet man Strecken von 40 bis 60 Quadratkilometern ohne alle Quellen. Das Zuckerrohr, der Indigo und der Kaffeebaum können nur da gedeihen, wo Wasser fließt, mit dem man während der großen Dürre künstlich bewässern kann. Die ersten Ansiedler haben unvorsichtigerweise die Wälder niedergeschlagen. Auf einem steinigen Boden, wo Felsen ringsum Wärme strahlen, ist die Verdunstung ungemein stark. Die Berge an der Küste gleichen einer Mauer, die von Ost nach West sich hinzieht; sie lassen die feuchte Küstenluft nicht ins innere Land kommen. Die

Bäume werfen im Januar und Februar die Blätter ab, weil in diesen Monaten die Luft dem Maximum von Trockenheit sich nähert. Nur die Gewächse mit glänzenden, stark lederartigen Blättern halten die Dürre aus. Unter dem schönen tropischen Himmel befremdet den Reisenden der fast winterliche Charakter des Landes, aber das frischeste Grün erscheint wieder, sobald man an die Ufer des Orinoko gelangt. Dort herrscht ein anderes Klima, und durch ihre Beschattung unterhalten die großen Wälder im Boden einen gewissen Grad von Feuchtigkeit und schützen ihn vor der verzehrenden Sonnenglut.

Jenseits den kleinen Dorfes Antimano wird das Tal bedeutend enger. Das Flußufer ist mit Lata bewachsen, der schönen Grasart mit zweizeiligen Blättern, die gegen zehn Meter hoch wird und die wir unter dem Namen Gynerium (*saccharoides*) beschrieben haben. Um jede Hütte stehen ungeheure Stämme von Persea (*Laurus Persea*), an denen Aristolochien, Paullinien und eine Menge anderer Schlingpflanzen wachsen. Die Nacht vor unserer Ankunft in Las Ajuntas brachten wir auf einer Zuckerpflanzung zu.

Der Boden dieses Landstriches erwies sich zum Bau des Kaffeebaums nicht sehr geeignet; er gibt im allgemeinen im Tale von Caracas einen geringeren Ertrag, als man anfangs vermutet hatte, da man bei Chacao mit dem Anbau begann.

Die große Vorliebe, die man für den Kaffeebau hat, rührt zum Teil daher, daß die Bohne sich viele Jahre hält, während der Kakao trotz aller Sorgfalt nach zehn Monaten oder einem Jahr in den Magazinen verdirbt. Während der langen Kriege zwischen den europäischen Mächten, wo das Mutterland zu schwach war, um den Handel seiner Kolonien zu schützen, mußte sich die Industrie vorzugsweise auf ein Produkt werfen, das nicht schnell abgesetzt werden muß und bei dem man alle politischen und Handelskonjunkturen abwarten kann.

Im gebirgigen Teil der Provinzen Caracas und Cumana könnte Tee so gut gebaut werden wie Kaffee. Man findet dort alle Klimate wie in Stockwerken übereinander, und dieser neue Kulturzweig würde ebenso gut gedeihen wie in der südlichen Halbkugel, wo in Brasilien unter einer Regierung, die großsinnig die Industrie und die religiöse Duldung in ihren Schutz nimmt, der Tee und Chinesen zumal eingewandert sind.

Am 8. Februar bei Sonnenaufgang brachen wir auf, um über den Higuerote zu gehen, einen hohen Gebirgszug zwischen den beiden Längentälern von Caracas und Aragua. Nachdem wir bei Las Ajuntas, wo die kleinen Flüsse San Pedro und Macarao sich zum Guaire vereinigten, über das Wasser gegangen waren, ging es an steilem Berghang hinauf zur Hochebene von Buenavista, wo ein paar einzelne Häuser stehen. Die Gegend ist wild und waldreich. Wir befanden uns in 1627 Meter Meereshöhe. Die Straße über diese Berge ist sehr belebt; jeden Augenblick begegnet man langen Zügen von Maultieren und Ochsen; es ist die große Straße von der Hauptstadt nach Victoria und in die Täler von Aragua. Der Weg ist in einen talkigen, zersetzten Gneis gehauen. Ein mit Glimmerblättern gemengter Ton bedeckt ein Meter hoch das Gestein. Im Winter leidet man am Staub und in der Regenzeit wird der Boden ein Morast. Abwärts von der Ebene von Buenavista kommt man an eine starke Quelle im Gneis, die mehrere Fälle bildet, welche die üppigste Vegetation umgibt. Der Pfad zur Quelle ist so steil, daß man die Wipfel der Baumfarne, deren Stamm acht Meter hoch wird, mit der Hand berühren kann. Die Felsen sind ringsum mit Jungemannia und Moosen aus der Familie Hypnum bekleidet. Der Bach schießt im Schatten von Helikonien hin und entblößt die Wurzeln der Plumeria, des Cuey, der Brownea und des *Ficus gigantea.* Die Brownea, von den Eingeborenen *Rosa del monte* oder *Palo de Cruz* genannt, trägt oft vier- bis fünfhundert purpurrote Blüten in einem einzigen Strauß. Jede Blüte hat fast immer elf Staubfäden, und das prachtvolle Gewächs, dessen Stamm 15 bis 20 Meter hoch wächst, wird selten, weil sein Holz eine sehr gesuchte Kohle gibt. Den Boden bedecken Ananas, Hemimeris, Polygala und Melastomen. Eine kletternde Grasart schwebt in leichten Gewinden zwischen Bäumen, deren Hiersein bekundet, wie kühl das Klima in diesen Bergen ist. Dahin gehören die *Aralia capitata,* die *Vismia caparosa,* die *Clethra fagifolia.* Mitten unter diesen, der schönen Region der Baumfarne eigentümlichen Gewächsen erheben sich in den Lichtungen hie und da Palmbäume und Gruppen von Guarumo oder Cecropia mit silberfarbigen Blättern, deren dünner Stamm am Gipfel schwarz ist, wie verbrannt vom Sauerstoff der Luft.

Vom bewaldeten Berg Higuerote kommt man gegen Südwest zum kleinen Dorf San Pedro herunter (1138 Meter), das in einem Becken liegt, wo mehrere kleinere Täler zusammenstoßen. Man baute hier nebeneinander Bananen, Kartoffeln und Kaffee. Das Dorf ist sehr klein. Wir trafen in einer Schenke mehrere bei der Tabakspacht angestellte Hispano-Europäer. Ihre Stimmung war von der unsrigen sehr verschieden. Vom Marsch ermüdet, brachen sie in Klagen und Verwünschungen aus über das unselige Land, in dem sie leben müßten. Wir dagegen konnten die wilde Schönheit der Gegend, die Fruchtbarkeit des Bodens, das angenehme Klima nicht genug rühmen.

Es ging nun gegen Westen wieder aufwärts über die kleinen Höfe Las Legunetas und Garavatos. Es sind dies nur einzelne Häuser, die als Herbergen dienen; die Maultiertreiber finden hier ihr Lieblingsgetränk, Guarapo, gegorenen Zuckerrohrsaft. Besonders die Indianer, die auf dieser Straße hin- und herziehen, sind dem Trunke sehr ergeben.

Von Las Lagunetas ging es in das Tal des Tuy hinunter. Der westliche Abhang der Berggruppe ist mit zwei Pflanzen mit Agaveblättern, mit dem Maguey de Cocuyza und dem Maguey de Cocuy bewachsen. Letztere gehört zur Gattung Yukka (*Yukka acaulis*); aus dem gegorenen, mit Zucker versetzten Saft wird Branntwein gebrannt, auch habe ich die jungen Blätter essen sehen. Aus den Fasern der ausgewachsenen Blätter werden ungemein feste Stricke verfertigt. Hat man die Berge hinter sich, so betritt man ein reich bebautes Land, bedeckt mit Weilern und Dörfern, die zusammen über 28 000 Einwohner haben.

Wir waren schon lange an eine mäßige Temperatur gewöhnt, und so kamen uns die Ebenen am Tuy sehr heiß vor, und doch stand das Thermometer bei Tage nur auf 23 bis 24 Grad. Die Nächte waren köstlich kühl, da die Lufttemperatur bis auf 17,5 Grad sank. Je mehr die Hitze abnahm, desto stärker schienen die Wohlgerüche der Blumen die Luft zu erfüllen. Aus allen heraus erkannten wir den köstlichen Geruch des *Lirio hermoso*, einer neuen Art von Pancratium, deren Blüte 21 bis 23 Zentimeter lang ist und die am Ufer des Tuy wächst. Wir verlebten zwei höchst angenehme Tage auf der Pflanzung Don José de Manterola, der in der Jugend Mitglied der spanischen Gesandtschaft in Rußland gewesen war.

Der Hof, auf dem wir wohnten, ist eine hübsche Zuckerplantage. Der Boden ist eben wie der Grund eines ausgetrockneten Sees. Der Tuy schlängelt sich durch Gründe, die mit Bananen und einem kleinen Gehölz von *Hura crepitans, Erythrina corallodendron* und Feigenbäumen mit Nymphäenblättern bewachsen sind. Das Flußbett besteht aus Quarzgeschieben. Das kristallhelle Wasser behält selbst bei Tage die Temperatur von 18,6 Grad. Das ist sehr kühl für dieses Klima und für eine Meereshöhe von 580 Metern, aber der Fluß entspringt in den benachbarten Bergen. Die Wohnung des Eigentümers liegt auf einem 30 bis 40 Meter hohen Hügel, und ringsum stehen die Hütten der Neger. Die Verheirateten sorgen selbst für ihren Unterhalt. Wie überall in den Tälern von Aragua weist man ihnen ein kleines Grundstück an, das sie bebauen. Sie verwenden dazu die einzigen freien Tage in der Woche, Sonnabend und Sonntag. Sie halten Hühner, zuweilen sogar ein Schwein. Der Herr rühmt, wie gut sie es haben, wie im nördlichen Europa die gnädigen Herren den Wohlstand der leibeigenen Bauern rühmen.

Das Tuytal hat sein »Goldbergwerk« wie fast jeder von Europäern bewohnte, im Urgebirge liegende Ort in Amerika. Man versicherte, im Jahre 1780 habe man hier fremde Goldwäscher Goldkörner sammeln sehen, und die Leute haben sofort in der Goldschlucht eine Wäscherei angelegt. Der Verwalter einer benachbarten Pflanzung hatte diese Spuren verfolgt, und siehe, man fand in seinem Nachlaß ein Wams mit goldenen Knöpfen, und nach der Volkslogik konnte dies Gold nur aus einem Erzgang kommen, wo die Schürfung durch einen Erdfall verschüttet worden war. So bestimmt ich auch erklärte, nach dem bloßen Aussehen des Bodens, ohne einen tiefen Stollen in der Richtung des Ganges könne ich nicht wissen, ob hier einmal gebaut worden sei – es half nichts, ich mußte den Bitten meines Wirtes nachgeben. Seit zwanzig Jahren war das Wams des Verwalters im ganzen Bezirk tagtäglich besprochen worden. Das Gold, das man aus dem Schoß der Erde gräbt, hat in den Augen des Volkes einen ganz anderen Reiz, als das Gold, das der Fleiß des Landmannes auf einem fruchtbaren, mit einem milden Klima gesegneten Boden erntet.

Unsere Führer trieben uns vorwärts, dem »Goldbergwerk« zu. Wir wandten uns nach West und standen endlich in der

Quebrada del Oro. Da war nun am Abhang eines Hügels kaum die Spur eines Quarzganges zu bemerken. Durch den Regen war der Boden herabgerutscht, das Terrain war dadurch ganz verändert und von einer Untersuchung konnte keine Rede sein. Bereits wuchsen große Bäume auf dem Fleck, wo die Goldwäscher vor zwanzig Jahren gearbeitet hatten. Es ist allerdings wahrscheinlich, daß sich hier im Glimmerschiefer, wie bei Goldkronach in Franken und im Salzburgischen, goldhaltige Gänge finden; aber wie will man wissen, ob die Lagerstätte bauwürdig ist, oder ob das Erz nur in Nestern vorkommt, und zwar desto seltener, je reicher es ist? Um uns für unsere Anstrengung zu entschädigen, botanisierten wir lange im dichten Wald, wo Credrela, Brownea und Feigenbäume mit Nymphäenblättern in Menge wachsen. Die Stämme der letzteren sind mit sehr stark riechenden Vanillepflanzen bedeckt, die meist erst im April blühen. Auch hier fielen uns die Holzauswüchse auf, die in der Gestalt von Gräten oder Rippen den Stamm der amerikanischen Feigenbäume bis 6,5 Meter über dem Boden so ungemein dick machen. Ich habe Bäume gesehen, die über der Wurzel 7,3 Meter Durchmesser hatten. Diese Holzgräten trennen sich zuweilen 2,6 Meter über dem Boden vom Stamm und verwandeln sich in walzenförmige, 60 Zentimeter dicke Wurzeln, und da sieht es so aus, als würde der Baum von Strebepfeilern gestützt. Dieses Gerüstwerk dringt indessen nicht weit in den Boden ein. Die Seitenwurzeln schlängeln sich am Boden hin, und wenn man 6,5 Meter vom Stamm sie mit einem Beil abhaut, sieht man den Milchsaft des Feigenbaumes hervorquellen und sofort, da er der Lebenstätigkeit der Organe entzogen ist, sich zersetzen und gerinnen. Welch wundervolle Verflechtung von Zellen und Gefäßen in diesen vegetabilischen Massen, in diesen Riesenbäumen der heißen Zone, die vielleicht tausend Jahre lang in einem fort Nahrungssaft bereiten, der bis 58 Meter hoch aufsteigt und wieder zum Boden zurückfließt, und wo hinter einer rauhen, harten Rinde, unter dicken Schichten lebloser Holzfasern sich alle Regungen organischen Lebens bergen!

Während meines Aufenthalts in den Tälern des Tuy und von Aragua zeigte sich das Zodiakallicht fast jede Nacht in ungemeinem Glanze. Ich hatte es unter den Tropen zum erstenmal in Caracas am 18. Januar um sieben Uhr abends gesehen. Der Schein verschwand fast ganz um neun Uhr 35 Minuten, beinahe drei Stunden 50 Minuten nach Sonnenuntergang, ohne daß der klare Himmel sich getrübt hätte.

Am 11. Februar mit Sonnenaufgang brachen wir von der Pflanzung Manterola auf. Der Weg führt an den lachenden Ufern des Tuy hin, der Morgen war kühl und feucht und die Luft durchwürzt vom köstlichen Geruch des *Pancratium undulatum* und anderer großer Liliengewächse. Man kommt durch das hübsche Dorf Mamon oder Consejo, das in der Provinz wegen eines wundertätigen Muttergottesbildes berühmt ist. Kurz vor Mamon machten wir auf einem Hofe der Familie Monteras halt. Eine über hundert Jahre alte Negerin saß vor einer kleinen Hütte aus Rohr und Erde. Man kannte ihr Alter, weil sie eine Kreolinsklavin war. Sie schien noch bei ganz guter Gesundheit. »Ich halte sie an der Sonne«, sagte ihr Enkel, »die Wärme erhält sie am Leben.« Das Mittel kam uns sehr stark vor, denn die Sonnenstrahlen fielen fast senkrecht nieder.

Der Weg von Mamon nach Victoria läuft von Süd nach Südwest. Man meint im Haslital im Berner Oberland zu sein. Die Kalktuffhügel sind nicht mehr als 270 Meter hoch, fallen aber senkrecht ab und springen wie Vorgebirge in die Ebene herein. Ihre Umrisse deuten das alte Seegestade an. In der Nähe der Stadt betritt man ein gut bebautes Land. Ich sage Stadt, obgleich zu meiner Zeit Victoria nur für ein Dorf (*pueblo*) galt.

Einen Ort mit 7 000 Einwohnern, schönen Gebäuden, einer Kirche mit dorischen Säulen und dem ganzen Treiben der Handelsindustrie kann man sich nicht leicht als Dorf denken. Längst hatten die Einwohner von Victoria den spanischen Hof um den Titel *Villa* angegangen und das Recht, einen Cabildo, einen Gemeinderat, wählen zu dürfen. Das spanische Ministerium willfahrte dem Gesuch nicht. Die Selbstverwaltung der Gemeinden sollte ihrem Wesen nach eine der Hauptgrundlagen der Freiheit und Gleichheit der Bürger sein; aber in den spanischen Kolonien ist sie in eine Gemeindearistokratie ausgeartet. Die Leute, welche die unumschränkte Gewalt in Händen haben, könnten so leicht den Einfluß von ein paar mächtigen Familien ihren Zwecken dienstbar machen; statt dessen fürchten sie den sogenannten Unabhängigkeitsgeist der kleinen Gemeinden. Lieber soll der Staatskörper gelähmt und kraftlos bleiben, als daß sie Mittelpunkte der Regsamkeit aufkommen ließen, die sich ihrem Einfluß entziehen, als daß sie der lokalen Lebenstätigkeit, welche die ganze Masse beseelt, Vorschub leisteten, nur weil diese Tätigkeit vielmehr vom Volk als von der obersten Gewalt ausgeht.

Durch die Art des Anbaus ist der Anblick der Umgegend von Victoria ein ganz eigentümlicher. Der bebaute Boden liegt nur in 525 bis 580 Meter Meereshöhe, und doch sieht man Getreidefelder unter den Zucker-, Kaffee- und Bananenpflanzungen. Mit Ausnahme des Innern von Kuba werden sonst fast nirgends im tropischen Teil der spanischen Kolonien die europäischen Geteidearten in einem so tief gelegenen Landstrich gebaut. Man sät den Weizen im Dezember und erntet ihn am 70. oder 75. Tag. Das Korn ist groß, weiß und sehr reich an Kleber; die Deckhaut ist dünner, nicht so hart als beim Korn auf den sehr kalten mexikanischen Hochebenen. Bei Victoria trägt der Morgen in der Regel 1 500 bis 1 600 Kilogramm Weizen, während der Boden von Frankreich im Durchschnitt 500 bis 600 Kilogramm auf den Morgen trägt. Trotz dieser Fruchtbarkeit des Bodens und des günstigen Klimas ist der Zuckerbau in den Tälern von Aragua einträglicher als der Getreidebau.

Durch Victoria läuft der kleine Rio Calanchas. Der Stadtteil westlich vom Rio Calanchas ist der gewerbsamste. Überall sieht man Waren ausgestellt, und die Straßen bestehen aus Budenreihen. Zwei Handelsstraßen laufen durch Victoria. Es sind im Verhältnis mehr Weiße hier als in Caracas. Wir besuchten bei Sonnenuntergang den Kalvarienberg, wo man eine weite, sehr schöne Aussicht hat. Man sieht gegen Westen die lachenden Täler von Aragua, ein weites, mit Gärten, Bauland, Wäldern, Höfen und Weilern bedecktes Gelände. Gegen Süd und Südost ziehen sich, so weit das Auge reicht, hohe Gebirge hin, hinter denen die ungeheuren Ebenen oder Steppen von Calabozo liegen.

Wir zogen langsam weiter über die Dörfer San Mateo, Turmero und Maracay auf die Hacienda de Cura, eine schöne Pflanzung des Grafen Tovar, wo wir erst am 14. Februar abends ankamen. Das Tal wird allmählich weiter; zu beiden Seiten desselben stehen Hügel von Kalktuff. Wir verweilten ein paar Stunden bei einer achtungswürdigen und gebildeten Familie, den Ustariz in Concesion. Das Haus mit einer auserlesenen Büchersammlung steht auf einer Anhöhe und ist mit Kaffee- und Zuckerpflanzungen umgeben. Ein Gebüsch von Balsambäumen (*Amyris elata*) gibt Kühlung und Schatten. Mit reger Teilnahme sahen wir die vielen im Tal zerstreuten Häuser, die von Freigelassenen bewohnt sind. Gesetze, Einrichtungen, Sitten begünstigen in den spanischen Kolonien die Freiheit der Neger ungleich mehr als bei den übrigen europäischen Nationen.

San Mateo, Turmero und Maracay sind reizende Dörfer, wo alles den größten Wohlstand verrät. Bei San Mateo sahen wir die letzten Weizenfelder und die letzten Mühlen mit waagrechten Wasserrädern. Man rechnete bei der bevorstehenden Ernte auf die zwanzigfache Aussaat, und als wäre dies noch ein mäßiger Ertrag, fragte man mich, ob man in Preußen und Polen mehr ernte. Unter den Tropen ist der Irrtum ziemlich verbreitet, das Getreide arte gegen die Äquator zu aus und die Ernten seien im Norden reicher.

Achtzehn Kilometer von San Mateo liegt das Dorf Turmero. Man kommt fortwährend durch Zucker-, Indigo-, Baumwoll- und Kaffeepflanzungen. An der regelmäßigen Bauart der Dörfer erkennt man, daß alle den Mönchen und den Missionen den Ursprung verdanken. Die Straßen sind gerade, untereinander parallel und schneiden sich unter rechten Winkeln; auf dem großen viereckigen Platz in der Mitte steht die Kirche. Sie ist ein kostbares, aber mit architektonischen Zierarten überladenes Gebäude. Seit die Missionare den Pfarrern Platz gemacht, haben die Weißen manches von den Sitten der Indianer angenommen. Die letzteren verschwinden nach und nach als besondere Rasse, das heißt, sie werden in der Gesamtmasse der Bevölkerung durch die Mestizen und die Zambos repräsentiert, deren Zahl fortwährend zunimmt. Indessen habe ich in den Tälern von Aragua von 4 000 zinspflichtige Indianer angetroffen. In Tumero und Guacara sind sie am zahlreichsten. Sie sind klein, aber nicht so untersetzt wie die Chaymas; ihr Auge verrät mehr Leben und Verstand, was wohl weniger Folge der Stammesverschiedenheit als der höheren Zivilisation ist. Sie arbeiten wie die freien Leute im Tagelohn; sie sind in der kurzen Zeit, in der sie arbeiten, rührig und fleißig; was sie aber in zwei

Monaten verdienen, verschwenden sie in einer Woche für geistige Getränke in den Schenken, deren leider von Tag zu Tag
mehr werden.

Hinter dem Dorf Turmero, Maracay zu, bemerkt man auf
4,5 Kilometer weit am Horizont einen Gegenstand, der wie ein
runder Hügel aussieht. Es ist aber weder ein Hügel, noch ein
Klumpen dicht beisammen stehender Bäume, sondern ein einziger Baum, der berühmte *Zamang de Guayre*, bekannt im ganzen Land wegen der ungeheuren Ausbeitung seiner Äste, die
eine halbkugelige Krone von 187 Metern im Umfang bilden.
De Zamang ist eine schöne Mimosenart, deren gewundene
Zweige sich gabelig teilen. Sein feines, zartes Laub hob sich
angenehm vom blauen Himmel ab. Wir blieben lange unter
diesem vegetabilischen Gewölbe. Der Stamm ist nur 20 Meter
hoch und hat drei Meter Durchmesser, seine Schönheit
besteht aber eigentlich in der Form der Krone. Die Äste breiten sich aus wie ein gewaltiger Sonnenschirm und neigen sich
überall dem Boden zu, von dem sie ringsum vier bis fünf
Meter abstehen. Der Umriß der Krone ist so regelmäßig, daß
ich verschiedene Durchmesser, die ich nahm, 62 und 60 Meter
lang fand. Die eine Seite des Baumes war infolge der Trockenheit ganz entblättert; an einer anderen Stelle standen noch
Blätter und Blüten nebeneinander. Tillandsien, Lorantheen,
die Pitahaya und andere Schmarotzergewächse bedecken die
Zweige und durchbohren die Rinde derselben. Die Bewohner
diese Täler, besondes die Indianer, halten den Baum in hohen
Ehren, den schon die ersten Eroberer ziemlich so gefunden
haben mögen, wie er jetzt vor uns steht. Seit man ihn genau
beobachtet, ist er weder dicker geworden, noch hat sich seine
Gestalt sonst verändert. Der Anblick alter Bäume hat etwas
Großartiges, Imponierendes; die Beschädigung dieser Natur-
denkmäler wird daher auch in Ländern, denen es an Kunst-
denkmälern fehlt, streng bestraft. Wir hörten mit Vergnügen,
der gegenwärtige Eigentümer der Zamang habe einen Pächter,
der es gewagt, einen Zweig davon zu schneiden, gerichtlich
verfolgt. Die Sache kam zur Verhandlung, und der Pächter
wurde vom Gericht zur Strafe gezogen.

Je näher man gegen Cura und Guacara am nördlichen Ufer
des Sees kommt, desto besser angebaut und volkreicher wer-

den die Ebenen. Man zählt in den Tälern von Aragua auf einem 58 Kilometer langen und neun Kilometer breiten Landstrich über 52 000 Einwohner. Dies gibt auf den Qudratkilometer an hundert Seelen. Das Dorf oder vielmehr der Flecken Maracay war früher, als der Indigobau in höchster Blüte stand, der Hauptort für diesen Zweig der Kolonialindustrie. Im Jahre 1795 zählt man daselbst bei einer Bevölkerung von 6 000 Einwohnern siebzig Kaufleute mit offenen Läden. Die Häuser sind alle von Stein; in jedem Hof stehen Kokosbäume, deren Krone über die Gebäude emporragt. Der allgemeine Wohlstand macht sich in Maracay noch bemerklicher als in Turmero.

Wir kamen sehr spät nach Maracay. Die Personen, an die wir Empfehlungen hatten, waren nicht zu Hause; kaum bemerkten die Leute unsere Verlegenheit, so erbot man sich von allen Seiten, uns aufzunehmen, unsere Instrumente unterzubringen, unsere Maultiere zu versorgen. Es ist schon tausendmal gesagt worden, aber der Reisende fühlt immer wieder das Bedürfnis, es zu wiederholen: die spanischen Kolonien sind das wahre Land der Gastfreundschaft auch noch an Orten, wo Gewerbefleiß und Handel Wohlstand und eine gewisse Bildung unter den Kolonisten verbreitet haben. Eine kanarische Familie nahm uns mit der liebenswürdigsten Herzlichkeit auf; man bereitete uns ein treffliches Mahl, man vermied sorgfältig alles, was uns irgendwie einen Zwang auferlegen konnte. Der Hausherr, Don Alexandro Gonzales, war in Handelsgeschäften auf der Reise, und seine junge Frau genoß seit kurzem der Mutterfreude. Sie war außer sich vor Vergnügen, als sie hörte, daß wir auf dem Rückweg vom Rio Negro an den Orinoko nach Angostura kommen würden, wo sich ihr Mann befand. Von uns sollte er erfahren, daß ihm sein Erstling geboren worden. In diesen Ländern gelten, wie bei den Alten, wandernde Gäste für die sichersten Boten. Es gibt Postreiter, aber diese machen so weite Umwege, daß Privatleute durch sie selten Briefe in die Llanos oder Savannen im Innern gehen lassen. Als wir aufbrachen, trug man uns das Kind zu. Wir hatten es am Abend im Schlaf gesehen, am Morgen mußten wir es wachend sehen. Wir versprachen, es dem Vater Zug für Zug zu beschreiben, aber beim Anblick unserer Bücher und Instrumente wurde die junge Frau unruhig. Sie meinte, »auf eine langen Reise und bei so vielen anderweitigen Geschäften könnten wir leicht vergessen, was für Augen ihr Kind habe«. Wie liebenswürdig ist solche Gastfreundschaft, wie köstlich der naive Ausdruck eines Vertrauens!

Auf dem Wege von Maracay nach der Hacienda de Cura hat man zuweilen einen Ausblick auf den See von Valencia. Wir brachten auf der Hacienda de Cura sieben Tage äußerst angenehm zu, und zwar in einem kleinen Hause in einem Gebüsch, weil im Hause auf der schönen Zuckerpflanzung die Bubas ausgebrochen waren, eine unter den Sklaven in diesen Tälern häufig vorkommende Hautkrankheit.

Wir lebten wie wohlhabende Leute hierzulande, badeten zweimal, schliefen dreimal und außen dreimal in 24 Stunden. Das Wasser des Sees ist ziemlich warm, 24 bis 25 Grad; aber es gibt noch ein anderes, sehr kühles, köstliches Bad im Schatten von Ceibabäumen und großen Zamang, in der Toma, einem Bache, der aus den Granitbergen des Rincón del Diablo kommt. Steigt man in dieses Bad, so hat man sich nicht vor Insektenstichen zu fürchten, wohl aber vor den kleinen rötlichen Haaren an den Schoten des *Dolichos pruriens,* die in der Luft schweben und einem vom Winde zugeführt werden. Wenn diese Haare, die man bezeichnend *Picapica* nennt, sich an den Körper hängen, so verursachen sie ein sehr heftiges Jucken; man fühlt Stiche und sieht doch nicht, woher sie rühren.

Bei Cura sahen wir sämtliche Einwohnerschaft daran, den mit Mimosen, Sterculia und *Coccoloba excoriata* bewachsenen Boden umzubrechen, um mehr Areal für den Baumwollbau zu gewinnen. Dieser, der zum Teil an die Stelle des Indigobaus getreten ist, gedeiht so gut, daß die Baumwollstaude am Ufer des Sees von Valencia wild wächst. Wir fanden 2,4 bis 3 Meter hohe Stäuche mit Bignonien und anderen holzigen Schlingpflanzen durchwachsen. Indessen ist die Baumwollausfuhr aus Caracas noch unbedeutend.

Während unseres Aufenthalts in Cura machten wir viele Ausflüge auf die Felseninseln im See von Valencia, zu den heißen Quellen von Mariara und auf den hohen Granitberg Cucurucho del Coco. Ein schmaler, gefährlicher Pfad führt an den Hafen Turiamo und zu den berühmten Kakaopflanzungen an der Küste. Auf allen diesen Ausflügen sahen wir uns angenehm überrascht nicht nur durch die Fortschritte des Landbaus, sondern auch durch das Wachstum einer freien Bevölkerung, die fleißig, an Arbeit gewöhnt und zu arm ist, um Sklavenarbeit in Anspruch nehmen zu können. Überall hatten kleine Landbauern, Weiße und Mulatten, zerstreute Höfe angelegt. Unser Wirt, dessen Vater 40 000 Piaster Einkünfte hat, besaß mehr Land, als er urbau machen konnte; er verteilte es in den Tälern von Aragua unter arme Leute, die Baumwolle bauen wollten. Sein Streben ging dahin, daß sich um seine Pflanzungen freie Leute ansiedelten, die nach freiem Ermessen bald für sich, bald auf den benachbarten Pflanzungen arbeiteten und in der Ernte ihm als Taglöhner dienten. Graf Tovar verfolgte eifrig das edle Ziel, die Negersklaverei im Lande allmählich auszurotten, und er hegte die doppelte Hoffnung, einmal den Grundbesitzern die Sklaven weniger nötig zu machen und dann die Freigelassenen in den Stand zu setzen, Pächter zu werden. Bei seiner Abreise nach Europa hatte er einen Teil seiner Ländereien bei Cura in einzelne Grundstücke zerschlagen und verpachtet. Als er vier Jahre darauf wieder nach Amerika kam, fand er daselbst schöne Baumwollpflanzungen und einen Weiler von 30 bis 40 Häusern, Punta Zamura genannt, den wir oft mit ihm besucht haben. Die Einwohner des Weilers sind fast durchweg Mulatten, Zambos und freie Neger. Mehrere große Grundbesitzer haben nach diesem Vorgang mit gleichem Erfolg Land verpachtet. Die kleinen Pächter sind oft in Bedrängnis und geben ihre Baumwolle zu sehr geringem Preise ab. Ja sie verkaufen sie vor der Ernte, und durch diese Vorschüsse reicher Nachbarn gerät der Schuldner in eine Abhängigkeit, infolge deren er seine Dienste als Taglöhner öfter anbieten muß. Der Taglohn ist nicht so hoch als in Frankreich. Man bezahlt in den Tälern von Aragua und in den Llanos einem freien Tagelöhner vier bis fünf Piaster monatlich, neben der Kost, die beim Überfluß an Fleisch und Gemüse sehr wenig ausmacht. Gern verbreite ich mich hier über den Landbau in den Kolonien, weil solche Angaben den Europäen dartun, was aufgeklärten Kolonisten längst nicht mehr zweifelhaft ist, daß das Festland des spanischen Amerikas duch freie Hände Zucker, Baumwolle und Indigo erzeugen kann und daß die unglücklichen Sklaven Bauern, Pächter und Grundbesitzer werden können.

Sechzehntes Kapitel

Der See von Valencia · Die heißen Quellen von
Mariara · Die Stadt Nueva Valencia
Weg zur Küste von Porto Cabello herab

Die Täler von Aragua stellen sich als ein Becken dar, das zwischen Granit- und Kalkgebirgen von ungleicher Höhe in der Mitte liegt. Infolge dieser eigentümlichen Gestaltung des Bodens bilden die Gewässer der Täler von Aragua ein System für sich und laufen einem von allen Seiten geschlossenen Becken zu; sie ergießen sich nicht in den Ozean, sie vereinigen sich in einem Binnensee, unterliegen hier dem mächtigen Zuge der Verdunstung und verlieren sich gleichsam in der Luft. Durch diese Flüsse und Seen wird die Fruchtbarkeit des Bodens und der Ertrag des Landbaus in diesen Tälern bedingt. Schon der Augenschein und eine halbhundertjährige Erfahrung zeigen, daß der Wasserstand sich nicht gleich bleibt, daß das Gleichgewicht zwischen der Summe der Verdunstung und der des Zuflusses gestört ist. Da der See 324 Meter über den benachbarten Steppen von Calabozo und 432 Meter über dem Meere liegt, so vermutete man, das Wasser habe einen unterirdischen Abfluß oder versickere. Da nun Eilande darin zutage kommen und der Wasserspiegel fortwährend sinkt, so meinte man, der See könnte völlig eintrocknen.

Der See von Valencia, von den Indianern Tacarigua genannt, ist größer als der Neuenburger See in der Schweiz; im Umriß aber hat er Ähnlichkeit mit dem Genfer See, der auch fast gleich hoch über dem Meere liegt. Die einander gegenüberliegenden Ufer des Sees stechen auffallend voneinander ab. Das südliche ist wüst, kahl, fast gar nicht bewohnt, eine hohe Gebirgswand gibt ihm ein finsteres, einförmiges Aussehen; das nördliche dagegen ist eine liebliche Landschaft mit reichen Zucker-, Kaffee- und Baumwollpflanzungen. Mit Cestrum, Azadarac und anderen immerblühenden Sträuchern eingefaßte Wege laufen über die Ebene und verbinden die zerstreuten Höfe. Jedes Haus ist von Bäumen umgeben. Der Ceiba mit großen gelben (*Carnes tollendas; Bombax hibiscifolius*) und die Erithryna mit purpurfarbigen Blüten, deren Äste sich verflechten, geben der Landschaft einen eigentümlichen Charakter. Die Mannigfaltigkeit und der Glanz der vegetabilischen Farben sticht wirkungsvoll vom eintönigen Blau des wolkenlosen Himmels ab. In der trockenen Jahreszeit, wenn ein wallender Dunst über dem glühenden Boden schwebt, wird das Grün und die Fruchtbarkeit durch künstliche Bewässerung unterhalten. Hin und wieder kommt der Granit im angebauten Land zutage; ungeheure Felsmassen steigen mitten im Tale steil empor. An ihren nackten, zerklüfteten Wänden wachsen einige Saftpflanzen und bilden Dammerde für kommende Jahrhunderte. Häufig ist oben auf diesen einzeln stehenden Hügeln ein Feigenbaum oder eine Clusia mit fleischigen Blättern aus den Felsritzen emporgewachsen und beherrscht die Landschaft. Mit ihren dürren abgestorbenen Ästen sehen sie aus wie Signalstangen auf einer steilen Küste.

Der See ist gegenwärtig von Cagua bis Guayos 45 Kilometer lang. Seine Breite ist sehr ungleich, sie beträgt meist nur acht bis zehn Kilometer. Überall läßt die Gestalt der Vorberge und ihr steiler Abfall das alte Ufer eines Alpsees erkennen. Weite Strecken des Landes, die früher unter Wasser standen, liegen jetzt trocken und sind bereits mit Bananen, Zuckerrohr und Baumwolle bepflanzt. Wo man am Gestade des Sees eine Hütte baut, sieht man das Ufer von Jahr zu Jahr gleichsam fliehen. Man sieht Inseln, die beim Sinken des Wasserspiegels eben erst mit dem Festlande zu verschmelzen anfangen; andere Inseln bilden bereits Vorgebirge; noch andere stehen tief im Lande in Gestalt zerstreuter Hügel. Diese, die man schon von weitem leicht erkennt, liegen ungefähr 500 bis 1200 Meter vom jetzigen Ufer ab. Die merkwürdigsten sind drei 60 bis 80 Meter hohe Eilande aus Granit. Wir besuchten zwei noch ganz vom Wasser umgebene Inseln und fanden unter dem Gesträuch auf kleinen Ebenen, acht bis zwölf, sogar fünfzehn Meter über dem jetzigen Seespiegel, feinen Sand mit

Heliciten, den einst die Wellen hier abgesetzt. Auf allen diesen Inseln begegnet man den unzweideutigsten Spuren vom allmählichen Fallen des Wassers.

Bis zur Mitte des vorigen Jahrhunderts waren die Berge, in denen die Täler von Aragua liegen, mit Wald bewachsen. Große Bäume aus der Familie der Mimosen, Ceiba- und Feigenbäume beschatteten die Ufer des Sees und verbreiteten Kühlung. Die damals nur sehr dünn bevölkerte Ebene war voll Strauchwerk, bedeckt mit umgestürzten Baumstämmen und Schmarotzergewächsen, mit dichtem Rasenfilz überzogen, und gab somit die strahlende Wärme nicht so leicht von sich als der beackerte und eben deshalb gegen die Sonnenglut nicht geschützte Boden. Mit der Ausrodung der Bäume, mit der Ausdehnung des Zucker-, Indigo- und Baumwollbaus nahmen die Quellen und alle natürlichen Zuflüsse des Sees von Jahr zu Jahr ab. Man macht sich nur schwer einen Begriff davon, welch ungeheure Wassermassen durch die Verdunstung in der heißen Zone aufgesogen werden, und vollends in einem Tale, das von steilabfallenden Bergen umgeben ist, wo gegen Abend der Seewind und die niedergehenden Luftströmungen auftreten, und dessen Boden ganz flach, wie vom Wasser geebnet ist. Die Wärme, welche an den Ufern des Sees herrscht, kommt der stärksten Sommerhitze in Neapel und Sizilien gleich. Die mittlere Temperatur der Luft in den Tälern von Aragua ist ungefähr 25,5 Grad. Die Temperatur des Sees war während meines Aufenthalts in den Tälern von Aragua im Februar beständig 23 bis 23,7 Grad.

Während in den Tälern von Aragua die einen Pflanzer besorgen, der See möchte ganz eingehen, die anderen, er möchte wieder zum verlassenen Gestade heraufkommen, hört man in Caracas alles Ernstes die Frage erörtern, ob man nicht, um mehr Boden für den Landbau zu gewinnen, aus dem See einen Kanal dem Rio Pao zu graben und ihn in die Llanos ableiten sollte. Dem allmähligen Rücktritt des Wassers verdankt das herrliche, reiche Bauland von Maracay, Cura, Mocundo, Guigue und Santa Cruz del Escoval mit seinen Tabak-, Zucker-, Kaffee-, Indigo- und Kakaopflanzungen seine Entstehung; wie kann man aber nur einen Augenblick bezweifeln, daß nur der See das Land so fruchtbar macht? Ohne die ungeheure Dunstmasse, welche Tag für Tag von der Wasserfläche in die Luft aufsteigt, wären die Täler von Aragua so trocken und dürr wie die Berge umher.

Der See ist im Durchschnitt 23 bis 30 Meter und an den tiefsten Stellen 68 bis 78 Meter tief. Er ist sehr reich an Inseln, welche durch die malerische Form der Felsen und den Pflanzenwuchs, der sie bedeckt, den Reiz der Landschaft erhöhen. Sie sind zum Teil angebaut und infolge der Wasserdünste, die aus dem See aufsteigen, sehr fruchtbar. Die größte, 3 900 Meter lange, ist sogar von ein paar Mestizenfamilien bewohnt, die Ziegen halten. Diese einfachen Menschen kommen selten an das Ufer bei Mocundo; der See dünkt ihnen unermeßlich groß, sie haben Bananen, Maniok, Milch und etwas Fische. Eine Rohrhütte, ein paar Hängematten aus Baumwolle, die nebenan wächst, ein großer Stein, um Feuer darauf zu machen, die holzige Frucht des Tutuma zum Wasserschöpfen, das ist ihr ganzer Hausrat.

Der See ist meist sehr fischreich; es kommen aber nur drei Arten mit weichlichem, nicht sehr schmackhaftem Fleisch darin vor, der Guaviana, der Bagre und die Sardina. Fischer versicherten uns, ein kleines Krokodil, der Bava, der uns beim Baden oft nahe kam, helfe auch die Fische ausrotten. Wir konnten dieses Reptils nie habhaft werden, um es näher zu untersuchen. Es wird meist nur 1 bis 1,3 Meter lang und gilt für unschädlich, aber in der Lebensweise wie in der Gestalt kommt es dem Kaiman oder *Crocodilus acutus* nahe. Beim Schwimmen sieht man von ihm nur die Spitze der Schnauze und das Schwanzende. Bei Tage liegt es auf kahlen Uferstellen.

Die Insel Chamberg ist ein 60 Meter hoher Gneisfels mit zwei sattelförmig verbundenen Gipfeln. Der Abhang des Felsens ist kahl, kaum daß ein paar Clusiastämme mit großen weißen Blüten darauf wachsen, aber die Aussicht über den See und die üppigen Fluren der anstoßenden Täler ist herrlich, zumal wenn nach Sonnenuntergang Tausende von Wasservögeln, Reiher, Flamingos und Wildenten, über den See ziehen, um auf der Insel zu schlafen, und der weite Gebirgsgürtel am Horizont in Feuer steht. Wie schon erwähnt, brennt das Landvolk die Weiden ab, um frischeres, feineres Gras als Nachwuchs zu bekommen. Besonders auf den Gipfeln der Bergkette wächst viel Gras, und diese gewaltigen Feuer, die öfters über 2 000 Meter lange Strecken laufen, nehmen sich aus, wie wenn Lavaströme aus dem Bergkamm quöllen.

Unter den Pflanzen, die auf den Felseninseln im See von Valencia wachsen, kommen, wie man glaubt, mehrere nur hier vor; wenigstens hat man sie sonst nirgends gefunden. Hierher gehören die See-Melonenbäume (*Papaya de la laguna*) und die Liebesäpfel der Insel Cura. Letztere sind von unserem *Solanum Lycopersicum* verschieden; ihre Frucht ist rund, klein, aber sehr schmackhaft. Auch die *Papaya de la laguna* ist auf der Insel Cura und auf Cabo Blanco sehr häufig. Ihr Stamm ist schlanker als beim gemeinen Melonenbaum (*Carica Papaya*), aber die Frucht ist um die Hälfte kleiner und völlig kugelrund, ohne vorspringende Rippen und hat zehn bis dreizehn Zentimeter im Durchmesser. Beim Zerschneiden zeigt sie sich voll Samen ohne die leeren Zwischenräume, die sich beim gemeinen Melonenbaum immer finden. Die Frucht, die ich oft gegessen, schmeckt ungemein süß.

Die Umgebung des Sees ist nur in der trockenen Jahreszeit ungesund, wenn bei fallendem Wasser der schlammige Boden der Sonnenhitze ausgesetzt ist. Das von Gebüschen der *Coccoloba barbadensis* beschattete, mit herrlichen Liliengewächsen geschmückte Gestade erinnert durch den Typus der Wasserpflanzen an die sumpfigen Ufer unserer europäischen Seen. Man findet hier Laichkraut (*Potamogeton*), Chara und ein Meter hohe Teichkolben, die man von der *Typha angustifolia* unserer Sümpfe kaum unterscheiden kann.

Unter den Zuflüssen des Sees von Valencia entspringen einige aus heißen Quellen, und diese verdienen besondere Aufmerksamkeit. Diese Quellen kommen an drei Punkten der aus Granit bestehenden Küstenkordillere zutage, bei Onoto, bei Mariara und bei Las Trincheras. Nur die heißen Wasser von Mariara und Las Trincheras konnte ich in physikalischer und geologischer Beziehung genau untersuchen. Alle diese Quellen enthalten Schwefelwasserstoffgas in geringer Menge. Der diesem Gase eigene Geruch nach faulen Eiern läßt sich nur ganz nahe bei den Quellen spüren. Nur in einem der Tümpel, in dem mit 56,2 Grad Celsius, sieht man Luftblasen sich entwickeln, und zwar in ziemlich regelmäßigen Pausen von zwei bis drei Minuten. Es gelang mir nicht, das Gas anzuzünden, weder die kleinen Mengen in den an der Fläche des heißen Wassers platzenden Blasen noch dasjenige, das ich in einer Flasche über den Quellen gesammelt. Das erkaltete Wasser ist geschmacklos und ganz trinkbar.

In der Schlucht der heißen Wasser von Mariara, in den kleinen Trichtern mit einer Temperatur von 56 bis 59 Grad, kommen zwei Wasserpflanzen vor, eine häutige, die Luftblasen enthält, und eine mit parallelen Fasern (*Conferva?*). Erstere hat große Ähnlichkeit mit der *Ulva labyrinthiformis*, die in den europäischen warmen Quellen vorkommt. Wasserinsekten kommen im Wasser von Mariara nicht vor. Man findet Frösche darin, die, von Schlangen verfolgt, hineingesprungen sind und den Tod gefunden haben.

Südlich von der Schlucht, in der Ebene, die sich zum Seeufer erstreckt, kommt eine andere schwefelwasserstoffhaltige, nicht so warme und weniger Gas enthaltende Quelle zutage. Das Thermometer stieg nur auf 42 Grad Celsius. Das Wasser sammelt sich in einem mit großen Bäumen umgebenen, fast kreisrunden, fünf bis sechs Meter weiten und ein Meter tiefen Becken. In dieses Bad werfen sich die unglücklichen Sklaven, wenn sie gegen Sonnenuntergang, mit Staub bedeckt, ihr Tagewerk auf den benachbarten Indigo- und Zuckerfeldern vollbracht haben. Obgleich das Wasser des Baño gewöhnlich zehn bis vierzehn Grad wärmer ist als die Luft, nennen es die Schwarzen doch erfrischend, weil in der heißen Zone alles so heißt, was die Kräfte herstellt, die Nervenaufregung beschwichtigt oder überhaupt ein Gefühl von Wohlbehagen gibt. Wir selbst erprobten die heilsame Wirkung dieses Bades. Wir ließen unsere Hängematten an die Bäume, die das Wasserbecken beschatten, binden und verweilten einen ganzen Tag an diesem herrlichen Platz, wo es sehr viele Pflanzen gibt. In der Nähe des Baño fanden wir den Volador oder Gyrocarpus. Die Flügelfrüchte dieses großen Baumes fliegen wie Federbälle, wenn sie sich vom Fruchtstiele trennen. Glücklicherweise waren die Früchte, die wir auflasen, reif. Wir schickten welche nach Europa, und sie keimten in den Gärten zu Berlin, Paris und Malmaison.

Man gebraucht das Wasser von Mariara mit Erfolg gegen rheumatische Geschwülste, alte Geschwüre und gegen die schreckliche Hautkrankheit, Bubas genannt. Da die Quellen nur sehr wenig Schwefelwasserstoff enthalten, muß man da baden, wo sie zutage kommen.

Am 21. Februar abends brachen wir von der schönen Hacienda de Cura nach Guacara und Nueva Valencia auf. Wegen der schrecklichen Hitze bei Tage reisten wir lieber bei Nacht. Wir kamen durch den Weiler Punta Zamuro am Fuß der hohen Berge Las Viruelas. Am Wege stehen große Zamang oder Mimosen, deren Stamm 20 Meter hoch wird. Die fast waagrechten Äste derselben stoßen auf mehr als 48 Meter Entfernung zusammen. Nirgends habe ich ein schöneres, dichteres Laubdach gesehen. Die Nacht war dunkel, die Teufelsmauer und ihre gezackten Felsen tauchten zuweilen in der Ferne auf, beleuchtet vom Schein der brennenden Savannen oder in rötliche Rauchwolken gehüllt. Wo das Gebüsch am dichtesten war, scheuten unsere Pferde ob dem Geschrei eines Tieres, das hinter uns herzukommen schien. Es war ein großer Tiger, der sich seit drei Jahren in diesen Bergen herumtrieb und den Nachstellungen der kühnsten Jäger entgangen war. Er schleppte Pferde und Maultiere sogar aus Einzäunungen fort; da es ihm aber nicht an Nahrung fehlte, hatte er noch nie Menschen angefallen. Der Neger, der uns führte, erhob ein wildes Geschrei, um den Tiger zu verscheuchen, was natürlich nicht gelang. Der Jaguar streicht wie der europäische Wolf den Reisenden nach, auch wenn er sie nicht anfallen will; der Wolf tut dies auf freiem Feld, auf offenen Landstrecken, der Jaguar schleicht am Wege hin und zeigt sich nur von Zeit zu Zeit im Gebüsch.

Den 23. Februar brachten wir im Hause des Marques del Toro im Dorf Guacara, einer sehr starken indianischen Gemeinde, zu. Die Eingeborenen sind ziemlich wohlhabend. Sie hatten eben bei der Audiencia einen Prozeß gewonnen, der ihnen die Ländereien wieder zusprach, welche ihnen die Weißen streitig gemacht. Eine Allee von Carolineabäumen führt von Guacara nach Mocundo. Dies ist eine reiche Zuckerpflanzung der Familie Toro. Man findet hier sogar, was in diesem Lande so selten ist, einen Garten, künstliche Gehölze und am Wasser auf einem Gneisfelsen ein Lusthaus. Man hat da eine herrliche Aussicht auf das westliche Stück des Sees, auf die

Gebirge ringsum und auf einen Palmenwald zwischen Guacara und Nueva Valencia. Die Zuckerfelder mit dem lichten Grün des jungen Rohres erscheinen wie ein weiter Wiesengrund. Alles trägt den Stempel des Überflusses, aber die das Land bauen, müssen ihre Freiheit daran setzen.

Wie das Zuckerrohr zuerst von den Kanaren in die Neue Welt kam, so stehen noch jetzt meist Kanarier oder *Isleños* den großen Pflanzungen vor und geben beim Anbau und beim Raffinieren die Anleitung. Dieser innige Verkehr mit den Kanarischen Inseln und ihren Bewohnern hat auch zur Einführung der Kamele in die Provinz von Venezuela Anlaß gegeben, da man diese Lasttiere zum Warentransport durch die glühend heißen Ebenen am Casanare, Apure und Calabozo benutzen will, die in der trockenen Jahreszeit den afrikanischen Wüsten gleichen. Überall, wo in unbewohnten Ländern sehr große Strecken zurückzulegen sind, wo sich keine Kanäle anlegen lassen, weil sie zu viele Schleusen erforderten (wie auf der Landenge von Panama, auf der Hochebene von Mexico, in den Wüsten zwischen dem Königreich Quito und Peru und zwischen Peru und Chile), wären Kamele für den Handelsverkehr im Innern von der höchsten Bedeutung. Man muß sich um so mehr wundern, daß die Regierung nicht gleich nach der Eroberung die Einführung des Tiers aufgemuntert hat, da noch lange nach der Unterwerfung von Grenada das Kamel, das Lieblingstier der Mauren, im südlichen Spanien sehr häufig war. In diesen Zeiten der Unterdrückung und des Elends, die man als die Zeiten des spanischen Ruhmes schildert, vermieteten die Encomenderos den reisenden Indianer wie Lasttiere. Man trieb sie zu Hunderten zusammen, um Waren über die Kordilleren zu schleppen oder um die Heere auf ihren Eroberungs- und Raubzügen zu begleiten.

Am dreiundzwanzigsten abends brachen wir von Mocundo auf und gingen über Los Guayos nach Nueva Valencia. Man kommt durch einen kleinen Palmenwald, dessen Bäume nach dem Habitus und der Bildung der fächerförmigen Blätter dem *Chamaerops humilis* an der Küste der Berberei gleichen. Der Stamm wird indessen sechs Meter, zuweilen sogar zehn Meter hoch. Es ist wahrscheinlich eine neue Art der Gattung *Corypha*; die Palme heißt im Lande *Palma de Sombrero*, weil man aus den Blattstielen Hüte ähnlich unseren Strohhüten flicht. Das Palmengehölz, wo die dürren Blätter beim geringsten Luftzug rasseln, die auf der Ebene weidenden Kamele, das Wallen der Dünste auf einem vom Sonnenstrahl glühenden Boden geben der Landschaft ein afrikanisches Gepräge. Je näher man der Stadt und über das westliche Ende des Sees hinauskommt, desto dürrer wird der Boden. Es ist ein ganz ebener, vom Wasser verlassener Tonboden. Die benachbarten Hügel bestehen aus weißem Tuff, einer ganz neuen Bildung, die unmittelbar auf dem Gneis aufliegt. Die weiße Farbe dieses Tuffs, von dem die Sonnenstrahlen abprallen, trägt viel zur drückenden Hitze bei, die hier herrscht. Alles ist wüst und öde, kaum sieht man an den Ufern des Rio de Valencia hie und da einen Kakaostamm; sonst ist die Ebene kahl, pflanzenlos.

Die Stadt Nueva Valencia nimmt einen ansehnlichen Flächenraum ein; aber die Bevölkerung ist kaum 6 000 bis 7 000 Seelen stark. Die Straßen sind sehr breit, der Markt ist übermäßig groß, und da die Häuser sehr niedrig sind, ist das Mißverhältnis zwischen der Bevölkerung und der Ausdehnung der Stadt noch auffallender als in Caracas. Viele Weiße von europäischer Abstammung, besonders die ärmsten, ziehen aus ihren Häusern und leben den größten Teil des Jahres auf ihren kleinen Indigo- oder Baumwollpflanzungen. Dort wagen sie es, mit eigenen Händen zu arbeiten, während ihnen dies, nach dem im Lande herrschenden eingewurzelten Vorurteil, in der Stadt zur Schande gereichte. Der Gewerbefleiß fängt im allgemeinen an sich zu regen, und der Baumwollanbau hat bedeutend zugenommen, seit dem Handel von Porto Cabello neue Freiheiten erteilt worden sind und dieser Hafen als Haupthafen den unmittelbar aus dem Mutterlande kommenden Schiffen offensteht. Nueva Valencia wurde im Jahre 1555 von Alonzo Diaz Moreno gegründet und ist also zwölf Jahre älter als Caracas.

Valencia hat einige geschichtliche Erinnerungen aufzuweisen, sie sind aber wie alles, was die Kolonien betrifft, nicht sehr alt und beziehen sich entweder auf bürgerliche Zwiste oder auf blutige Gefechte mit den Wilden. Lopez de Aguirre, dessen Freveltaten und Abenteuer eine der dramatischsten Episoden in der Geschichte der Eroberung bilden, zog im Jahre

1561 aus Peru über den Amazonenstrom auf die Insel Margarita und von dort über den Hafen von Burburata in die Täler von Aragua. Als er in Valencia eingezogen, die stolz den Namen einer königlichen Stadt, *Villa del Rey*, führt, verkündete er die Unabhängigkeit des Landes und die Absetzung Philipps II. Die Einwohner flüchteten sich auf die Inseln im See und nahmen zu größerer Sicherheit alle Boote am Ufer mit. Infolge dieser Kriegslist konnte Aguirre seine Grausamkeiten nur an seinen eigenen Leuten verüben. In Valencia schrieb er den berüchtigten Brief an den König von Spanien, der ein entsetzlich wahres Bild von den Sitten des Kriegsvolkes im 16. Jahrhundert gibt. Der Tyrann (so heißt Aguirre beim Volke noch jetzt) prahlt untereinander mit seinen Schandtaten und mit seiner Frömmigkeit; er erteilt dem Könige Ratschläge hinsichtlich der Regierung der Kolonien und der Einrichtung der Missionen. Mitten unter wilden Indianern, auf der Fahrt auf einem großen Süßwassermeer, wie er den Amazonenstrom nennt, »fühlt er große Besorgnis ob der Ketzereien Martin Luthers und der wachsenden Macht der Abtrünnigen in Europa«. Lopez de Aguirre wurde, nachdem die Seinigen von ihm abgefallen, in Barquesimeto erschlagen. Als es mit ihm zu Ende ging, stieß er seiner einzigen Tochter den Dolch in die Brust, »um ihr die Schande zu ersparen, bei den Spaniern die Tochter eines Verräters zu heißen«. »Die Seele des Tyrannen« – so glauben die Eingeborenen – geht in den Savannen um in Gestalt einer Flamme, die entweicht, wenn ein Mensch auf sie zugeht.

Am 27. Februar morgens besuchten wir die heißen Quellen bei der Trinchera, 13 Kilometer von Valencia. Sie sind weit stärker als alle, die wir bisher gesehen, und bilden einen Bach, der in der trockensten Jahreszeit 60 Zentimeter tief und 5,4 Meter breit ist. Die Temperatur des Wassers war, sehr genau gemessen, 90,3 Grad. Wir frühstückten bei der Quelle. Eier waren im heißen Wasser in weniger als vier Minuten gar. Das stark schwefelhaltige Wasser entspringt auf dem Gipfel eines Hügels, der sich 48 Meter über die Sohle der Schlucht erhebt. Das Gestein, aus dem die Quelle kommt, ist ein echter grobkörniger Granit. Überall, wo das Wasser an der Luft verdunstet, bildet es Niederschläge und Inkrustationen von kohlensaurem Kalk. Die Üppigkeit der Vegetation um das Becken überraschte uns. Mimosen mit zartem, gefiedertem Laub, Klusien und Feigenbäume haben ihre Wurzeln in den Boden eines Wasserstückes getrieben, dessen Temperatur 85 Grad betrug. Ihre Äste stehen nur fünf bis sieben Zentimeter über dem Wasserspiegel. Obgleich das Laub der Mimosen beständig vom heißen Wasserdampf befeuchtet wird, ist es doch sehr schön grün. Ein Arum mit holzigem Stengel und pfeilförmigen Blättern wuchs sogar mitten in einer Lache von 70 Grad Temperatur. Dieselben Pflanzenarten kommen anderswo in diesem Gebirge an Bächen vor, in denen das Thermometer nicht auf 18 Grad steigt. Noch mehr, 13 Meter von der Stelle, wo die 90 Grad heißen Quellen entspringen, finden sich auch ganz kalte. Beide Gewässer laufen eine Strecke weit nebeneinander fort, und die Eingeborenen zeigten uns, wie man sich, wenn man zwischen beiden Bächen ein Loch in den Boden gräbt, ein Bad von beliebiger Temperatur verschaffen kann. Die Kranken, die nach Trinchera kommen, um Dampfbäder zu brauchen, errichten über der Quelle eine Art Gitterwerk aus Baumzweigen und ganz dünnem Rohr. Sie legen sich nackt auf dieses Gitter, das, wie mir schien, nichts weniger als fest und nicht ohne Gefahr zu besteigen ist. Der *Rio de aguas calientes* läuft nach Nordost und wird in der Nähe der Küste zu einem ziemlich ansehnlichen Fluß, in dem große Krokodile leben und der durch sein Austreten den Uferstrich ungesund machen hilft.

Wir gingen immer rechts am warmen Wasser nach Porto Cabello hinunter. Der Weg ist ungemein malerisch. Das Wasser stürzt über die Felsbänke nieder, und es ist, als hätte man die Fälle der Reuß vom Gotthard herab vor sich; aber welch ein Kontrast, was die Kraft und Üppigkeit des Pflanzenwuchses betrifft! Zwischen blühenden Gesträuchen aus Bignonien und Melastomen erheben sich majestätisch die weißen Stämme der Cecropia. Sie gehen erst aus, wenn man nur noch in 195 Meter Meereshöhe ist. Bis hierher reicht auch eine kleine stachlige Palme, deren zarte, gefiederte Blätter an den Rändern wie gekräuselt erscheinen. Sie ist in diesem Gebirge sehr häufig; da wir aber weder Blüte noch Frucht gesehen haben, wissen wir nicht, ob es die Piritupalme der Kariben oder Jacquins *Cocos aculeata* ist.

Je näher wir der Küste kamen, desto drückender wurde die Hitze. Ein rötlicher Dunst umzog den Horizont; die Sonne war am Untergehen, aber der Seewind wehte noch nicht. Wir ruhten in den einzeln stehenden Höfen aus. Der *Rio de aguas calientes,* an dem wir hinzogen, wurde immer tiefer.

Wir wurden im Hause eines französischen Arztes, der sich in Montpellier tüchtig gebildet hatte, mit größter Zuvorkommenheit aufgenommen. In seinem kleinen Hause befanden sich Sammlungen mancherlei Art, die aber alle den Reisenden interessieren konnten: schönwissenschaftliche und naturgeschichtliche Bücher, meteorologische Notizen, Bälge von Jaguaren und großen Wasserschlangen, lebendige Tiere, Affen, Gürteltiere, Vögel. Unser Hausherr war Oberwundarzt am königlichen Hospital in Porto Cabello und im Lande wegen seiner eingehenden Beobachtungen über das gelbe Fieber vorteilhaft bekannt.

Die Hitze ist in Porto Cabello nicht so stark als in Guaira. Der Seewind ist stärker, häufiger und regelmäßiger; auch lehnen sich die Häuser nicht an Felsen, die bei Tag die Sonnenstrahlen absorbieren und bei Nacht die Wärme wieder von sich geben. Die Luft kann zwischen der Küste und den Bergen von Ilaria freier zirkulieren. Der Grund der Ungesundheit der Luft ist im Strande zu suchen, der sich westwärts gegen die *Punta de Tucacos* beim schönen Hafen von Chichiribiche fortzieht. Dort befinden sich die Salzbergwerke und dort herrschen bei Eintritt der Regenzeit die dreitägigen Wechselfieber, die leicht in ataktische Fieber übergehen.

Nach Cartagena ist Porto Cabello der wichtigste feste Platz; die Stadt ist ganz neu und der Hafen einer der schönsten in beiden Welten. Die Lage ist so günstig, daß die Kunst fast nichts hinzuzutun hatte. Eine Erdzunge läuft anfangs gegen Nord und dann nach West. Die westliche Spitze derselben liegt einer Reihe von Inseln gegenüber, die durch Brücken verbunden und so nahe beieinander sind, daß man sie für eine zweite Landzunge halten kann. Infolge der eigentümlichen Bildung des Landes stellt sich der Hafen als ein Becken oder als eine innere Lagune dar, an deren südlichem Ende eine Menge mit Mangroven bewachsener Eilande liegen. Daß der Hafeneingang gegen West liegt, trägt viel zur Ruhe des Wassers bei. Die einzige Gefahr beim Einlaufen bieten die Riffe bei Punta Brava. Über eine Brücke und das befestigte Tor der Estacada gelangt man aus der alten Stadt in die neue, welche bereits größer ist als jene, aber dennoch nur als Vorstadt gilt. Die Stadt hat gegenwärtig gegen 9 000 Einwohner.

Die Blockade begünstigte viel mehr den Schleichhandel, als sie ihn hinderte, und man sah deutlich, daß in Porto Cabello die Bevölkerung in der Zunahme, der Gewerbefleiß im Aufschwung begriffen waren. Am stärksten ist der gesetzwidrige Verkehr mit den Inseln Curaçao und Jamaika. Man führt über 10 000 Maultiere jährlich aus. Es ist nicht uninteressant, die Tiere einschiffen zu sehen. Man wirft sie mit der Schlinge nieder und zieht sie an Bord mittels einer Vorrichtung gleich einem Kran. Auf dem Schiff stehen sie in zwei Reihen und können sich beim Schlingern und Stampfen kaum auf den Beinen halten. Um sie zu schrecken und fügsamer zu machen, wird fast fortwährend Tag und Nacht die Trommel gerührt. Man kann sich denken, wie sanft ein Passagier ruht, der den Mut hat, sich auf einer solchen mit Maultieren beladenen Galeote nach Jamaika einzuschiffen.

Wir verließen Porto Cabello am 1. März mit Sonnenaufgang. Mit Verwunderung sahen wir die Masse von Kähnen, welche Früchte zu Markt brachten. Vom Meere aus gesehen, liegt die Stadt im ganzen freundlich und angenehm da. Dicht bewachsene Berge bilden den Hintergrund der Landschaft. In der Nähe der Küste ist alles nackt, weiß, stark beleuchtet, die Bergwand dagegen mit dicht belaubten Bäumen bedeckt, die ihre gewaltigen Schatten über braunes, steiniges Erdreich werfen. Vor der Stadt besahen wir die eben fertig gewordene Wasserleitung. Sie ist 4 180 Meter lang, und das Wasser springt in allen Straßen.

Wir gingen von Porto Cabello in die Täler von Aragua zurück und hielten wieder auf der Pflanzung von Barbula an, über welche eine neue Straße nach Valencia geführt wird. Wir hatten schon seit mehreren Wochen von einem Baum sprechen hören, dessen Saft eine nährende Milch ist. Man nennt ihn den Kuhbaum, und man versicherte uns, die Neger aus dem Hofe trinken viel von dieser vegetabilischen Milch und halten sie für ein gesundes Nahrungsmittel. Da alle milchigen

Pflanzensäfte scharf, bitter und mehr oder weniger giftig sind, so schien uns diese Behauptung sehr sonderbar; aber die Erfahrung lehrte uns während unseres Aufenthaltes in Barbula, daß, was man uns von den Eigenschaften des *Palo de Vaca* erzählt hatte, nicht übertrieben war. Der schöne Baum hat den Habitus des *Chrysophyllum Cainito* oder Sternapfelbaumes; die länglichen, zugespitzten, lederartigen, abwechselnden Blätter haben unten vorspringende, parallele Seitenrippen und werden 26 Zentimeter lang. Die Blüte bekamen wir nicht zu sehen; die Frucht hat wenig Fleisch und enthält eine, bisweilen zwei Nüsse. Macht man Einschnitte in den Stamm des Kuhbaums, so fließt sehr reichlich eine klebrige, ziemlich dicke Milch aus, die durchaus nichts Scharfes hat und sehr angenehm wie Balsam riecht. Man reichte uns welche in den Früchten des Tutumo oder Flaschenbaums. Wir tranken abends vorm Schlafengehen und frühmorgens viel davon ohne irgendeine nachteilige Wirkung. Nur die Klebrigkeit macht diese Milch etwas unangenehm. Die Neger und die Freien, die auf den Pflanzungen arbeiten, tunken sie mit Mais- und Maniokbrot aus. Der Verwalter des Hofs versicherte uns, die Neger nehmen in der Zeit, wo der *Palo de Vaca* ihnen am meisten Milch gibt, sichtbar zu. Bei freiem Zutritt der Luft zieht der Saft an der Oberfläche, vielleicht durch Aspiration des Sauerstoffes der Luft, Häute einer stark animalisierten, gelblichen, faserigen, dem Käsestoff ähnlichen Substanz. Nimmt man diese Häute von der übrigen wässerigen Flüssigkeit ab, so zeigen sie sich elastisch wie Kautschuk, in der Folge aber faulen sie unter denselben Erscheinungen wie die Gallerte. Das Volk nennt den Klumpen, der sich an der Luft absetzt, Käse; der Klumpen wird nach fünf, sechs Tagen sauer.

Dieser merkwürdige Baum scheint der Küstenkordillere eigentümlich. In Caucagua nennen die Eingeborenen den Baum, der den nährenden Saft gibt, Milchbaum, *Arbol de leche.* Sie wollen an der Dicke und Farbe des Laubes die Bäume erkennen, die am meisten Saft geben. Kein Botaniker kannte bis jetzt dieses Gewächs, dessen Fruktifikationsorgane man sich wird leicht verschaffen können. Nach Kunth scheint der Baum zu der Familie der Sapoteen zu gehören. Erst lange nach meiner Rückkehr nach Europa fand ich in des Holländers Laet

Beschreibung von Westindien eine Stelle, die sich auf den Kuhbaum zu beziehen scheint. »In der Provinz Cumana«, sagt Laet, »gibt es Bäume, deren Saft geronnener Milch gleicht und ein gesundes Nahrungsmittel abgibt.«

Ich gestehe, von den vielen merkwürdigen Erscheinungen, die mir im Verlauf meiner Reise zu Gesicht gekommen, haben wenige auf meine Einbildungskraft einen stärkeren Eindruck gemacht als der Anblick des Kuhbaums. Was uns hier so gewaltig ergreift, sind nicht prachtvolle Wälderschatten, majestätisch dahinziehende Ströme, von ewigem Eis starrende Gebirge; ein paar Tropfen Pflanzensaft führen uns die ganze Macht und Fülle der Natur vor das innere Auge. An der kahlen Felswand wächst ein Baum mit trockenen lederartigen Blättern; seine dicken holzigen Wurzeln dringen kaum in das Gestein. Mehrere Monate im Jahre netzt kein Regen sein Laub; die Zweige scheinen vertrocknet, abgestorben; bohrt man aber den Stamm an, so fließt eine süße, nahrhafte Milch heraus. Bei Sonnenaufgang strömt die vegetabilische Quelle am reichlichsten; dann kommen von allen Seiten die Schwarzen und die Eingeborenen mit großen Näpfen herbei und fangen die Milch auf, die sofort an der Oberfläche gelb und dick wird.

Ist der Palo de Vaca für uns ein Bild der unermeßlichen Segensfülle der Natur im heißen Erdstrich, so mahnt er uns auch an die zahlreichen Quellen, aus denen unter diesem herrlichen Himmel die träge Sorglosigkeit des Menschen fließt. Die Bananenbäume, die Sagobäume, die Mauritien am Orinoko sind Brotbäume. Die Früchte der Crescentia und Lecythis dienen zu Gefäßen; die Blumenscheiden mancher Palmen und Baumrinden geben Kopfbedeckungen und Kleider ohne Naht. Die Knoten oder vielmehr die inneren Fächer im Stamm der Bambusse geben Leitern und erleichtern auf tausenderlei Art den Bau einer Hütte, die Herstellung von Stühlen, Bettstellen und anderem Gerät, das die wertvolle Habe des Wilden bildet. Bei einer üppigen Vegetation mit so unendlich mannigfaltigen Produkten bedarf es dringender Beweggründe, soll der Mensch sich der Arbeit ergeben, sich aus seinem Halbschlummer aufrütteln, seine Geistesfähigkeiten entwickeln.

In Barbula baut man Kakao und Baumwolle. Wir fanden daselbst, eine Seltenheit in diesem Lande, zwei große Maschinen mit Zylindern zum Trennen der Baumwolle von den Samen; die eine wird von einem Wasserrad, die andere durch einen Göpel und durch Maultiere getrieben. Der Verwalter des Hofes kannte den Weg von Nueva Valencia nach Varinas und von dort zum Paramo der Mucuchies und den mit ewigem Schnee bedeckten Gebirgen von Merida. Seine Angaben wurden uns vom größten Nutzen. Man hat in Europa keinen Begriff davon, wie schwer es hält, genaue Erkundigung in einem Lande einzuziehen, wo der Verkehr so gering ist und man die Entfernungen gerne zu gering angibt oder übertreibt, je nachdem man den Reisenden aufmuntern oder von seinem Vorhaben abbringen möchte. Ich hatte beschlossen, das westliche Ende der Kordilleren von Neugranada zu besuchen. Ich hörte nun in Barbula, bei diesem Abstecher würden wir 35 Tage später an den Orinoko gelangen. Diese Verzögerung erschien uns um so bedeutender, da man vermutete, die Regenzeit werde früher als gewöhnlich eintreten. Es schien mir desto geratener, den Ausflug in die Gebirge von Merida aufzugeben, da wir besorgen mußten, dabei unseren eigentlichen Reisezweck zu verfehlen, der darin bestand, den Punkt, wo sich der Orinoko mit dem Rio Negro und dem Amazonenstrom verbindet, durch astronomische Beobachtungen festzustellen. Wir gingen daher von Barbula nach Guacara zurück, um uns von der achtungswürdigen Familie des Marques del Toro zu verabschieden und noch drei Tage am Ufer des Sees zu verweilen.

Es war Fastnacht und der Jubel allgemein. Die Lustbarkeiten, *de carnes tollendas* genannt, arteten zuweilen ein wenig ins Rohe aus. Die einen führen einen mit Wasser beladenen Esel herum, und wo ein Fenster offen ist, begießen sie das Zimmer mit einer Spritze; andere haben Tüten voll Haare der Picapica oder *Dolichos pruriens* in der Hand und blasen das Haar, das auf der Haut ein heftiges Jucken verursacht, den Vorübergehenden ins Gesicht.

Von Guacara gingen wir nach Nueva Valencia zurück. Wir trafen da einige französische Ausgewanderte, die einzigen, die wir in fünf Jahren in den spanischen Kolonien gesehen. Trotz der Blutsverwandtschaft zwischen den königlichen Familien von Frankreich und Spanien durften sich nicht einmal die französischen Priester in diesen Teil der Neuen Welt flüchten, wo der Mensch so leicht Unterhalt und Obdach findet. Jenseits des Ozeans boten allein die Vereinigten Staaten dem Unglück eine Zufluchtsstätte. Eine Regierung, die stark, weil frei, und vertrauensvoll, weil gerecht ist, brauchte sich nicht zu scheuen, die Verbannten aufzunehmen.

Ehe wir die Täler von Aragua und die benachbarten Küsten verlassen, haben wir uns nur noch mit den Kakaopflanzungen zu beschäftigen, die von jeher für die Hauptquelle des Wohlstandes dieser Gegenden galten.

Der Kakaobaum wächst gegenwärtig in den Wäldern von Terra Firma nördlich vom Orinoko nirgends wild; erst jenseits der Fälle von Atures und Maypures trafen wir ihn nach und nach an. Besonders häufig wächst er an den Ufern des Ventuari und am oberen Orinoko. Daß der Kakaobaum in Südamerika nordwärts vom sechsten Breitengrad so selten wild vorkommt, ist für die Pflanzengeographie sehr interessant und war bisher wenig bekannt. Der wilde Kakaobaum hat sehr viele Äste und sein Laub ist dicht und dunkel. Er trägt eine sehr kleine Frucht, ähnlich der Spielart, welche die alten Mexikaner Tlalcacahuatl nannten. In die Conucos der Indianer am Casiquiare und Rio Negro versetzt, behält der wilde Baum mehrere Generationen die Kraft des vegetativen Lebens, die ihn vom vierten Jahr an tragbar macht, während in der Provinz Caracas die Ernten erst mit dem sechsten, siebenten oder achten Jahr beginnen. Wir fanden am Orinoko keinen Volksstamm, der aus der Bohne des Kakaobaums ein Getränk bereitete. Die Wilden saugen das Mark der Hülse aus und werfen die Samen weg, daher man dieselben oft in Menge auf ihren Lagerplätzen findet. Wenn auch an der Küste der Chorote, ein ganz schwacher Kakaoaufguß, für ein uraltes Getränk gilt, so gibt es doch keinen geschichtlichen Beweis dafür, daß die Eingeborenen von Venezuela vor der Ankunft der Spanier die Schokolade oder irgendeine Zubereitung des Kakaos gekannt haben. Wahrscheinlicher scheint mir, daß man in Caracas den Kakaobaum nach dem Vorbild von Mexiko und Guatemala angebaut hat und daß die in Terra Firma angesiedelten Spanier die Behandlung des Baums, der jung im Schatten der Erythrina und des Bananenbaums aufwächst, die Bereitung der Schokoladetafeln und den Gebrauch des Getränks dieses Namens durch den Verkehr mit Mexiko, Guatemala und Nikaragua gelernt haben, drei Länder, deren Einwohner von toltekischem und aztekischem Stamme sind.

Bis zum 16. Jahrhundert weichen die Reisenden in ihren Urteilen über die Schokolade sehr voneinander ab. Benzoni sagt in seiner derben Sprache, es sei ein Getränk vielmehr »*da porci, che da huomini*«. Hernan Cortez und sein Page, der *gentilhombre del gran Conquistador,* rühmen dagegen die Schokolade nicht nur als ein angenehmes Getränk. »Wer eine Tasse davon getrunken hat«, sagt der Page des Hernan Cortez, »kann ohne weitere Nahrung eine ganze Tagesreise machen, besonders in sehr heißen Ländern, denn die Schokolade ist ihrem Wesen nach kalt und erfrischend.« Letztere Behauptung möchten wir nicht unterschreiben; wir werden aber bei unserer Fahrt auf dem Orinoko und bei unseren Reisen hoch an den Kordilleren hinauf bald Gelegenheit finden, die vortrefflichen Eigenschaften der Schokolade zu rühmen. Sie ist leicht mit sich zu führen und als Nahrungsmittel zu verwenden und enthält in kleinem Raume viel nährenden und reizenden Stoff.

Erst seit der Mitte des 17. Jahrhunderts munterten die Holländer, im ruhigen Besitz der Insel Curaçao, durch den Schleichhandel den Landbau an den benachbarten Küsten auf, und erst seitdem wurde der Kakao für die Provinz Caracas ein Ausfuhrartikel. In vielen Fällen verdrängen der Kaffeebaum und die Baumwollstaude den Kakaobaum, der für die Ungeduld des Landbauers viel zu spät trägt. Man behauptet auch, die neuen Pflanzungen geben weniger Ertrag als die alten.

Siebzehntes Kapitel

Gebirge zwischen den Tälern von Aragua
und den Llanos von Caracas
Villa de Cura · Parapara · Llanos oder Steppen
Calabozo

Die Bergkette, welche den See von Tacarigua oder Valencia im Süden begrenzt, bildet gleichsam das nördliche Ufer des großen Beckens der Llanos oder Savannen von Caracas. Aus den Tälern von Aragua kommt man in die Savannen über die Berge von Guigue und Tucutenemo. Aus einer bevölkerten, durch Anbau geschmückten Landschaft gelangt man in eine weite Einöde. An Felsen und schattige Täler gewöhnt, sieht der Reisende mit Befremden diese baumlosen Savannen vor sich, diese unermeßlichen Ebenen, die gegen den Horizont aufzusteigen scheinen.

Am 6. März vor Sonnenaufgang verließen wir die Täler von Aragua. Wir zogen durch eine gut angebaute Ebene, längs dem südwestlichen Gestade des Sees von Valencia, über einen Boden, von dem sich die Gewässer des Sees zurückzogen. Die Fruchtbarkeit des mit Kalebassen, Wassermelonen und Bananen bedeckten Landes setzte uns in Erstaunen. Den Aufgang der Sonne verkündete der ferne Lärm der Brüllaffen. Vor einer Baumgruppe mitten in der Ebene gewahrten wir zahlreiche Banden der *Simia ursina (Araguate),* die wie eine Prozession äußerst langsam von Baum zu Baum zogen. Hinter einem männlichen Tier kamen viele weibliche, deren mehrere ihre Jungen auf den Schultern trugen. Die Brüllaffen, welche in verschiedenen Strichen Amerikas in großen Gesellschaften leben, sind vielfach beschrieben. In der Lebensweise kommen sie alle überein, es sind aber nicht überall dieselben Arten. Wahrhaft erstaunlich ist die Einförmigkeit in den Bewegungen dieser Affen. Sooft die Zweige benachbarter Bäume nicht zusammenreichen, hängt sich das Männchen an der Spitze des Trupps mit dem zum Fassen bestimmten schwieligen Teile seines Schwanzes auf, läßt den Körper frei schweben und schwingt denselben hin und her, bis er den nächsten Ast packen kann. Der ganze Zug macht sofort an derselben Stelle dieselbe Bewegung.

Die Indianer versichern, wenn die Araguaten den Wald mit ihrem Geheul erfüllen, so haben sie immer einen Vorsänger. Die Bemerkung ist nicht unrichtig. Man hört meistens lange fort eine einzelne stärkere Stimme, worauf eine andere von verschiedenem Tonfall sie ablöst. Noch mehr, die Missionare versichern, wenn bei den Araguaten ein Weibchen im Begriffe sei zu werfen, so unterbreche der Chor sein Geheul, bis das Junge zur Welt gekommen sei. Ob etwas Wahres hierin ist, habe ich nicht selbst ausmachen können, ganz grundlos scheint es aber allerdings nicht zu sein. Ich habe beobachtet, daß das Geheul einige Minuten aufhört, sooft ein ungewöhnlicher Vorfall, zum Beispiel das Ächzen eines verwundeten Araguate, die Aufmerksamkeit des Trupps in Anspruch nimmt.

Wir übernachteten im Dorfe Guigue. Dieses liegt auf trefflich angebautem Boden nur 1950 Meter vom See Tacarigua. Wir wohnten bei einem alten Sergeanten, aus Murcia gebürtig, einem höchst originellen Mann. Um uns zu beweisen, daß er bei den Jesuiten erzogen worden, sagte er uns die Geschichte von der Erschaffung der Welt lateinisch her.

Von Guigue an führt der Weg aufwärts zur Bergkette, welche im Süden des Sees hinstreicht. Von einem Plateau herab, das 624 Meter hoch liegt, sahen wir zum letztenmal die Täler von Aragua. Der Gneis kam zu Tage. Quarzadern im Gneis sind goldhaltig; eine benachbarte Schlucht heißt daher Quebrada del Oro. Wir legten 22,5 Kilometer bis zum Dorfe Maria Magdalena zurück und weitere neun zur Villa de Cura.

San Luis de Cura oder, wie es gemeiniglich heißt, Villa de Cura liegt in einem sehr dürren Tal. Außer einigen Fruchtbäumen hat das Land fast gar keinen Pflanzenwuchs. Das Plateau ist desto dürrer, da mehrere Gewässer – ein ziemlich seltener Fall im Urgebirge – sich in Spalten im Boden verlieren. Cura gleicht viel mehr einem Dorfe als einer Stadt. Die Bevölkerung beträgt nicht mehr als 4 000 Seelen, aber wir fanden daselbst mehrere Leute von bedeutender geistiger Bildung. Wir wohnten bei einer Familie, welche nach der Revolution von Caracas im Jahre 1797 von der Regierung verfolgt worden war. Einer der Söhne war nach langer Gefangenschaft nach La Habana gebracht worden, wo er in einem festen Schloß saß. Wie freute sich die Mutter, als sie hörte, daß wir auf dem Rückweg vom Orinoko nach La Habana kommen würden! Sie übergab mir fünf Piaster, »all ihr Erspartes«. Gerne hätte ich sie ihr zurückgegeben, aber wie hätte ich mich nicht scheuen sollen, ihr Zartgefühl zu verletzen, einer Mutter wehe zu tun, die in den Entbehrungen, die sie sich auferlegt, sich glücklich fühlt! Die ganze Gesellschaft der Stadt fand sich abends zusammen, um in einem Guckkasten die Ansichten der großen europäischen Städte zu bewundern. Wir bekamen die Tuilerien zu sehen und das Standbild des großen Kurfürsten in Berlin. Es ist ein eigenes Gefühl, seine Vaterstadt, 9 000 Kilometer von ihr entfernt, in einem Guckkasten zu erblicken.

Die Nacht des 11. brachten wir zum Teil im Dorfe San Juan zu, bekannt wegen seiner warmen Quellen und der sonderbaren Gestalt zweier benachbarter Berge, der sogenannten Morros de San Juan. Diese Kuppen bilden steile Gipfel, die sich auf einer Felsmauer von sehr breiter Basis erheben. Die Mauer fällt steil ab und gleicht der Teufelsmauer im Harz. Diese Kuppen sieht man sehr weit in den Llanos, sie machen starken Eindruck auf die Einbildungskraft der Bewohner der Ebenen, die an gar keine Unebenheit des Bodens gewöhnt sind, und so kommt es, daß ihre Höhe im Lande gewaltig überschätzt wird. Die Kuppen erheben sich nicht mehr als 304 Meter über dem Dorf San Juan und 682 Meter über dem Meer. Die warmen Quellen entspringen am Fuß der Kuppen, die aus Übergangskalkstein bestehen; sie sind mit Schwefelwasserstoff geschwängert wie die Wasser von Mariara und bilden einen kleinen Teich oder eine Lagune, in der ich das Thermometer nur auf 31,3 Grad Celsius steigen sah.

Nachdem wir im kleinen Fluß San Juan in frischem, klarem Wasser gebadet, setzten wir um zwei Uhr in der Nacht unseren Weg nach Mesa de Paja fort. Die Llanos waren damals durch Raubgesindel unsicher, weshalb sich mehrere Reisende uns anschlossen, so daß wir eine Art Karawane bildeten. Sechs bis sieben Stunden lang ging es fortwährend abwärts.

Bei der Mesa de Paja betraten wir das Becken der Llanos. Die Sonne stand beinahe im Zenit; der Boden zeigte überall, wo er von Vegetation entblößt war, eine Temperatur von 48 bis 50 Grad. In der Höhe, in der wir uns auf unseren Maultieren befanden, war kein Lufthauch zu spüren; aber in dieser scheinbaren Ruhe erhoben sich fortwährend kleine Staubwirbel infolge der Luftströmungen, die dicht am Boden durch die Temperaturunterschiede zwischen dem nackten Sand und den mit Gras bewachsenen Flecken hervorgebracht werden. Diese »Sandwinde« steigern die erstickende Hitze der Luft. Jedes Quarzkorn, weil es wärmer ist als die umgebende Luft, strahlt ringsum Wärme aus, und es hält schwer, die Lufttemperatur zu beobachten, ohne daß Sandteilchen gegen die Kugel des Thermometers getrieben werden. Die Ebenen ringsum schienen zum Himmel anzusteigen, und die weite unermeßliche Einöde stellte sich unseren Blicken als eine mit Tang und Meeralgen bedeckte See dar. Erde und Himmel schmolzen dort ineinander. Durch den trockenen Nebel und die Dunstschichten gewahrte man in der Ferne Stämme von Palmbäumen. Ihrer grünenden Wipfel beraubt, erschienen diese Stämme wie Schiffsmasten, die am Horizont auftauchen.

Der einförmige Anblick dieser Steppen hat etwas Großartiges, aber auch etwas Trauriges und Niederschlagendes. Es ist, als ob die ganze Natur erstarrt wäre; kaum daß hin und wieder der Schatten einer kleinen Wolke, die durch den Zenit eilend die nahende Regenzeit verkündet, auf die Savanne fällt. Der erste Anblick der Llanos überrascht vielleicht nicht weniger als der der Andenkette. Nur schwer gewöhnt man sich an den Anblick der Llanos von Venezuela und Casanare, der Pampas von Buenos Aires und Chaco, die beständig, 20, 30 Tagereisen lang, ein Bild der Meeresfläche bieten. Die Ebenen im Westen und Norden von Europa geben nur ein schwaches Bild von den unermeßlichen Llanos in Südamerika.

Man glaubte, die verschiedenen Weltteile zu charakterisieren, indem man sagte, Europa habe Heiden, Asien Steppen, Afrika Wüsten, Amerika Savannen; aber man stellt damit

Gegensätze auf, die weder in der Natur der Sache noch im Geiste der Sprachen gegründet sind.

Die amerikanischen Llanos oder Pampas sind wahre Steppen. Sie sind in der Regenzeit schön begrünt, aber in der trockensten Jahreszeit bekommen sie das Ansehen von Wüsten. Das Kraut zerfällt zu Staub, der Boden berstet, das Krokodil und die großen Schlangen liegen begraben im ausgedörrten Schlamm, bis die ersten Regengüsse im Frühjahr sie aus der langen Erstarrung wecken.

Die Seen ohne Abfluß, die kleinen Flußsysteme, die sich im Sand verlieren oder durch die Gebirgsart durchsteigen, wie sie den Steppen im östlichen Asien und den persischen Wüsten eigen sind, kommen hier nicht vor. Die amerikanischen Llanos fallen gegen Ost und Süd und ihre strömenden Gewässer laufen in den Orinoko.

Die Flüsse haben einen sehr schwachen, oft kaum merklichen Fall. So kommt es, daß beim geringsten Wind, und wenn der Orinoko anschwillt, die Flüsse, die in ihn münden, rückwärts gedrängt werden. Im Rio Arauca bemerkt man häufig die Strömung nach oben. Die Indianer glauben einen ganzen Tag lang abwärts zu schiffen, während sie von der Mündung gegen die Quellen fahren. Zwischen den abwärtsströmenden und den aufwärtsströmenden Gewässern bleibt eine bedeutende Wassermasse stillstehen, in der sich durch Gleichgewichtsstörung Wirbel bilden, die den Fahrzeugen gefährlich werden.

Der eigentümlichste Zug der Savannen oder Steppen Südamerikas ist die völlige Abwesenheit aller Erhöhungen, die vollkommen waagerechte Lage das ganzen Bodens. Die spanischen Eroberer haben sie daher auch weder Wüsten noch Savannen noch Prärien genannt, sondern Ebenen, *los Llanos.* Auf 600 Quadratkilometer zeigt der Boden oft keine fußhohe Unebenheit.

Trotz der scheinbaren Gleichförmigkeit ihrer Fläche finden sich indessen in den Llanos zweierlei Unebenheiten, die dem aufmerksamen Beobachter nicht entgehen. Die erste Art nennt man *bancos;* es sind wahre Bänke, Untiefen im Steppenbecken, zerbrochene Schichten von festem Sandstein oder Kalkstein, die 1,3 bis 1,6 Meter höher liegen als die übrige

Ebene. Diese Bänke sind zuweilen 13 bis 18 Kilometer lang; sie sind vollkommen eben und waagerecht, und man bemerkt ihr Vorhandensein überhaupt nur dann, wenn man ihre Ränder vor sich hat. Die zweite Unebenheit läßt sich nur durch geodätische oder barometrische Messungen oder am Lauf der Flüsse erkennen; sie heißt Mesa. Es sind dies kleine Plateaus oder vielmehr konvexe Erhöhungen, die unmerklich zu einigen Metern Höhe ansteigen und trotz ihrer unbedeutenden Höhe die Wasser zwischen dem Orinoko und der Nordküste von Terra Firma scheiden. Nur die sanfte Wölbung der Savanne bildet die Wasserscheide.

Das ewige Einerlei der Llanos, die große Seltenheit von bewohnten Plätzen, die Beschwerden der Reise unter einem glühenden Himmel und bei stauberfüllter Luft, die Aussicht auf den Horizont, der beständig vor einem zurückzuweichen scheint, die vereinzelten Palmstämme, deren einer aussieht wie der andere und die man gar nicht erreichen zu können meint, weil man sie mit anderen Stämmen verwechselt, die nacheinander am Gesichtskreis auftauchen – all dies zusammen macht, daß einem die Steppen noch weit größer vorkommen, als sie wirklich sind. Die Pflanzer am Südabhang des Küstengebirges sehen die Steppen grenzenlos gleich einem grünen Ozean gegen Süd sich ausdehnen.

Die Llanos, welche das Becken des unteren Orinoko bilden, hängen zusammen mit dem Becken des Amazonenstroms und des Rio Negro. Der Boden in seinem Anblick erinnert hier, nur daß der Maßstab ein weit größerer ist, an die lombardischen Ebenen, die sich auch nur 100 bis 120 Meter über das Meer erheben. Wenn andere geologische Tatsachen uns berechtigten, die drei großen Ebenen am unteren Orinoko, am Amazonenstrom und am Rio de la Plata als alte Seebecken zu betrachten, so ließen sich die Ebenen am Rio Vichada und am Meta als ein Kanal ansehen, durch den die Wasser des oberen Sees, des auf den Ebenen des Amazonenstromes, in das tiefere Becken, in die Llanos von Caracas, durchgebrochen wären.

In den Ebenen von Varinas kommen einige nicht sehr bedeutende Denkmäler vor, die auf ein nicht mehr vorhandenes Volk deuten. Man findet Grabhügel, dortzulande *cerrillos de los Indios* genannt. Es sind kegelförmige Erhöhungen, aus Erde von Menschenhand aufgeführt, und sie bergen ohne Zweifel menschliche Gebeine. Zwischen Varinas und Caragua sieht man eine hübsche Straße, 22,5 Kilometer lang, vor der Eroberung in sehr alter Zeit von den Eingeborenen angelegt. Es ist ein Erddamm, fünf Meter hoch, der über eine häufig überschwemmte Ebene führt. Hatten sich etwa zivilisiertere Völker von den Gebirgen von Trujillo und Merida über die Ebenen am Rio Apure verbreitet? Die heutigen Indianer zwischen diesem Fluß und dem Meta sind viel zu versunken, um an die Errichtung von Kunststraßen oder Grabhügeln zu denken.

Nachdem wir zwei Nächte zu Pferde gewesen und vergeblich unter Gebüsch von Murichipalmen Schutz gegen die Sonnenglut gesucht hatten, kamen wir vor Nacht zum kleinen Hofe »el Cayman«, auch la Guadelupe genannt. Es ist dies ein *hato de ganado,* das heißt ein einsames Haus in der Steppe, umher ein paar kleine mit Rohr und Häuten bedeckte Hütten. Das Vieh, Rinder, Pferde, Maultiere, ist nicht eingepfercht; es läuft frei auf einem Flächenraum von mehreren Quadratmeilen. Nirgends ist eine Umzäunung. Männer, bis zum Gürtel nackt und mit einer Lanze bewaffnet, streifen zu Pferd über die Savannen, um die Herden im Auge zu behalten, zurückzutreiben, was sich zu weit von den Weiden des Hofes verläuft, mit dem glühenden Eisen zu zeichnen, was noch nicht den Stempel des Eigentümers trägt. Diese Farbigen, *Peones Llaneros* genannt, sind zum Teil Freie oder Freigelassene, zum Teil Sklaven. Nirgends ist der Mensch so anhaltend dem sengenden Strahl der tropischen Sonne ausgesetzt. Sie nähren sich von luftdürrem, schwach gesalzenem Fleisch; selbst ihre Pferde fressen es zuweilen. Sie sind beständig im Sattel und meinen nicht, den unbedeutendsten Gang zu Fuß machen zu können. Wir trafen im Hof einen alten Negersklaven, der in der Abwesenheit des Herrn das Regiment führte. Herden von mehreren tausend Kühen sollten in der Steppe weiden; trotzdem baten wir vergeblich um einen Topf Milch. Man reichte uns in Tutumofrüchten gelbes, schlammiges, stinkendes Wasser; es war aus einem Sumpf in der Nähe geschöpft. Die Bewohner der Llanos sind so träge, daß sie gar keine Brunnen graben, obgleich man wohl weiß, daß sich fast allenthalben in drei

Meter Tiefe gute Quellen in einer Schicht von Konglomerat oder rotem Sandstein finden. Nachdem man die eine Hälfte des Jahres durch Überschwemmungen gelitten, erträgt man in der anderen geduldig den peinlichsten Wassermangel. Der alte Neger riet uns, das Gefäß mit einem Stück Leinwand zu bedecken und so gleichsam durch einen Filter zu trinken, damit uns der üble Geruch nicht belästigte und wir vom feinen, gelblichen Ton, der im Wasser suspendiert ist, nicht so viel zu verschlucken hätten. Wir ahnten nicht, daß wir von nun an monatelang auf dieses Hilfsmittel angewiesen sein würden. Auch das Wasser des Orinoko hat sehr viele erdige Bestandteile; es ist sogar stinkend, wo in Flußschlingen tote Krokodile auf den Sandbänken liegen oder halb im Schlamm stecken.

Kaum war abgepackt und unsere Instrumente aufgestellt, so ließ man unsere Maultiere laufen und, wie es dort heißt, »Wasser in der Savanne suchen«. Rings um den Hof sind kleine Teiche; die Tiere finden sie, geleitet von ihrem Instinkt, von den Mauritiagebüschen, die hie und da zu sehen sind, und von der feuchten Kühlung, die ihnen in einer Atmosphäre, die uns ganz still und regungslos erscheint, von kleinen Luftströmen zugeführt wird. Sind die Wasserlachen zu weit entfernt und die Knechte im Hof zu faul, um die Tiere zu diesen natürlichen Tränken zu führen, so sperrt man sie fünf bis sechs Stunden lang in einen recht heißen Stall, bevor man sie laufen läßt. Der heftigste Durst steigert dann ihren Scharfsinn, indem er gleichsam ihre Sinne und ihren Instinkt schärft. Sowie man den Stall öffnet, sieht man Pferde und Maultiere, die letzteren besonders, vor deren Spürkraft die Intelligenz der Pferde zurückstehen muß, in die Savanne hinausjagen. Den Schwanz hochgehoben, den Kopf zurückgeworfen, laufen sie gegen den Wind und halten zuweilen an, wie um den Raum auszukundschaften; sie richten sich dabei weniger nach den Eindrücken des Gesichts als nach denen des Geruchs, und endlich verkündet anhaltendes Wiehern, daß sich in der Richtung ihres Laufs Wasser findet. In den Llanos geborene Pferde, die sich lange in umherschweifenden Rudeln frei getummelt haben, sind in allen diesen Bewegungen rascher und kommen dabei leichter zum Ziele als solche, die von der Küste herkommen und von zahmen Pferden abstammen. Bei den meisten Tieren wie beim Menschen vermindert sich die Schärfe der Sinne durch lange Unterwürfigkeit und durch die Gewöhnungen, wie feste Wohnsitze und die Fortschritte der Kultur sie mit sich bringen.

Wir gingen unseren Maultieren nach, um zu einer der Lachen zu gelangen, aus denen man das trübe Wasser schöpft, das unseren Durst so übel gelöscht hatte. Wir waren mit Staub bedeckt, verbrannt vom Sandwind, der die Haut noch mehr angreift als die Sonnenstrahlen. Wir sehnten uns nach einem Bad, fanden aber nur ein großes Stück stehenden Wassers, mit Palmen umgeben. Das Wasser war trüb, aber zu unserer großen Verwunderung etwas kühler als die Luft. Auf unserer langen Reise gewöhnt zu baden, sooft sich Gelegenheit dazu bot, oft mehrmals des Tages, besannen wir uns nicht lange und sprangen in den Teich. Kaum war das behagliche Gefühl der Kühlung über uns gekommen, als ein Geräusch am entgegengesetzten Ufer uns schnell wieder aus dem Wasser trieb. Es war ein Krokodil, das sich in den Schlamm grub.

Wir waren nur etwas über einen Kilometer vom Hof entfernt, wir gingen aber über eine Stunde und kamen nicht hin. Wir wurden zu spät gewahr, daß wir eine falsche Richtung eingeschlagen. Wir hatten bei Anbruch der Nacht, noch ehe die Sterne sichtbar wurden, den Hof verlassen und waren aufs Geratewohl in der Ebene fortgegangen. Wir hatten wie immer einen Kompaß bei uns; auch konnten wir uns nach der Stellung des Kanopus und des südlichen Kreuzes leicht orientieren; aber all dies half uns nichts, weil wir nicht gewiß wußten, ob wir vom Hof weg nach Ost oder nach Süd gegangen waren. Wir wollten an unseren Badeplatz zurück und gingen wieder drei Viertelstunden, ohne den Teich zu finden. Oft meinten wir, Feuer am Horizont zu sehen; es waren aufgehende Sterne, deren Bild durch die Dünste vergrößert wurde. Nachdem wir lange in der Savanne umhergeirrt, beschlossen wir, unter einem Palmbaume, an einem recht trockenen, mit kurzem Gras bewachsenen Ort uns niederzusetzen; denn frisch angekommene Europäer fürchten sich immer mehr vor den Wasserschlangen als vor den Jaguaren. Wir durften nicht hoffen, daß unsere Führer, deren träge Gleichgültigkeit uns wohlbekannt war, uns in der Savanne suchen würden, bevor sie ihre Lebensmittel zubereitet und abgespeist hätten. Je bedenklicher unsere Lage war, desto freudiger überraschte uns ferner Hufschlag, der auf uns zukam. Es war ein mit einer Lanze bewaffneter Indianer, der vom »Rodeo« zurückkam, das heißt von einer Streife, durch die man das Vieh auf einen bestimmten Raum zusammentreibt. Beim Anblick zweier Weißer, die verirrt sein wollten, dachte er zuerst an irgendeine böse List von unserer Seite, und es kostete uns Mühe, ihm Vertrauen einzuflößen. Endlich ließ er sich willig finden, uns zum Hof zu führen, ritt aber dabei in einem kurzen Trott weiter. Unsere Führer versicherten, »sie hätten bereits angefangen, besorgt um uns zu werden«, und diese Besorgnis zu rechtfertigen, zählten sie eine Menge Leute her, die, in den Llanos verirrt, im Zustand völliger Erschöpfung gefunden wurden. Die Gefahr kann begreiflich nur dann sehr groß sein, wenn man weit von jedem Wohnplatz abkommt oder wenn man, wie es in den letzten Jahren vorgekommen ist, von Räubern geplündert und an Leib und Händen an einen Palmstamm gebunden wird.

Um von der Hitze am Tage weniger zu leiden, brachen wir schon um zwei Uhr in der Nacht auf und hofften, vor Mittag Calabozo zu erreichen, eine kleine Stadt mit lebhaftem Handel, die mitten in den Llanos liegt. Das Bild der Landschaft ist immer dasselbe. Der Mond schien nicht, aber die großen Haufen von Nebelsternen, die den südlichen Himmel schmücken, beleuchten im Niedergang einen Teil des Landhorizonts. Das erhabene Schauspiel des Sternengewölbes in seiner unermeßlichen Ausdehnung, der frische Luftzug, der bei Nacht über die Ebene streicht, das Wogen des Grases überall, wo es eine gewisse Höhe erreicht – alles erinnerte uns an die hohe See. Vollends stark wurde die Täuschung (man kann es nicht oft genug sagen), als die Sonnenscheibe am Horizont erschien, ihr Bild durch die Strahlenbrechung sich verdoppelte, ihre Abplattung nach kurzer Zeit verschwand und sie nun rasch gerade zum Zenit aufstieg.

Sonnenaufgang ist auch in den Ebenen der kühlste Zeitpunkt am Tage; aber dieser Temperaturwechsel macht keinen bedeutenden Eindruck auf die Organe. Wir sahen das Thermometer meist nicht unter 27,5 Grad Celsius fallen. In den

Llanos absorbiert die ebene, bei Tag niemals beschattete Fläche so viel Wärme, daß Erde und Luft, trotz der nächtlichen Strahlung gegen einen wolkenlosen Himmel, von Mitternacht bis zu Sonnenaufgang sich nicht merkbar abkühlen können.

Wie die Sonne zum Zenit aufstieg und die Erde und die übereinander gelagerten Luftschichten verschiedene Temperaturen annahmen, zeigte sich das Phänomen der Luftspiegelung mit seinen mannigfachen Abänderungen. Das Bild war immer hinaufgezogen, aber nicht verkehrt. Die kleinen, über die Bodenfläche wegstreichenden Luftströme hatten eine so veränderliche Temperatur, daß in einer Herde wilder Ochsen manche mit den Beinen in der Luft zu schweben schienen, während andere auf dem Boden standen. Der Luftstrich war, je nach der Entfernung des Tieres, 3 bis 4 Minuten breit. Öfters meinten wir, am Horizont Grabhügel und Türme zu erblicken, die von Zeit zu Zeit verschwanden, ohne daß wir die wahre Gestalt der Gegenstände auszumitteln vermochten. Es waren wohl Erdhaufen, kleine Erhöhungen, jenseits des gewöhnlichen Gesichtskreises gelegen. Ich spreche nicht von den pflanzenlosen Flächen, die sich als weite Seen mit wogender Oberfläche darstellten. Wegen dieser Erscheinung, die am frühesten beobachtet worden ist, heißt die Luftspiegelung im Sanskrit ausdrucksvoll die *Sehnsucht (der Durst) der Antilope.*

Mit Sonnenaufgang ward die Ebene belebter. Das Vieh, das sich bei Nacht längs der Teiche oder unter Murichi- und Rhopalabüschen gelagert hatte, sammelte sich zu Herden, und die Einöde bevölkerte sich mit Pferden, Maultieren und Rindern, die hier nicht gerade als wilde, wohl aber als freie Tiere leben, ohne festen Wohnplatz, der Pflege und des Schutzes der Menschen leicht entbehrend. In diesen heißen Landstrichen sind die Stiere, obgleich von spanischer Rasse wie die auf den kalten Plateaus von Quito, von sanfterem Temperament. Der Reisende läuft nie Gefahr angefallen und verfolgt zu werden, was uns bei unseren Wanderungen auf dem Rücken der Kordilleren oft begegnet ist. In der Nähe von Calabozo sahen wir Herden von Rehen friedlich unter Pferden und Rindern weiden. Sie heißen Matacani; ihr Fleisch ist sehr gut. Sie sind etwas größer als unsere Rehe und gleichen Damhirschen mit sehr glattem, fahlbraunem, weiß getupftem Fell. Ihre Geweihe schienen mir einfache Spieße. Sie waren fast gar nicht scheu, und in Rudeln von 30 bis 40 Stück bemerkten wir mehrere ganz weiße.

Die Steppen, die wir durchzogen, sind hauptsächlich mit Gräsern bewachsen, mit Killingia, Cenchrus, Paspalum. Diese Gräser waren in dieser Jahreszeit kaum 23 bis 26 Zentimeter hoch. Unter die Gräser mischen sich einige Dikotyledonen, wie Turnera, Malvenarten und, was sehr auffallend ist, kleine Mimosen mit reizbaren Blättern. Im Osten, in den Llanos von Cari und Barcelona, sieht man Cypura und Craniolaria mit der schönen weißen, 16 bis 21 Zentimeter langen Blüte sich einzeln über die Gräser erheben. Am fettesten sind die Weiden nicht nur an den Flüssen, welche häufig austreten, sondern überall, wo die Palmen dichter stehen. Ganz baumlose Flecke sind die unfruchtbarsten. Am Palmbaum der Llanos, der Palma de Cobija (*Corypha tectorum*), ist der Schatten eben nicht sehr zu rühmen. Diese Palme hat sehr kleine, gefaltete, handförmige Blätter und die unteren sind immer vertrocknet. Es überraschte uns, daß fast alle diese Coryphastämme gleich groß waren, sieben bis acht Meter hoch bei 21 bis 26 Zentimeter Durchmesser unten am Stamm. Nur wenige Palmarten bringt die Natur in so ungeheuren Mengen hervor. Die Llaneros, die Bewohner der Ebenen, schreiben allen diesen Bäumen von unbedeutender Höhe ein Alter von mehreren Jahrhunderten zu. Ihr Wachstum ist fast unmerklich, nach 20 bis 30 Jahren fällt es kaum auf. Die Palma de Cobija liefert übrigens ein treffliches Bauholz. Es ist so hart, daß man nur mit Mühe einen Nagel einschlägt. Die fächerförmig gefalteten Blätter dienen zum Decken der zerstreuten Hütten in den Llanos, und diese Dächer halten über 20 Jahre aus. Man befestigt die Blätter dadurch, daß man die Enden der Blattstiele umbiegt, nachdem man dieselben zwischen zwei Steinen geschlagen, damit sie sich biegen, ohne zu brechen.

Außer den einzelnen Stämmen dieser Palme findet man hie und da in der Steppe Gruppen von Palmen, wahre Gebüsche (*Palmares*), wo sich zur Corypha ein Baum aus der Familie der Proteaceen gesellt, den die Eingeborenen *Chaparro* nennen, eine neue Art Rhopala mit harten rasselnden Blättern. Die kleineren Rhopalagebüsche heißen *Chaparrales,* und man kann sich leicht denken, daß in einer weiten Ebene, wo nur zwei oder drei Baumarten wachsen, der Chaparro, der Schatten gibt, für ein sehr wertvolles Gewächs gilt. Südlich von Guayaval herrschen andere Palmen, namentlich der Piritu (*Bactris speciosa*) und der Murichi (*Mauritia flexuosa*). Es ist dies der Sagobaum Amerikas; er liefert Mehl, Wein, Faden zum Fertigen der Hängematten, Körbe, Netze und Kleider. Seine tannenzapfenförmigen, mit Schuppen bedeckten Früchte schmecken etwas wie Äpfel; reif sind sie innen gelb, außen rot. Die Brüllaffen sind sehr lüstern danach, und die Völkerschaft der Guarauen, deren Existenz fast ganz an diese Palme geknüpft ist, bereitet daraus ein gegorenes, säuerliches, sehr erfrischendes Getränk. Diese Palme mit großen, glänzenden, fächerförmig gefalteten Blättern bleibt auch in der dürrsten Jahreszeit lebhaft grün. Schon ihr Anblick gibt das Gefühl angenehmer Kühlung, und die mit ihren schuppigen Früchten behangene Murichipalme bildet einen auffallenden Kontrast mit der trübseligen Palma de Cobija, deren Laub immer grau und mit Staub bedeckt ist.

Auf dem Wege über die Mesa bei Calabozo litten wir sehr von der Hitze. Die Temperatur der Luft stieg merkbar, sooft der Wind zu wehen anfing. Die Luft war voll Staub, und während der Windstöße stieg das Thermometer auf 40 bis 41 Grad. Wir kamen nur langsam vorwärts, denn es wäre gefährlich gewesen, die Maultiere, die unsere Instrumente trugen, dahinten zu lassen. Unsere Führer gaben uns den Rat, Rhopalablätter in unsere Hüte zu stecken, um die Wirkung der Sonnenstrahlen auf Haare und Scheitel zu mildern. Wir fühlten uns durch dieses Mittel erleichtert, und wir fanden es besonders dann ausgezeichnet, wenn man Blätter von Pothos oder einer anderen Arumart haben konnte.

Bei der Wanderung durch diese glühenden Ebenen drängt sich einem von selbst die Frage auf, ob sie von jeher in diesem Zustand dagelegen oder ob sie durch eine Naturumwälzung ihres Pflanzenwuchses beraubt worden sind. Die gegenwärtige Humusschicht ist allerdings sehr dünn. Die Eingeborenen sind der Meinung, die *Palmares* und *Chaparrales* (die kleinen Gebüsche von Palmen und Rhopala) seien vor der Ankunft der

Spanier häufiger und größer gewesen. Seit die Llanos bewohnt und mit verwilderten Haustieren bevölkert sind, zündet man häufig die Savanne an, um die Weide zu verbessern. Mit den Gräsern werden dabei zufällig auch die zerstreuten Baumgruppen zerstört. Die Ebenen waren ohne Zweifel im 15. Jahrhundert nicht so kahl wie gegenwärtig; indessen schon die ersten Eroberer beschreiben die Ebenen als Savannen, in denen man nichts sieht als Himmel und Erde.

In Calabozo wurden wir im Hause des Verwalters der *Real Hacienda,* Don Miguel Cousin, aufs gastfreundlichste aufgenommen. Die Stadt, zwischen den Flüssen Guarico und Uritucu gelegen, hatte damals nur 5000 Einwohner, aber ihr Wohlstand war sichtbar im Steigen. Der Reichtum der meisten Einwohner besteht in Herden, die von Pächtern besorgt werden, von sogenannten *Hateros,* von *Hato,* was im Spanischen Haus oder einen Hof mit Weideland bedeutet. Die über die Llanos zerstreute Bevölkerung drängt sich an gewissen Punkten, namentlich in der Nähe der Städte, enger zusammen, und so hat Calabozo in seiner Umgebung bereits fünf Dörfer oder Missionen. Man berechnet das Vieh, das auf den Weiden in der Nähe der Stadt läuft, auf 98 000 Stück. Die Herden auf den Llanos von Caracas, Barcelona, Cumana und des spanischen Guayana sind sehr schwer genau zu schätzen. In den Pampas von Buenos Aires sollen zwölf Millionen Rinder und drei Millionen Pferde laufen, ungeachtet des Viehs, das für herrenlos gilt.

Die Besitzer der großen Hatos in den Llanos von Caracas selbst wissen gar nicht, wie viele Stück Vieh sie besitzen. Sie wissen nur, wie viele junge Tiere jährlich mit den Buchstaben oder der Figur, wodurch die Herden sich unterscheiden, gezeichnet werden. Der südliche Strich der Savannen, gemeiniglich *Llanos de arriba* genannt, ist ausnehmend reich an Maultieren und Rindvieh; da aber die Weiden dort im ganzen minder gut sind, muß man die Tiere auf andere Ebenen treiben, um sie vor dem Verkauf fett zu machen. Die Pferde der Llanos stammen von der schönen spanischen Rasse und sind nicht groß. Sie sind meist einfarbig, dunkelbraun, wie die meisten wilden Tiere. Bald dem Wassermangel, bald Überschwemmungen, dem Stich der Insekten, dem Biß großer Fledermäuse ausgesetzt, führen sie ein geplagtes, ruheloses Leben.

Wenn sie einige Monate unter menschlicher Pflege gewesen sind, entwickeln sich ihre guten Eigenschaften und kommen zu tage.

Was uns in Calabozo am meisten beschäftigte, das waren die Zitteraale, die lebendige elektrische Apparate sind.

Die Spanier begreifen unter dem Namen *Tembladores* (Zitterer) alle elektrischen Fische. Es gibt welche im Antillischen Meer an den Küsten von Cumana. Die Guaykeri, die gewandtesten und fleißigsten Fischer in jener Gegend, brachten uns einen Fisch, der, wie sie sagten, ihnen die Hände starr machte. Der cumanische Zitterrochen war sehr munter, seine Muskelbewegungen sehr kräftig, dennoch waren die elektrischen Schläge, die wir von ihm erhielten, äußerst schwach. Andere Tembladores, echte Gymnoten oder Zitteraale, kommen im Rio Colorado, im Guarapiche und verschiedenen kleinen Bächen in den Missionen der Chaymasindianer vor. Auch in den großen amerikanischen Flüssen, im Orinoko, im Amazonenstrom, im Meta sind sie häufig, aber wegen der starken Strömung und des tiefen Wassers schwer zu fangen. Die Indianer fühlen weit häufiger ihre elektrischen Schläge beim Schwimmen und Baden im Fluß, als daß sie dieselben zu sehen bekommen. In den Llanos, besonders in der Nähe von Calabozo, sind die Gymnoten in den Stücken stehenden Wassers und in den Zuflüssen des Orinoko sehr häufig. Wir wollten zuerst in unserem Hause zu Calabozo unsere Versuche anstellen; aber die Furcht vor den Schlägen des Gymnotus (Zitteraal) ist im Volke so übertrieben, daß wir in den ersten drei Tagen keinen bekommen konnten, obgleich sie sehr leicht zu fangen sind und wir den Indianern zwei Pister für jeden recht großen und starken Fisch versprochen hatten. Diese Scheu der Indianer ist um so sonderbarer, als sie von einem nach ihrer Behauptung ganz zuverlässigen Mittel gar keinen Gebrauch machen. Sie versichern die Weißen, sooft man sie über die Schläge der Tembladores befragt, man könne sie ungestraft berühren, wenn man dabei Tabak kaue. Dieses Märchen vom Einfluß des Tabaks auf die tierische Elektrizität ist auf dem Kontinent von Südamerika so weit verbreitet als unter den Matrosen der Glaube, daß Knoblauch und Unschlitt auf die Magnetnadel wirken.

Des langen Wartens müde und nachdem ein lebender, aber sehr erschöpfter Gymnotus, den wir bekommen, uns sehr zweifelhafte Resultate geliefert, gingen wir nach dem Caño de Bera, um unsere Versuche im Freien unmittelbar am Wasser anzustellen. Wir brachen am 19. März in der Frühe nach dem kleinen Dorf Rastro de Abaxo auf, und von dort führten uns Indianer zu einem Bach, der in der dürren Jahreszeit ein schlammiges Wasserbecken bildet, um das schöne Bäume stehen, Clusia, Amyris, Mimosen mit wohlriechenden Blüten. Mit Netzen sind die Gymnoten sehr schwer zu fangen, weil der ausnehmend bewegliche Fisch sich gleich den Schlangen in den Schlamm eingräbt. Die Wurzeln der *Piscidia erithryna,* der *Jacquinia armillaris* und einiger Arten von *Phyllanthus* haben die Eigenschaft, daß sie, in einen Teich geworfen, die Tiere darin berauschen oder betäuben: dieses Mittel, den sogenannten Barbasco, wollten wir nicht anwenden, da die Gymnoten dadurch geschwächt worden wären. Da sagten die Indianer, sie wollen mit Pferden fischen. Wir hatten keinen Begriff von einer so seltsamen Fischerei; aber nicht lange, so kamen unsere Führer aus der Savanne zurück, wo sie ungezähmte Pferde

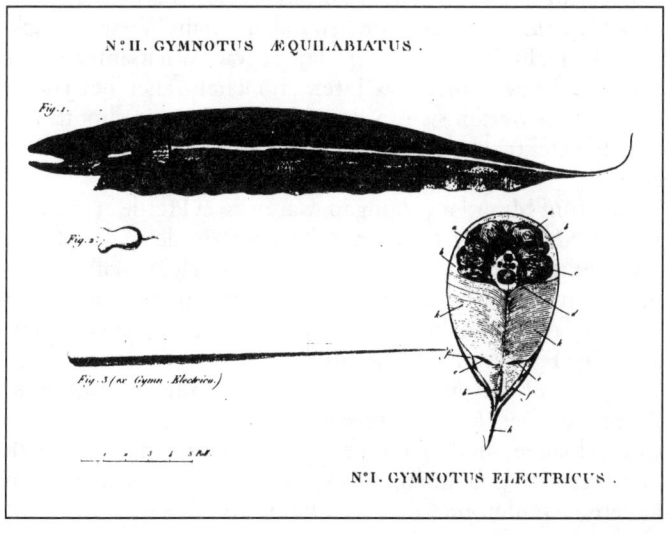

N.° II. GYMNOTUS ÆQUILABIATUS.

Fig. 1.

Fig. 2.

Fig. 3 (as Gymn. Electricu.)

N.° I. GYMNOTUS ELECTRICUS.

und Maultiere zusammengetrieben. Sie brachten ihrer etwa dreißig und jagten sie ins Wasser.

Der ungewohnte Lärm vom Stampfen der Rosse treibt die Fische aus dem Schlamm hervor und reizt sie zum Angriff. Die schwärzlich und gelb gefärbten, großen Wasserschlangen gleichenden Aale schwimmen auf der Wasserfläche hin und drängen sich unter den Bauch der Pferde und Maultiere. Der Kampf zwischen so ganz verschieden organisierten Tieren gibt das malerischste Bild. Die Indianer mit Harpunen und langen, dünnen Rohrstäben stellen sich in dichter Reihe um den Teich; einige besteigen die Bäume, deren Zweige sich waagerecht über die Wasserfläche breiten. Durch ihr wildes Geschrei und mit ihren langen Rohren scheuchen sie die Pferde zurück, wenn sie sich aufs Ufer flüchten wollen. Die Aale, betäubt vom Lärm, verteidigen sich durch wiederholte Schläge ihrer elektrischen Batterien. Lange scheint es, als solle ihnen der Sieg verbleiben. Mehrere Pferde erliegen den unsichtbaren Streichen, von denen die wesentlichsten Organe allerwärts getroffen werden; betäubt von den starken, unaufhörlichen Schlägen, sinken sie unter. Andere, schnaubend, mit gesträubter Mähne, wilde Angst im starren Auge, raffen sich wieder auf und suchen dem um sie tobenden Ungewitter zu entkommen; sie werden von den Indianern ins Wasser zurückgetrieben. Einige entgehen der regen Wachsamkeit der Fischer, sie gewinnen das Ufer, straucheln aber bei jedem Schritt und werfen sich in den Sand, zu Tode erschöpft, mit von den elektrischen Schlägen der Gymnoten erstarrten Gliedern.

Ehe fünf Minuten vergingen, waren zwei Pferde ertrunken. Der 1,6 Meter lange Aal drängt sich dem Pferde an den Bauch und gibt ihm nach der ganzen Länge seines elektrischen Organes einen Schlag: das Herz, die Eingeweide und der *plexus coeliacus* der Abdominalnerven werden dadurch zumal betroffen. Derselbe Fisch wirkt so begreiflicherweise weit stärker auf ein Pferd als auf den Menschen, wenn dieser ihn nur mit einer Extremität berührt. Die Pferde werden ohne Zweifel nicht totgeschlagen, sondern nur betäubt; sie ertrinken, weil sie sich nicht aufraffen können, solange der Kampf zwischen den anderen Pferden und den Gymnoten fortdauert.

Wir meinten nicht anders, als alle Tiere, die man zu dieser Fischerei gebraucht, müßten nacheinander zugrunde gehen. Aber allmählich nimmt die Hitze des ungleichen Kampfes ab, und die erschöpften Gymnoten zerstreuen sich. Sie bedürfen jetzt langer Ruhe und reichlicher Nahrung, um den erlittenen Verlust an galvanischer Kraft wieder zu ersetzen. Maultiere und Pferde verrieten weniger Angst, ihre Mähne sträubte sich nicht mehr, ihr Auge blickte ruhiger. Die Gymnoten kamen scheu ans Ufer des Teiches geschwommen, und hier fing man sie mit kleinen, an langen Stricken befestigten Harpunen. Wenn die Stricke recht trocken sind, so fühlen die Indianer beim Herausziehen des Fisches an die Luft keine Schläge. In wenigen Minuten hatten wir fünf große Aale, die meisten nur leicht verletzt. Auf dieselbe Weise wurden abends noch andere gefangen.

Die Gewässer, in denen sich die Zitteraale gewöhnlich aufhalten, haben eine Temperatur von 26 bis 27 Grad. Ihre elektrische Kraft soll in kälterem Wasser abnehmen. Der Gymnotus ist der größte elektrische Fisch; ich habe welche gemessen, die 1,7 Meter und 1,72 Meter lang waren; die Indianer wollten noch größere gesehen haben. Ein 1,23 Meter langer Fisch wog fünf Kilogramm. Der Querdurchmesser des Körpers betrug neun Zentimeter. Die Gymnoten aus dem Cerro de Bera sind hübsch olivengrün. Der Unterteil des Kopfes ist rötlichgelb. Zwei Reihen kleiner gelber Flecke laufen symmetrisch über den Rücken vom Kopf bis zum Schwanzende. Jeder Fleck umschließt einen Ausführungskanal; die Haut des Tieres ist auch beständig mit einem Schleim bedeckt, der, wie Volta gezeigt hat, die Elektrizität 20- bis 30mal besser leitet als reines Wasser. Es ist überhaupt merkwürdig, daß keiner der elektrischen Fische, die bis jetzt in verschiedenen Weltteilen entdeckt wurden, mit Schuppen bedeckt ist.

Den ersten Schlägen eines sehr großen, stark gereizten Gymnotus würde man sich nicht ohne Gefahr aussetzen. Bekommt man zufällig einen Schlag, bevor der Fisch verwundet oder durch lange Verfolgung erschöpft ist, so sind Schmerz und Betäubung so heftig, daß man sich von der Art der Empfindung gar keine Rechenschaft geben kann. Ich erinnere mich nicht, je durch die Entladung einer großen Leidener

Flasche eine so furchtbare Erschütterung erlitten zu haben wie die, als ich unvorsichtigerweise beide Füße auf einen Gymnotus setzte, der eben aus dem Wasser gezogen worden war. Ich empfand den ganzen Tag heftigen Schmerz in den Knien und fast in allen Gelenken. Der Zitterrochen und die Zitteraale verursachen ein Sehnenhüpfen vom Glied an, das die elektrischen Organe berührt, bis zum Ellbogen. Man glaubt bei jedem Schlag innerlich eine Schwingung zu empfinden, die zwei, drei Sekunden anhält und der eine schmerzhafte Betäubung folgt. In der ausdrucksvollen Sprache der Tamanaken heißt daher der Temblador *Arimna*, das heißt, »der die Bewegung raubt«.

In Holländisch-Guayana galten früher die Zitteraale als ein Heilmittel gegen Lähmungen. In den spanischen Kolonien, die ich durchreist, habe ich von dieser Heilmethode nichts gehört; aber soviel ist gewiß, daß Bonpland und ich, nachdem wir vier Stunden lang an Gymnoten experimentiert, bis zum anderen Tage Muskelschwäche, Schmerz in den Gelenken, allgemeine Übelkeit empfanden, eine Folge der heftigen Reizung des Nervensystems.

Während die Gymnoten für die europäischen Naturforscher Gegenstände der Vorliebe und des lebhaftesten Interesses sind, werden sie von den Eingeborenen gefürchtet und gehaßt. Ihr Muskelfleisch schmeckt allerdings nicht übel, aber der Körper besteht zum größten Teil aus dem elektrischen Organ, und dieses ist schmierig und von unangenehmem Geschmack; man sondert es daher auch sorgfältig vom übrigen ab. Zudem schreibt man es vorzüglich den Gymnoten zu, daß die Fische in den Sümpfen und Teichen der Llanos so selten sind. Sie töten ihrer viel mehr, als sie verzehren, und die Indianer erzählten uns, wenn man in sehr starken Netzen junge Krokodile und Zitteraale zugleich fange, so sei an letzteren nie eine Verletzung zu bemerken, weil sie die jungen Krokodile lähmen, bevor diese ihnen etwas anhaben können. Alle Bewohner des Wassers fliehen die Gemeinschaft der Zitteraale. Eidechsen, Schildkröten und Frösche suchen Sümpfe auf, wo sie vor jenen sicher sind. Bei Uritucu mußte man einer Straße eine andere Richtung geben, weil die Zitteraale sich in einem Flusse so vermehrt hatten, daß sie alle Jahre eine Menge Maultiere, die belastet durch den Fluß wateten, umbrachten.

Am 24. März verließen wir die Stadt Calabozo sehr befriedigt von unserem Aufenthalt und unseren Versuchen über einen so wichtigen physiologischen Gegenstand. Ich hatte überdies gute Sternbeobachtungen machen können und zu meiner Überraschung gefunden, daß die Angaben der Karten auch hier um ein Viertelgrad in der Breite unrichtig sind.

Auf dem Wege durch den südlichen Strich der Llanos fanden wir den Boden staubiger, pflanzenloser, durch die lange Dürre zerrissener. Die Palmen verschwanden nach und nach ganz. Das Thermometer stand von elf Uhr bis zum Sonnenuntergang auf 34 bis 35 Grad. Je ruhiger die Luft in 2,6 bis 2,9 Meter Höhe schien, desto dichter wurden wir von den Staubwirbeln eingehüllt, welche von den kleinen, am Boden hinstreichenden Luftströmungen erzeugt werden. Gegen vier Uhr abends fanden wir in der Savanne ein junges indianisches Mädchen. Sie lag auf dem Rücken, war ganz nackt und schien nicht über zwölf bis dreizehn Jahre alt zu sein. Sie war von Ermüdung und Durst erschöpft, Augen, Nase, Mund voll Staub, der Atem röchelnd; sie konnte uns keine Antwort geben. Neben ihr lag ein umgeworfener Krug, halb voll Sand. Zum Glück hatten wir ein Maultier bei uns, das Wasser trug. Wir brachten das Mädchen zu sich, indem wir ihr das Gesicht wuschen und ihr einige Tropfen Wein aufdrangen. Sie war anfangs erschrocken über die vielen Leute um sie her, aber sie beruhigte sich nach und nach und sprach mit unseren Führern. Sie meinte, dem Stand der Sonne nach müsse sie mehrere Stunden betäubt dagelegen haben. Sie war nicht dazu zu bringen, eines unserer Lasttiere zu besteigen. Sie wollte nicht nach Uritucu zurück; sie hatte in einem Hofe in der Nähe gedient und war von ihrer Herrschaft verstoßen worden, weil sie infolge einer langen Krankheit nicht mehr so viel leisten konnte als zuvor. Unsere Drohungen und Bitten fruchteten nichts; für Leiden unempfindlich wie ihre ganze Rasse, in die Gegenwart versunken ohne Bangen vor künftiger Gefahr, beharrte sie auf ihrem Entschluß, in eine der indianischen Missionen um die Stadt Calabozo her zu gehen. Wir schütteten den Sand aus ihrem Krug und füllten ihn mit Wasser. Noch ehe wir wieder zu Pferde waren, setzte sie ihren Weg in der Steppe fort. Bald enzog sie eine Staubwolke unsern Blicken.

In der Nacht durchwateten wir den Rio Uritucu, in dem zahlreiche, auffallend wilde Krokodile hausen. Man warnte uns, unsere Hunde nicht am Fluß saufen zu lassen, weil es gar nicht selten vorkomme, daß die Krokodile in Uritucu aus dem Wasser gehen und die Hunde aufs Ufer verfolgen. Solche Keckheit fällt desto mehr auf, da 27 Kilometer von da, im Rio Tisnao, die Krokodile ziemlich schüchtern und unschädlich sind. Man zeigte uns eine Hütte oder vielmehr eine Art Schuppen, wo unser Wirt in Calabozo, Don Miguel Cousin, einen höchst merkwürdigen Auftritt erlebt hatte. Er schlief mit einem Freunde auf einer mit Leder überzogenen Bank, da wird er frühmorgens durch heftige Stöße und einen furchtbaren Lärm aufgeschreckt. Erdschollen werden in die Hütte geschleudert. Nicht lange, so kommt ein junges, 60 bis 90 Zentimeter langes Krokodil unter der Schlafstätte hervor, fährt auf einen Hund los, der auf der Türschwelle lag, verfehlt ihn im ungestümen Lauf, eilt dem Ufer zu und entkommt in den Fluß. Man untersuchte den Boden unter der Barbacoa oder Lagerstätte, und da war denn der Hergang des seltsamen Abenteuers bald klar. Man fand die Erde weit hinab aufgewühlt; es war vertrockneter Schlamm, in dem das Krokodil im Sommerschlaf gelegen hatte, in welchen Zustand manche Individuen dieser Tierart während der dürren Jahreszeit in den Llanos verfallen. Der Lärm von Menschen und Pferden, vielleicht auch der Geruch des Hundes hatten es aufgeweckt. Die Hütte lag an einem Teich und stand einen Teil des Jahres unter Wasser; so war das Krokodil ohne Zweifel, als die Savanne überschwemmt wurde, durch dasselbe Loch hineingekommen, durch das es Don Miguel herauskommen sah. Häufig finden die Indianer ungeheure Boas, von ihnen Uji oder Wasserschlangen genannt, im selben Zustand der Erstarrung. Man muß sie, sagt man, reizen oder mit Wasser begießen, um sie zu erwecken. Man tötet die Boas und hängt sie in einen Bach, um durch die Fäulnis die sehnigen Teile der Rückenmuskeln zu gewinnen, aus denen man in Calabozo vortreffliche Guitarrensaiten macht, die weit besser sind als die aus den Därmen der Brüllaffen.

Wir sehen somit, daß in den Llanos Trockenheit und Hitze auf Tiere und Gewächse gleich dem Frost wirken. Die Reptilien, besonders Krokodile und Boas, verlassen vermöge ihres trägen Naturells die Lachen, wo sie beim Austreten der Flüsse Wasser gefunden haben, nicht leicht wieder. Je mehr nun diese Wasserstücke eintrocknen, desto tiefer graben sich die Tiere in den Schlamm ein, der Feuchtigkeit nach, die bei ihnen Haut und Decken schmiegsam erhält. In diesem Zustand der Ruhe kommt die Erstarrung über sie; sie werden wohl dabei von der äußeren Luft nicht ganz abgesperrt, und so gering auch der Zutritt derselben sein mag, er reicht hin, den Atmungsprozeß bei einer Eidechse zu unterhalten, die ausnehmend große Lungensäcke hat, die keine Muskelbewegungen vornimmt und bei der fast alle Lebensverrichtungen stocken. Die Temperatur des vertrockneten, dem Sonnenstrahl ausgesetzten Schlammes beträgt im Mittel wahrscheinlich mehr als 40 Grad.

Am 25. März kamen wir weit über den ebensten Strich der Steppen von Caracas, die Mesa de Pavones. Die Corypha- und Murichepalme fehlen hier ganz. So weit das Auge reicht, gewahrt man keinen Gegenstand, der auch nur 40 Zentimeter hoch wäre. Die Luft war rein und der Himmel tiefblau, aber den Horizont säumte ein blasser, gelblicher Schein, der ohne Zweifel von der Menge des in der Luft schwebenden Sandes herrührte. Wir trafen große Herden und bei ihnen Scharen schwarzer Vögel mit olivenfarbigem Glanz, die dem Vieh nachgehen. Wir sahen sie häufig den Kühen auf dem Rücken sitzen und Bremsen und andere Insekten suchen. Gleich mehreren Vögeln dieser Einöde scheuen sie so wenig vor dem Menschen, daß Kinder sie oft mit der Hand fangen. In den Tälern von Aragua, wo sie sehr häufig sind, setzten sie sich am hellen Tag auf unsere Hängematten, während wir darin lagen.

Zwischen Calabozo, Uritucu und der Mesa de Pavones kann man überall, wo der Boden von Menschenhand wenige Fuß tief aufgegraben ist, die geologischen Verhältnisse der Llanos beobachten. Ein roter Sandstein (Rotes Totliegendes oder ältester Flözsandstein der Freiberger Schule) streicht über mehrere tausend Quadratkilometer weg. Diese ungeheure Verbreitung des roten Sandsteins auf den tiefgelegenen Landstrichen ostwärts von den Anden ist eine der auffallendsten

geologischen Erscheinungen, die ich unter den Tropen beobachtet.

Nachdem wir in den öden Savannen der Mesa de Pavones
lange ohne die Spur eines Pfades umhergeirrt, sahen wir zu
unserer freudigen Überraschung einen einsamen Hof vor uns,
der von Gärten und kleinen Teichen mit klarem Wasser umgeben war. Hecken von Azedarac liefen um Gruppen von Ica-
quesbäumen, die voll Früchten hingen. Eine Strecke weiter
übernachteten wir beim kleinen Dorfe San Geronimo del
Guayaval, das Missionare vom Kapuzinerorden gegründet
haben. Es liegt am Ufer des Rio Guarico, der in den Apure fällt.
Ich besuchte den Geistlichen, der in der Kirche wohnen
mußte, weil noch kein Priesterhaus gebaut war. Der junge
Mann nahm uns aufs zuvorkommendste auf und gab uns über
alles die verlangte Auskunft. Sein Dorf oder, um den offiziel-
len Ausdruck der Mönche zu gebrauchen, seine Mission war
nicht leicht zu regieren. Der Stifter war bei der Aufnahme der
Kolonisten nicht heikel gewesen. Viele Landstreicher aus den
Llanos hatten sich in Guayaval niedergelassen, weil die Einwohner einer Mission dem weltlichen Arm entrückt sind.
Hier wie in Neuholland kann man erst in der zweiten oder
dritten Generation auf gute Kolonisten rechnen.

Wir setzten über den Rio Guarico und übernachteten in
den Savannen südlich von Guayaval. Ungeheure Fledermäuse,
wahrscheinlich von der Sippe der Phyllostomen, flatterten
wie gewöhnlich einen guten Teil der Nacht über unseren Hängematten. Man meint jeden Augenblick, sie wollten sich
einem ins Gesicht einkrallen. Am frühen Morgen setzten wir
den Weg über tiefe, häufig unter Wasser stehende Landstriche
fort. In der Regenzeit kann man zwischen dem Guarico und
dem Apure im Kahn fahren wie auf einem See. Am 27. März
langten wir in der Villa de San Fernando, dem Hauptort der
Kapuziner in der Provinz Varinas, an. Damit waren wir am
Ziel unserer Reisen über die Ebenen, denn die drei Monate
April, Mai und Juni brachten wir auf den Strömen zu.

Achtzehntes Kapitel

San Fernando de Apure · Verschlingungen und
Gabelteilungen der Flüsse Apure und Arauca
Fahrt auf dem Rio Apure

Bis in die zweite Hälfte des 18. Jahrhunderts waren die großen
Flüsse Apure, Payara, Arauca und Meta in Europa kaum dem
Namen nach bekannt, ja weniger als in den vorhergehenden
Jahrhunderten, als der tapfere Felipe de Urre und die Eroberer
von Tocuyo durch die Llanos zogen, um jenseits des Apure die
große Stadt des Dorado und das reiche Land Omaguas, das
Timbuktu des neuen Kontinents, aufzusuchen. So kühne Züge
waren nur in voller Kriegsausrüstung auszuführen. Auch wurden die Waffen, die nur die neuen Ansiedler schützen sollten,
beständig wider die unglücklichen Eingeborenen gekehrt. Als
diesen Zeiten der Gewalttätigkeit und der allgemeinen Not
friedlichere Zeiten folgten, machten sich zwei mächtige indianische Volksstämme, die Cabres und die Kariben vom Orinoko, zu Herren des Landes, welches die Konquistadoren jetzt
nicht mehr verheerten. Von nun an war es nur noch armen
Mönchen gestattet, südlich von den Steppen den Fuß zu setzen. Das Küstenland von Venezuela blieb isoliert, und mit den
langsamen Eroberungen der Missionare von der Gesellschaft
Jesu wollte es nur längs der Ufer des Orinoko glücken. Diese
Väter waren bereits über die Katarakte von Atures und Maypu-
res hinausgedrungen, als die andalusischen Kapuziner von der
Küste und den Tälern von Aragua aus kaum die Ebenen von
Calabozo erreicht hatten. Man sollte es kaum glauben, daß die
Stadt San Fernando am Apure, die in gerader Linie nur 225
Kilometer von dem am frühesten bevölkerten Küstenstrich
von Caracas liegt, erst im Jahre 1789 gegründet worden ist.
Man zeigte uns ein Pergament voll hübscher Malereien, die

Stiftungsurkunde der kleinen Stadt. Dieselbe war auf Ansuchen der Mönche aus Madrid gekommen, als man noch nichts sah als ein paar Rohrhütten um ein großes, mitten im Flecken aufgerichtetes Kreuz. Da die Missionare und die weltlichen obersten Behörden gleiches Interesse haben, in Europa ihre Bemühungen für Förderung der Kultur und der Bevölkerung in den Provinzen über dem Meer in übertriebenem Lichte erscheinen zu lassen, so kommt es oft vor, daß Stadt- und Dorfnamen lange vor der wirklichen Gründung in der Liste der neuen Eroberungen aufgeführt werden.

San Fernando an einem großen schiffbaren Strome, nahe bei der Einmündung eines anderen, der die ganze Provinz Varinas durchzieht, ist für den Handel ungemein günstig gelegen. Alle Produkte dieser Provinz, Häute, Kakao, Baumwolle und der Indigo, gehen über diese Stadt nach den Mündungen des Orinoko. In der Regenzeit kommen große Fahrzeuge von Angostura nach San Fernando herauf, sowie auf dem Rio Santo Domingo nach Torunos, dem Hafen der Stadt Varinas. Um diese Zeit treten die Flüsse aus, und zwischen dem Apure, dem Capanaparo und Sinaruco bildet sich dann ein wahres Labyrinth von Verzweigungen, das über eine Fläche Landes von 8100 Quadratkilometern reicht. In diesem Becken steht in der Regenzeit das Wasser 4 bis 4,5 Meter hoch auf den Grasfluren, so daß sie einem mächtigen See gleichen. Die Dörfer und Höfe, die gleichsam auf Untiefen dieses Sees liegen, stehen kaum 0,6 bis 1 Meter über Wasser. Alles erinnert an die Überschwemmung in Unterägypten. Das Austreten der Flüsse Apure, Meta und Orinoko ist ebenso an eine bestimmte Zeit gebunden. In der Regenzeit gehen die Pferde, welche in der Savanne wild leben, zu Hunderten zugrunde, weil sie die Plateaus oder die gewölbten Erhöhungen in den Llanos nicht erreichen konnten. Man sieht die Stuten, hinter ihnen ihre Füllen, einen Teil des Tages herumschwimmen und die Gräser abweiden, die nur mit den Spitzen über das Wasser reichen. Sie werden dabei von Krokodilen angefallen, und man sieht nicht selten Pferde, die an den Schenkeln Spuren von den Zähnen dieser fleischfressenden Reptilien aufzuweisen haben. Die Aase von Pferden, Maultieren und Kühen ziehen zahllose Geier herbei. Die Zamuros (*Vultur aura*) sind die Ibisse des Landes. Sie haben ganz den Habitus des »Huhns der Pharaonen« und leisten den Bewohnern der Llanos dieselben Dienste wie der *Vultur Percnopterus* den Ägyptern.

Während des hohen Wasserstandes gehen die Bewohner dieser Länder, um die starke Strömung und die gefährlichen Baumstämme, die sie treibt, zu vermeiden, in ihren Kanoes nicht in den Flußbetten hinauf, sondern fahren über die Grasfluren. Es ist als führe man auf einem einzigen 90 Kilometer breiten Strome. Die Flüsse Guarico, Apure, Cabullare und Arauca bilden da, wo sie sich in den Orinoko ergießen, 720 Kilometer von der Küste von Guayana, eine Art Binnendelta, dergleichen die Hydrographie in der Alten Welt wenig aufzuweisen hat.

Wir hielten uns drei Tage in der kleinen Stadt San Fernando auf. Wir wohnten beim Missionar, einem sehr wohlhabenden Kapuziner. Wir waren vom Bischof von Caracas an ihn empfohlen, und er bewies uns die größte Aufmerksamkeit und Gefälligkeit.

San Fernando ist berüchtigt wegen der unmäßigen Hitze, die hier den größten Teil des Jahres herrscht. Dieser westliche Strich der Llanos ist der heißeste, weil ihm die Luft zugeführt wird, welche bereits über die ganze dürre Steppe weggegangen ist. – In der Regenzeit nimmt die Hitze in den Llanos bedeutend zu, besonders im Juli, wenn der Himmel bedeckt ist und die strahlende Wärme gegen den Erdboden zurückwirft. Das Thermometer steigt im Schatten auf 39 bis 39,5 Grad. Je näher wir den Flüssen Portuguesa, Apure und Apurito kamen, desto kühler wurde die Luft infolge der Verdunstung so ansehnlicher Wassermassen. Dies ist besonders bei Sonnenaufgang fühlbar.

Am 28. März bei Sonnenaufgang befand ich mich am Ufer, um die Breite des Apure zu messen. Sie beträgt 402 Meter. Es donnerte von allen Seiten; es war dies das erste Gewitter und der erste Regen der Jahreszeit. Der Fluß schlug beim Ostwind starke Wellen, aber bald wurde die Luft wieder still, und alsbald fingen große Cetaceen aus der Familie der Spritzfische, ganz ähnlich den Delphinen unserer Meere, an, sich in langen Reihen an der Wasseroberfläche zu tummeln. Die Krokodile, langsam und träge, schienen die Nähe dieser lärmenden, in ihren Bewegungen ungestümen Tiere zu scheuen; wir sahen sie untertauchen, wenn die Spritzfische ihnen nahekamen. Daß Cetaceen so weit von der Küste vorkommen, ist sehr auffallend. Die Spanier in den Missionen nennen sie, wie die Seedelphine, Toninas; ihr indianischer Name ist Orinucua. Sie sind 1 bis 1,3 Meter lang und zeigen, wenn sie den Rücken krümmen und mit dem Schwanz auf die unteren Wasserschichten schlagen, ein Stück des Rückens und der Rückenflosse.

Während es bereits rings um uns donnerte, zeigten sich am Himmel nur einzelne Wolken, die langsam, und zwar in entgegengesetzter Richtung, dem Zenit zu zogen. Das Thermometer stand auf 23,7 Grad. Während das Gewitter sich zusammenzog, wurde die Farbe des Himmels zuerst dunkelblau und dann grau. Jetzt goß der Regen in Strömen nieder. Gegen Ende des Gewitters wurde der Westwind sehr heftig. Die Wolken zerstreuten sich, und das Thermometer fiel auf 22 Grad infolge der Verdunstung am Boden und der freieren Wärmestrahlung gegen den Himmel. In einem Land, wo das Jahr in zwei große Hälften zerfällt, in die trockene und in die nasse Jahreszeit oder, wie die Indianer in ihrer ausdrucksvollen Sprache sagen, in Sonnenzeit und in Regenzeit, ist es von großem Interesse, den Verlauf der meteorologischen Erscheinung beim Übergang von einer Jahreszeit zur anderen zu verfolgen.

Das Aussehen des Himmels, der Gang der Elektrizität und der Regenguß am 28. März verkündeten den Beginn der Regenzeit; man riet uns indessen, von San Fernando am Apure noch über San Francisco de Capanaparo, über den Rio Sinatruco und den Hato San Antonio nach dem kürzlich am Ufer des Meta gegründeten Dorfe der Otomaken zu gehen und uns auf dem Orinoko etwas oberhalb Carichana einzuschiffen. Dieser Landweg führt durch einen ungesunden, von Fiebern heimgesuchten Strich. Ein alter Pächter, Don Francisco Sanchez, bot sich uns gefällig als Führer an. Seine Tracht war ein sprechendes Bild der großen Sitteneinfalt in diesen entlegenen Ländern. Er hatte ein Vermögen von mehr als 100 000 Piastern, und doch stieg er mit nackten Füßen, an die mächtige Sporen geschnallt waren, zu Pferde. Wir wußten aber aus mehrwöchiger Erfahrung, wie traurig einförmig die Vegetation auf den Llanos ist,und schlugen daher lieber den längeren Weg auf dem Rio Apure nach dem Orinoko ein. Wir wählten dazu eine der sehr breiten Pirogen, welche die Spanier Lanchas nennen, zur Bemannung waren ein Steuermann (*el patron*) und vier Indianer hinreichend. Am Hinterteil wurde in wenigen Stunden eine mit Coryphablättern gedeckte Hütte hergerichtet. Sie war so geräumig, daß Tisch und Bänke Platz darin fanden. Letztere bestanden aus über Rahmen von Brasilholz straff gespannten und angenagelten Ochsenhäuten. Ich führe diese kleinen Umstände an, um zu zeigen, wie gut wir es auf dem Apure hatten gegenüber dem Leben auf dem Orinoko in den schmalen elenden Kanoes. Wir nahmen in die Piroge Lebensmittel auf einen Monat ein. In San Fernando gibt es Hühner, Eier, Bananen, Maniokmehl und Kakao im Überfluß. Der gute Pater Kapuziner gab uns Xereswein, Orangen und Tamarinden zu kühlender Limonade. Es war vorauszusehen, daß ein Dach aus Palmenblättern sich im breiten Flußbett, wo man fast immer den senkrechten Sonnenstrahlen ausgesetzt ist, sehr stark erhitzen mußte. Die Indianer rechneten weniger auf die Lebensmittel, die wir angeschafft, als auf ihre Angeln und Netze. Wir nahmen auch einige Schießgewehre mit, die wir bis zu den Katarakten ziemlich verbreitet fanden, während weiter nach Süden die Missionare wegen der übermäßigen Feuchtigkeit der Luft keine Feuerwaffen mehr führen können. Im Rio Apure gibt es sehr viele Fische, Seekühe und Schildkröten, deren Eier allerdings nährend, aber keine sehr angenehme Speise sind. Die Ufer sind mit unzähligen Vogelscharen bevölkert. Die ersprießlichsten für uns waren die Pauxi und die Guacharaca, die man den Truthahn und den Fasan des Landes nennen könnte. Ihr Fleisch kam mir härter und nicht so weiß vor als das unserer hühnerartigen Vögel in Europa, weil sie ihre Muskeln ungleich stärker brauchen. Neben dem Mundvorrat, dem Gerät zum Fischfang und den Waffen vergaß man nicht, ein paar Fässer Branntwein zum Tauschhandel mit den Indianern am Orinoko einzunehmen.

Wir fuhren von San Fernando am 30. März, um vier Uhr abends, bei sehr starker Hitze ab; das Thermometer stand im Schatten auf 34 Grad, obgleich der Wind stark aus Südost blies.

Wegen dieses widrigen Windes konnten wir keine Segel auf-
ziehen. Auf der ganzen Fahrt auf dem Apure, dem Orinoko
und Rio Negro begleitete uns der Schwager des Statthalters
der Provinz Varinas, Don Nicolas Soto, der erst kürzlich von
Cadix angekommen war und einen Ausflug nach San Fernando gemacht hatte. Um Länder kennenzulernen, die ein würdi-
ges Ziel für die Wißbegierde des Europäers sind, entschloß er
sich, mit uns 74 Tage auf einem engen, von Moskitos wimmelnden Kanoe zuzubringen. Sein geistreiches, liebenswürdi-
ges Wesen und seine muntere Laune haben uns oft die
Beschwerden einer zuweilen nicht gefahrlosen Fahrt vergessen helfen. Wir fuhren am Einfluß des Apurito vorbei und an
der Insel dieses Namens hin, die vom Apure und dem Guarico
gebildet wird. Unterhalb des Apurito ist das rechte Ufer des
Apure etwas besser angebaut als das linke, wo einige Hütten
der Yaruro-Indianer aus Rohr und Palmblattstielen stehen. Sie
leben von Jagd und Fischfang und sind besonders geübt im
Erlegen der Jaguare, daher die unter dem Namen Tigerfelle
bekannten Bälge vorzüglich durch sie in die spanischen Dörfer kommen. Ein Teil dieser Indianer ist getauft, besucht aber
niemals eine christliche Kirche. Man betrachtet sie als Wilde,
weil sie unabhängig bleiben wollen. Andere Stämme der
Yaruro leben unter der Zucht der Missionare. Die Leute dieser
Nation haben einige Züge, die manchen Zweigen der mongo-
lischen Rasse zukommen. Ihr Blick ist ernst, das Auge stark in
die Länge gezogen, die Jochbeine hervorragend, die Nase aber
der ganzen Länge nach vorspringend. Sie sind größer, brauner
und nicht so untersetzt wie die Chaymas. Die Missionare rühmen die geistigen Anlagen der Yaruro, die früher eine mächtige, zahlreiche Nation an den Ufern des Orinoko waren.

Auf meiner ganzen Reise von San Fernando nach San Carlos
am Rio Negro und von dort nach der Stadt Angostura war
ich bemüht, Tag für Tag, sei es im Kanoe, sei es im Nachtlager,
aufzuschreiben, was mir Bemerkenswertes vorgekommen.
Durch den starken Regen und die ungeheure Menge Moskitos, von denen die Luft am Orinoko und Casiquiare wimmelt,
hat diese Arbeit notwendig Lücken bekommen, die ich aber
wenige Tage darauf ergänzt habe. Was im Angesicht der
geschilderten Gegenstände niedergeschrieben ist, hat ein Ge-

präge von Wahrhaftigkeit, das auch den unbedeutendsten Dingen einen gewissen Reiz gibt. Je gewaltiger und großartiger die Natur in den von ungeheuren Strömen durchzogenen Wäldern erscheint, desto strenger muß man bei den Naturschilderungen an der Einfachheit festhalten.

Am 31. März. Von Diamante an betritt man ein Gebiet, das nur von Tigern, Krokodilen und Chiguiren, einer großen Art von Linnés Gattung Cavia, bewohnt ist. Hier sahen wir dicht gedrängte Vogelschwärme sich vom Himmel abheben wie eine schwärzliche Wolke, deren Umrisse sich jeden Augenblick veränderten. Der Fluß wird allmählich breiter. Hin und wieder ist der Fluß zu beiden Seiten bewaldet und bildet einen geraden, 290 Meter breiten Kanal. Die Stellung der Bäume ist sehr merkwürdig. Vorne sieht man Büsche von Sauso (*Hermesia castaneifolia*), die gleichsam eine 1,3 Meter hohe Hecke bilden, und es ist, als wäre diese künstlich beschnitten. Hinter dieser Hecke kommt ein Gehölz von Cedrela, Brasilholz und Gayac. Die Palmen sind ziemlich selten; man sieht nur hier und da einen Stamm der Corozo- und der stachligen Piritupalme. Die großen Vierfüßer dieses Landstrichs, die Tiger, Tapire und Pekarischweine, haben Durchgänge in die eben beschriebene Sausohecke gebrochen, durch die sie zum Trinken an den Strom gehen. Da sie sich nicht viel daraus machen, wenn ein Kanoe herbeikommt, hat man den Genuß, sie langsam am Ufer hinstreichen zu sehen, bis sie durch eine der schmalen Lücken im Gebüsch im Walde verschwinden. Man sieht sich einer neuen Welt, einer wilden, ungezähmten Natur gegenüber. Bald zeigt sich am Gestade der Jaguar, der schöne amerikanische Panther; bald wandelt der Hocco (*Crax alector*) mit schwarzem Gefieder und Federbusch langsam an der Uferhecke hin. Tiere der verschiedensten Klassen lösen einander ab. *»Es como en el Paraiso«* (es ist wie im Paradies), sagte unser Steuermann, ein alter Indianer aus den Missionen. Und wirklich, alles erinnert hier an den Urzustand der Welt; beobachtet man aber das gegenseitige Verhalten der Tiere genau, so zeigt es sich, daß sie einander fürchten und meiden. Das goldene Zeitalter ist vorbei, und in diesem Paradies der amerikanischen Wälder, wie allerorten, hat lange traurige Erfahrung alle Geschöpfe gelehrt, daß Sanftmut und Stärke selten beisammen sind.

Wo das Gestade eine bedeutende Breite hat, bleibt die Reihe von Sausobüschen weiter vom Strome weg. Auf diesem Zwischengebiet sieht man Krokodile, oft acht und zehn, auf dem Sande liegen. Regungslos, die Kinnladen unter rechtem Winkel aufgesperrt, ruhen sie nebeneinander ohne irgendein Zeichen von Zuneigung, wie man sie sonst bei gesellig lebenden Tieren bemerkt. Der Trupp geht auseinander, sobald er vom Ufer aufbricht, und doch besteht er wahrscheinlich nur aus einem männlichen und vielen weiblichen Tieren; denn die Männchen sind ziemlich selten, weil sie in der Brunst miteinander kämpfen und sich ums Leben bringen. Diese gewaltigen Reptilien sind so zahlreich, daß auf dem ganzen Stromlauf fast jeden Augenblick ihrer fünf oder sechs zu sehen waren, und doch fing der Apure erst kaum merklich zu steigen an und Hunderte von Krokodilen lagen also noch im Schlamme der Savannen begraben. Gegen vier Uhr abends hielten wir an, um ein totes Krokodil zu messen, das der Strom ans Ufer geworfen. Es war nur 5,38 Meter lang; einige Tage später fand Bonpland ein anderes (männliches), das 7,22 Meter maß. Die Indianer sagten uns, in San Fernando vergehe nicht leicht ein Jahr, wo nicht zwei, drei erwachsene Menschen, namentlich Weiber beim Wasserschöpfen, am Fluß von diesen fleischfressenden Eidechsen zerrissen würden. Man erzählte uns die Geschichte eines jungen Mädchens aus Uritucu, das sich durch seltene Unerschrockenheit und Geistesgegenwart aus dem Rachen eines Krokodils gerettet. Sobald sie sich gepackt fühlte, griff sie nach den Augen des Tieres und stieß ihre Finger mit solcher Gewalt hinein, daß das Krokodil sie vor Schmerz fahren ließ, nachdem es ihr den linken Unterarm abgerissen. Trotz des ungeheuren Blutverlustes gelangte die Indianerin, mit der übriggebliebenen Hand schwimmend, glücklich ans Ufer. In diesen Einöden, wo der Mensch in beständigem Kampf mit der Natur liegt, unterhält man sich täglich von Kunstgriffen, um einem Tiger, einer Boa oder *Traga Venado*, einem Krokodil zu entgehen; jeder rüstet sich gleichsam auf die bevorstehende Gefahr. »Ich wußte«, sagte das junge Mädchen in Uritucu gelassen, »daß der Kaiman abläßt, wenn man ihm die Finger in die Augen drückt.« Lange nach meiner Rückkehr nach Europa erfuhr ich, daß die Neger im inneren Afrika dasselbe Mittel anwenden.

Die Krokodile im Apure finden reichliche Nahrung an den Chiguiren (*Cavia Capybara*, Wasserschwein), die in Rudeln von 50 bis 60 Stück an den Flußufern leben. Diese unglücklichen Tiere von der Größe unserer Schweine besitzen keinerlei Waffe, sich zu wehren. Sie schwimmen etwas besser, als sie laufen; aber auf dem Wasser werden sie eine Beute der Krokodile, und am Lande werden sie von den Tigern gefressen. Man begreift kaum, wie sie bei den Nachstellungen zweier gewaltiger Feinde so zahlreich sein können; sie vermehren sich aber so rasch wie die Cobayes oder Meerschweinchen, die aus Brasilien zu uns gekommen sind.

Unterhalb der Einmündung des Caño de la Tigrera, in einer Bucht, *Vuelta del Joval* genannt, legten wir an, um die Schnelligkeit der Strömung an der Oberfläche zu messen; sie betrug nur 1,13 Meter in der Sekunde. Auch hier sahen wir uns von Chiguiren umgeben, die beim Schwimmen wie die Hunde Kopf und Hals aus dem Wasser strecken. Auf dem Strand gegenüber sahen wir zu unserer Überraschung ein mächtiges Krokodil mitten unter diesen Nagetieren regungslos liegen und schlafen. Es erwachte, als wir mit unserer Piroge näherkamen, und ging langsam dem Wasser zu, ohne daß die Chiguire unruhig wurden. Unsere Indianer sahen den Grund dieser Gleichgültigkeit in der Dummheit des Tieres; wahrscheinlich aber wissen die Chiguire aus langer Erfahrung, daß das Krokodil des Apure und Orinoko auf dem Lande nicht angreift, der Gegenstand, den es packen will, müßte ihm denn im Augenblicke, wo es sich ins Wasser wirft, in den Weg kommen.

Beim Joval wird der Charakter der Landschaft großartig wild. Hier sahen wir den größten Tiger, der uns je vorgekommen. Selbst die Indianer erstaunten über seine ungeheure Länge; er war größer als alle indischen Tiger, die ich in Europa in Menagerien gesehen. Das Tier lag im Schatten einer großen Zamang, einer Mimosenart. Es hatte eben einen Chiguire erlegt, aber seine Beute noch nicht angebrochen; nur eine seiner Tatzen lag darauf. Die Zamuros, eine Geierart, hatten sich in Scharen versammelt, um die Reste vom Mahle des Jaguars zu verzehren. Sie ergötzten uns nicht wenig durch den seltsamen Verein von Frechheit und Scheu. Sie wagten sich bis auf 60 Zentimeter vom Jaguar vor, aber bei der leisesten Bewegung desselben wichen sie zurück. Um die Sitten dieser Tiere noch mehr in der Nähe zu beobachten, bestiegen wir das kleine Kanoe, das unsere Piroge mit sich führte. Sehr selten greift der Tiger Kähne an, indem er danach schwimmt, und dies kommt nur vor, wenn durch langen Hunger seine Wut gereizt ist. Beim Geräusch unserer Ruder erhob sich das Tier langsam, um sich hinter den Sausobüschen am Ufer zu verbergen. Den Augenblick, als er abzog, wollten sich die Geier zunutze machen, um den Chiguire zu verzehren; aber der Tiger machte, trotz der Nähe unseres Kanoe, einen Satz unter sie und schleppte zornerfüllt, wie man an seinem Gang und am Schlagen seines Schwanzes sah, seine Beute in den Wald. Die Indianer bedauerten, daß sie ihre Lanzen nicht bei sich hatten, um landen und den Tiger angreifen zu können. Sie sind an diese Waffe gewöhnt und taten wohl, sich nicht auf unsere Gewehre zu verlassen, die in einer so ungemein feuchten Luft häufig versagten.

Im Weiterfahren flußabwärts sahen wir die große Herde der Chiguire, die der Tiger verjagt und aus der er sich ein Stück geholt hatte. Die Tiere sahen uns ganz ruhig landen. Manche saßen da und schienen uns zu betrachten, wobei sie wie die Kaninchen die Oberlippe bewegten. Vor den Menschen schienen sie sich nicht zu fürchten, aber beim Anblick unseres großen Hundes ergriffen sie die Flucht. Da das Hintergestell bei ihnen höher ist als das Vordergestell, so laufen sie in kurzem Galopp, kommen aber dabei so wenig vorwärts, daß wir zwei fangen konnten. Der Chiguire, der sehr fertig schwimmt, läßt im Laufen ein leises Seufzen hören, als ob ihm das Atmen beschwerlich würde. Er ist das größte Tier in der Familie der Nager; er setzt sich nur in der äußersten Not zur Wehr, wenn er umringt und verwundet ist. Da seine Backenzähne, besonders die hinteren, ausnehmend stark und ziemlich lang sind, so kann er mit seinem Biß einem Tiger die Tatze oder einem Pferd den Fuß zerreißen. Sein Fleisch hat einen ziemlich unangenehmen Moschusgeruch; man macht indessen im Lande Schinken daraus, und dies rechtfertigt gewissermaßen den Namen Wasserschwein, den manche alte Naturgeschichtsschreiber dem Chiguire beilegen.

Wir brachten die Nacht wie immer unter freiem Himmel zu, obgleich auf einer Pflanzung, deren Besitzer die Tigerjagd

trieb. Er war fast ganz nackt und schwärzlich braun wie ein Zambo, zählte sich aber nichtsdestoweniger zum weißen Menschenschlage. Seine Frau und seine Tochter, die so nackt waren wie er, nannte der Doña Isabela und Doña Manuela. Wir glaubten nicht anders, als hinter einem Bananengehölz liege die Hütte des Gehöftes; aber dieser Mann, der sich auf seinen Adel und seine Hautfarbe so viel einbildete, hatte sich nicht die Mühe gegeben, aus Palmblättern eine Ajupa zu errichten. Er forderte uns auf, unsere Hängematten neben den seinigen zwischen zwei Bäumen befestigen zu lassen, und versicherte uns mit selbstgefälliger Miene, wenn wir in der Regenzeit den Fluß wieder heraufkämen, würden wir ihn unter Dach finden. Nach Mitternacht erhob sich ein furchtbarer Sturmwind, Blitze durchzuckten den Horizont, der Donner rollte, und wir wurden bis auf die Haut durchnäßt. Während des Ungewitters versetzte uns ein seltsamer Vorfall auf eine Weile in gute Laune. Doña Isabelas Katze hatte sich auf den Tamarindenbaum gesetzt, unter dem wir lagerten. Sie fiel in die Hängematte eines unserer Begleiter, und der Mann, zerkratzt von der Katze und aus tiefem Schlaf aufgeschreckt, glaubte, ein wildes Tier aus dem Walde habe ihn angefallen. Wir liefen auf sein Geschrei hinzu und rissen ihn nur mit Mühe aus seinem Irrtum. Während es auf unsere Hängematten und unsere Instrumente, die wir ausgeschifft, in Strömen regnete, wünschte uns Don Ignacio Glück, daß wir nicht am Ufer geschlafen, sondern uns auf seinem Gute befänden, »entre gente blanca y de trato«, »unter Weißen und Leuten vom Stande«. Durchnäßt, wie wir waren, fiel es uns denn doch schwer, uns zu überzeugen, daß wir es hier besonders gut hatten, und wir hörten ziemlich widerwillig zu, wie unser Wirt ein Langes und Breites von seinem sogenannten Kriegszuge an den Rio Meta erzählte, wie tapfer er sich in einem blutigen Gefechte mit den Guahibos gehalten, und »welche Dienste er Gott und seinem König geleistet, indem er den Eltern die Kinder (*los Indiecitos*) genommen und in die Missionen verteilt«. Welch seltsamen Eindruck machte es, in dieser weiten Einöde bei einem Mann, der von europäischer Abkunft zu sein glaubt und kein anderes Obdach kennt als den Schatten eines Baumes, alle eitle Anmaßung, alle ererbten Vorurteile, alle Verkehrtheiten einer alten Kultur anzutreffen!

Am 1. April. Mit Sonnenaufgang verabschiedeten wir uns von Señor Don Ignacio und von Señora Doña Isabela, seiner Gemahlin. Die Luft war abgekühlt; das Thermometer, das bei Tag meist auf 30 bis 35 Grad stand, war auf 24 Grad gefallen. Die Temperatur des Flusses blieb sich fast ganz gleich, sie war fortwährend 26 bis 27 Grad. Der Strom trieb eine ungeheure Menge Baumstämme. Unterhalb des Jovals, wo das Flußbett etwas breiter wird, bildet dasselbe wirklich einen Kanal, der mit der Schnur gezogen scheint und zu beiden Seiten von sehr hohen Bäumen beschattet ist. Dieses Stück des Flusses heiß *Caño rico;* ich fand dasselbe 265 Meter breit. Wir kamen an einer niedrigen Insel vorüber, auf der Flamingos, rosenfarbige Löffelgänse, Reiher und Wasserhühner, die das mannigfaltigste Farbenspiel boten, zu Tausenden nisteten. Die Vögel waren so dicht aneinandergedrängt, daß man meinte, sie könnten sich gar nicht rühren. Die Insel heißt *Isla de Aves.* Wir hielten am rechten Ufer bei einer kleinen, vom Stamme der Guamos bewohnten Mission. Es standen erst 16 bis 18 Hütten aus Palmblättern; aber auf den statistischen Tabellen, welche die Missionare jährlich bei Hofe einreichen, wird diese Gruppe von Hütten als das Dorf Santa Barbara de Arichuna aufgeführt.

Die Guamos sind ein Indianerstamm, der sehr schwer seßhaft zu machen ist. Sie haben in ihren Sitten vieles mit den Achagua, Guahibos und Otomaken gemein, namentlich die Unreinlichkeit, die Rachsucht und die Liebe zum wandernden Leben; aber ihre Sprachen weichen völlig voneinander ab. Diese vier Stämme leben größtenteils von Fischfang und Jagd auf den häufig überschwemmten Ebenen zwischen dem Apure, dem Meta und dem Guaviare. Das Wanderleben scheint hier durch die Beschaffenheit des Landes selbst bedingt. Die Guamos in der Mission Santa Barbara konnten uns die Mundvorräte, die wir gerne gehabt hätten, nicht liefern; sie bauten nur etwas Maniok. Sie schienen indessen gastfreundlich, und als wir in ihre Hütten traten, boten sie uns getrocknete Fische und Wasser an. Das Wasser war in porösen Gefäßen abgekühlt.

Wir übernachteten auf einem dürren, sehr breiten Gestade. In den dichten Wald war nicht zu kommen, und so brachten wir nur mit Not trockenes Holz zusammen, um Feuer anmachen zu können, wobei man, wie die Indianer glauben, vor dem nächtlichen Angriff des Tigers sicher ist. Unsere eigene Erfahrung scheint diesen Glauben zu bestätigen.

Die Nacht war still und heiter, und der Mond schien herrlich. Die Krokodile lagen am Ufer; sie hatten sich so gelegt, daß sie das Feuer sehen konnten. Wir glauben, bemerkt zu haben, daß der Glanz desselben sie herlockt wie die Fische, die Krebse und andere Wassertiere. Die Indianer zeigten uns im Sand die Fährten dreier Tiger, darunter zweier ganz junger. Ohne Zweifel hatte hier ein Weibchen seine Jungen zum Trinken an den Fluß geführt. Da wir am Ufer keinen Baum fanden, steckten wir die Ruder in den Boden und befestigten unsere Hängematten daran. Alles blieb ziemlich ruhig bis um elf Uhr nachts; da erhob sich im benachbarten Wald ein so furchtbarer Lärm, daß man beinahe kein Auge schließen konnte. Unter den vielen Stimmen wilder Tiere, die zusammen schrien, erkannten unsere Indianer nur diejenigen, die sich auch einzeln hören ließen, namentlich die leisen Flötentöne der Sapaju, die Seufzer der Aluaten, das Brüllen des Tigers und des Kuguars oder amerikanischen Löwen ohne Mähne, das Geschrei des Bisamschweins, des Faultiers, des Hocco, des Parraqua und einiger anderer hühnerartiger Vögel. Wenn die Jaguare dem Waldrande sich näherten, so fing unser Hund, der bis dahin fortwährend gebellt hatte, an zu heulen und suchte Schutz unter den Hängematten. Zuweilen, nachdem es lange geschwiegen, erscholl das Brüllen der Tiger von den Bäumen herunter, und dann folgte darauf das anhaltende schrille Pfeifen der Affen, die sich wohl bei der drohenden Gefahr auf und davon machten.

Die Sorglosigkeit der Indianer macht dabei auch dem Reisenden Mut. Man redet sich mit ihnen ein, die Tiger fürchten alle das Feuer und greifen niemals einen Menschen in seiner Hängematte an.

Befragt man die Indianer, warum die Tiere des Waldes zu gewissen Stunden einen so furchtbaren Lärm erheben, so geben sie die lustige Antwort: »Sie feiern den Vollmond.« Ich glaube, die Unruhe rührt meist daher, daß im inneren Walde sich irgendwo ein Kampf entsponnen hat. Die Jaguare zum Beispiel machen Jagd auf die Bisamschweine und Tapire, die nur Schutz finden, wenn sie beisammenbleiben und in gedrängten Rudeln fliehend das Gebüsch, das ihnen in den Weg kommt, niederreißen. Die Affen, scheu und furchtsam, erschrecken ob dieser Jagd und beantworten von den Bäumen herab das Geschrei der großen Tiere. Sie wecken die gesellig lebenden Vögel auf, und nicht lange, so ist die ganze Menagerie in Aufruhr.

Am 2. April. Wir gingen vor Sonnenaufgang unter Segel. Der Morgen war schön und kühl. Die Delphine zogen in langen Reihen durch den Fluß, und das Ufer war mit fischfangenden Vögeln bedeckt. Manche machen sich das Floßholz, das den Fluß herabtreibt, zunutze und überraschen die Fische, die sich mitten in der Strömung halten. Unser Kanoe stieß im Laufe des Morgens mehrmals an. Solche Stöße, wenn sie sehr heftig sind, können schwache Fahrzeuge zertrümmern. Diese Bäume kommen beim Hochwasser aus dem Sarare herunter und verstopfen das Flußbett dergestalt, daß die Pirogen stromaufwärts häufig zwischen den Untiefen und überall, wo Wirbel sind, kaum durchkommen.

Bei der Vuelta de Basilio, wo wir ans Land gingen, um Pflanzen zu sammeln, sahen wir oben auf einem Baum zwei hübsche, kleine, pechschwarze Affen, von der Größe des Sai, mit Wickelschwänzen. Sogar unsere Indianer hatte nie dergleichen gesehen. In diesen Wäldern gibt es eine Menge Sapaju, welche die Zoologen in Europa noch nicht kennen. Am selben Ufer zeigten uns unsere Führer ein Nest junger Leguane, die nur zehn Zentimeter lang waren. Das Fleisch dieser Eidechse fanden wir in allen sehr trockenen Ländern von angenehmem Geschmack selbst zu Zeiten, wo es uns nicht an anderen Nahrungsmitteln fehlte. Es ist sehr weiß und nach dem Fleisch des Tatu oder Gürteltiers eines der besten, das man in den Hütten der Eingeborenen findet.

Gegen Abend regnete es; vor dem Regen strichen die Schwalben, die vollkommen den unsrigen glichen, über die Wasserfläche hin. Wir sahen auch, wie ein Flug Papageien von kleinen Habichten ohne Hauben verfolgt wurde. Das durchdringende Geschrei der Papageien stach vom Pfeifen der Raubvögel seltsam ab. Wir übernachteten unter freiem Himmel am Gestade in der Nähe der Insel Carizales. Nicht weit standen mehrere indianische Hütten auf Pflanzungen. Unser Steuermann kündigte uns im voraus an, daß wir den Jaguar hier nicht würden brüllen hören, weil er, wenn er nicht großen Hunger hat, die Orte meidet, wo er nicht allein Herr ist. »Die Menschen machen ihn übellaunig«, »*los hombres lo enfadan*«, sagt das Volk in den Missionen, ein spaßhafter, naiver Ausdruck für eine richtige Beobachtung.

Am 3. April. Seit der Abfahrt von San Fernando ist uns kein einziges Kanoe auf dem schönen Strom begegnet. Ringsum herrscht tiefe Einsamkeit. Am Morgen fingen unsere Indianer mit der Angel den Fisch, der hierzulande Karibe oder Caribito heißt, weil keiner so blutgierig ist. Er fällt die Menschen beim Baden oder Schwimmen an und reißt ihnen oft ansehnliche Stücke Fleisch ab. Ist man anfangs auch nur unbedeutend verletzt, so kommt man doch nur schwer aus dem Wasser, ohne die schlimmsten Wunden davonzutragen. Die Indianer fürchten diese Karibenfische ungemein, und verschiedene zeigten uns an Waden und Schenkeln vernarbte, sehr tiefe Wunden, die von diesen kleinen Tieren herrührten. Sie leben auf dem Boden der Flüsse, gießt man aber ein paar Tropfen Blut ins Wasser, so kommen sie zu Tausenden herauf. Bedenkt man, wie zahlreich diese Fische sind, von denen die gefräßigsten und blutgierigsten nur acht bis zehn Zentimeter lang werden, betrachtet man ihre dreiseitigen schneidenden, spitzen Zähne und ihr weites, retraktiles Maul, so wundert man sich nicht, daß die Anwohner des Apure und des Orinoko den Karibe so sehr fürchten. An Stellen, wo der Fluß ganz klar und kein Fisch zu sehen war, warfen wir kleine, blutige Fleischstücke ins Wasser. In wenigen Minuten war ein ganzer Schwarm von Karibenfischen da und stritt sich um den Fraß. Der Caribito hat einen sehr angenehmen Geschmack. Weil man nirgends zu baden wagt, wo er vorkommt, ist er als eine der größten Plagen dieser Landstriche zu betrachten.

Wir hielten gegen Mittag an einem unbewohnten Ort, Algodonal genannt. Ich trennte mich von meinen Gefährten, während man das Fahrzeug ans Land zog und das Mittagessen rüstete. Ich ging am Gestade hin, um in der Nähe einen Trupp Krokodile zu beobachten, die in der Sonne schliefen, wobei sie ihre mit breiten Platten belegten Schwänze aufeinanderlegten.

Kleine, schneeweiße Reiher liefen ihnen auf dem Rücken, sogar auf dem Kopf herum, als wären es Baumstämme. Die Krokodile waren graugrün, halb mit trockenem Schlamm überzogen: ihrer Farbe und ihrer Regungslosigkeit nach konnte man sie für Bronzebilder halten. Wenig fehlte aber, so wäre mir der Spaziergang übel bekommen. Ich hatte immer nur nach dem Fluß hingesehen, aber indem ich Glimmerblättchen aus dem Sande aufnahm, bemerkte ich die frische Fährte eines Tigers, die an ihrer Form und Größe so leicht zu erkennen ist. Das Tier war dem Walde zugegangen, und als ich nun dorthin blickte, sah ich 80 Schritte von mir einen Jaguar unter dem dichten Laub eines Ceiba liegen. Nie ist mir ein Tiger so groß vorgekommen.

Es gibt Vorfälle im Leben, wo man vergeblich die Vernunft zu Hilfe ruft. Ich war sehr erschrocken, indessen noch so weit Herr meiner selbst und meiner Bewegungen, daß ich die Verhaltungsmaßregeln befolgen konnte, die uns die Indianer schon oft für dergleichen Fälle erteilt hatten. Ich ging weiter, lief aber nicht; ich vermied es, die Arme zu bewegen und glaubte zu bemerken, daß der Jaguar mit seinen Gedanken ganz bei einer Herde Wasserschweine war, die über den Fluß

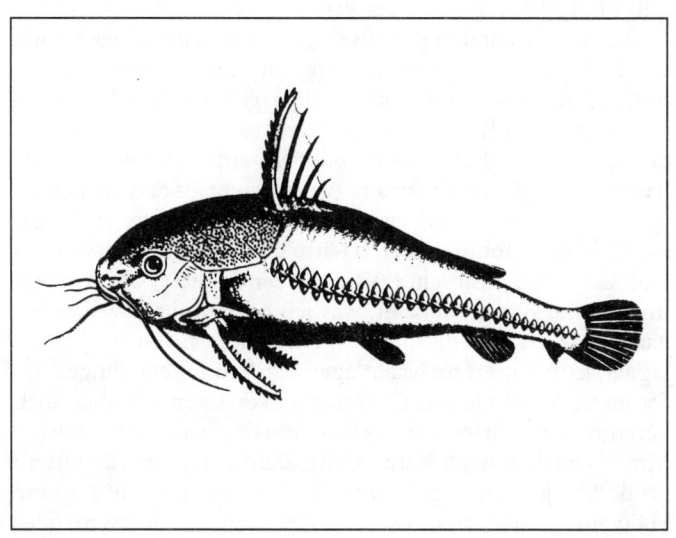

schwammen. Jetzt kehrte ich um und beschrieb einen ziemlich weiten Bogen dem Ufer zu. Je weiter ich von ihm wegkam, desto rascher glaubte ich gehen zu können. Wie oft war ich in Versuchung, mich umzusehen, ob ich nicht verfolgt werde! Glücklicherweise gab ich diesem Drange erst sehr spät nach. Der Jaguar war ruhig liegengeblieben. Diese ungeheuren Katzen mit geflecktem Fell sind hierzulande, wo es Capybaras, Bisamschweine und Hirsche im Überfluß gibt, so gut genährt, daß sie selten einen Menschen anfallen. Ich kam atemlos beim Schiff an und erzählte den Indianern mein Abenteuer. Sie schienen nicht viel daraus zu machen; indessen luden wir unsere Flinten, und sie gingen mit uns auf den Ceibabaum zu, unter dem der Jaguar gelegen. Wir trafen ihn nicht mehr, und ihm in den Wald nachzugehen, war nicht geraten, da man sich zerstreuen oder in einer Reihe durch die verschlungenen Lianen gehen muß.

Abends kamen wir an der Mündung des Caño del Manati vorüber, so genannt wegen der ungeheuren Menge Manati oder Lamantine (*Trichechus manatus*), die jährlich hier gefangen werden. Dieses grasfressende Säugetier, das die Indianer Apcia oder Avia nennen, wird hier meist 3,25 bis 4 Meter lang und 250 bis 400 Kilogramm schwer.

Wir übernachteten der Insel Conserva gegenüber. Als wir am Waldsaum hingingen, fiel uns ein ungeheurer, 22 Meter hoher, mit verästeten Dornen bedeckter Baum auf. Die Indianer nennen ihn Barba de Tigre. Es ist vielleicht ein Baum aus der Familie der Berberideen oder Sauerdorne. Die Indianer hatten unser Feuer dicht am Wasser angezündet; da fanden wir wieder, daß sein Glanz die Krokodile anlockte, und sogar die Delphine (Toninas), deren Lärm uns nicht schlafen ließ, bis man das Feuer auslöschte. Wir wurden in dieser Nacht zweimal auf die Beine gebracht, was ich nur anführe, weil es ein paar Züge zum Bilde dieser Wildnis liefert. Ein weiblicher Jaguar kam unserem Nachtlager nahe, um sein Junges am Strom trinken zu lassen. Die Indianer verjagten ihn; aber noch geraume Zeit hörten wir das Geschrei des Jungen, das wie das Miauen einer jungen Katze klang. Bald darauf wurde unsere große Dogge von ungeheuren Fledermäusen, die um unsere Hängematte flatterten, vorne an der Schnauze gebissen, oder, wie die Eingeborenen sagen, gestochen. Die Wunde war ganz klein und rund. Der Hund heulte kläglich, sobald er den Biß fühlte, aber nicht aus Schmerz, sondern weil er über die Fledermäuse, als sie unter unseren Hängematten hervorkamen, erschrak. Obgleich wir in Ländern, wo die Vampyre und ähnliche Fledermausarten so häufig sind, so manche Nacht unter freiem Himmel geschlafen haben, sind wir doch nie von ihnen gebissen worden. Überdies ist der Stich keineswegs gefährlich und der Schmerz meist so unbedeutend, daß man erst aufwacht, wenn die Fledermaus sich bereits davongemacht hat.

Am 4. April. Dies war unser letzter Tag auf dem Apure. Der Pflanzenwuchs an den Ufern wurde immer einförmiger. Seit einigen Tagen fingen wir an, arg von den Insekten gequält zu werden, die sich uns auf Gesicht und Hände setzten. Es waren keine Moskitos, sondern Zancudos, echte Schnaken, aber von unseren *Culex pipiens* ganz verschieden. Sie kommen erst nach Sonnenuntergang zum Vorschein; ihr Saugrüssel ist so lang, daß, wenn sie sich an die Unterseite der Hängematte setzen, ihr Stachel durch die Hängematte und die dicksten Kleider dringt.

Wir wollten in der Vuelta del Palmito übernachten, aber an diesem Strich des Apure gibt es so viele Jaguare, daß unsere Indianer, als sie unsere Hängematten befestigen wollten, ihrer zwei hinter einem Courbarilstamm versteckt fanden. Man riet uns, das Schiff wieder zu besteigen und unser Nachtlager auf der Insel Apurito, ganz nahe beim Einfluß in den Orinoko, aufzuschlagen. Wir fanden keine Bäume, um unsere Hängematten zu befestigen, und mußten am Boden auf Ochsenhäuten schlafen. Die Kanoes sind zu eng und wimmeln zu sehr von Zancudos, als daß man darin übernachten könnte.

Am 5. April. Es fiel uns sehr auf, wie gering die Wassermasse ist, die der Apure in dieser Jahreszeit dem Orinoko zuführt. Wir fuhren, ehe wir in den Orinoko einliefen, mehrmals auf; die Anschwemmungen sind beim Zusammenfluß der beiden Ströme ungeheuer groß. Wir mußten uns längs des Ufers am Tau ziehen lassen. Welcher Kontrast zwischen diesem Zustand des Stroms unmittelbar vor dem Beginn der Regenzeit und dem Stand im Herbst, wo der Apure gleich einem Meeresarm, so weit das Auge reicht, über den Grasfluren steht! Mit einem gewissen Gefühl der Rührung sahen wir zum erstenmal, wonach wir uns so lange gesehnt, die Gewässer des Orinoko, an einem von der Meeresküste so weit entfernten Punkte.

Neunzehntes Kapitel

Zusammenfluß des Apure mit dem Orinoko
Die Gebirge von Encaramada · Uruana
Baraguan · Carichana · Der Einfluß des Meta
Die Insel Panumana

Mit der Ausfahrt aus dem Apure sahen wir uns in ein ganz anderes Land versetzt. So weit das Auge reichte, dehnte sich eine ungeheure Wasserfläche einem See gleich vor uns aus. Das durchdringende Geschrei der Reiher, Flamingos und Löffelgänse, wenn sie in langen Schwärmen von einem zum anderen Ufer ziehen, erfüllte nicht mehr die Luft. Vergeblich sahen wir uns nach den Schwimmvögeln um. Die ganze Natur schien weniger belebt. Kaum bemerkten wir in den Buchten der Wellen hie und da ein großes Krokodil, das mittels seines Schwanzes die bewegte Wasserfläche schief durchschnitt. Der Horizont war von einem Waldgürtel begrenzt, aber nirgends traten die Wälder bis an das Strombett heran. Breite, beständig der Sonnenglut ausgesetzte Ufer, kahl und dürr wie der Meeresstrand, glichen infolge der Luftspiegelung von weitem Lachen stehenden Wassers. Diese sandigen Ufer verwischten vielmehr die Grenzen des Stromes, statt sie für das Auge festzustellen; nach dem wechselnden Spiel der Strahlenbrechung rückten die Ufer bald nahe heran, bald wieder weit weg.

Diese zerstreuten Landschaftszüge, dieses Gepräge von Einsamkeit und Großartigkeit kennzeichnen den Lauf des Orinoko, eines der gewaltigsten Ströme der Neuen Welt.

Der Wind wehte günstig, um stromaufwärts nach der Mission Encaramada zu segeln; aber unsere Piroge leistete dem Wogenschlag nur geringen Widerstand, daß, wer gewöhnlich seekrank wurde, bei der heftigen Bewegung selbst auf dem Fluß sich sehr unbehaglich fühlte. Das Bett des Orinoko war beim gegenwärtigen tiefen Wasserstande 3716 Meter breit; aber in der Regenzeit mögen es 10750 Meter werden.

Wir fuhren zuerst gegen Südwest hinauf bis zum Gestade der Guaricotos-Indianer. Der Strom ist so breit, daß die Berge von Encaramada aus dem Wasser emporzusteigen scheinen, wie wenn man sie über dem Meereshorizont sähe. Je näher man ihnen kommt, desto malerischer wird die Landschaft. Diese Berge bestehen aus ungeheuren zerklüfteten, aufeinandergetürmten Granitblöcken. Zum Reiz der Gegend von Encaramada trägt besonders der kräftige Pflanzenwuchs bei, der die Felswände bedeckt und nur die abgerundeten Gipfel freiläßt.

Im Hafen von Encaramada trafen wir Kariben aus Panapana. Es war ein Kazike, der in seiner Piroge zum berühmten Schildkröteneierfang den Fluß hinaufging. Seine Piroge war gegen den Boden zu gerundet und führte ein kleineres Kanoe mit sich. Er saß unter einer Art Zelt, das gleich dem Segel aus Palmblättern bestand. Sein kalter, einsilbiger Ernst, die Ehrerbietung, die die Seinigen ihm bezeigten, alles zeigte, daß man einen großen Herrn vor sich habe. Der Kazike trug sich übrigens ganz wie seine Indianer; alle waren nackt, mit Bogen und Pfeilen bewaffnet und bemalt. Häuptling, Dienerschaft, Geräte, Fahrzeug, Segel, alles war rot angestrichen. Diese Kariben sind Menschen von fast athletischem Wuchs; sie schienen uns höher gewachsen als die Indianer, die wir bisher gesehen. Ihre glatten, dichten, auf der Stirne verschnittenen Haare, ihre schwarz gefärbten Augenbrauen, ihr finsterer und doch lebhafter Blick gaben ihrem Gesichtsausdruck etwas ungemein Hartes. Die sehr großen, aber ekelhaft schmutzigen Weiber trugen ihre kleinen Kinder auf dem Rücken. Die Ober- und Unterschenkel der Kinder waren in gewissen Abständen mit breiten Binden aus Baumwollzeug eingeschnürt. Das Fleisch unter den Binden wird stark zusammengepreßt und quillt in den Zwischenräumen heraus. Die Kariben verwenden meist auf ihr Äußeres und ihren Putz so viel Sorgfalt, als nackte und rot bemalte Menschen nur immer können. Sie legen bedeutenden Wert auf gewisse Körperformen, und eine Mutter würde gewissenloser Gleichgültigkeit gegen ihre Kinder beschuldigt, wenn sie ihnen nicht durch künstliche Mittel die Waden nach der Landessitte formte. Da keiner unserer Indianer vom Apure Karibisch sprach, konnten wir uns beim Kaziken nicht nach den Lagerplätzen erkundigen, wo man in dieser Jahreszeit auf mehreren Inseln im Orinoko zum Sammeln der Schildkröteneier zusammenkommt.

Am 6. April. Wir fuhren weiter den Orinoko hinauf und bekamen den Südabhang der Serrania oder der Bergkette Encaramada zu Gesicht.

Unter den Eingeborenen dieser Länder hat sich die Sage erhalten, »beim großen Wasser, als ihre Väter das Kanoe besteigen mußten, um der allgemeinen Überschwemmung zu entgehen, haben die Wellen des Meeres die Felsen von Encaramada bespült«. Diese Sage ist fast bei allen Stämmen am oberen Orinoko zu finden. Fragt man die Tamanaken, wie das Menschengeschlecht diese große Katastrophe überlebt habe, so sagen sie, »ein Mann und ein Weib haben sich auf den hohen Berg geflüchtet; da haben sie Früchte der Mauritiapalme hinter sich über ihre Köpfe geworfen, und aus den Kernen derselben seien Männlein und Weiblein entsprossen, welche die Erde wieder bevölkerten«. In solch einfacher Gestalt lebt bei jetzt wilden Völkern eine Sage, welche von den Griechen mit allem Reiz der Einbildungskraft geschmückt worden ist. Ein paar Meilen von Encaramada steht mitten in der Savanne ein Fels, der sogenannte Tepumerene, der gemalte Fels. Man sieht darauf Tierbilder und symbolische Zeichen, ähnlich denen, wie wir sie auf der Rückfahrt auf dem Orinoko nicht weit unterhalb Encaramada bei der Stadt Caycara gesehen. In Afrika heißen dergleichen Felsen bei den Reisenden Fetischsteine. Ich vermeide den Ausdruck, weil die Eingeborenen am Orinoko von einem Fetischdienst nichts wissen und weil die Bilder, die wir an nunmehr unbewohnten Orten an Felsen gefunden, Sterne, Sonnen, Tiger, Krokodile, mir keineswegs Gegenstände religiöser Verehrung vorzustellen scheinen. Zwischen dem Cassiquiare und dem Orinoko, zwischen Encaramada, Capuchino und Caycara sind die hieroglyphischen Figuren häufig sehr hoch oben in Felswände eingehauen, wohin man nur mittels sehr hoher Gerüste gelangen könnte. Fragt man nun die Eingeborenen, wie es möglich sei, die Bilder einzuhauen, so erwidern sie lächelnd, als sprächen sie eine

Tatsache aus, mit der nur ein Weißer nicht bekannt sein kann, »zur Zeit des großen Wassers seien ihre Väter so hoch im Kanoe gefahren«.

Der frische Nordwind brachte uns mit allen Segeln zur *Boca de la Tortuga.* Gegen elf Uhr vormittags stiegen wir an der Insel mitten im Strom aus, welche die Indianer in der Mission Uruana als ihr Eigentum betrachten. Diese Insel ist berühmt wegen des Schildkrötenfangs oder, wie man hier sagt, wegen der *Cosecha,* der Eierernte, die jährlich hier gehalten wird. Wir fanden hier viele Indianer beisammen und unter Hütten aus Palmblättern gelagert. Das Lager war über 300 Köpfe stark. Außer den Guamos und Otomaken aus Uruana, die beide für wilde, unbezähmbare Stämme gelten, waren Kariben und andere Indianer vom unteren Orinoko da. Jeder Stamm lagerte für sich und unterschied sich durch die Farbe, mit der die Haut bemalt war. Wir fanden in diesem lärmenden Haufen einige Weiße, namentlich »Pulperos« oder Krämer aus Angostura, die den Fluß heraufgekommen waren, um von den Eingeborenen Schildkröteneieröl zu kaufen. Wir trafen auch den Missionar von Uruana. Der Mann verwunderte sich nicht wenig, uns hier zu finden. Nachdem er unsere Instrumente bewundert, entwarf er uns eine übertriebene Schilderung von den Beschwerden, denen wir uns notwendig aussetzten, wenn wir auf dem Orinoko bis über die Fälle hinaufgingen. Der Zweck unserer Reise schien ihm in bedeutendes Dunkel gehüllt. »Wie soll einer glauben«, sagte er, »daß ihr euer Vaterland verlassen habt, um euch auf diesem Flusse von Moskitos aufzehren zu lassen und Land zu vermessen, das euch nicht gehört?« Zum Glück hatten wir Empfehlungen vom Pater Guardian der Franziskaner-Mission bei uns, und der Schwager des Statthalters von Varinas, der bei uns war, machte bald den Bedenken ein Ende, die durch unsere Tracht, unsern Akzent und unsere Ankunft auf diesem sandigen Eiland unter den Weißen aufgetaucht waren.

Wir umgingen die Insel in Begleitung des Missionars und eines Pulpero. Wir befanden uns auf einem ganz ebenen Sandstrich. Man sagte uns: »Soweit das Auge an den Ufern hinreicht, liegen Schildkröteneier unter einer Erdschicht.« Der Missionar trug eine lange Stange in der Hand. Er zeigte uns, wie man mit der Stange sondiert, um zu sehen, wie weit die Eierschicht reicht. Stößt man die Stange senkrecht in den Boden, so spürt man daran, daß der Widerstand auf einmal aufhört, daß man in die Höhlung oder das lose Erdreich, in dem die Eier liegen, gedrungen ist.

Die Indianer versicherten uns, von der Mündung des Orinoko bis zum Einfluß des Apure herauf finde man keine einzige Insel und kein einziges Gestade, wo man Schildkröteneier in Masse sammeln könnte. Die große Schildkröte, der Arrau (sprich Arra-u) meidet von Menschen bewohnte oder von Fahrzeugen besuchte Orte. Es ist ein furchtsames, scheues Tier, das den Kopf über das Wasser streckt und sich beim leisesten Geräusch versteckt. Die Uferstrecken, wo fast sämtliche Schildkröten des Orinoko sich jährlich zusammenzufinden scheinen, liegen zwischen dem Zusammenfluß des Orinoko und des Apure und den großen Fällen oder Raudales, das heißt zwischen Cabruta und der Mission Atures. Die Arrauschildkröte geht, wie es scheint, nicht über die Fälle hinauf, und wie man uns versichert, kommen oberhalb Atures und Maypures nur Terekayschildkröten vor. Das erwachsene Tier wiegt 20 bis 25 Kilogramm.

Die Zeit, wo die Arrauschildkröte ihre Eier legt, fällt mit dem niedrigsten Wasserstand zusammen. Da der Orinoko von der Frühlings-Tag-und-Nacht-Gleiche an zu steigen anfängt, so liegen von Anfang Januar bis zum 20. oder 25. März die tiefsten Uferstellen trocken. Die Arrau sammeln sich schon im Januar in große Schwärme; sie gehen jetzt aus dem Wasser und wärmen sich auf dem Sand in der Sonne. Die Indianer glauben, das Tier bedürfe zu seinem Wohlbefinden notwendig starker Hitze und das Liegen in der Sonne befördere das Eierlegen. Den ganzen Februar findet man die Arrau fast den ganzen Tag auf dem Ufer. Zu Anfang März vereinigen sich die zerstreuten Haufen und schwimmen zu den wenigen Inseln, auf denen sie gewöhnlich ihre Eier legen. Um diese Zeit, wenige Tage vor dem Legen, erscheinen viele tausend Schildkröten in langen Reihen an den Ufern der Inseln, recken den Hals und halten den Kopf über dem Wasser, ausschauend, ob nichts von Tigern oder Menschen zu fürchten ist. Die Indianer, denen viel darin liegt, daß die Schildkröten in aller Ruhe ihre Eier legen können, stellen längs des Ufers Wachen auf. Man bedeutet den Fahrzeugen, sich mitten im Strom zu halten und die Schildkröten nicht durch Geschrei zu verscheuchen. Die Eier werden immer bei Nacht gelegt. Das Tier gräbt mit seinen Hinterfüßen, die sehr lang sind und krumme Klauen haben, ein ein Meter weites und 60 Zentimeter tiefes Loch. Der Drang der Tiere zum Eierlegen ist so stark, daß manche in die von anderen gegrabenen, noch nicht wieder mit Erde ausgefüllten Löcher hinuntergehen und auf die frisch gelegte Eierschicht noch eine zweite legen. Der Tiere, welche in der Nacht am Ufer graben, sind so unermeßlich viele, daß manche der Tag überrascht, ehe sie mit dem Legen fertig werden konnten. Da treibt sie der doppelte Drang, ihre Eier loszuwerden und die gegrabenen Löcher zuzudecken, damit der Tiger sie nicht sehen möge. Die Schildkröten, die sich verspätet haben, achten auf keine Gefahr, die ihnen selbst droht. Sie arbeiten unter den Augen der Indianer, die frühmorgens auf das Ufer kommen. Man nennt sie »närrische Schildkröten«. Trotz ihrer ungestümen Bewegungen fängt man sie leicht mit den Händen.

Die Indianerlager werden Ende März und in den ersten Tagen des April eröffnet. Die Eiererne geht das eine Mal vor sich wie das andere, mit der Regelmäßigkeit, die bei allem herrscht, was von Mönchen ausgeht. Ehe die Missionare an den Fluß kamen, beuteten die Eingeborenen ein Produkt, das die Natur hier in so reicher Fülle bietet, in weit geringerem Maße aus. Jeder Stamm durchwühlte das Ufer nach seiner eigenen Weise und es wurden unendlich viele Eier mutwillig zerbrochen, weil man nicht vorsichtig grub und mehr Eier fand, als man mitnehmen konnte. Es war, als würde eine Erzgrube von ungeschickten Händen ausgebeutet. Den Jesuiten gebührt das Verdienst, daß sie die Ausbeutung geregelt haben, und die Franziskaner, welche die Jesuiten in den Missionen am Orinoko abgelöst haben, rühmen sich zwar, daß sie das Verfahren ihrer Vorgänger einhalten, gehen aber leider keineswegs mit der gehörigen Vorsicht zu Werke. Die Jesuiten gaben nicht zu, daß das ganze Ufer ausgebeutet wurde; sie ließen ein Stück unberührt liegen, weil sie besorgten, die Arrauschildkröten möchten, wenn nicht ausgerottet werden, doch bedeutend abnehmen. Jetzt wühlt man das ganze Ufer rücksichtslos um, und man meint auch zu bemerken, daß die Ernten von Jahr zu Jahr geringer werden.

Ist das Lager aufgeschlagen, so ernennt der Missionar von Uruana seinen Stellvertreter oder den Kommissar, der den Landstrich, wo die Eier liegen, nach der Zahl der Indianerstämme, die sich in die Ernte teilen, in Lose zerlegt. Mit einer langen hölzernen Stange oder mit einem Bambusrohr untersucht er, wie weit die »Eierschicht« reicht. Nach unseren Messungen erstreckt sich die Schicht bis zu 40 Meter vom Ufer und ist im Durchschnitt einen Meter tief. Der Kommissar steckt ab, wie weit jeder Stamm arbeiten darf. Die Indianer graben den Boden mit den Händen auf, legen die gesammelten Eier in kleine, Mappiri genannte Körbe, tragen sie ins Lager und werfen sie in große, mit Wasser gefüllte hölzerne Tröge. In diesen Trögen werden die Eier mit Schaufeln zerdrückt und umgerührt und der Sonne ausgesetzt, bis das Eigelb, der ölige Teil, das obenauf schwimmt, dick geworden ist. Der ölige Teil wird, wie er sich auf dem Wasser sammelt, abgeschöpft und bei einem starken Feuer gekocht. Dieses tierische Öl soll sich desto besser halten, je stärker es gekocht wird. Gut zubereitet ist es ganz hell, geruchlos und kaum ein wenig gelb. Die Missionare schätzen es dem besten Olivenöl gleich, und man braucht es nicht nur zum Brennen, sondern auch zum Kochen, da es den Speisen keinerlei unangenehmen Geschmack gibt.

Das Erntegeschäft und die Zubereitung des Öls währen drei Wochen. Nur um diese Zeit stehen die Missionen mit der Küste und den benachbarten zivilisierten Ländern in Verkehr.

Die Indianer, welche die Eierernte mitmachen, bringen auch ganze Massen an der Sonne getrockneter oder leicht gesottener Eier nach Hause. Unsere Ruderer hatten immer welche in Körben oder kleinen Säcken von Baumwollzeug. Der Geschmack kam uns nicht unangenehm vor, wenn sie gut erhalten sind. Man zeigte uns große, von Jaguaren geleerte Schildkrötenpanzer. Die Tiger gehen den Arraus auf die Uferstriche nach, wo sie legen wollen. Sie überfallen sie auf dem Sand und, um sie gemächlich verzehren zu können, kehren sie sie um, so daß der Brustschild nach oben sieht. Aus dieser Lage können die Schildkröten sich nicht aufrichten, und da der Tiger ihrer weit mehr umwendet, als er in der Nacht verzehren kann, machen sich die Indianer häufig seine List und boshafte Habsucht zunutze.

Der Tiger verfolgt die Schildkröte sogar ins Wasser, wenn dieses nicht sehr tief ist. Er gräbt auch die Eier aus und ist nebst dem Krokodil, den Reihern und dem Gallinazogeier der furchtbarste Feind der frisch ausgeschlüpften Schildkröten. Außer den Waldtieren tun auch die wilden Indianer der Ölbereitung bedeutenden Eintrag. Sobald sich die ersten kleinen Regenschauer, von ihnen »Schildkrötenregen« genannt, einstellen, ziehen sie an die Ufer des Orinoko und töten mit vergifteten Pfeilen die Schildkröten, die sich mit emporgerecktem Kopf und ausgestreckten Tatzen sonnen.

Unser Steuermann war in die Playa de Huevos eingelaufen, um einige Mundvorräte zu kaufen, die bei uns zur Neige gingen. Wir fanden daselbst frisches Fleisch, Reis aus Angostura, sogar Zwieback aus Weizenmehl. Unsere Indianer füllten die Piroge zu ihrem eigenen Bedarf mit jungen Schildkröten und an der Sonne getrockneten Eiern. Nachdem wir uns vom Missionar, der uns sehr herzlich aufgenommen hatte, verabschiedet hatten, gingen wir gegen vier Uhr abends unter Segel. Der Wind blies frisch und in Stößen. Seit wir uns im gebirgigen Teil des Landes befanden, hatten wir die Beobachtung gemacht, daß unsere Piroge ein sehr schlechtes Segelwerk führe; aber der »Patron« wollte den Indianern, die am Ufer beisammen standen, zeigen, daß er, wenn er sich dicht am Wind halte, mit einem Schlage mitten in den Strom kommen könne. Aber eben, als er seine Geschicklichkeit und die Kühnheit seines Manövers pries, fuhr der Wind so heftig in das Segel, daß wir beinahe gesunken wären. Der eine Bord kam unter Wasser und dasselbe stürzte mit solcher Gewalt herein, daß wir bis zu den Knien darin standen. Es lief über ein Tischchen hinweg, an dem ich im Hinterteil des Fahrzeuges eben schrieb. Kaum rettete ich mein Tagebuch, und im nächsten Augenblick sahen wir unsere Bücher, Papiere und getrockneten Pflanzen umherschwimmen. Bonpland schlief mitten in der Piroge. Vom eindringenden Wasser und dem Geschrei der Indianer aufgeschreckt, übersah er unsere Lage sogleich mit der Kaltblütigkeit, die ihm unter allen Verhältnissen treu geblieben ist. Der im Wasser stehende Bord hob sich während der Windstöße von Zeit zu Zeit wieder, und so gab er das Fahrzeug nicht verloren. Sollte man es auch verlassen müssen, so konnte man sich, glaubte er, durch Schwimmen retten, da sich kein Krokodil blicken ließ. Während wir so ängstlich gespannt waren, riß auf einmal das Tauwerk des Segels. Derselbe Sturm, der uns auf die Seite geworfen, half uns jetzt aufrichten. Man machte sich alsbald daran, das Wasser auszuschöpfen; das Segel wurde ausgebessert und in weniger als einer halben Stunde konnten wir wieder weiterfahren. Der Wind hatte sich etwas gelegt. Windstöße, die mit Windstillen wechseln, sind übrigens hier, wo der Orinoko im Gebirge läuft, sehr häufig und können überladenen Schiffen ohne Verdeck sehr gefährlich werden. Wir waren wie durch ein Wunder gerettet worden. Der Steuermann verschanzte sich hinter sein indianisches Phlegma, als man ihn heftig schalt, daß er sich zu nahe am Wind gehalten. Er äußerte kaltblütig, »es werde hier herum den weißen Leuten nicht an Sonne fehlen, um ihre Papiere zu trocknen«. Wir hatten nur ein einziges Buch eingebüßt, und zwar den ersten Band von Schrebers *Genera plantarum,* der ins Wasser gefallen war. Dergleichen Verluste tun weh, wenn man auf so wenige wissenschaftliche Werke beschränkt ist.

Mit Einbruch der Nacht schlugen wir unser Nachtlager auf einer kahlen Insel mitten im Strome in der Nähe der Mission Uruana auf. Bei herrlichem Mondschein, auf großen Schildkrötenpanzern sitzend, die am Ufer lagen, nahmen wir unser Abendessen ein. Wie herzlich freuten wir uns, daß wir alle beisammen waren! Die Nacht war sehr schwül. Wir lagen auf dem Boden auf Häuten, da wir keine Bäume zum Befestigen der Hängematten fanden. Die Plage der Moskitos wurde mit jedem Tage ärger. Wir bemerkten zu unserer Überraschung, daß die Jaguare hier unsere Feuer nicht scheuten. Sie schwammen über den Flußarm, der uns vom Lande trennte, und morgens hörten wir sie ganz in unserer Nähe brüllen. Sie waren auf die Insel herübergekommen. Die Indianer sagten uns, während der Eierernte zeigen sich die Tiger an den Ufern hier immer häufiger als sonst und sie seien um diese Zeit auch am kecksten.

Am 7. April. Im Weiterfahren lag uns zur Rechten die Einmündung des großen Rio Arauca, der wegen der ungeheuren Mengen von Vögeln berühmt ist, die auf ihm leben, zur Linken die Mission Uruana. Das kleine Dorf liegt am Fuße eines aus Granitblöcken bestehenden Berges, der, glaube ich, Saraguaca heißt. Durch die Verwitterung voneinander getrennte Steinmassen bilden hier Höhlen, in denen man unzweideutige Spuren einer alten Kultur der Eingeborenen findet. Man sieht hier hieroglyphische Bilder, sogar Züge in Reihen eingehauen. Ich bezweifle indessen, daß diesen Zügen ein Alphabet zugrunde liegt. Wir besuchten die Mission Uruana auf der Rückkehr vom Rio Negro und sahen daselbst mit eigenen Augen die Erdmassen, welche die Otomaken essen und über die in Europa so viel gestritten worden ist.

Wir maßen die Breite des Orinoko zwischen der Isla de Uruana und der Isla de Manteca, und es ergaben sich, bei Hochwasser, 5250 Meter. Das westliche Ufer des Orinoko bleibt flach bis über den Einfluß des Meta hinauf, wogegen von der Mission Uruana an die Berge immer näher an das östliche Ufer herantreten. Da die Strömung stärker wird, je mehr das Flußbett sich einengt, so kamen wir jetzt mit unserem Fahrzeug bedeutend langsamer vorwärts. Wir fuhren immer noch mit dem Segel stromaufwärts, aber das hohe, mit Wald bewachsene Land entzog uns den Wind, und dann brachen wieder aus den engen Schluchten, an denen wir vorbeifuhren, heftige, aber schnell vorübergehende Winde. Unterhalb der Mündung des Rio Arauca zeigten sich mehr Krokodile als bisher.

Nachdem wir an der Mündung der Kanäle, die zum See Capanaparo führen, vorbeigefahren, betraten wir ein Stromstück, wo das Bett durch die Berge des Baraguan eingeengt ist. Es ist eine Art Engpaß, der bis zur Mündung des Rio Suapure reicht. Der Paß von Baraguan ist ein recht malerischer Ort. Die Granitfelsen fallen senkrecht ab, und da der Strom diesen Gebirgsdamm fast unter einem rechten Winkel durchbricht, so stellen sich die Höhen als freistehende Gipfel dar. Die meisten sind nicht über 330 Meter hoch, aber sie erhalten durch ihre Lage inmitten einer kleinen Ebene, durch ihre steilen kahlen Abhänge etwas Großartiges.

In den Ritzen des Gesteines, das steil wie Mauern dasteht und Spuren von Schichtung zeigt, suchten wir vergeblich nach Pflanzen. Das ganze Gestein war mit zahllosen Leguanen und Geckos mit breiten, häutigen Zehen bedeckt. Regungslos, mit aufgerichtetem Kopfe und offenem Maule saßen die Eidechsen da und schienen sich von der heißen Luft durchströmen zu lassen. Der Boden schien infolge der Luftspiegelung auf und ab zu schwanken, während sich kein Lüftchen rührte. Die Sonne war nahe am Zenit, und ihr glänzendes, vom Spiegel des Stromes zurückgeworfenes Licht stach scharf ab vom rötlichen Dunst, der alle Gegenstände in der Nähe umgab. Wie tief ist doch der Eindruck, den in diesen heißen Landstrichen um die Mittagszeit die Stille der Natur auf uns macht! Die Waldtiere verbergen sich im Dickicht, die Vögel schlüpfen unter das Laub der Bäume oder in Felsspalten. Horcht man aber in dieser scheinbaren tiefen Stille auf die leisesten Laute, die die Luft an unser Ohr trägt, so vernimmt man ein dumpfes Schwirren, ein beständiges Brausen und Summen der Insekten, von denen alle unteren Luftschichten wimmeln. Nichts kann dem Menschen lebendiger vor die Seele führen, wie weit und wie gewaltig das Reich des organischen Lebens ist. Myriaden Insekten kriechen auf dem Boden oder umgaukeln die von der Sonnenhitze verbrannten Gewächse. Ein wirres Getöne dringt aus jedem Busch, aus faulen Baumstämmen, aus den Felsspalten, aus dem Boden, in dem Eidechsen, Tausendfüße, Cäcilien ihre Gänge graben. Es sind ebenso viele Stimmen, die uns zurufen, daß alles in der Natur atmet, daß in tausendfältiger Gestalt das Leben im staubigen, zerklüfteten Boden waltet, so gut wie im Schoße der Wasser und in der Luft, die uns umgibt.

Wir übernachteten am östlichen Ufer des Orinoko am Fuße eines Granithügels. An diesem öden Fleck lag früher die Mission San Regis. Gar gern hätten wir im Baraguan eine Quelle gefunden. Das Flußwasser hatte einen Bisamgeruch und einen süßlichen, äußerst unangenehmen Geschmack. »Das macht die Rinde (die lederartige Hautdecke) der faulenden Kaimans«, sagen die Indianer. »Je älter der Kaiman, desto bitterer ist seine Rinde.«

Am 8. April. Im Weiterfahren lagen gegen Ost die Einmündungen des Suapure oder Sivapuri und des Caripo, gegen West die des Sinaruco. Letzterer Fluß ist nach dem Rio Arauca der bedeutendste zwischen Apure und Meta. Der Suapure, der eine Menge kleiner Fälle bildet, ist bei den Indianern wegen des wilden Honigs berühmt, den die Waldungen liefern. Die Meliponen hängen dort ihre ungeheuren Stöcke an die Baumäste.

Am 9. April. Wir langten frühmorgens am Strande von Pararuma an und fanden daselbst ein Lager von Indianern. Man war beisammen, um den Sand aufzugraben, die Schildkröteneier zu sammeln und das Öl zu gewinnen, aber man war leider ein paar Tage zu spät daran. Die jungen Schildkröten waren ausgekrochen, ehe die Indianer ihr Lager aufgeschlagen hatten. Auch hatten sich die Krokodile und die Garzes, eine große weiße Reiherart, das Säumnis zunutze gemacht. Diese Tiere lieben das Fleisch der jungen Schildkröten sehr und verzehren unzählige. Sie gehen auf diesen Fang bei Nacht aus, da die jungen Schildkröten erst nach der Abenddämmerung aus dem Boden kriechen und dem nahen Fluß zu laufen. Die Zamurosgeier sind zu träge, um nach Sonnenuntergang zu jagen. Bei Tage streifen sie an den Ufern umher und kommen mitten ins Lager der Indianer herein, um Eßwaren zu entwenden, und meist bleibt ihnen, um ihren Heißhunger zu stillen, nichts übrig, als auf dem Lande oder im seichten Wasser junge, 18 bis 21 Zentimeter lange Krokodile anzugreifen. Es ist merkwürdig anzusehen, wie schlau sich die kleinen Tiere eine Zeitlang gegen die Geier wehren. Sobald sie eines ansichtig werden, richten sie sich auf den Vorderfüßen auf, krümmen den Rükken, strecken den Kopf aufwärts und reißen den Rachen weit auf. Fortwährend, wenn auch langsam, kehren sie sich dem Feinde zu und weisen ihm die Zähne, die bei den eben ausgeschlüpften Tieren sehr lang und spitz sind. Oft, während so ein Zamuro ganz die Aufmerksamkeit des jungen Krokodils in Anspruch nimmt, benutzt ein anderer die gute Gelegenheit zu einem unerwarteten Angriff. Er stößt auf das Tier nieder, packt es am Halse und steigt damit hoch in die Luft.

Wir trafen in Pararuma unter den Indianern die Missionare von Carichana und von den Katarakten. Dem indianischen Steuermann, der uns von San Fernando am Apure bis zum Strande von Pararuma gebracht hatte, war die Fahrt durch die

Stromschnellen des Orinoko neu und er wollte uns nicht weiter führen. Glücklicherweise fand sich der Missionar von Carichana willig, uns zu sehr billigem Preise eine hübsche Piroge abzutreten; ja, der Missionar von Atures und Maypures bei den großen Katarakten, Pater Bernardo Zea, erbot sich, obgleich er krank war, uns bis zur Grenze von Brasilien zu begleiten. Der Indianer, welche die Kanoes über die Raudales hinaufschaffen helfen, sind so wenige, daß wir, hätten wir keinen Mönch bei uns gehabt, Gefahr gelaufen wären, wochenlang an diesem feuchten, ungesunden Orte liegen bleiben zu müssen.

Die rote Bemalung ist gleichsam die einzige Bekleidung der Indianer. Die gemeine Schminke der Kariben, Otomaken und Yaruros ist der Onoto, von den Spaniern Achote, von den Kolonisten in Cayenne Rocou genannt. Es ist der Farbstoff, den man aus dem Fruchtfleisch der *Bixa orellana* auszieht. Wenn sie Onoto bereiten, werfen die indianischen Weiber die Samen der Pflanze in eine Kufe mit Wasser, peitschen das Wasser eine Stunde lang und lassen dann den Farbstoff, der lebhaft ziegelrot ist, sich ruhig absetzen. Das Wasser wird abgegossen, der Bodensatz herausgenommen, mit den Händen ausgedrückt, mit Schildkröteneieröl geknetet und runde drei bis vier Unzen schwere Kuchen daraus geformt. In Ermangelung von Schildkrötenöl vermengen einige Nationen den Onoto mit Krokodilfett. Ein anderer, weit kostbarerer Farbstoff wird aus einer Pflanze aus der Familie der Bignonien gewonnen, die Bonpland unter dem Namen *Bignonia Chica* bekanntgemacht hat. Sie klettert auf die höchsten Bäume und heftet sich mit Ranken an. Die zweilippigen Blüten sind 26 Millimeter lang, schön violett und stehen zu zweien oder dreien beisammen. Die doppelt gefiederten Blätter vertrocknen leicht und werden rötlich. Die Frucht ist eine 60 Zentimeter lange Schote mit geflügelten Samen.

Um einen Begriff zu geben, welchen Luxus die nackten Indianer mit ihrem Putze treiben, bemerke ich hier, daß ein hochgewachsener Mann durch zweiwöchige Arbeit kaum genug verdient, um sich durch Tausch soviel Chica zu verschaffen, daß er sich rot bemalen kann. Wie man daher in gemäßigten Ländern von einem armen Menschen sagt, er habe nicht die Mittel, sich zu kleiden, so hört man die Indianer am Orinoko sagen: »Der Mensch ist so elend, daß er sich den Leib nicht einmal halb malen kann.« Die Kariben und Otomaken färben sich bloß Gesicht und Haare mit Chica, aber den Salivas steht die Farbe in solcher Menge zu Gebote, daß sie den ganzen Körper damit überziehen können. Manche Leute europäischer Herkunft brauchen den Farbstoff, mit Wasser angerührt, als vorzügliches harntreibendes Mittel.

Der Brauch, den Körper zu bemalen, ist nicht bei allen Völkern am Orinoko gleich alt. Erst seit den häufigen Einfällen der mächtigen Nation der Kariben in diese Länder ist derselbe allgemeiner geworden. Sieger und Besiegte waren gleich nackt, und um dem Sieger gefällig zu sein, mußte man sich bemalen wie er und seine Farbe tragen. Jetzt ist es mit der Macht der Kariben vorbei, aber die karibische Mode, den ganzen Körper zu färben, hat sich erhalten; der Brauch ist dauernder als die Eroberung.

Im Lager auf Pararuma machten wir die auffallende Beobachtung, daß sehr alte Weiber mit ihrem Putz sich mehr zu schaffen machten als die jüngsten. Wir sahen eine Indianerin vom Stamme der Otomaken, die sich die Haare mit Schildkrötenöl einreiben und den Rücken mit Onoto und Caruto bemalen ließ; zwei ihrer Töchter mußten dieses Geschäft verrichten. Die Malerei bestand aus einer Art Gitter von schwarzen sich kreuzenden Linien auf rotem Grund; in jedes kleine Viereck wurde mitten ein schwarzer Punkt gemacht, eine Arbeit, zu der unglaubliche Geduld gehörte. Man wundert sich über einen so umständlichen Putz um so mehr, wenn man bedenkt, daß die Linien und Figuren nicht tätowiert werden und daß das so mühsam Aufgemalte sich verwischt, wenn sich der Indianer unvorsichtigerweise einem starken Regen aussetzt. Manche Nationen bemalen sich nur, wenn sie Feste begehen, andere sind das ganze Jahr mit Farbe angestrichen, und bei diesen ist der Gebrauch des Onoto so unumgänglich, daß Männer und Weiber sich wohl weniger schämten, wenn sie sich ohne *Guayuco,* als wenn sie sich unbemalt blicken ließen. Die *Guayucos* bestehen am Orinoko teils aus Baumrinde, teils aus Baumwollzeug. Die Männer tragen sie breiter als die Weiber, die überhaupt (wie die Missionare behaupten) weniger Schamgefühl haben. Schon Christoph Kolumbus hat eine ähnliche Bemerkung gemacht. Sollte diese Gleichgültigkeit der Weiber, dieser ihr Mangel an Scham unter Völkern, deren Sitten doch nicht sehr verdorben sind, nicht daher rühren, daß das andere Geschlecht in Südamerika durch Mißbrauch der Gewalt von Seiten der Männer so tief herabgewürdigt und zu Sklavendiensten verurteilt ist?

Ist in Europa von einem Eingeborenen von Guayana die Rede, so stellt man sich einen Menschen vor, der an Kopf und Gürtel mit schönen Ara-, Tukan-, Tangara- und Kolibrifedern geschmückt ist. Zu unserer Überraschung sahen wir in den Missionen der Chaymas, in den Lagern von Uruana und Pararuma, ja beinahe am ganzen Orinoko und Casiquiare nirgends jene schönen Federbüsche, jene Federschürzen, wie sie die Reisenden so oft aus Cayenne und Demerara heimbringen. Die meisten Völkerschaften in Guayana, die Ackerbau treiben und Baumwollzeug weben, sind so nackt, so arm, so schmucklos wie die Neuholländer. Bei der ungeheuren Hitze, beim starken Schweiß, der den Körper den ganzen Tag über und zum Teil auch bei Nacht bedeckt, ist jede Bekleidung unerträglich. Die Putzsachen, namentlich die Federbüsche, werden nur bei Tanz und Festlichkeit gebraucht. Die Federbüsche der Guaypuñaves sind wegen der Auswahl der schönen Manakin- und Papageienfedern die berühmtesten.

Im Lager von Pararuma hatten wir Gelegenheit, manche Tiere, die wir bis dahin nur von den europäischen Sammlungen her kannten, zum erstenmal lebend zu sehen. Die Missionare treiben mit dergleichen kleinen Tieren Handel. Gegen Tabak, Maniharz, Chicafarbe, Gallitos, Titi-, Kapuziner- und andere an den Küsten sehr gesuchte Affen tauschen sie Zeuge, Nägel, Äxte, Angeln und Stecknadeln ein. Wir kauften mehrere Tiere, die uns auf der übrigen Stromfahrt begleiteten und deren Lebensweise wir somit beobachten konnten.

Die Gallitos oder Felshühner, die man in Pararuma in niedlichen kleinen Bauern aus Palmblattstielen verkauft, sind an den Ufern des Orinoko und im ganzen Norden und Westen des tropischen Amerikas weit seltener als in Französisch-Guayana. Diese Vögel nisten gewöhnlich in den Höhlungen der kleinen Granitfelsen, die sich durch den Orinoko ziehen und so zahlreiche Wasserfälle bilden.

Unter den Affen, welche die Indianer in Pararuma zu Markte gebracht, sahen wir mehrere Spielarten des Sai (*Simia capucina*), ferner Marimondas (*Simia Belzebuth*) oder Atelen mit rotem Bauch, Titi und Viuditas. Die beiden letzteren Arten interessierten uns besonders und wir kauften sie, um sie nach Europa zu schicken.

Der Titi vom Orinoko (*Simia sciurea*) kommt südlich von den Katarakten sehr häufig vor. Er hat ein weißes Gesicht und über Mund und Nasenspitze hinweg einen kleinen blau-schwarzen Fleck. Die am zierlichsten Gebauten und am schön-sten Gefärbten (der Pelz ist goldgelb) kommen von den Ufern des Casiquiare. Die man am Guaviare fängt, sind groß und schwer zu zähmen. Kein anderer Affe sieht im Gesicht einem Kind so ähnlich wie der Titi; es ist derselbe Ausdruck von Unschuld, dasselbe schalkhafte Lächeln, derselbe rasche Über-gang von Freude zu Trauer. Seine großen Augen füllen sich mit Tränen, sobald er über etwas ängstlich wird. Er ist sehr lüstern nach Insekten, besonders nach Spinnen. Setzt man mehrere dieser kleinen Affen, die im selben Käfig beisammen sind, dem Regen aus, so schlingen sie sich den Schwanz, der übrigens kein Wickelschwanz ist, um den Hals und verschrän-ken Arme und Beine, um sich gegenseitig zu erwärmen. Die indianischen Jäger erzählten uns, man finde in den Wäldern häufig Haufen von zehn, zwölf solcher Affen, die erbärmlich schreien, weil die auswärts Stehenden in den Knäuel hinein möchten, um Wärme und Schutz zu finden. Schießt man mit Pfeilen, die in verdünntes Curare getaucht sind, auf einen sol-chen Knäuel, so fängt man viele junge Affen auf einmal leben-dig. Der junge Titi bleibt im Fallen an seiner Mutter hängen, und wird er durch den Sturz nicht verletzt, so weicht er nicht von Schulter und Hals des toten Tieres. Die meisten, die man in den Hütten der Indianer lebend antrifft, sind auf diese Weise von den Leichen ihrer Mütter gerissen worden. Erwach-sene Tiere, wenn sie auch von leichten Wunden genesen sind, gehen meist zugrunde, ehe sie sich an den Zustand der Gefan-genschaft gewöhnt haben.

Der Macavahu (*Simia lugens*), den die Missionare Viudita oder Witwe in Trauer nennen, hat feines, glänzendes, schön schwarzes Haar. Das Gesicht hat eine weißliche, ins Blaue spielende Larve, in der Augen, Nase und Mund stehen. Die Ohren haben einen umgebogenen Rand, sind klein, wohlgebildet und fast ganz nackt. Vorn am Halse hat die Witwe einen weißen, zollbreiten Strich, der ein halbes Halsband bildet. Die Hinterfüße oder vielmehr Hände sind schwarz wie der übrige Körper, aber die Vorderhände sind außen weiß und innen glänzend schwarz. Diese weißen Abzeichen deuten nun die Missionare als Schleier, Halstuch und Handschuhe einer Witwe in Trauer. Die Gemütsart dieses kleinen Affen, der sich nur beim Fressen auf den Hinterbeinen aufrichtet, verrät sich durch seine Haltung nur schwer. Er sieht sanft und schüchtern aus; häufig berührt er das Fressen nicht, das man ihm bietet, selbst wenn er starken Hunger hat. Sein Auge verrät große Lebhaftigkeit. Wir sahen ihn stundenlang regungslos dasitzen, ohne daß er schlief, und auf alles, was um ihn vorging, achten. Aber diese Schüchternheit und Sanftmut sind nur scheinbar. Ist die Viudita allein, sich selbst überlassen, so wird sie wütend, sobald sie einen Vogel sieht. Sie klettert und läuft dann mit erstaunlicher Behendigkeit; sie macht einen Satz über ihre Beute wie die Katze und erwürgt, was sie erhaschen kann.

Die neue für uns bestimmte Piroge wurde noch am Abend geladen. Es war, wie alle indianischen Kanoes, ein mit Axt und Feuer ausgehöhlter Baumstamm, dreizehn Meter lang und ein Meter breit. Drei Personen konnten nicht nebeneinander darin sitzen. Diese Pirogen sind so beweglich, sie erfordern, weil sie so wenig Widerstand leisten, eine so gleichmäßige Verteilung der Last, daß man, wenn man einen Augenblick aufstehen will, den Ruderern zurufen muß, sich auf die entgegengesetzte Seite zu lehnen; ohne diese Vorsicht liefe das Wasser notwendig über den geneigten Bord. Man macht sich nur schwer einen Begriff davon, wie übel man auf einem solch elenden Fahrzeug daran ist.

Der Missionar aus den Raudales betrieb die Zurüstungen zur Weiterfahrt eifriger, als uns lieb war. Man war in Sorge, nicht genug Macos- und Guhibos-Indianer zur Hand zu haben, die mit dem Labyrinth von kleinen Kanälen und Wasserfällen, welche die Raudales und Katarakte bilden, bekannt wären; man legte daher die Nacht über zwei Indianer in den Cepo, das heißt, man legte sie auf den Boden und steckte ihnen die Beine durch zwei Holzstücke mit Ausschnitten, um die man eine Kette mit Vorhängeschloß legte. Am frühen Morgen weckte uns das Geschrei eines jungen Mannes, den man mit einem Seekuhriemen unbarmherzig peitschte. Es war Zerepe, ein sehr verständiger Indianer, der uns in der Folge die besten Dienste leistete, jetzt aber nicht mit uns gehen wollte. Er war aus der Mission Atures, sein Vater war ein Maco, seine Mutter vom Stamme der Maypures; er war in die Wälder entlaufen und hatte ein paar Jahre unter den nicht unterworfenen Indianern gelebt. Dadurch hatte er sich mehrere Sprachen angeeignet, und der Missionar brauchte ihn als Dolmetscher. Nur mit Mühe brachten wir es dahin, daß der junge Mann begnadigt wurde. »Ohne solche Strenge«, hieß es, »würde es euch an allem fehlen. Die Indianer aus den Raudales und vom oberen Orinoko sind ein stärkerer und arbeitsamerer Menschenschlag als die am unteren Orinoko. Sie wissen wohl, daß sie in Angostura sehr gesucht sind. Ließe man sie machen, so gingen sie alle den Fluß hinunter, um ihre Produkte zu verkaufen und in voller Freiheit unter den Weißen zu leben, und die Missionen stünden leer.«

Diese Gründe mögen scheinbar etwas für sich haben, richtig sind sie nicht. Will der Mensch der Vorteile des geselligen Lebens genießen, so muß er allerdings seine natürlichen Rechte, seine frühere Unabhängigkeit zum Teil zum Opfer bringen. Wird aber das Opfer, das man ihm auferlegt, nicht durch die Vorteile der Zivilisation aufgewogen, so nährt der Wilde in seiner verständigen Einfalt fort und fort den Wunsch, in die Wälder zurückzukehren, in denen er geboren worden. Weil der Indianer aus den Wäldern in den meisten Missionen als ein Leibeigener behandelt wird, weil er der Früchte seiner Arbeit nicht froh wird, deshalb veröden die christlichen Niederlassungen am Orinoko. Ein Regiment, daß sich auf die Vernichtung der Freiheit der Eingeborenen gründet, tötet die Geisteskräfte oder hemmt doch ihre Entwicklung.

Wenn man sagt, der Wilde müsse wie das Kind unter strenger Zucht gehalten werden, so ist dies ein unrichtiger Vergleich. Die Indianer am Orinoko haben in den Äußerungen ihrer Freude, im raschen Wechsel ihrer Gemütsbewegungen etwas Kindliches; sie sind aber keineswegs große Kinder, so wenig als die armen Bauern im östlichen Europa, die in der Barbarei des Feudalsystems sich der tiefsten Verkommenheit nicht entringen können. Zwang, als hauptsächlichstes und einziges Mittel zur Sittigung des Wilden, erscheint zudem als ein Grundsatz, der bei der Erziehung der Völker und bei der Erziehung der Jugend gleich falsch ist. Wie schwach und wie tief gesunken auch der Mensch sein mag, keine Fähigkeit ist ganz erstorben. Die menschliche Geisteskraft ist nur dem Grad und der Entwicklung nach verschieden. Der Wilde, wie das Kind, vergleicht den gegenwärtigen Zustand mit dem vergangenen; er bestimmt seine Handlungen nicht nach blindem Instinkt, sondern nach Rücksichten der Nützlichkeit. Unter allen Umständen kann Vernunft durch Vernunft aufgeklärt werden; die Entwicklung derselben wird aber desto mehr niedergehalten, je weiter diejenigen, die sich zur Erziehung der Jugend oder zur Regierung der Völker berufen glauben, im hochmütigen Gefühl ihrer Überlegenheit auf die ihnen Untergebenen herabblicken und Zwang und Gewalt brauchen, statt der sittlichen Mittel, die allein keimende Fähigkeiten entwickeln, die aufgeregten Leidenschaften sänftigen und die gesellschaftliche Ordnung befestigen können.

Am 10. April. Wir konnten erst um zehn Uhr morgens unter Segel gehen. Nur schwer gewöhnten wir uns an die neue Piroge, die uns eben ein neues Gefängnis war. Um an Breite zu gewinnen, hatte man auf dem hinteren Teile des Fahrzeugs aus Baumzweigen eine Art Gitter angebracht, das auf beiden Seiten über den Bord hinausreichte. Leider war das Blätterdach darüber so niedrig, daß man gebückt sitzen oder ausgestreckt liegen mußte, wobei man dann nichts sah. Das Dach war für vier Personen bestimmt, die auf dem Verdeck oder dem Gitter aus Baumzweigen lagen; aber die Beine reichen weit über das Gitter hinaus, und wenn es regnet, wird man bis zum halben Leibe durchnäßt. Dabei liegt man auf Ochsenhäuten oder Tigerfellen und die Baumzweige darunter drücken einen durch die dünne Decke gewaltig. Das Vorderteil des Fahrzeugs nahmen die indianischen Ruderer ein, die ein Meter lange löffelförmige Pagaien führen. Sie sind ganz nackt, sitzen paarweise und rudern im Takt, den sie merkwürdig genau einhalten. Ihr Gesang ist trübsinnig, eintönig. Die kleinen Käfige mit unseren

Vögeln und Affen, deren immer mehr wurden, je weiter wir kamen, waren teils am Dach, teils am Vorderteil aufgehängt. Es war unsere Reisemenagerie. Wenn wir unser Nachtlager aufschlugen, befanden sich die Menagerie und die Instrumente immer in der Mitte; ringsum kamen sofort unsere Hängematten, dann die der Indianer und zu äußerst die Feuer, die man für unentbehrlich hielt, um den Jaguar fernzuhalten. Um Sonnenaufgang stimmten unsere Affen in das Geschrei der Affen im Walde ein. Dieser Verkehr zwischen Tieren derselben Art, die einander zugetan sind, ohne sich zu sehen, von denen die einen der Freiheit genießen, nach der die andern sich sehnen, hat etwas Wehmütiges, Rührendes.

Auf der überfüllten, keinen Meter breiten Piroge blieb für die getrockneten Pflanzen, die Koffer, einen Sextanten, den Inklinationskompaß und die meteorologischen Instrumente kein Platz als der Raum unter dem Gitter aus Zweigen, auf dem wir den größten Teil des Tages ausgestreckt liegen mußten. Wollte man irgend etwas aus einem Koffer holen oder ein Instrument gebrauchen, mußte man an das Ufer fahren und aussteigen. Zu diesen Unbequemlichkeiten kam noch die Plage der Moskitos, die unter einem so niedrigen Dache in Scharen hausen, und die Hitze, welche die Palmblätter ausstrahlen, deren obere Fläche beständig der Sonnenglut ausgesetzt ist. Jeden Augenblick versuchten wir unsere Lage erträglicher zu machen, aber immer vergeblich. Während der eine sich unter ein Tuch steckte, um sich vor den Insekten zu schützen, verlangte der andere, man solle grünes Holz unter dem Blätterdach anzünden, um die Mücken durch den Rauch zu vertreiben. Wegen des Brennens der Augen und der Steigerung der ohnehin erstickenden Hitze war das eine Mittel so wenig anwendbar als das andere. Aber mit einem munteren Geiste, bei gegenseitiger Herzlichkeit, bei offenem Sinn und Auge für die großartige Natur dieser weiten Stromtäler fällt es den Reisenden nicht schwer, Beschwerden zu ertragen, die zur Gewohnheit werden. Wenn ich mich hier auf diese Kleinigkeiten eingelassen habe, geschah es nur, um die Schiffahrt auf dem Orinoko zu schildern und begreiflich zu machen, daß Bonpland und ich auf diesem Stück unserer Reise beim besten Willen lange nicht alle die Beobachtungen machen konnten, zu denen uns die an wissenschaftlicher Ausbeute so reiche Naturumgebung aufforderte.

Im Orinoko sind sehr viele Inseln und der Strom fängt jetzt an, sich in mehrere Arme zu teilen, deren westlichster in den Monaten Januar und Februar trocken liegt. Aus einem Palmenwald nicht weit vom Orinoko steigt, ungemein malerisch, ein einzelner Fels empor, ein Granitpfeiler, ein Prisma, dessen kahle schroffe Wände gegen 65 Meter hoch sind. Den Gipfel, der über die höchsten Waldbäume emporragt, krönt eine ebene waagerechte Felsplatte. Auf diesem Gipfel stehen wieder Bäume. Dieses großartig einfache Naturdenkmal erinnert an die zyklopischen Bauwerke. Sein scharf gezeichneter Umriß und oben darauf die Bäume und das Buschwerk heben sich vom blauen Himmel ab, ein Wald über einem Walde.

Weiterhin beim Einfluß des Paruasi wird der Orinoko wieder schmaler. Gegen Osten sahen wir einen Berg mit plattem Gipfel, der wie ein Vorgebirge herantritt. Er ist gegen 300 Fuß hoch und diente den Jesuiten als fester Platz. Die Jesuitenschanze wurde nach der Aufhebung der Gesellschaft Jesu zerstört, aber der Ort heißt noch *el Castillo.*

Die Besatzung, welche die Jesuiten auf diesem Felsen hatten, sollte nicht allein die Missionen gegen die Einfälle der Kariben schützen, sie diente auch zum Angriffskriege, oder, wie man hier sagt, zur Eroberung von Seelen (*conquista de almas*). Die Soldaten, durch die ausgesetzten Geldbelohnungen angefeuert, machten mit bewaffneter Hand Einfälle oder *Entradas* auf das Gebiet unabhängiger Indianer. Man brachte um, was Widerstand zu leisten wagte, man brannte die Hütten nieder, zerstörte die Pflanzungen und schleppte Greise, Weiber und Kinder als Gefangene fort. Die Gefangenen wurden sofort in die Missionen am Meta, Rio Negro und oberen Orinoko verteilt. Dieses gewaltsame Mittel, *Seelen zu verobern,* war zwar nach spanischem Gesetz verboten, wurde aber von den bürgerlichen Behörden geduldet und von den Obern der Gesellschaft, als der Religion und dem Aufkommen der Missionen förderlich, höchlich gepriesen. »Die Stimme des Evangeliums,« sagt ein Jesuit vom Orinoko in den »erbaulichen Briefen« (*Cartas edificantes,* 1757), »wird nur da vernommen, wo die Indianer Pulver haben knallen hören.«

Vom Einfluß des Rio Paruasi an ist der Orinoko voll Inseln und Granitklippen, und so entstehen hier die Stromschnellen oder kleinen Fälle, die beim ersten Anblick wegen der vielen Wirbel dem Reisenden bange machen können, aber in keiner Jahreszeit den Schiffen gefährlich sind. Wir legten sie ohne Schwierigkeit zurück, und zwar in einem schmalen Kanal, in dem das Wasser ungestüm, wie siedend, unter der *Piedra de Marimara* heraufschießt, einer kompakten Granitmasse, 26 Meter hoch und 100 Meter im Umfang, ohne Spalten und ohne eine Spur von Schichtung. Der Fluß tritt weit ins Land hinein und bildet in den Felsen weite Buchten. Wir übernachteten im kleinen Dorfe Carichana, wo wir auf Empfehlung des guten Missionars Fray Jose Antonio de Torre im Pfarrhaus oder Convento Aufnahme fanden. Wir hatten seit fast vierzehn Tagen unter keinem Dache geschlafen.

Am 11. April. Um die für die Gesundheit oft so nachteiligen Folgen der Überschwemmungen zu vermeiden, wurde die Mission Carichana 3,3 Kilometer vom Fluß angelegt. Die Indianer sind vom Stamme der Salivas. Die Salivas sind ein geselliges, sanftes, fast schüchternes Volk und leichter in der Zucht zu halten als andere am Orinoko. Um sich der Herrschaft der Kariben zu entziehen, ließen sich die Salivas leicht herbei, sich den ersten Jesuitenmissionen anzuschließen. Die Patres rühmen aber auch in ihren Schriften stets ihren Verstand und ihre Gelehrigkeit. Die Salivas haben großen Hang zur Musik; seit den ältesten Zeiten blasen sie Trompeten aus gebrannter Erde, die 1,3 bis 1,6 Meter lang sind und mehrere kugelförmige Erweiterungen haben, die durch enge Röhren zusammenhängen. Die Trompeten geben sehr klägliche Töne. Die Jesuiten haben die natürliche Neigung der Salivas zur Instrumentalmusik mit Glück ausgebildet und auch nach der Aufhebung der Gesellschaft Jesu haben die Missionare die schöne Kirchenmusik und den musikalischen Unterricht der Jugend fortgepflegt. Erst kürzlich sah ein Reisender zu seiner Verwunderung die Eingeborenen Violine, Violoncello, Triangel, Guitarre und Flöte spielen.

Wir trafen unter diesen Indianern eine Frau von weißer Abkunft, die Schwester eines Jesuiten aus Neugranada. Unbeschreiblich ist die Freude, wenn man mitten unter Völkern,

deren Sprache man nicht versteht, einem Wesen begegnet, mit dem man sich ohne Dolmetscher unterhalten kann. Jede Mission hat mindestens zwei solche Dolmetscher. Es sind Indianer, etwas weniger beschränkt als die anderen, mittels deren die Missionare am Orinoko, die sich gegenwärtig nur selten die Mühe nehmen, die Landessprachen kennenzulernen, mit dem Neugetauften verkehren. Diese Dolmetscher begleiteten uns beim Botanisieren. Sie verstehen wohl Spanisch, aber sie können es nicht recht sprechen. In ihrer faulen Gleichgültigkeit geben sie, man mag fragen, was man will, wie aufs Geratewohl, aber mit gefälligem Lächeln zur Antwort: »Ja, Pater, nein Pater.« Man begreift leicht, daß einem die Geduld ausgeht, wenn man monatelang solche Gespräche zu führen hat, statt über Gegenstände Auskunft zu erhalten, für die man sich lebhaft interessiert. Nicht selten konnten wir nur mittels mehrerer Dolmetscher und so, daß derselbe Satz mehrmals übersetzt wurde, mit den Eingeborenen verkehren.

»Von meiner Mission an«, sagte der gute Ordensmann von Uruana, »werdet Ihr reisen wie Stumme.« Und diese Vorhersage ist so ziemlich in Erfüllung gegangen, und um nicht um allen Nutzen zu kommen, den man aus dem Verkehr selbst mit den versunkensten Indianern ziehen kann, griffen wir zuweilen zur Zeichensprache. Sobald der Eingeborene bemerkt, daß man ihn unmittelbar befragt, indem man auf die Gegenstände deutet, so legt er seine gewöhnliche Stumpfheit ab und weiß sich mit merkwürdiger Gewandtheit verständlich zu machen. Er macht Zeichen aller Art, er spricht die Worte langsam aus, er wiederholt sie unaufgefordert. Es scheint seiner Eigenliebe zu schmeicheln, daß man ihn beachtet und sich von ihm belehren läßt. Diese Leichtigkeit, sich verständlich zu machen, zeigt sich besonders auffallend beim unabhängigen Indianer, und was die christlichen Niederlassungen betrifft, muß ich den Reisenden den Rat geben, sich vorzugsweise an Eingeborene zu wenden, die erst seit kurzem unterworfen sind oder von Zeit zu Zeit wieder in den Wald laufen, um ihrer früheren Freiheit zu genießen. Es unterliegt wohl keinem Zweifel, daß der unmittelbare Verkehr mit den Eingeborenen belehrender und sicherer ist als der mittels des Dolmetschers, wenn man nur seine Fragen zu vereinfachen weiß und dieselben hintereinander an mehrere Individuen in verschiedener Gestalt richtet.

Am 10. April war der Fluß um mehrere Zoll gestiegen; die Erscheinung war den Eingeborenen auffallend, da sonst der Strom anfangs fast unmerklich steigt und man daran gewöhnt ist, daß er im April ein paar Tage lang wieder fällt. Der Orinoko stand bereits einen Meter über dem niedrigsten Punkt. Die Indianer zeigten uns an einer Granitwand die Spuren der gegenwärtigen Hochgewässer; sie standen nach unserer Messung 13,6 Meter hoch. Aber dieses Maß wurde an einem Ort genommen, wo das Strombett bedeutend durch Felsen eingeengt ist, und ich konnte mich nur an die Angabe der Indianer halten. Unzweifelhaft ist, und das macht auf jedermann im Lande einen starken Eindruck, daß man bei Carichana, San Borja, Atures und Maypures, wo sich der Strom durch die Berge Bahn gebrochen, 30, zuweilen 42 Meter über dem höchsten gegenwärtigen Wasserstand schwarze Streifen und Auswaschungen sieht, die beweisen, daß das Wasser einmal so hoch gestanden. So wäre denn dieser Orinokostrom, der uns so großartig und gewaltig erscheint, nur ein schwacher Rest der ungeheuren Ströme süßen Wassers, die einst das Land ostwärts von den Anden gleich Armen von Binnenmeeren durchzogen?

Am 11. April. Nach unserer Abfahrt von Carichana um zwei Uhr nachmittags fanden wir im Bette immer mehr Granitblöcke, durch welche der Strom aufgehalten wird. Wir fuhren am großen, unter dem Namen *Piedra del Tigre* bekannten Felsen vorbei. Der Strom ist hier so tief, daß ein Senkblei von 40 Metern den Grund nicht erreicht. Gegen Abend wurde der Himmel bedeckt und düster, Windstöße und dazwischen ganz stille Luft verkündeten, daß ein Gewitter im Anzug war. Der Regen fiel in Strömen, und das Blätterdach, unter dem wir lagen, bot wenig Schutz. Zum Glück vertrieben die Regenströme die Moskitos, die uns den Tag über grausam geplagt, auf eine Weile. Wir befanden uns vor dem Katarakt von Cariven, und der Zug des Wassers war so stark, daß wir nur mit Mühe ans Land kamen. Wir wurden immer wieder mitten in die Strömung geworfen. Endlich sprangen zwei Salivas, ausgezeichnete Schwimmer, ins Wasser, zogen die Piroge mit einem

Strick ans Ufer und banden sie an einer nackten Felsbank, auf der wir übernachteten, fest. Das Gewitter hielt lange in die Nacht hinein an; der Fluß stieg bedeutend, und man fürchtete mehrere Male, die wilden Wogen würden unser schwaches Fahrzeug vom Ufer losreißen.

Am 12. April. Wir brachen um vier Uhr morgens auf. Der Missionar sah voraus, daß wir Not haben würden, über die Stromschnellen und den Einfluß des Meta hinwegzukommen. Die Indianer ruderten zwölfeinhalb Stunden ohne Unterlaß. Während dieser Zeit nahmen sie nichts zu sich als Maniok und Bananen. Bedenkt man, wie schwer es ist, die Gewalt der Strömung zu überwinden und die Katarakte hinaufzufahren, und weiß man, daß die Indianer am Orinoko und Amazonenstrom auf zweimonatigen Flußfahrten in dieser Weise ihre Muskeln anstrengen, so wundert man sich gleich sehr über die Körperkraft und über die Mäßigkeit dieser Menschen. Stärkemehl und zuckerhaltige Stoffe, zuweilen Fische und Schildkröteneierfett ersetzen hier die Nahrung, welche Säugetiere und Vögel geben.

Wir fanden das Flußbett auf einer Strecke von 1 170 Metern voll Granitblöcken; dies ist der sogenannte *Raudal de Cariven.* Wir liefen durch Kanäle, die nicht 1,6 Meter breit waren, und manchmal stak unsere Piroge zwischen zwei Granitblöcken fest. Man suchte die Durchfahrten zu vermeiden, durch die sich das Wasser mit furchtbarem Getöse stürzt. Es ist keine ernstliche Gefahr vorhanden, wenn man einen guten indianischen Steuermann hat. Ist die Strömung nicht zu überwinden, so springen die Ruderer ins Wasser, binden ein Seil an die Felsspitzen und ziehen die Piroge herauf. Das geht sehr langsam vor sich, und wir benutzten zuweilen die Gelegenheit und kletterten auf die Klippen, zwischen denen wir staken.

Der Meta ist nach dem Guaviare der bedeutendste unter den Nebenflüssen des Orinoko. Man kann ihn der Donau vergleichen, nicht nach der Länge des Laufes, aber hinsichtlich der Wassermasse. Er ist durchschnittlich 11, oft bis zu 28 Meter tief. Die Vereinigung beider Ströme gewährt einen äußerst großartigen Anblick. Am östlichen Ufer steigen einzelne Felsen empor und aufeinander getürmte Granitblöcke sehen von ferne wie verfallene Burgen aus. Breite, sandige Ufer legen sich zwischen den Strom und den Saum der Wälder, aber mitten in diesen sieht man am Horizont auf den Berggipfeln einzelne Palmen sich vom Himmel abheben.

Der Rio Meta durchzieht die weiten Ebenen von Casanare; er ist fast bis zum Fuß der Anden von Neugranada schiffbar und muß einmal für die Bevölkerung von Guayana und Venezuela politisch von großer Bedeutung werden. Auf einer Strecke von 270 Kilometer sind die Ufer des Meta stärker bewohnt als die des Orinoko, aber vom Einfluß des Pauto und des Casanare an, über 225 Kilometer weit, machen die wilden Guahibos den Meta unsicher. Zur Jesuitenzeit war die Schiffahrt auf dem Strom weit stärker als jetzt.

Vom Einfluß des Meta an erschien der Orinoko freier von Klippen und Felsmassen. Wir fuhren auf einer 970 Meter breiten, offenen Stromstrecke. Die Indianer ruderten fort, ohne die Piroge zu schieben und zu ziehen und uns dabei mit ihrem wilden Geschrei zu belästigen. Es war bereits Nacht, als wir vor dem Raudal de Tabaje hielten. Die Indianer wollten es nicht mehr wagen, den Katarakt hinaufzufahren, und wir schliefen daher am Lande, an einem höchst unbequemen Ort, auf einer mehr als 18 Grad geneigten Felsplatte, in deren Spalten Scharen von Fledermäusen staken. Die ganze Nacht über hörten wir den Jaguar ganz in der Nähe brüllen, und unser großer Hund antwortete darauf mit anhaltendem Geheul. Umsonst wartete ich, ob nicht die Sterne zum Vorschein kämen; der Himmel war grauenhaft schwarz. Das dumpfe Tosen der Fälle des Orinoko stach scharf ab vom Donner, der weit weg, dem Walde zu, sich hören ließ.

Am 13. April. Wir fuhren am frühen Morgen die Stromschnellen von Tabaje hinauf. Unser Begleiter, Pater Zea, wollte in der neuen, seit zwei Jahren bestehenden Mission San Borja die Messe lesen. Wir fanden daselbst sechs von noch nicht katechisierten Guahibos bewohnte Häuser. Sie unterschieden sich in nichts von den wilden Indianern. Ihre ziemlich großen schwarzen Augen verrieten mehr Lebendigkeit als die der Indianer in den übrigen Missionen. Vergeblich boten wir ihnen Branntwein an, sie wollten ihn nicht einmal kosten. Die Gesichter der jungen Mädchen waren alle mit runden schwarzen Tupfen bemalt; am übrigen Körper waren die Guahibos nicht bemalt. Mehrere hatten einen Bart; sie schienen stolz darauf, faßten uns am Kinn und gaben uns durch Zeichen zu verstehen, sie seien wie wir. Sie sind meist ziemlich schlank gewachsen. Kein Stamm ist schwerer seßhaft zu machen als die Guahibos. Lieber leben sie von faulen Fischen, Tausendfüßlern und Würmern, als daß sie ein kleines Stück Land bebauen. Die anderen Indianer sagen daher sprichwörtlich: »Ein Guahibo ißt alles auf der Erde und unter der Erde.«

Kommt man auf dem Orinoko weiter nach Süden, so nimmt die Hitze keineswegs zu, sondern wird im Gegenteil erträglicher. Die Lufttemperatur war bei Tage 26 bis 27,5 Grad, bei Nacht 23,7 Grad. Aber trotz der Abnahme der Hitze nahm die Plage der Moskitos erschrecklich zu. Man konnte nicht sprechen oder das Gesicht entblößen, ohne Mund und Nase voll Insekten zu bekommen. Wir übernachteten am Ufer bei Guapiro. Aus Furcht vor den kleinen Karibenfischen badeten wir nicht. Die Krokodile, die wir den Tag über gesehen, waren alle außerordentlich groß, sieben bis acht Meter lang.

Am 14. April. Die Plage der Zancudos veranlaßte uns, schon um fünf Uhr morgens aufzubrechen. In der Luftschicht über dem Fluß selbst sind weniger Insekten als am Waldsaum. Wir fuhren an der Mündung des Rio Paureni vorüber, über welcher die Macosindianer wohnen, und übernachteten auf der Insel Panumana. Diese Insel ist sehr reich an Pflanzen. Die Berge bei den großen Katarakten begrenzten den Horizont gegen Südost. Je weiter wir hinauf kamen, desto großartiger und malerischer wurden die Ufer des Orinoko.

Zwanzigstes Kapitel

Die Mündung des Rio Anaveni · Der Pik Uniana
Die Mission Atures · Der Katarakt oder Raudal
Mapara · Die Inseln Surupamana und Uirapuri

Auf seinem Lauf von Süd nach Nord streicht über den Orinokostrom eine Kette von Granitbergen. Zweimal in seinem Lauf gehemmt, bricht er sich tosend an den Felsen, welche Staffeln und Querdämme bilden. Nichts großartiger als dieses Landschaftsbild. Steht man so, daß man die ununterbrochene Reihe von Katarakten, die ungeheure von den Strahlen der untergehenden Sonne beleuchtete Schaum- und Dunstfläche mit einem Blick übersieht, so ist es, als sähe man den ganzen Strom über seinem Bett hängen.

Die beiden großen Katarakte des Orinoko entstehen dadurch, daß der Strom die Berge der Parime durchbricht. Bei den Eingeborenen heißen sie Mapara und Quituna; aber die Missionare haben dafür Atures und Maypures gesetzt, nach den Namen der beiden Stämme, die sie in den beiden den Fällen zunächst gelegenen Dörfern zusammengebracht. An den Küsten von Caracas nennt man die zwei großen Katarakte einfach: die zwei Raudales (Stromschnellen).

Jenseits der großen Katarakte beginnt ein unbekanntes Land. Es ist ein zum Teil gebirgiger, zum Teil ebener Landstrich, über den die Nebenflüsse sowohl des Amazonenstroms als des Orinoko ziehen. Oberhalb der großen Katarakte fanden wir längs des Orinoko auf einer Strecke von 450 Kilometern nur drei christliche Niederlassungen, und in denselben waren kaum sechs bis acht Weiße, das heißt Menschen europäischer Abkunft. Es ist nicht zu verwundern, daß ein so ödes Land von jeher der klassische Boden für Sagen und Wundergeschichten war. Hierher versetzten ernste Missionare die Völker, die ein Auge auf der Stirn, einen Hundskopf oder den Mund unter dem Magen haben; hier fanden sie alles wieder, was die Alten von den Garamanten, den Arimaspen und den Hyperboräern erzählen. Man täte den schlichten Missionaren unrecht, wenn man glaubte, sie selbst haben diese übertriebenen Mären erfunden; sie haben sie vielmehr großenteils den Indianergeschichten entnommen.

Am 15. April. Wir brachen von der Insel Panumana um vier Uhr morgens auf, zwei Stunden vor Sonnenaufgang; der Himmel war großenteils bedeckt und durch dickes hochstehendes Gewölk fuhren Blitze. Wir wunderten uns, daß wir es nicht donnern hörten. Beim bedeckten Himmel, der die strahlende Wärme des Bodens zurückwarf, war die Hitze erstickend; kein Lüftchen bewegte das Laub der Bäume. Wie gewöhnlich waren die Jaguare über den Flußarm zwischen uns und dem Ufer herübergekommen, und wir hörten sie ganz in unserer Nähe brüllen. Im Lauf der Nacht hatten uns die Indianer geraten, aus dem Biwak in eine verlassene Hütte zu ziehen, die zu den Conucos der Einwohner von Apures gehört; sie verrammelten den Eingang mit Brettern, was uns ziemlich überflüssig vorkam. Die Tiger sind bei den Katarakten so häufig, daß vor zwei Jahren ein Indianer, der am Ende der Regenzeit, eben hier in den Conucos von Panumana, seine Hütte wieder aufsuchte, dieselbe von einem Tigerweibchen mit zwei Jungen besetzt fand. Die Tiere hatten sich seit mehreren Monaten hier aufgehalten; nur mit Mühe brachte man sie hinaus, und erst nach hartnäckigem Kampfe konnte der Eigentümer einziehen.

Bei Sonnenaufgang kamen wir am Einfluß des Rio Anaveni vorüber, der von den östlichen Bergen herabkommt. Die Hitze am Tage war so stark, daß wir lange an einem schattigen Platz hielten und mit der Leine fischten. Wir konnten die Fische, die wir gefangen, kaum alle fortbringen. Erst ganz spät langten wir unmittelbar unter dem großen Katarakt in einer Bucht an und gingen, bei der dunklen Nacht nicht ohne Beschwerde, auf schmalem Fußpfad in die Mission Atures, 4,5 Kilometer vom Flußufer. Man kommt dabei über eine mit großen Granitblöcken bedeckte Ebene.

Wo jetzt das Dorf Atures steht, muß früher der Orinoko geflossen sein, und die völlig ebene Grasflur um das Dorf war ohne Zweifel ein Stück des Flußbetts. Östlich von der Mission sah ich eine Felsreihe, die mir das alte Flußufer zu sein schien. Im Lauf der Jahrhunderte wurde der Strom gegen West hinübergedrängt, weil den östlichen Bergen zu, von denen viele Wildwasser herabkommen, die Anschwemmungen stärker sind.

Wir fanden die kleine Mission in der kläglichsten Verfassung. Bei der Gründung der Mission waren hier Atures, Maypures, Meyepures, Abanis und Quirupas untereinander; statt dieser Stämme fanden wir nur Guahibos und ein paar Familien vom Stamme der Macos. Die Atures sind fast völlig verschwunden; man kennt sie nur noch von ihren Gräbern in der Höhle Ataruipe her, die an die Grabstätten der Guanchen auf Teneriffa erinnern.

Zwischen dem vierten und achten Breitengrad bildet der Orinoko nicht nur die Grenze zwischen dem großen Walde der Parime und den kahlen Savannen am Apure, Meta und Guaviare, er scheidet auch Horden von sehr verschiedener Lebensweise. Im Westen ziehen auf den baumlosen Ebenen die Guahibos, Chiricoas und Guamos herum, ekelhaft schmutzige Völker, stolz auf ihre wilde Unabhängigkeit, schwer an den Boden zu fesseln und an regelmäßige Arbeit zu gewöhnen. Die spanischen Missionare bezeichnen sie ganz gut als *Indios andantes* (laufende, umherziehende Indianer). Östlich vom Orinoko, zwischen den einander naheliegenden Quellen des Caura, des Cataniapo und Ventuari, hausen die Macos, Salivas, Curacicanas, Parecas und Maquiritares, sanftmütige, ruhige, Ackerbau treibende, leicht der Zucht in den Missionen zu unterwerfende Völker. Der Indianer der Ebene unterscheidet sich vom Indianer der Wälder durch Sprache wie durch Sitten und die ganze Geistesrichtung; beide haben eine an lebendigen, kecken Wendungen reiche Sprache, aber die des ersteren ist rauher, kürzer, leidenschaftlicher; beim zweiten ist sie sanfter, weitschweifiger und reicher an abgeleiteten Ausdrücken.

In der Mission Atures, wie in den meisten Missionen am Orinoko zwischen den Mündungen des Apure und des Atabapo, leben die eben erwähnten beiden Arten von Volksstämmen nebeneinander; man trifft daselbst Indianer aus den Wäldern und früher nomadische Indianer (*Indios monteros* und

Indios andantes oder *Llaneros*). Wir besuchten mit dem Missionar die Hütten der Macos, bei den Spaniern Piraoas genannt, und der Guahibos. In ersteren zeigt sich mehr Sinn für Ordnung, mehr Reinlichkeit und Wohlstand. Die unabhängigen Macos haben ihre Rochelas oder festen Wohnplätze zwei bis drei Tagereisen östlich von Atures bei den Quellen des kleinen Flusses Cataniapo. Sie sind sehr zahlreich, bauen wie die meisten Waldindianer keinen Mais, sondern Maniok und leben im besten Einvernehmen mit den christlichen Indianern in der Mission. Der Alkalde der unterworfenen Macos verließ mit der Genehmigung des Missionars jedes Jahr das Dorf Atures, um ein paar Monate auf den Pflanzungen zuzubringen, die er mitten in den Wäldern beim Dorf der unabhängigen Macos besaß. Infolge dieses friedlichen Verkehrs hatten sich vor einiger Zeit mehrere dieser *Indios monteros* in der Mission niedergelassen. Sie baten dringend um Messer, Fischangeln und farbige Glasperlen, die trotz des ausdrücklichen Verbots der Ordensleute nicht als Halsbänder, sondern zum Aufputz des Guayuco (Gürtels) dienen. Nachdem sie das Gewünschte erhalten, gingen sie in die Wälder zurück, da ihnen die Zucht in der Mission schlecht behagte. Epidemische Fieber, wie sie beim Eintritt der Regenzeit nicht selten auftreten, trugen viel zu der unerwarteten Ausreißerei bei.

Die Ursachen der Entvölkerung in den christlichen Niederlassungen sind der Widerwille der Indianer gegen die Zucht in den Missionen, das ungesunde, zugleich heiße und feuchte Klima, die schlechte Nahrung, die Verwahrlosung der Kinder, wenn sie krank sind, und die schändliche Sitte der Mütter, giftige Kräuter zu gebrauchen, damit sie nicht schwanger werden. Bekommen sie Kinder, so sind dieselben nicht allein den Gefahren des Lebens in der Wildnis, sondern noch manchen anderen ausgesetzt, die aus dem abgeschmacktesten Aberglauben herfließen. Sind es Zwillinge, so verlangen verkehrte Begriffe von Anstand und Familienehre, daß man eines der Kinder umbringe. »Zwillinge in die Welt setzen, heißt sich dem allgemeinen Spott preisgeben, heißt es machen wie Ratten, Beuteltiere und das niedrigste Getier, das viele Junge zugleich wirft.« Aber noch mehr: »Zwei zugleich geborene Kinder können nicht von einem Vater sein.« Um des Hausfriedens willen nehmen es alte Basen der Mutter oder die *Mure japoic-nei* (Hebamme) auf sich, eines der Kinder auf die Seite zu schaffen. Hat der Neugeborene, wenn er auch kein Zwilling ist, irgendeine körperliche Mißbildung, so bringt ihn der Vater auf der Stelle um. Man will nur wohlgebildete, kräftige Kinder; denn bei den Mißbildungen hat der böse Geist Joloquiamo die Hand im Spiel oder der Vogel Tikitiki, der Feind des Menschengeschlechts. Zuweilen haben aber auch bloß sehr schwächliche Kinder dasselbe Los.

Bei den Indianern am Orinoko kommt der Vater nur nach Hause, um zu essen und sich in seine Hängematte zu legen; er liebkost weder seine kleinen Kinder, noch seine Weiber, die da sind, ihn zu bedienen. Die väterliche Zuneigung kommt erst dann zum Vorschein, wenn der Sohn so weit herangewachsen ist, daß er an der Jagd, am Fischfang und an der Arbeit in den Pflanzungen teilnehmen kann.

Der Pater Guardian der Franziskaner sah mit Schrecken, wie rasch die Bevölkerung in den beiden Dörfern an den Katarakten abnahm, und schlug daher vor einigen Jahren dem Statthalter der Provinz in Angostura vor, die Indianer durch Neger zu ersetzen. Bekanntlich dauert die afrikanische Rasse im heißen und feuchten Klima vortrefflich aus. Wahrscheinlich wäre der Plan ganz gut gelungen. Derselbe erinnerte im Kleinen an die Niederlassungen in Sierra Leone; es war Aussicht vorhanden, daß der Zustand der Schwarzen sich damit verbesserte und so das Christentum zu seinem ursprünglichen Ziele, Förderung des Glücks und der Freiheit der untersten Volksklassen, wieder hingeführt wurde. Ein kleines Mißverständnis vereitelte die Sache. Der Statthalter erwiderte den Mönchen: »Da man für das Leben der Neger so wenig bürgen könne als für das der Indianer, so erscheine es nicht als gerecht, jene zur Niederlassung in den Dörfern bei den Katarakten zu zwingen.« Gegenwärtig hängt die Existenz dieser Missionen so ziemlich an zwei Guahibo- und Macofamilien, den einzigen, bei denen man einige Spuren von Zivilisation findet und die das Leben auf eigenem Grund und Boden lieben. Sterben diese Haushaltungen aus, so laufen die anderen Indianer, die der Missionszucht längst müde sind, dem Pater Zea davon, und an einem Punkt, den man als den Schlüssel des Orinoko betrachten kann, finden dann die Reisenden nichts mehr, dessen sie bedürfen, zumal keinen Steuermann, der die Kanoes durch die Stromschnellen schafft; der Verkehr zwischen dem Fort am Rio Negro und der Hauptstadt Angostura wäre, wo nicht unterbrochen, doch ungemein erschwert. Es bedarf ganz genauer Kenntnis der Örtlichkeiten, um sich in das Labyrinth von Klippen und Felsblöcken zu wagen, die bei Atures und Maypures das Strombett verstopfen.

Während man unsere Piroge auslud, betrachteten wir von allen Punkten, wo wir ans Ufer gelangen konnten, in der Nähe das ergreifende Schauspiel eines eingeengten und wie völlig in Schaum verwandelten großen Stromes. Ich versuche es, nicht unsere Empfindungen, sondern eine Örtlichkeit zu schildern, die unter den Landschaften der Neuen Welt so berühmt ist. Je großartiger, majestätischer die Gegenstände sind, desto wichtiger ist es, sie in ihren kleinsten Zügen aufzufassen, die Umrisse des Gemäldes, mit dem man zur Einbildungskraft des Lesers sprechen will, fest zu zeichnen, die bezeichnenden Merkmale der großen unvergänglichen Denkmäler der Natur einfach zu schildern.

Von seiner Mündung bis zum Einfluß des Anaveni, auf einer Strecke von 1170 Kilometern, ist die Schiffahrt auf dem Orinoko durchaus ungehindert. Bei Muitaco, in einer Bucht, *Boca del Infierno* genannt, sind Klippen und Wirbel; bei Carichana und San Borja sind Stromschnellen (*Raudalitos*); aber an all diesen Punkten ist der Strom nie ganz gesperrt, es bleibt eine Wasserstraße, auf der die Fahrzeuge hinauf- und hinabfahren können.

Auf dieser ganzen Fahrt auf dem unteren Orinoko wird dem Reisenden nur eines gefährlich, die natürlichen Flöße aus Bäumen, die der Fluß entwurzelt und forttreibt. Wehe den Pirogen, die bei Nacht an solchem Gitterwerk aus Holz und Schlinggewächsen auffahren! Dasselbe ist mit Wasserpflanzen bedeckt und gleicht hier wie auf dem Mississippi schwimmenden Wiesen, den Chinampas (schwimmende Gärten) der mexikanischen Seen. Wenn die Indianer eine feindliche Horde überfallen wollen, binden sie mehrere Kanoes mit Stricken zusammen, bedecken sie mit Kräutern und Baumzweigen und bilden so die Haufen von Bäumen nach, die der

Orinoko auf seinem Talweg abwärts treibt. Man sagt den Kariben nach, sie seien früher in dieser Kriegslist ausgezeichnet gewesen. Gegenwärtig bedienen sich die spanischen Schmuggler in der Nähe von Angostura desselben Mittels, um die Zollaufseher hinter das Licht zu führen.

Oberhalb des Rio Anaveni, zwischen den Bergen von Uniana und Sipapu, kommt man zu den Katarakten von Mapara und Quitana, oder wie die Missionare gemeiniglich sagen, zu den Raudales von Atures und Maypures. Diese beiden von einem zum anderen Ufer laufenden Stromsperren geben im großen ungefähr dasselbe Bild: zwischen zahllosen Inseln, Felsdämmen, aufeinandergetürmten, mit Palmen bewachsenen Granitblöcken löst sich einer der größten Ströme der Welt in Schaum auf. Trotz dieser Übereinstimmung im Aussehen hat jeder der Fälle seinen eigenen Charakter. Der erste, nördliche, ist bei niedrigem Wasser leichter zu passieren; beim zweiten, dem von Maypures, ist den Indianern die Zeit des Hochwassers lieber. Oberhalb Maypures und der Einmündung des Caño Cameji ist der Orinoko wieder frei auf einer Strecke von mehr als 760 Kilometern bis zum Raudalito der Guaharibos.

Nur der nördliche der großen Katarakte des Orinoko hat hohe Berge zu beiden Seiten. Das linke Stromufer ist meist niedriger, gehört aber zu einem Landstrich, der westwärts von Atures gegen den Pik Uniana ansteigt, einen gegen 975 Meter hohen Bergkegel auf einer steil abfallenden Felsmauer. Dadurch, daß er frei aus der Ebene aufsteigt, nimmt sich dieser Pik noch großartiger und majestätischer aus. In der Nähe der Mission auf dem Landstrich am Katarakt nimmt die Landschaft bei jedem Schritt einen anderen Charakter an. Auf engem Raum findet man hier die rauhesten finstersten Naturgebilde neben freiem Feld, bebauten, lachenden Fluren. In der äußeren Natur wie in unserem Inneren ist der Gegensatz der Eindrücke, das Nebeneinander des Großartigen, Drohenden und des Sanften, Friedlichen eine reiche Quelle unserer Empfindungen und Genüsse.

Aber nicht nur durch die Bodenbildung zunächst bei der Mission Atures erhält die Gegend eine so auffallende Physiognomie; die hohen Berge, welche ringsum den Horizont begrenzen, tragen durch ihre Form und die Art ihres Pflanzenwuchses das ihrige dazu bei. Diese Berge erheben sich meist nur 225 bis 260 Meter über die umgebenden Ebenen. Ihre Gipfel sind abgerundet wie in den meisten Granitbergen und mit einem dichten Walde von Laurineen bedeckt. Gruppen von Palmen, deren gleich Federbüschen gekräuselte Blätter unter einem Winkel von 70 Grad majestätisch emporsteigen, stehen mitten unter Bäumen mit waagerechten Ästen; ihre nackten Stämme schießen gleich 30 bis 40 Meter hohen Säulen in die Luft hinauf und heben sich vom blauen Himmel ab, »ein Wald über dem Walde«.

Östlich von Atures, neben jenen abgerundeten Bergen erheben sich andere Berge von ganz verschiedenem Aussehen. Ihr Kamm ist mit gezackten Felsen besetzt, die wie Pfeiler über die Bäume und das Gebüsch emporragen. Die in Abständen sich erhebenden Felsen bestehen entweder aus aufgetürmten Blöcken oder sind in regelmäßige, waagerechte Bänke geteilt. Auf die Bank ganz nahe am Orinoko stellen sich die Flamingos, die Sobaldos (eine große Reiherart) und andere fischfangende Vögel.

Die schöne Vegetation der Berge ist auch über die Ebenen verbreitet. Der Missionar versicherte uns, in der Nähe der Wasserfälle sei das Grün beständig frisch infolge des vielen Wasserdampfes, der aus dem auf einer Strecke von 5,8 bis 7,8 Kilometer in Strudel und Wasserfälle zerschlagenen Strom aufsteigt.

Kaum hatte man es in Atures ein paarmal donnern hören, und bereits zeigte die Vegetation allerorten die kräftige Fülle und den Farbenglanz, wie man sie auf den Küsten erst zu Ende der Regenzeit findet. Die alten Bäume hingen voll prächtiger Orchideen, gelber Bannisterien, Bignonien mit blauen Blüten, Peperomia, Arum, Pothos. Auf einem einzigen Baumstamm waren mannigfaltigere Pflanzengebilde beisammen, als in unserem Klima auf einem ansehnlichen Landstrich. Neben diesen den heißen Klimaten eigenen Schmarotzergewächsen sahen wir hier mitten in der heißen Zone und fast im Niveau des Meeres zu unserer Überraschung Moose, die vollkommen den europäischen glichen. Beim großen Katarakt von Atures pflückten wir die schöne Grimmia-Art mit Fontinalisblättern, welche die Botaniker so sehr beschäftigt hat; sie hängt an den

Ästen der höchsten Bäume. Unter den Phanerogamen herrschen in den bewaldeten Strichen Mimosen, Ficus und Laurineen vor. Gewächse, welche Feuchtigkeit lieben, schmücken die Ufer am Wasserfall. Man findet hier in den Niederungen Büsche von Helikonia und anderen Scitamineen mit breiten glänzenden Blättern, Bambusrohre, die drei Palmenarten Murichi, Jagua und Vadgiai, deren jede besondere Gruppen bildet. Die Murichipalme oder die Mauritia mit schuppiger Frucht ist die berühmte Sagopalme der Guaraos-Indianer. Sie hat handförmige Blätter und wächst nicht unter den Palmen mit gefiederten und gekräuselten Blättern, dem Jagua, der eine Art Kokospalme zu sein scheint, und dem Vadgiai oder Cucurito, den man neben die schöne Gattung *Oreodoxa* stellen kann. Der Cucurito ist durch seinen Habitus ausgezeichnet. Seine Blätter oder vielmehr Wedel stehen auf einem 24 bis 32 Meter hohen Stamm fast senkrecht, nur die Spitzen sind umgebogen. Es sind wahre Federbüsche von zartestem, frischestem Grün. Der Cucurito, der Seje, dessen Frucht der Aprikose gleicht, die *Oreodoxa regia* von der Insel Kuba und das *Ceroxylon* der hohen Anden sind im Wuchs die großartigsten Palmen der Neuen Welt.

Nur an sehr wenigen Punkten konnten wir in den Orinoko gelangen, um zwischen zwei Wasserfällen, in Buchten, wo das Wasser langsam kreist, zu baden. Der Raum zwischen den Felsdämmen im Orinoko ist mit Inseln von verschiedener Größe gefüllt; manche sind hügelig, 390 bis 585 Meter lang, andere klein und niedrig wie bloße Klippen. Diese Inseln zerteilen den Fluß in zahlreiche reißende Betten, in denen das Wasser sich kochend an den Felsen bricht; alle sind mit Jagua- und Cucuritopalmen bewachsen, ein Palmendickicht mitten auf der schäumenden Wasserfläche. Die Indianer, welche die leeren Pirogen durch die Raudales schaffen, haben für jede Staffel, für jeden Felsen einen eigenen Namen. Zwischen den Inseln Avaguri und Javariveni ist der Raudal de Javariveni. Der Strom scheint zu einem großen Teil trocken zu liegen. Granitblöcke sind aufeinandergehäuft. Überall stürzt sich der Fluß in die Höhlen hinab, und in einer dieser Höhlen hörten wir das Wasser zugleich über unseren Köpfen und unter unseren Füßen rauschen. Der Orinoko ist wie in eine Menge Arme oder Sturzbäche geteilt, deren jeder sich durch die Felsen Bahn zu brechen sucht. Man muß nur staunen, wie wenig Wasser man im Flußbett sieht, über die Menge Wasserstürze, die sich unter dem Boden verlieren, über den Donner der Wasser, die sich schäumend an den Felsen brechen.

Ist man über den Raudal de Javariveni weg (ich nenne hier nur die wichtigsten Fälle), so kommt man zum Raudal Canucari, der durch eine Felsbank zwischen den Inseln Surupamana und Uirapuri gebildet wird. Sind die Dämme oder natürlichen Wehre nur 60 bis 90 Zentimeter hoch, so wagen es die Indianer, im Kanoe hinabzufahren. Flußaufwärts schwimmen sie voraus, bringen nach vielen vergeblichen Versuchen ein Seil um eine der Felsspitzen über dem Damm und ziehen das Fahrzeug am Seil auf die Höhe des Raudals. Während dieser mühseligen Arbeit füllt sich das Fahrzeug häufig mit Wasser; andere Male zerschellt es an den Felsen, und die Indianer mit zerschlagenem blutendem Körper reißen sich mit Not aus dem Strudel und schwimmen an die nächste Insel. Sind die Felsstaffeln oder Schwellen sehr hoch und versperren sie den Strom ganz, so schafft man die leichten Fahrzeuge ans Land, schiebt Baumäste als Walzen darunter und schleppt sie bis an den Punkt, wo der Fluß wieder schiffbar wird. Bei Hochwasser ist solches selten nötig.

Zuweilen stürzt sich ein ganzer Fluß aus bedeutender Höhe in einem Falle herunter, wodurch die Schiffahrt völlig unterbrochen wird. Dahin gehört der prächtige Fall des Rio Tequendama. Andere Male liegen kleine Steindämme so nahe aneinander, daß sie auf mehrere Kilometer Erstreckung eine ununterbrochene Reihe von Fällen und Strudeln, *Chorros und Remolinos,* bilden, und dies nennt man eigentlich *Raudales, Rápidos,* Stromschnellen. Hierher gehören nun auch die Fälle von Atures und Maypures.

Zu meiner Überraschung ersah ich aus unmittelbarer Messung, daß die Stromschnellen des Orinoko, deren Donner man über 4,5 Kilometer weit hört und die durch die mannigfaltige Verteilung von Wasser, Palmbäumen und Felsen so ausnehmend malerisch sind, in ihrer ganzen Länge schwerlich mehr als neun Meter senkrechte Höhe haben. Wahrscheinlich wird die Wassermasse des Stromes durch die Katarakte geringer, nicht allein weil durch das Zerschlagen des Wassers in Tropfen die Verdunstung gesteigert wird, sondern auch und hauptsächlich, weil viel Wasser in unterirdische Höhlen versinkt.

Sitzt man am Ufer des Orinoko und betrachtet die Felsdämme, an denen sich der Strom donnernd bricht, so fragt man sich, ob die Fälle sich im Laufe der Jahrhunderte nach Gestaltung und Höhe verändern werden. Ich bin nicht sehr geneigt, dem Stoß des Wassers gegen Granitblöcke und dem Zerfressen kieselhaltigen Gesteins solche Wirkungen zuzuschreiben. Die nach unten sich verengenden Löcher, die Trichter, wie man sie in den Raudales und bei so vielen Wasserfällen in Europa antrifft, entstehen nur durch die Reibung des Sandes und das Rollen der Quarzgeschiebe. Wir haben solche Geschiebe gesehen, welche die Strömung am Boden der Trichter beständig herumwirbelt und diese dadurch nach allen Durchmessern erweitert.

Hört man das Getöse auf der Ebene bei der Mission, starke vier Kilometer weit, so glaubt man, in der Nähe einer felsigen Meeresküste mit starker Brandung zu sein. Es ist bei Nacht dreimal stärker als bei Tag und gibt dem einsamen Ort einen unaussprechlichen Reiz.

Am 16. April gegen Abend erhielten wir Nachricht, unsere Piroge sei in weniger als sechs Stunden über die Stromschnellen geschafft worden und liege wohlbehalten in einer Bucht, *Puerto de arriba,* der obere Hafen genannt.

Man zeigte uns in der kleinen Kirche von Atures einige Überbleibsel vom einstigen Wohlstand der Jesuiten. Eine silberne Lampe von ansehnlichem Gewicht lag, halb im Sande begraben, am Boden. Ein Gegenstand derart würde allerdings nirgends die Habsucht des Wilden reizen; ich muß aber hier zur Ehre der Eingeborenen am Orinoko erwähnen, daß sie keine Diebe sind, wie die lange nicht so rohen Bewohner der Südseeinseln. Jene haben große Achtung vor dem Eigentum; sie suchen nicht einmal Eßwaren, Fischangeln und Äxte zu entwenden. In Maypures und Atures weiß man nichts von Schlössern an den Türen; sie werden eingeführt werden, sobald Weiße und Mischlinge sich in den Missionen niederlassen.

Die Indianer in Atures sind gutmütig, leidenschaftslos, dank ihrer Trägheit an die größten Entbehrungen gewöhnt. Die

Jesuiten früher trieben sie zur Arbeit an, und da fehlte es ihnen nie an Lebensunterhalt. Die Patres bauten Mais, Bohnen und andere europäische Gemüse; sie pflanzten um das Dorf her sogar süße Orangen und Tamarinden, sie besaßen in den Grasfluren von Atures und Carichana 20 000 bis 30 000 Pferde und Stück Rindvieh. Gegenwärtig wird nichts gebaut als etwas Maniok und Bananen. Und doch ist der Boden so fruchtbar, daß ich in Atures an einem einzigen Pisangbüschel 108 Früchte zählte, deren vier bis fünf zur täglichen Nahrung eines Menschen hinreichen. Der Maisbau wird gänzlich vernachlässigt. Seit dem Jahre 1795 ist das Vieh der Jesuiten gänzlich verschwunden; als einziges Wahrzeichen des früheren Anbaus dieser Länder und der wirtschaftlichen Tätigkeit der ersten Missionare sieht man in den Savannen hie und da mitten unter wilden Bäumen einen Orangen- oder Tamarindenstamm.

Die Tiger oder Jaguare, die den Herden weniger gefährlich sind als die Fledermäuse, kommen sogar ins Dorf herein und fressen den armen Indianern die Schweine. Der Missionar erzählte uns ein auffallendes Beispiel von der Zutulichkeit der sonst so wilden Tiere. Zwei indianische Kinder von acht bis neun Jahren, ein Knabe und ein Mädchen, saßen bei Atures mitten in einer Savanne, über die wir oft gegangen, im Gras. Es war zwei Uhr nachmittags, da kommt ein Jaguar aus dem Wald und auf die Kinder zu, die er springend umkreist; bald versteckt er sich im hohen Gras, bald macht er mit gekrümmtem Rücken und gesenktem Kopf einen Sprung, gerade wie unsere Katzen. Der kleine Junge ahnt nicht, in welcher Gefahr er schwebt, und wird sie erst inne, als der Jaguar ihm mit der Tatze auf den Kopf schlägt. Erst schlägt er sachte, dann immer stärker; die Krallen verwunden das Kind, und es blutet stark. Da nimmt das kleine Mädchen einen Baumzweig, schlägt das Tier, und dieses läuft vor ihr davon. Auf das Schreien der Kinder kommen die Indianer herbeigelaufen und sehen den Jaguar, der sichtbar an keine Gegenwehr dachte, in Sprüngen sich davonmachen.

Außer den gemeinen Schweinen von europäischer Rasse gibt es in diesen Ländern verschiedene Arten von Pekari. Die Indianer nennen den kleinen Pekari (*Dicotiles torquatus*) auch maypurisch Chacharo; Apida aber heißt bei ihnen ein Schwein, das keinen Beutel haben soll und größer, schwarzbraun und am

Unterkiefer und dem Bauch entlang weiß ist. Der Chacharo, den man im Hause aufzieht, wird so zahm wie unsere Schafe und Rehe. Der Apida, der ein Haustier wird wie unsere Schweine, zieht in Rudeln von mehreren hundert Stücken. Man hört es schon von weitem, wenn solche Rudel herbeikommen, nicht nur an den dumpfen, rauhen Lauten, die sie von sich geben, sondern noch mehr, weil sie ungestüm das Gebüsch auf ihrem Weg zerknicken. Bonpland rief einmal beim Botanisieren sein indianischer Führer zu, er solle sich hinter einem Baum verstecken, und da sah er denn diese Pekari ganz nahe an sich vorüberkommen. Das Rudel zog in dicht gedrängten Reihen, die männlichen Tiere voran, jedes Mutterschwein mit seinen Jungen hinter sich. Die Chacharos haben ein weichliches, nicht sehr angenehmes Fleisch; sie werden übrigens von den Indianern gerne gegessen, die sie mit kleinen an Stricke gebundenen Spießen erlegen. Man versicherte uns in Atures, der Tiger fürchte sich, im Walde unter ein solches Rudel von Wildschweinen zu geraten, und suche sich, um nicht erdrückt zu werden, auf einen Baum zu flüchten. Ist das nun eine Jägergeschichte oder eine wirkliche Beobachtung?

Unter den Affen, die wir in der Mission Atures zu sehen bekamen, fanden wir eine neue Art aus der Sippe der Sais oder Saju, von den Hispano-Amerikanern gewöhnlich Machis genannt. Es ist dies der Uavapavi (*Simia albifrons, Humboldt*) mit grauem Pelz und bläulichem Gesicht. Augenränder und Stirn sind schneeweiß. Das kleine Tier ist so sanftmütig als häßlich. Jeden Tag sprang es im Hofe der Mission auf ein Schwein und blieb auf demselben von Morgen bis Abend sitzen, während es auf den Grasfluren umherlief. Wir sahen es auch auf dem Rücken einer großen Katze, die mit ihm im Hause des Pater Zea aufgezogen worden war.

In den Katarakten hörten wir auch zum erstenmal von dem behaarten Waldmenschen, dem sogenannten Salvaje, sprechen, der Weiber entführt, Hütten baut und zuweilen Menschenfleisch frißt. Die Tamanaken nennen ihn Achi, die Maypures Vasitri oder den großen Teufel. Die Eingeborenen und die Missionare zweifeln nicht an der Existenz dieses menschenähnlichen Affen, vor dem sie sich sehr fürchten. Dieses Märchen, das ohne Zweifel von den Missionaren, den spanischen Kolonisten und den Negern aus Afrika mit verschiedenen Zügen aus der Sittengeschichte des Orang-Utan, Gibbon, Joko oder Schimpansen und Pongo ausstaffiert worden ist, hat uns fünf Jahre lang in der nördlichen wie in der südlichen Halbkugel verfolgt, und überall, selbst in den gebildetsten Kreisen, nahm man es übel, daß wir allein uns herausnahmen, daran zu zweifeln, daß es in Amerika einen großen menschenähnlichen Affen gebe. Sollte der vielberufene Kapuzineraffe von Esmeralda (*Simia chiropotes*), dessen Hundszähne über 14 Millimeter lang sind, der ein viel menschenähnlicheres Gesicht hat als der Orang-Utan, der sich den Bart mit der Hand streicht, wenn man ihn reizt, das Märchen vom Salvaje veranlaßt haben? Allerdings ist er nicht so groß als der Coaita (*Simia paniscus*); wenn man ihn aber oben auf einem Baum oder nur den Kopf von ihm sieht, könnte man ihn leicht für ein menschliches Wesen halten.

Nach zweitägigem Aufenthalt am Katarakt von Atures waren wir sehr froh, unsere Piroge wieder laden und einen Ort verlassen zu können, wo das Thermometer bei Tage meist auf 29 Grad, bei Nacht auf 26 Grad stand. Den Tag über wurden wir von den Moskitos und den Jejen, kleinen giftigen Mücken aus der Gattung *Simulium*, furchtbar geplagt, bei Nacht von den Zancudos, einer großen Schnakenart, vor denen sich selbst die Eingeborenen fürchten. Unsere Hände fingen an, stark zu schwellen, und die Geschwulst nahm täglich zu, bis wir an die Ufer des Temi kamen. Die Mittel, durch die man die kleinen Tiere loszuwerden sucht, sind sehr merkwürdig. Der gute Missionar Bernardo Zea, der sein Leben unter den Qualen der Moskitos zubringt, hatte sich neben der Kirche auf einem Gerüst aus Palmstämmen ein kleines Zimmer gebaut, in dem man freier atmete. Abends stiegen wir mit einer Leiter in dasselbe hinauf, um unsere Pflanzen zu trocknen und unser Tagebuch zu schreiben. Der Missionar hatte die richtige Beobachtung gemacht, daß die Insekten in der tiefen Luftschicht am Boden, fünf bis sieben Meter hoch, am häufigsten sind. In Maypures gehen die Indianer bei Nacht aus dem Dorf und schlafen auf kleinen Inseln mitten in den Wasserfällen. Sie finden dort einige Ruhe, da die Moskitos eine mit Wasserdunst geladene Luft zu fliehen scheinen.

Wer die großen Ströme des tropischen Amerikas, wie den Orinoko oder den Magdalenenfluß, nicht befahren hat, kann nicht begreifen, wie man ohne Unterlaß jeden Augenblick im Leben von den Insekten, die in der Luft schweben, gepeinigt wird, weil die Unzahl dieser kleinen Tiere weite Landstrecken fast unbewohnbar machen kann. So sehr man auch gewöhnt sein mag, den Schmerz ohne Klage zu ertragen, so lebhaft einen auch der Gegenstand, den man eben beobachtet, beschäftigen mag, unvermeidlich wird man immer wieder davon abgezogen, wenn Moskitos, Zancudos, Jejen und Tempraneros einem Hände und Gesicht bedecken, einem mit ihrem Saugrüssel, der in einen Stachel ausläuft, durch die Kleider stechen und in Nase und Mund kriechen, so daß man husten und niesen muß, sobald man in freier Luft spricht.

In den Missionen am Orinoko, in diesen von unermeßlichen Wäldern umgebenen Dörfern am Stromufer, ist aber auch die *plaga de los moscos* ein unerschöpflicher Stoff der Unterhaltung. Begegnen sich morgens zwei Leute, so sind ihre ersten Fragen: *»Que le han parecido los zancudos de noche?* Wie haben Sie die Zancudos heute Nacht gefunden?« – *»Como stamos hoy de mosquitos?* Wie steht es heute mit den Moskitos?«

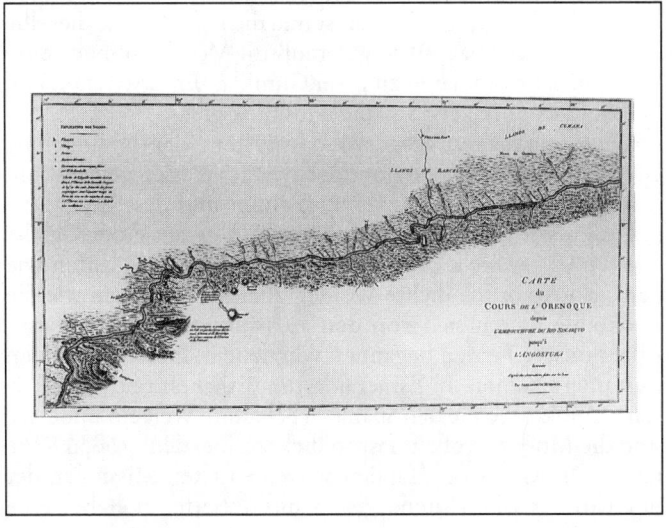

Diese Fragen erinnern an eine chinesische Höflichkeitsformel, die auf den ehemaligen wilden Zustand des Landes, in dem sie entstanden sein mag, zurückweist. Man begrüßte sich früher im himmlischen Reich mit den Worten: »*Vou-to-hou?* Seid ihr diese Nacht von Schlangen beunruhigt worden?«

Die tiefen Luftschichten am Boden bis zu fünf und sieben Meter Höhe sind mit giftigen Insekten wie mit einem dichten Dunst angefüllt. Stellt man sich an einen dunklen Ort, z. B. in die Höhlen, die in den Katarakten durch die aufgetürmten Granitblöcke gebildet werden, und blickt man gegen die von der Sonne beleuchtete Öffnung, so sieht man Wolken von Moskitos, die mehr oder weniger dicht werden, je nachdem sich die Tierchen bei ihren langsamen und taktmäßigen Bewegungen zusammen- oder auseinanderziehen. In der Mission San Borja hat man schon mehr unter den Moskitos zu leiden als in Charichana; aber in den Raudales, in Atures, besonders aber in Maypures erreicht die Plage sozusagen ihr Maximum. Ich zweifle, daß es ein Land auf Erden gibt, wo der Mensch grausamere Qualen zu erdulden hat als hier in der Regenzeit. Kommt man über den fünften Breitengrad hinaus, wird man etwas weniger zerstochen, aber am oberen Orinoko sind die Stiche schmerzlicher, weil bei der Hitze und der völligen Windstille die Luft glühender ist und die Haut, wo sie dieselbe berührt, mehr reizt. »Wie gut muß im Mond wohnen sein!« sagte ein Saliva-Indianer zu Pater Gumilla. »Er ist so schön und hell, daß es dort gewiß keine Moskitos gibt.«

Weiterhin gegen Süd, wo das System der braungelben Gewässer beginnt, gemeinhin schwarze Wasser genannt, an den Ufern des Atabapo, Temi, Tuamini und des Rio Negro, genossen wir einer Ruhe, ich hätte bald gesagt eines Glücks, wie wir es gar nicht erwartet hatten. Diese Flüsse laufen wie der Orinoko durch dichte Wälder; aber die Schnaken wie die Krokodile halten sich von den »schwarzen Wassern« ferne. Allein unsere Leiden begannen von neuem, sobald wir in den Casiquiare kamen. In Esmeralda, am östlichen Ende des oberen Orinoko, wo die den Spaniern bekannte Welt ein Ende hat, sind die Moskitowolken fast so dick wie bei den großen Katarakten. In Mandavaca fanden wir einen alten Missionar, der mit jammervoller Miene gegen uns äußerte, er habe seine zwanzig Moskitojahre auf dem Rücken. Er forderte uns auf, seine Beine genau zu betrachten, damit wir eines Tages über dem Meere davon zu sagen wüßten, was die armen Missionare in den Wäldern am Casiquiare auszustehen haben. Da jeder Stich einen kleinen schwarzbraunen Punkt zurückläßt, waren seine Beine dergestalt gefleckt, daß man vor Flecken geronnenen Blutes kaum die weiße Haut sah. Auf dem Casiquiare, der weißes Wasser hat, wimmelt es von Mücken aus der Gattung *Simulium*, aber die Zancudos, der Gattung *Culex* angehörig, sind desto seltener; man sieht fast keine, während auf den Flüssen mit schwarzem Wasser meist einige Zancudos, aber keine Moskitos vorkommen. Wenn bei den kleinen Revolutionen im Schoße des Ordens der Observanten der Pater Guardian sich an einem Laienbruder rächen will, schickt er ihn nach Esmeralda; er wird damit verbannt, oder, wie der muntere Ausdruck der Ordensleute lautet, zu den Moskitos verurteilt.

Sehr merkwürdig schien uns der Umstand, der auch allen Missionaren wohlbekannt ist, daß die verschiedenen Arten nicht untereinander fliegen und daß man zu verschiedenen Tagesstunden immer wieder von anderen Arten gestochen wird. Sooft die Szene wechselt und ehe, nach dem naiven Ausdruck der Missionare, andere Insekten »auf die Wache ziehen«, hat man ein paar Minuten, oft eine Viertelstunde Ruhe. Nach dem Abzug der einen Insekten sind die Nachfolger nicht sogleich in gleicher Menge zur Stelle. Von 6.30 Uhr morgens bis 5 Uhr abends wimmelt die Luft von Moskitos, die nicht, wie in manchen Reisebeschreibungen zu lesen ist, unseren Schnaken (*Culex pipiens*), sondern vielmehr einer kleinen Mücke gleichen. Ihr Stich hinterläßt einen kleinen braunroten Punkt, weil da, wo der Rüssel die Haut durchbohrt hat, Blut ausgetreten und geronnen ist. Eine Stunde vor Sonnenuntergang werden die Moskitos von einer kleinen Schnakenart abgelöst, Tempraneros (»Die früh auf sind«) genannt, weil sie sich auch bei Sonnenaufgang zeigen; sie bleiben kaum anderthalb Stunden und verschwinden zwischen sechs und sieben Uhr abends. Nach einigen Minuten Ruhe fühlt man die Stiche der Zancudos, einer anderen Schnakenart (*Culex*) mit sehr langen Füßen.

Am oberen Orinoko finden sich die Moskitos und Maringuine weit massenhafter als am unteren, weil dort der Strom an seinen Ufern dicht bewaldet ist und kein weiter, kahler Uferstrich zwischen dem Fluß und dem Waldsaum liegt. Mit dem Seichterwerden der Gewässer und der Ausrodung der Wälder nehmen die Moskitos auf dem neuen Kontinent ab; aber alle diese Momente sind in ihren Wirkungen so langsam als die Fortschritte des Anbaus.

Alle im Lande Geborenen, Weiße, Mulatten, Neger, Indianer, haben vom Insektenstich zu leiden. Die Leute klagen ihr Leben lang; aber trotz dieses beständigen Jammerns ziehen sie doch, und zwar mit einer gewissen Vorliebe, in die Handelsstädte Angostura, Santa Marta und Rio la Hacha. So sehr gewöhnt man sich an ein Übel, das man zu jeder Tagesstunde zu erdulden hat. Wo es sehr viele Insekten gibt, nimmt zwar die Bevölkerung langsamer zu, aber gänzlicher Stillstand tritt deshalb doch nicht ein.

Ich habe des merkwürdigen Umstandes Erwähnung zu tun, daß die in der heißen Zone geborenen Weißen barfuß ungestraft in demselben Zimmer herumgehen, in dem ein frisch angekommener Europäer Gefahr läuft, Niguas oder Chiques, Sandflöhe (*Pulex penetrans*) zu bekommen. Diese kaum sichtbaren Tiere graben sich unter die Zehennägel ein und werden bei der raschen Entwicklung der in einem eigenen Sack am Bauche des Insektes liegenden Eier so groß wie eine kleine Erbse. Die Nigua unterscheidet also, was die feinste chemische Analyse nicht vermöchte, Zellgewebe und Blut eines Europäers von dem eines weißen Kreolen. Anders bei den Stechfliegen. Trotz allem, was man darüber an den Küsten von Südamerika hört, fallen diese Insekten die Eingeborenen so gut an wie die Europäer; nur die Folgen des Stichs sind bei beiden Menschenrassen verschieden. Dieselbe giftige Flüssigkeit in die Haut eines kupferfarbigen Menschen von indianischer Rasse und eines frisch angekommenen Weißen gebracht, bringt beim ersteren keine Geschwulst hervor, beim letzteren dagegen harte, stark entzündete Beulen, die mehrere Tage schmerzen. So verschieden reagiert das Hautsystem, je nachdem die Organe bei dieser oder jener Rasse, bei diesem oder jenem Individuum mehr oder weniger reizbar sind.

Bei Tage, selbst während des Ruderns, schlagen sich die Indianer beständig mit der flachen Hand heftig auf den Leib, um die Insekten zu verscheuchen. Im Schlaf schlagen sie, ungestüm in allen ihren Bewegungen, auf sich und ihre Schlafkameraden, wie es kommt. Bei Maypures sahen wir junge Indianer im Kreise sitzen und mit am Feuer getrockneter Baumrinde einander grausam den Rücken zerreiben. Mit einer Geduld, deren nur die kupferfarbige Rasse fähig ist, waren indianische Weiber beschäftigt, mit einem spitzen Knochen die kleine Masse geronnenen Bluts in der Mitte jedes Stichs, die der Haut ein geflecktes Aussehen gibt, auszustechen. Eines der barbarischsten Völker am Orinoko, die Atomaken, kennt den Gebrauch der Fliegennetze, die aus den Fasern der Murichipalme gewoben werden. Wenn die Indianer am Orinoko oder am Casiquiare sahen, daß Bonpland wegen der unaufhörlichen Moskitoplage seine Pflanzen nicht einlegen konnte, forderten sie ihn auf, in ihre Öfen zu gehen. So heißen kleine Gemächer ohne Tür und Fenster, in die man durch eine ganz niedrige Öffnung auf dem Bauche kriecht. Mittels eines Feuers von feuchtem Strauchwerk, das viel Rauch gibt, jagt man die Insekten hinaus und verschließt dann die Öffnung des Ofens. Daß man jetzt die Moskitos los ist, erkauft man ziemlich teuer; denn bei der stockenden Luft und dem Rauch einer Kopalfackel, die den Ofen beleuchtet, wird es entsetzlich heiß darin. Bonpland hat mit einem Mut und einer Geduld, die das höchste Lob verdienen, viele hundert Pflanzen in diesen Öfen der Indianer getrocknet.

Die Mühe, die sich die Eingeborenen geben, um die Insektenplage zu lindern, beweist hinlänglich, daß der kupferfarbige Mensch trotz der verschiedenen Organisation seiner Haut für die Mückenstiche empfindlich ist so gut wie der Weiße. Es kommt also nicht, wie manche Reisende behaupten, auf die Dicke der Haut an, ob der Stich im Augenblick, wo man ihn erhält, mehr oder weniger schmerzt, und bei den Indianern tritt nicht deshalb weniger Geschwulst und Entzündung ein, weil ihre Haut eigentümlich organisiert ist; vielmehr hängen Grad und Dauer des Schmerzes von der Reizbarkeit des Nervensystems der Haut ab. Die Reizbarkeit wird gesteigert durch sehr warme Bekleidung, durch den

Gebrauch geistiger Getränke, durch das Kratzen an den Stichwunden, endlich, und diese physiologische Bemerkung beruht auf meiner eigenen Erfahrung, durch zu häufiges Baden. An Orten, wo man in den Fluß kann, weil keine Krokodile darin sind, machten Bonpland und ich die Erfahrung, daß das Baden, wenn man es übertreibt, zwar den Schmerz der alten Schnakenstiche linderte, aber uns für neue Stiche weit empfindlicher machte. Badet man mehr als zweimal täglich, so versetzt man die Haut in einen Zustand nervöser Reizbarkeit, von dem man sich in Europa keinen Begriff machen kann. Es ist einem, als zöge sich alle Empfindung in die Hautdecken.

Da die Moskitos und die Schnaken zwei Drittel ihres Lebens im Wasser zubringen, so ist es nicht zu verwundern, daß in den von großen Flüssen durchzogenen Wäldern diese bösartigen Insekten, je weiter vom Ufer weg, desto seltener werden. Sie scheinen sich am liebsten an den Orten aufzuhalten, wo ihre Verwandlung vor sich gegangen ist und wo sie ihrerseits bald ihre Eier legen werden. Daher gewöhnen sich auch die wilden Indianer um so schwerer an das Leben in den Missionen, da sie in den christlichen Niederlassungen eine Plage auszustehen haben, von der sie daheim im inneren Lande fast nichts wissen. Man sah in Maypures, Atures, Esmeralda Eingeborene in die Wälder laufen, einzig aus Furcht vor den Moskitos. Leider sind gleich anfangs alle Missionen am Orinoko zu nahe am Fluß angelegt worden. In Esmeralda versicherten uns die Einwohner, wenn man das Dorf auf eine der schönen Ebenen um die hohen Berge des Duida und Maraguaca verlegte, so könnten sie freier atmen und fänden einige Ruhe. Die Mückenwolke – so sagen die Mönche – schwebt nur über dem Orinoko und seinen Nebenflüssen; die Wolke zerteilt sich mehr und mehr, wenn man von den Flüssen weggeht.

Kleine Abweichungen in Nahrung und Klima scheinen bei denselben Mücken- und Schnakenarten auf die Wirksamkeit des Giftes, das die Tiere aus ihrem schneidenden und am unteren Ende gezahnten Saugrüssel ergießen, Einfluß zu äußern. Am Orinoko sind die lästigsten oder, wie die Kreolen sagen, die wildesten Insekten die an den großen Katarakten, in Esmeralda und Mandavaca.

Diese Gefräßigkeit der Insekten an gewissen Orten, diese Blutgier, womit sie den Menschen anfallen, die ungleiche Wirksamkeit des Giftes bei derselben Art sind sehr merkwürdige Erscheinungen. Die Menge der Schnaken und Mücken deutet nur insofern auf die Ungesundheit einer Gegend hin, als Entwicklung und Vermehrung dieser Insekten von denselben Ursachen abhängen, aus denen Miasmen entstehen. Diese lästigen Tiere lieben einen fruchtbaren, mit Pflanzen bewachsenen Boden, stehendes Wasser, eine feuchte, niemals vom Winde bewegte Luft; statt freier Gegend suchen sie den Schatten auf, das Halbdunkel, den mittleren Grad von Licht, Wärmestoff und Feuchtigkeit, der dem Spiel chemischer Affinitäten Vorschub leistet und damit die Fäulnis organischer Substanzen beschleunigt. Fast durch tägliche Erfahrungen bestätigt ist der Umstand, daß am Orinoko, am Casiquiare, am Rio Caura, überall, wo die Luft sehr ungesund ist, der Stich der Moskitos die Disposition der Organe zur Aufnahme der Miasmen steigert. Wenn man monatelang Tag und Nacht von den Insekten gepeinigt wird, so erzeugt der beständige Hautreiz fieberhafte Aufregung und schwächt, infolge des schon früh erkannten Antagonismus zwischen dem gastrischen und dem Hautsystem, die Verrichtung des Magens. Man fängt an, schwer zu verdauen, die Entzündung der Haut veranlaßt profuse Schweiße, den Durst kann man nicht löschen, und auf die beständig zunehmende Unruhe folgt bei Personen von schwacher Konstitution eine geistige Niedergeschlagenheit, in der alle pathogenen Ursachen sehr heftig einwirken. Gegenwärtig sind es nicht mehr die Gefahren der Schiffahrt in kleinen Kanoes, nicht die wilden Indianer oder die Schlangen, die Krokodile oder die Jaguare, was den Spaniern die Reise auf dem Orinoko bedenklich macht, sondern nur, wie sie naiv sich ausdrücken, *»el sudar y las moscas«* (»der Schweiß und die Mücken«).

Wer lange in den von Moskitos heimgesuchten Ländern gelebt hat, wird gleich uns die Erfahrung gemacht haben, daß es gegen die Insektenplage kein Radikalmittel gibt. Die mit Onoto, Bolus oder Schildkrötenfett beschmierten Indianer klatschen sich jeden Augenblick mit der flachen Hand auf Schultern, Rücken und Beine, ungefähr wie wenn sie gar nicht bemalt wären. Es ist überhaupt zweifelhaft, ob das Bemalen

Erleichterung verschafft; so viel ist aber gewiß, daß es nicht schützt. Die Europäer, die eben erst an den Orinoko, den Magdalenenstrom, den Guayaquil oder den Rio Chagre kommen (ich nenne hier die vier Flüsse, wo die Insekten am furchtbarsten sind), bedecken sich zuerst Gesicht und Hände; bald aber fühlen sie eine unerträgliche Hitze, die Langeweile, da sie gar nichts tun können, drückt sie nieder, und am Ende lassen sie Gesicht und Hände frei.

Wir haben gesehen, wie geflügelte, gesellig lebende Insekten, die in ihrem Saugrüssel eine die Haut reizende Flüssigkeit bergen, große Länder fast unbewohnbar machen. Andere, gleichfalls kleine Insekten, die Termiten (*Comejen*), setzen in mehreren heißen und gemäßigten Ländern des tropischen Erdstrichs der Entwicklung der Kultur schwer zu besiegende Hindernisse entgegen. Furchtbar rasch verzehren sie Papiere, Pappe, Pergament; sie zerstören Archive und Bibliotheken. In ganzen Provinzen von Spanisch-Amerika gibt es keine geschriebene Urkunde, die hundert Jahre alt wäre. Wie soll sich die Kultur bei den Völkern entwickeln, wenn nicht Gegenwart und Vergangenheit verknüpft, wenn man die Niederlagen menschlicher Kenntnisse öfter erneuern muß, wenn die geistige Errungenschaft der Nachwelt nicht überliefert werden kann?

Je weiter man gegen die Hochebene der Anden hinaufkommt, desto mehr schwindet diese Plage. Dort atmet der Mensch eine frische, reine Luft, und die Insekten stören nicht mehr Tagesarbeit und Nachtruhe. Dort kann man Urkunden in Archiven niederlegen, ohne Furcht vor gefährlichen Termiten. In 400 Meter Meereshöhe fürchtet man die Mücken nicht mehr; die Termiten sind in 600 Meter Höhe noch sehr häufig, aber in Mexico, Santa Fe de Bogota und Quito kommen sie selten vor. In diesen großen Hauptstädten auf dem Rücken der Kordilleren findet man Bibliotheken und Archive, die sich durch die Teilnahme gebildeter Bewohner täglich vermehren. Zu diesen Verhältnissen, die ich hier nur flüchtig berühre, kommen andere, welche der Alpenregion das moralische Übergewicht über die niederen Regionen des heißen Erdstrichs sichern. Nimmt man nach den uralten Überlieferungen in beiden Welten an, infolge der Erdumwälzungen, die der Erneuerung unseres Geschlechts vorangegangen, sei der Mensch von den Gebirgen in die Niederungen herabgestiegen, so läßt sich noch weit bestimmter annehmen, daß diese Berge, die Wiege so vieler und so verschiedener Völker, in der heißen Zone für alle Zeit der Mittelpunkt der Gesittung bleiben werden. Von diesen fruchtbaren, gemäßigten Hochebenen, von diesen Inseln im Ozean der Luft, werden sich Aufklärung und der Segen gesellschaftlicher Einrichtungen über die unermeßlichen Wälder am Fuße der Anden verbreiten, die jetzt noch von Stämmen bewohnt sind, welche eben die Fülle der Natur in Trägheit niedergehalten hat.

Einundzwanzigstes Kapitel

Der Raudal von Garcita · Maypures
Die Katarakte von Quituna · Der Einfluß des
Vichada und Zama · Der Fels Aricagua · Siquita

Unsere Piroge lag im *Puerto de arriba* oberhalb des Katarakts von Atures, dem Einfluß des Rio Cataniapo gegenüber; wir brachen dahin auf. Auf dem schmalen Weg, der zum Landungsplatz führt, sahen wir den Pik Uniana zum letztenmal. Man zeigte uns von weitem rechts vom Fluß die Felsen bei der Höhle von Ataruipe; wir hatten aber nicht Zeit, diese Grabstätte des ausgestorbenen Stammes der Atures zu besuchen. Wir bedauerten dies um so mehr, da Pater Zea nicht müde wurde, uns von den mit Onoto bemalten Skeletten in der Höhle, von den großen Gefäßen aus gebrannter Erde, in welchen je die Gebeine einer Familie zu liegen scheinen, und von vielen anderen denkwürdigen Dingen zu erzählen, so daß wir uns vornahmen, dieselben auf der Rückreise vom Rio Negro in Augenschein zu nehmen.

Am 17. April. Nach dreistündigem Marsch kamen wir gegen elf Uhr morgens bei unserem Fahrzeug an. Pater Zea ließ mit unseren Instrumenten den wenigen Mundvorrat einschiffen, den man für die Reise, die er mit uns fortsetzen sollte, hatte auftreiben können: ein paar Bananenbüschel, Maniok und Hühner.

Im Weiterfahren fanden wir den Orinoko frei von Klippen, und nach einigen Stunden gingen wir über den Raudal von Garcita, dessen Stromschnellen bei Hochwasser leicht zu überwinden sind. Wir übernachteten im Freien am linken Stromufer unterhalb der Insel Tomo. Die Nacht war schön und hell, aber die Moskitoschicht nahe am Boden so dick, daß ich mit dem Nivellement des künstlichen Horizonts nicht fertig werden konnte und um die Sternbeobachtung kam. Ein Quecksilberhorizont wäre mir auf dieser Reise von großem Nutzen gewesen.

Am 18. April. Wir brachen um drei Uhr morgens auf, um desto sicherer vor Einbruch der Nacht den unter dem Namen *Raudal de guahibos* bekannten Katarakt zu erreichen. Wir legten am Einfluß des Rio Tomo an; die Indianer lagerten sich am Ufer, um ihr Essen zu bereiten und ein wenig zu ruhen. Es war gegen fünf Uhr abends, als wir vor dem Raudal ankamen. Es war keine geringe Aufgabe, die Strömung hinaufzukommen und eine Wassermasse zu überwinden, die sich von einer mehrere Fuß hohen Gneisbank stürzt. Ein Indianer schwamm auf den Fels zu, der den Fall in zwei Hälften teilt; man band ein Seil an die Spitze desselben, und nachdem man die Piroge nahe genug hingezogen, schiffte man mitten im Raudal unsere Instrumente, die getrockneten Pflanzen und die wenigen Lebensmittel, die wir in Atures hatten auftreiben können, aus. Zu unserer Überraschung sahen wir, daß auf dem natürlichen Wehr, über das sich der Strom stürzt, ein beträchtliches Stück Boden trocken liegt. Hier blieben wir stehen und sahen unsere Piroge heraufschaffen.

Der Gneisfels hat kreisrunde Löcher, von denen die größten 1,3 Meter tief und 48 Zentimeter weit sind. In diesen Trichtern liegen Quarzkiesel, und sie scheinen durch die Reibung vom Wasser umhergerollter Körper entstanden zu sein. Unser Standpunkt mitten im Katarakt war sonderbar, aber durchaus nicht gefährlich. Unser Begleiter, der Missionar, bekam seinen Fieberanfall. Um ihm den quälenden Durst zu löschen, kamen wir auf den Einfall, ihm in einem der Felslöcher einen kühlenden Trank zu bereiten. Wir hatten von Atures einen Mapire (indianischen Korb) mit Zucker, Zitronen und Grenadillen oder Früchten der Passionsblumen, von den Spaniern Parchas genannt, mitgenommen. Da wir kein großes Gefäß hatten, in dem man Flüssigkeiten mischen konnte, so goß man Flußwasser in eines der Löcher und tat den Zucker und den Saft der sauren Früchte dazu. In wenigen Augenblicken hatten wir ein treffliches Getränk; es war das fast eine Schwelgerei am unwirtbaren Ort; aber der Drang des Bedürfnisses machte uns von Tag zu Tag erfinderischer.

Nach einer Stunde Harrens sahen wir endlich die Piroge über den Raudal heraufkommen. Man lud die Instrumente und Vorräte wieder ein, und wir eilten, vom Felsen der Guahibos wegzukommen. Es begann jetzt eine Fahrt, die nicht ganz gefahrlos war. Der Fluß ist 1560 Meter breit, und wir mußten oberhalb des Katarakts schief darüber fahren, an einem Punkt, wo das Wasser, weil das Bett stärker fällt, dem Wehr zu, über das es sich stürzt, mit großer Gewalt hinunterzieht. Wir wurden von einem Gewitter überrascht, bei dem zum Glück kein starker Wind ging, aber der Regen goß in Strömen nieder. Man ruderte bereits seit zwanzig Minuten, und der Steuermann behauptete immer, statt stroman kommen wir wieder dem Raudal näher. Diese Augenblicke der Spannung kamen uns gewaltig lang vor. Die Indianer sprachen nur leise, wie immer, wenn sie in einer verfänglichen Lage zu sein glauben. Indessen verdoppelten sie ihre Anstrengungen, und wir langten ohne Unfall mit Einbruch der Nacht im Hafen von Maypures an.

Die Gewitter unter den Tropen sind ebenso kurz als heftig. Zwei Blitzschläge waren ganz nah an unserer Piroge gefallen, und der Blitz hatte dabei unzweifelhaft ins Wasser geschlagen. Die Nacht war sehr finster. Wir hatten noch zwei Stunden Wegs zum Dorf Maypures, und wir waren bis auf die Haut durchnäßt. Wie der Regen nachließ, kamen auch die Zancudos wieder mit dem Heißhunger, den die Schnaken nach einem Gewitter immer zeigen. Meine Gefährten waren unschlüssig, ob wir im Hafen im Freien lagern oder trotz der dunklen Nacht unsern Weg zu Fuß fortsetzen sollten. Pater Zea, der in beiden Raudales Missionar ist, wollte durchaus noch nach Hause kommen. Er hatte angefangen, sich durch die Indianer in der Mission ein großes Haus von zwei Stockwerken bauen zu lassen. »Sie finden dort«, meinte er naiv, »dieselbe Bequemlichkeit wie im Freien. Freilich habe ich weder Tisch noch Bank, aber Sie hätten nicht so viel von den Mücken zu leiden; denn so unverschämt sind sie in der Mission doch nicht wie am Fluß.«

Wir folgten dem Rat des Missionars, und er ließ Kopalfackeln anzünden, sechs Millimeter dicke, mit Harz gefüllte Röhren von Baumwurzeln. Wir gingen anfangs über kahle, glatte Felsbänke, und dann kamen wir in sehr dichtes Palmgehölz. Zweimal mußten wir auf Baumstämmen über einen Bach gehen. Bereits waren die Fackeln erloschen; dieselben sind wunderlich zusammengesetzt (der hölzerne Docht umgibt das Harz), geben mehr Rauch als Licht und gehen leicht aus. Unser Gefährte, Don Nicolas Soto, verlor das Gleichgewicht, als er auf einem runden Stamme über den Sumpf ging. Wir waren anfangs sehr besorgt um ihn, da wir nicht wußten, wie hoch er hinuntergefallen war. Zum Glück war der Grund nicht tief und er hatte sich nicht verletzt. Der indianische Steuermann, der sich ziemlich fertig auf Spanisch ausdrückte, ermangelte nicht, davon zu sprechen, daß wir leicht von Ottern, Wasserschlangen oder Tigern angegriffen werden könnten. Solches ist eigentlich die obligate Unterhaltung, wenn man nachts mit den Eingeborenen unterwegs ist. Die Indianer glauben, wenn sie dem europäischen Reisenden Angst einjagen, sich notwendiger zu machen und das Vertrauen des Fremden zu gewinnen.

Da wir in der Mission San Jose de Maypures in der Nacht ankamen, fiel uns der Anblick und die Verödung des Ortes doppelt auf. Die Indianer lagen im tiefsten Schlaf, man hörte nichts als das Geschrei der Nachtvögel und das ferne Tosen des Katarakts. In der Stille der Nacht, in dieser tiefen Ruhe der Natur, hat das eintönige Brausen eines Wasserfalls etwas Niederschlagendes, Drohendes. Wir blieben drei Tage in Maypures, einem kleinen Dorfe, das noch malerischer, man kann wohl sagen, wundervoller liegt als Atures.

Der Raudal von Maypures, von den Indianern Quituna genannt, entsteht wie alle Wasserfälle durch den Widerstand, den der Fluß findet, indem er sich durch einen Felsgrat oder eine Bergkette Bahn bricht. Dem Dorfe Maypures gegenüber ziehen sich die Berge in einem Bogen zurück. Am westlichen Ende dieses großartigen Amphitheaters ist der Durchbruch des Stromes erfolgt.

Gegenwärtig fließt der Orinoko am Fuß der östlichen Bergkette. Vom westlichen Landstrich hat er sich ganz weggezogen, und dort erkennt man noch leicht das alte Ufer. Eine Grasflur, kaum zehn Meter über dem mittleren Wasserstand, breitet sich von diesem trockenen Grunde bis zu den Katarakten

aus. Hier steht aus Palmstämmen die kleine Kirche von Maypures und umher sieben oder acht Hütten. Der geologische
Charakter der Gegend, das inselhafte Ansehen der vom gegenwärtigen Stromufer entlegensten Hügel, die Löcher, welche
das Wasser im Felsen ausgespült zu haben scheint und die
genau im selben Niveau liegen (48 bis 58 Meter hoch) wie die
Höhlungen an der Insel Uvitari gegenüber – alle diese Umstände zusammen beweisen, daß diese ganze, jetzt trockene
Bucht ehemals unter Wasser stand. Geht man den Fluß hinauf,
so ladet man die Fahrzeuge am Einfluß des Toparo in den Orinoko aus und übergibt sie den Eingeborenen, die den Raudal
so genau kennen, daß sie für jede Staffel einen besonderen
Namen haben. Sie bringen die Kanoes bis zum Einfluß des
Cameji, wo die Gefahr für überstanden gilt.

Der Katarakt von Quituna oder Maypures besteht wie der
von Mapara oder Atures aus einem Archipel von Inseln, die auf
einer Strecke von 5,8 Kilometern das Strombett verstopfen,
und aus Felsdämmen zwischen diesen Inseln. Die östliche
Hälfte der Katarakte von Maypures ist weit gefährlicher als die
westliche, weshalb auch die indianischen Steuerleute die
Kanoes vorzugsweise am linken Ufer hinauf- und hinabschaf-
fen. Leider liegt bei niedrigem Wasser dieses Ufer zum Teil
trocken, und dann muß man die Pirogen tragen, das heißt auf
Walzen oder runden Baumstämmen schleppen.

Um diese wilde Landschaft in ihrer ganzen Großartigkeit
mit einem Blick zu umfassen, muß man sich auf den Hügel
Manimi stellen, einen Granitgrat, der nördlich von der Missi-
onskirche aus der Savanne aufsteigt. Wir waren oft auf diesem
Berge, denn man sieht sich nicht satt an diesem außerordentlichen Schauspiel in einem der entlegensten Erdwinkel. Hat
man den Gipfel des Felsens erreicht, so liegt auf einmal vier bis
fünf Kilometer weit eine Schaumfläche vor einem da, aus der
ungeheure Steinmassen eisenschwarz aufragen. Die einen
sind, je zwei und zwei beisammen, abgerundete Massen,
Basalthügeln ähnlich; andere gleichen Türmen, Kastellen, zer-
fallenen Gebäuden. Ihre düstere Färbung hebt sich scharf vom
Silberglanze des Wasserschaums ab. Jeder Fels, jede Insel ist
mit Gruppen kräftiger Bäume bewachsen. Vom Fuß dieser Felsen an schwebt, so weit das Auge reicht, eine dichte Dunst-

masse über dem Strom, und über den weißlichen Nebel schießt der Wipfel der hohen Palmen empor. Diese großartigen Gewächse, wie nennt man sie? Ich glaube, es ist der Vadgiai, eine neue Art der Gattung der *Oreodoxa,* deren Stamm über 25 Meter hoch ist. Die einen Federbusch bildenden Blätter dieser Palme sind sehr glänzend und steigen fast gerade himmelan. Zu jeder Tagesstunde nimmt sich die Schaumfläche wieder anders aus. Bald werfen die hohen Eilande und die Palmen ihre Schatten darüber, bald bricht sich der Strahl der untergehenden Sonne in der feuchten Wolke, die den Katarakt einhüllt. Farbige Bogen bilden sich, verschwinden und erscheinen wieder, und im Spiel der Lüfte erscheint ihr Bild über der Fläche.

Es ist mit den großartigen Naturszenen wie mit dem Höchsten in Poesie und Kunst: sie lassen Erinnerungen zurück, die immer wieder wach werden und sich unser Leben lang in unsere Empfindung mischen, so oft etwas Großes und Schönes uns die Seele bewegt.

Die Stille in der Luft und das Toben des Wassers bilden einen Gegensatz, wie er in diesem Himmelsstrich eigentümlich ist. Nie bewegt hier ein Windhauch das Laub der Bäume, nie trübt eine Wolke den Glanz des blauen Himmelsgewölbes; eine gewaltige Lichtmasse ist durch die Luft verbreitet, über dem Boden, den Gewächse mit glänzenden Blättern bedekken, über dem Strom, der sich unabsehbar hinbreitet. Mitten in den Katarakten auf ziemlich schwer zugänglichen Klippen wächst die Vanille. Bonpland hat ungemein gewürzreiche und außerordentlich lange Schoten gebrochen.

Geht man nach Westen, so sieht man die runden Hügel oder Eilande im verlassenen Orinokoarm mit denselben Palmen bewachsen, die auf den Felsen in den Katarakten stehen. Einer dieser Felsen, der sogenannte Keri, ist im Lande berühmt wegen eines weißen, weithin glänzenden Flecks, in dem die Eingeborenen ein Bild des Vollmonds sehen wollen. Ich konnte die steile Felswand nicht erklimmen, wahrscheinlich aber ist der weiße Fleck ein mächtiger Quarzknoten, wie zusammenscharende Gänge sie im Granit, der in Gneis übergeht, häufig bilden. Gegenüber dem Keri oder Mondfelsen am Zwillingshügel Uvitari, der ein Eiland mitten in den Katarakten ist, zeigen einem die Indianer mit geheimnisvoller Wichtigkeit einen ähnlichen weißen Fleck. Derselbe ist scheibenförmig, und sie sagen, es sei das Bild der Sonne, Camosi. Vielleicht hat die geographische Lage dieser beiden Dinge Veranlassung gegeben, sie so zu benennen; Keri liegt gegen Untergang, Camosi gegen Aufgang.

Zur Zeit der Jesuiten war die Mission am Raudal von Maypures sehr ansehnlich; sie zählte 6000 Einwohner, darunter mehrere weiße Familien. Unter der Verwaltung der Observanten ist die Bevölkerung auf weniger als 60 herabgesunken. Man kann überhaupt annehmen, daß in diesem Teil von Südamerika die Kultur seit einem halben Jahrhundert zurückgegangen ist, während wir jenseits der Wälder, in den Provinzen in der Nähe der See, Dörfer mit 2000 bis 3000 Indianern finden. Die Einwohner von Maypures sind ein sanftmütiges, mäßiges Volk, das sich auch durch große Reinlichkeit auszeichnet. Die meisten Wilden am Orinoko haben nicht den wüsten Hang zu geistigen Getränken, dem man in Nordamerika begegnet. Die Otomaken, Yaruros, Achaguas und Kariben berauschen sich allerdings oft durch den übermäßigen Genuß der Chicha und so mancher anderen gegorenen Getränke, die sie aus Maniok, Mais und zuckerhaltigen Palmfrüchten zu bereiten wissen; die Reisenden haben aber wie gewöhnlich für allgemeine Sitte ausgegeben, was nur einzelnen Stämmen zukommt. Sehr oft konnten wir Guahibos oder Macos-Piaroas, die für uns arbeiteten und sehr erschöpft schienen, nicht vermögen, auch nur ein wenig Branntwein zu trinken. Die Europäer müssen erst länger in diesen Ländern gesessen haben, ehe sich die Laster ausbreiten, die unter den Indianern an den Küsten bereits so gemein sind. In Maypures fanden wir in den Hütten der Eingeborenen eine Ordnung und eine Reinlichkeit, wie man denselben in den Häusern der Missionare selten begegnet.

Sie bauen Bananen und Maniok, aber keinen Mais. Wie die meisten Indianer am Orinoko haben auch die in Maypures Getränke, die man nahrhaft nennen kann. Eines dieser Getränke, das im Lande sehr berühmt ist, wird von einer Palme gewonnen, die in der Nähe der Mission am Ufer des Auvana wild wächst. Dieser Baum ist der Seje. Ich habe an einer Blütentraube 44 000 Blüten geschätzt; der Früchte, die meist unreif abfallen, waren 8 000. Es ist eine kleine fleischige Steinfrucht. Man wirft sie ein paar Minuten lang in kochendes Wasser, damit sich der Kern vom Fleisch trennt, das zuckersüß ist und sofort in einem großen Gefäß mit Wasser zerstampft und zerrieben wird. Der kalte Aufguß gibt eine gelbliche Flüssigkeit, die wie Mandelmilch schmeckt. Man setzt manchmal Papelon oder Rohrzucker zu. Die Piaches oder indianischen Gaukler gehen in die Wälder und blasen unter der Sejepalme auf dem Botuto (der heiligen Trompete). »Dadurch«, sagen sie, »wird der Baum gezwungen, im folgenden Jahr reichen Ertrag zu geben.«

»Ich habe in meinem Dorfe eine Steingutfabrik«, sprach Pater Zea und führte uns zu einer indianischen Familie, die beschäftigt war, unter freiem Himmel an einem Feuer von Strauchwerk große, 75 Zentimeter hohe Tongefäße zu brennen. Dieses Gewerbe ist den verschiedenen Zweigen des großen Volksstamms der Maypures eigentümlich, und sie scheinen dasselbe seit unvordenklicher Zeit zu treiben. Überall in den Wäldern, weit von jedem menschlichen Wohnsitz, stößt man, wenn man den Boden aufgräbt, auf Scherben von Töpfen und bemaltem Steingut. Die Liebhaberei für diese Arbeit scheint früher unter den Ureinwohnern Nord- und Südamerikas gleich verbreitet gewesen zu sein. Höchst auffallend ist die durchgängige große Ähnlichkeit der Verzierungen. So malten denn auch die Indianer in Maypures unter unseren Augen Verzierungen, ganz wie wir sie in der Höhle von Ataruipe auf den Gefäßen gesehen, in denen menschliche Gebeine aufbewahrt sind. Es sind Mäanderlinien, Figuren von Krokodilen, von Affen und von einem großen vierfüßigen Tier, von dem ich nicht wußte, was es vorstellen soll, das aber immer dieselbe plumpe Gestalt hat. Am geschicktesten führen die Maypures Verzierungen aus geraden, mannigfach kombinierten Linien aus.

Die Eingeborenen in Maypures (und besonders die Weiber verfertigen das Geschirr) reinigen den Ton durch wiederholtes Schlämmen, kneten ihn zu Zylindern und arbeiten mit den Händen die größten Gefäße aus. Der amerikanische Indianer weiß nichts von der Töpferscheibe. Die Farben der Maypures sind Eisen- und Manganoxyde, besonders gelber und roter Ocker, der in Höhlungen des Sandsteins vorkommt. Zuweilen wendet man das Satzmehl der *Bignonia Chica* an, nachdem das Geschirr einem ganz schwachen Feuer ausgesetzt worden. Man überzieht die Malerei mit einem Firnis von Algarobo, dem durchsichtigen Harz der *Hymanaea Courbaril*. Übrigens weiß man am Orinoko nicht allein von den Maypures, sondern auch von den Guaypunabis, Kariben, Otomaken und selbst von den Guamos, daß sie Geschirr mit Malereien verfertigen. Früher war dieses Gewerbe bis zum Amazonenstrom hin verbreitet.

Heutzutage geht die schwache Kultur, wie die spanischen Mönche sie eingeführt, wieder zurück. Pater Gili berichtet, zur Zeit der Grenzexpedition habe der Ackerbau am Orinoko angefangen, Fortschritte zu machen; das Vieh, besonders die Ziegen, hatten sich in Maypures bedeutend vermehrt. Wir haben weder in dieser Mission, noch sonst in einem Dorfe am Orinoko welche mehr angetroffen; die Tiger haben die Ziegen gefressen. Nur die schwarzen und weißen Schweine haben trotz der reißenden Tiere ausgedauert. Mit großem Interesse sahen wir um die Hütten der Indianer Guacamayas oder zahme Aras, die auf den Feldern herumflogen wie bei uns die Tauben. Es ist dies die größte und prächtigste Papageienart mit nicht gefiederten Wangen, die wir auf unseren Reisen angetroffen. Sie mißt mit dem Schwanz 72 Zentimeter, und wir haben sie auch am Atabapo, Temi und Rio Negro gefunden. Das Fleisch des Cahuei – so heißt hier der Vogel – das häufig gegessen wird, ist schwarz und etwas hart. Diese Aras, deren Gefieder in den brennendsten Farben, purpurrot, blau und gelb schimmert, sind eine große Zierde der indianischen Hühnerhöfe. Sie stehen an Pracht den Pfauen, Goldfasanen, Pauxis und Alectors nicht nach. Die Sitte, Papageien, Vögel aus einer dem Hühnergeschlecht so ferne stehenden Familie aufzuziehen, war schon Christoph Kolumbus aufgefallen. Gleich bei der Entdeckung Amerikas hatte er beobachtet, daß die Eingeborenen auf den Antillen statt Hühner Aras oder große Papageien aßen.

Beim kleinen Dorfe Maypures wächst ein prächtiger, über 20 Meter hoher Baum, den die Kolonisten *Fruta de Burro* nennen. Der Baum ist berühmt, weil seine aromatischen Früchte, als Aufguß gebraucht, ein wirksames Fiebermittel sind. Die armen Missionare am Orinoko, die den größten Teil des Jahres am dreitägigen Fieber leiden, reisen nicht leicht, ohne ein Säckchen mit *Fruta de Burro* bei sich zu führen.

Am 21. April. Nach einem Aufenthalt von zwei und einem halben Tag im kleinen Dorfe Maypures neben dem oberen großen Katarakt schifften wir uns um zwei Uhr nachmittags in derselben Piroge wieder ein, die der Missionar von Carichana uns überlassen; sie war vom Schlagen an die Klippen und durch die Unvorsichtigkeit der indianischen Schiffsleute ziemlich beschädigt; aber ihrer warteten noch größere Fährlichkeiten. Sie mußte vom Rio Tuamini zum Rio Negro über eine Landenge 11,7 Kilometer weit geschleppt werden, sie mußte über den Casiquiare wieder in den Orinoko herauf und zum zweitenmal durch die beiden Raudales. Man untersuchte Boden und Seitenwände der Piroge und meinte, sie sei stark genug, die lange Reise auszuhalten.

Sobald man über die großen Katarakte weg ist, befindet man sich in einer neuen Welt; man fühlt es, man hat die Schranke hinter sich, welche die Natur selbst zwischen den kultivierten Küstenstrichen und den wilden, unbekannten Ländern im Innern gezogen zu haben scheint. Gegen Ost in blauer Ferne zeigt sich um letztenmal die hohe Bergkette des Cunavami, ihr langer waagerechter Kamm erinnert an die Gestalt der Mesa im Brigantin bei Cumana, nur endet sie mit einem abgestutzten Kegel. Der Pig Calitamini (so heißt dieser Gipfel) ist bei Sonnenuntergang wie von rötlichem Feuer bestrahlt, und zwar einen Tag wie den andern. Kein Mensch ist je diesem Berge nahe gekommen, der nicht über 1170 Meter hoch ist. Das ganze Land besteht aus Granitgestein, dem da und dort, auf kleinen Ebenen, unmittelbar ein toniger Sandstein mit Quarztrümmern und Brauneisenstein aufgelagert ist.

Auf dem Wege zum Landungsplatz finden wir auf einem Heveastamm (einem der Bäume, dessen Milch Kautschuk gibt) eine neue, durch ihre schöne Färbung ausgezeichnete Froschart. Der Bauch war gelb, Rücken und Kopf schön samtartig purpurfarben; ein einziger ganz schmaler weißer Streif lief von der Spitze des Maules zu den Hinterbeinen. Der Frosch war 5 Zentimeter lang. Den Weg entlang zeigten uns die Indianer etwas, was hierzulande allerdings sehr merkwürdig ist, Räderspuren im Gestein. Sie sprachen wie von einem unbekannten Geschöpf von den Tieren mit den großen Hörnern, welche zur Zeit der Grenzexpedition die Fahrzeuge durch das Tal des Keri vom Rio Toparo zum Rio Cameji gezogen, um die Katarakte zu umgehen und die Mühe des Umladens zu ersparen.

Nachdem wir uns im *Puerto de arriba* eingeschifft, gingen wir mit ziemlicher Beschwerde über den Raudal de Cameji; diese Stelle gilt bei sehr hohem Wasserstand für gefährlich. Jenseits des Raudals fanden wir den Strom spiegelglatt. Wir übernachteten auf einer felsigen Insel.

Am 22. April. Wir brachen anderthalb Stunden vor Sonnenaufgang auf. Der Morgen war feucht, aber herrlich; kein Lüftchen ließ sich spüren, denn südlich von Atures und Maypures herrscht beständig Windstille. Am Rio Negro und Casiquiare, am Fuß des Cerro Duida in der Mission Santa Barbara hörten wir niemals das Rauschen des Laubs, das in heißen Ländern einen ganz eigentümlichen Reiz hat. Die Krümmungen des Stroms, die schützenden Berge, die undurchdringlichen Wälder und der Regen mögen diese Erscheinung veranlassen, die den Missionen am Orinoko eigentümlich ist.

Siebenundzwanzig Kilometer von der Insel Piedra Raton kam zuerst ostwärts die Mündung des Rio Sipapo, den die Indianer Tipapu nennen, dann westwärts die Mündung des Rio Vichada. In der Nähe der letzteren bilden Felsen ganz unter Wasser einen kleinen Fall, einen Raudalito. Der Rio Sipapo kommt aus einer ziemlich bedeutenden Bergkette. Die Cerros de Sipapo bilden eine ungeheure Felsmauer, die schroff aus der Ebene aufsteigt und deren Kamm ausgezackt ist. Jede Stunde war der Anblick dieser Bergkette ein anderer. Bei Sonnenaufgang gibt der dichte Pflanzenwuchs den Bergen die dunkelgrüne, ins Bräunliche spielende Farbe. Breite, scharfe Schatten fallen über die anstoßende Ebene und stechen ab vom glänzenden Licht, das auf dem Boden, in der Luft und auf der Wasserfläche verbreitet ist. Aber um die Mitte des Tages, wenn die Sonne den Zenit erreicht, verschwinden diese kräftigen Schatten allmählich, und die ganze Kette hüllt sich in einen leisen Duft, der weit satter blau ist als der niedrige Strich des Himmelsgewölbes. In diesem um den Felskamm schwebenden Duft verschwimmen halb die Umrisse, werden die Lichteffekte gedämpft, und so erhält die Landschaft das Gepräge der Ruhe und des Friedens, das in der Natur wie in den Werken Claude Lorrains und Poussins aus der Harmonie zwischen Form und Farbe entspringt.

Die Indianer versicherten uns, in den Wäldern am Sipapo wachse in Menge der Vehuco de Maimure. Dieses Schlinggewächs ist den Indianern sehr wichtig, weil sie Körbe und Matten daraus verfertigen. Die Wälder am Sipapo sind völlig unbekannt, und die Missionare versetzen hierher das Volk der Rayas, »die den Mund am Nabel haben«. Ein alter Indianer, den wir in Carichana antrafen und der sich rühmte, oft Menschenfleisch gegessen zu haben, hatte diese kopflosen Menschen »mit eigenen Augen« gesehen. Diese abgeschmackten Märchen haben sich auch in den Llanos verbreitet, und dort ist es nicht immer geraten, die Existenz der Rayas-Indianer in Zweifel zu ziehen. In allen Himmelsstrichen ist Unduldsamkeit die Gefährtin der Leichtgläubigkeit, und man könnte meinen, die Hirngespinste der alten Erdbeschreiber seien aus der einen Halbkugel in die andere gewandert, wenn man nicht wüßte, daß die seltsamsten Ausgeburten der Phantasie, gerade wie die Naturbildungen, überall in Aussehen und Gestaltung eine gewisse Ähnlichkeit zeigen.

Bei der Mündung des Rio Vichada oder Visata stiegen wir aus, um die Pflanzen des Landstrichs zu untersuchen. Die Gegend ist höchst merkwürdig; der Wald ist nicht sehr dicht, und eine Unmenge kleiner Felsen steht frei auf der Ebene. Die einen sind von den Bäumen des Waldes beschattet, bei anderen ist der Gipfel von Palmen gekrönt. Die Felsen sind Granit, der in Gneis übergeht. An der Mündung des Vichada sind die Granitfelsen und, was noch auffallender ist, der Boden selbst mit Moosen und Flechten bedeckt. Letztere haben den Habitus von *Cladonia pyxidata* und *Lichen rangiferinus,* die im nördlichen Europa so häufig vorkommen.

Kein Mensch kennt den weiten Landstrich zwischen Meta, Vichada und Guaviare weiter als auf vier bis fünf Kilometer vom Ufer. Man glaubt, daß hier wilde Indianer vom Stamm der Chiricoas hausen, die glücklicherweise keine Kanoes bauen.

Früher, als noch die Kariben und ihre Feinde, die Cabres, mit ihren Geschwadern von Flößen und Pirogen hier umherzogen, wäre es unvorsichtig gewesen, an der Mündung eines Flusses zu übernachten, der aus Westen kommt. Gegenwärtig, da die kleinen Niederlassungen der Europäer die unabhängigen Indianer von den Ufern des oberen Orinoko verdrängt haben, ist dieser Landstrich so öde, daß uns auf einer Stromfahrt von 800 Kilometern nicht ein einziges Fahrzeug begegnete.

Mit der Mündung des Rio Zama betraten wir ein Flußsystem, das große Aufmerksamkeit verdient. Der Zama, der Mataveni, der Atabapo, der Tuamini, der Temi, der Guainia haben schwarzes Wasser, das heißt, ihr Wasser, in großen Massen gesehen, erscheint kaffeebraun oder grünlichschwarz, und doch sind es die schönsten, klarsten, wohlschmeckendsten Wasser. Ich habe schon oben erwähnt, daß die Krokodile und wenn auch nicht die Zancudos, doch die Moskitos fast überall die schwarzen Wasser meiden. Wenn ein gelinder Wind den Spiegel dieser schwarzen Flüsse kräuselt, so erscheinen sie schön wiesengrün wie die Schweizer Seen. Im Schatten sind der Zama, der Atabapo, der Guainia schwarz wie Kaffeesatz. Diese Erscheinungen sind so auffallend, daß die Indianer allerorten die Gewässer in schwarze und weiße einteilen. Erstere haben mir häufig als künstlicher Horizont gedient; sie werfen die Sternbilder wunderbar scharf zurück.

Am 23. April. Wir brachen von der Mündung des Zama um drei Uhr morgens auf. Auf beiden Seiten lief fortwährend dikker Wald am Strom hin. Die Berge im Osten schienen immer weiter wegzurücken. Wir kamen zuerst am Einfluß des Rio Mataveni und dann an einer merkwürdig gestalteten Insel vorbei. Ein viereckiger Granitfels steigt wie eine Kiste gerade aus dem Wasser empor; die Missionare nennen ihn el Castillito. Aus schwarzen Streifen daran sollte man schließen, daß der Orinoko, wenn er anschwillt, an dieser Stelle nicht über 2,6 Meter steigt und daß die hohen Wasserstände, die wir weiter unten beobachtet, von den Nebenflüssen herrühren, die nördlich von den Katarakten von Atures und Maypures hereinkommen. Wir übernachteten am rechten Ufer bei einem Felsen, der Aricagua heißt. In der Nacht kamen zahllose Fledermäuse aus den Felsspalten und schwirrten um unsere Hängematten.

Am 24. April. Ein starker Regen zwang uns, schon sehr früh morgens die Piroge wieder zu besteigen. Wir fuhren um zwei Uhr ab und mußten einige Bücher zurücklassen, die wir in der finsteren Nacht auf dem Felsen Aricagua nicht finden konnten. Der Strom läuft ganz gerade von Süd nach Nord; die Ufer sind niedrig und zu beiden Seiten von dichten Wäldern beschattet. Gegen vier Uhr abends stiegen wir bei den Conucos de Siquita aus, Pflanzungen von Indianern aus der Mission San Fernando. Die guten Leute hätten uns gerne behalten, aber wir fuhren weiter gegen den Strom, der in der Sekunde 1,62 Meter zurücklegt. Wir liefen bei finsterer Nacht in die Mündung des Guaviare ein, fuhren über den Zusammenfluß des Atabapo mit dem Guaviare hinauf und langten nach Mitternacht in der Mission an. Wir erhielten unsere Wohnung wie immer im Kloster, das heißt im Hause des Missionars, der von unserem unerwarteten Besuch höchlichst überrascht war, uns aber nichtsdestoweniger mit der liebenswürdigsten Gastlichkeit aufnahm.

Zweiundzwanzigstes Kapitel

San Fernando de Atabapo · San Baltasar
Die Flüsse Temi und Tuamini · Javita · Trageplatz
zwischen den Tuamini und dem Rio Negro

Wir hatten in der Nacht fast unvermerkt die Gewässer des Orinoko verlassen und sahen uns bei Sonnenaufgang wie in ein anderes Land versetzt am Ufer eines Flusses, dessen Namen wir fast noch nie hatten aussprechen hören und auf dem wir über den Trageplatz am Pimichin zum Rio Negro an der Grenze Brasiliens gelangen sollten. »Sie müssen«, sagte uns der Präsident der Missionen, der in San Fernando seinen Sitz hat, »zuerst den Atabapo, dann den Temi, endlich den Tuamini hinauffahren. Können Sie bei der starken Strömung der Wasser nicht mehr weiterkommen, so führt man Sie vom Flußbett weg durch die Wälder, die Sie unter Wasser finden werden. Auf diesem wüsten Landstrich zwischen Orinoko und Rio Negro leben nur zwei Mönche, aber in Javita finden Sie die Mittel, um Ihre Piroge vier Tagereisen weit über Land zum Caño Pimichin ziehen zu lassen. Zerbricht sie nicht, so fahren Sie ohne Anstand den Rio Negro hinunter bis zur Schanze San Carlos, sodann den Casiquiare herauf und kommen in Monatsfrist über den oberen Orinoko wieder nach San Fernando.« Diesen Plan entwarf man uns für unsere Flußfahrt, und wir führten ihn nicht ohne Beschwerden, aber immer leicht und ohne Gefahr in 33 Tagen aus. Die Krümmungen in diesem Flußlabyrinth sind so stark, daß man sich ohne die Reisekarte, die ich entworfen, vom Wege, auf dem wir von der Küste von Caracas durch das innere Land an die Grenzen der Capitania General von Gran-Para gelangt sind, so gut als keine Vorstellung machen könnte. Für diejenigen, welche nicht gerne in Karten blicken, auf denen viele schwer zu behaltende Namen stehen, bemerke ich nochmals, daß der Orinoko von seinen Quellen oder doch von Esmeralda an von Ost nach West, von San Fernando bis zum Einfluß des Apure von Süd nach Nord fließt und auf dieser Strecke die großen Katarakte bildet, daß er endlich vom Einfluß des Apure bis Angostura und zur Seeküste von West nach Ost verläuft. Auf der ersten Strecke, auf dem Lauf von Ost nach West, bildet er die berühmte Gabelung, welche die Geographen sooft in Abrede gezogen und deren Lage ich zuerst durch astronomische Beobachtungen bestimmen konnte. Ein Arm des Orinoko, der Casiquiare, der von Nord nach Süd fließt, ergießt sich in den Guainia oder Rio Negro, der seinerseits in den Marañon oder Amazonenstrom fällt.

Der Missionar von San Fernando, bei dem wir zwei Tage verweilten, führt den Titel eines Präsidenten der Missionen am Orinoko. Die 26 Ordensgeistlichen, die am Rio Negro, Casiquiare, Atabapo, Caura und Orinoko leben, stehen unter ihm, und er seinerseits steht unter dem Guardian des Klosters in Nueva Barcelona. Sein Dorf sah etwas wohlhabender aus, als die wir bis jetzt auf unserem Wege angetroffen, indessen hatte es doch nur 266 Einwohner. Ich habe schon öfters bemerkt, daß die Missionen in der Nähe der Küsten, die gleichfalls unter den Observanten stehen, zwischen 800 und 2 000 Einwohner zählen. Es sind größere und schönere Dörfer als in den kultiviertesten Ländern Europas. Man versicherte uns, die Mission San Fernando habe unmittelbar nach der Gründung eine stärkere Bevölkerung gehabt als jetzt.

Man sieht in San Fernando noch einige Spuren von Anbau; jeder Indianer hat eine kleine Pflanzung von Kakaobäumen. Die Bäume tragen vom fünften Jahr an reichlich, aber sie hören damit früher auf als in den Tälern von Aragua. Es gibt bei San Fernando ein paar Savannen und gute Weiden; man sieht aber kaum sieben oder acht Kühe darauf. Die Indianer sind etwas zivilisierter als in den anderen Missionen. Zu unserer Überraschung trafen wir einen Schmied von der eingeborenen Rasse.

Was uns in der Mission San Fernando am meisten auffiel und was der Landschaft einen eigentümlichen Charakter gibt, das ist die Pihiguao- oder Pirijao-Palme. Der mit Stacheln bewehrte Stamm ist über 20 Meter hoch. Höchst merkwürdig sind die Früchte des Baumes; jede Traube trägt 50 bis 80; sie sind gelb wie Äpfel, werden beim Reifen rot, sind fünf bis acht Zentimeter dick, und der Fruchtkern kommt meist nicht zur Entwicklung. Unter den 80 bis 90 Palmenarten, die ausschließlich der Neuen Welt angehören, ist bei keiner das Fruchtfleisch so außerordentlich stark entwickelt. Die Frucht des Pirijao enthält einen mehligen, eigelben, nicht stark süßen, sehr nahrhaften Stoff. Man ißt sie wie die Banane und die Kartoffel, gesotten oder in der Asche gebraten; es ist ein ebenso gesundes als angenehmes Nahrungsmittel. Indianer und Missionare erschöpfen sich im Lobe dieser herrlichen Palme, die man die Pfirsichpalme nennen könnte und die wir überall, wohin wir nach Süd oder Ost am Atabapo und oberen Orinoko kamen, in Menge angebaut fanden. Mustert man die Vorräte in den Hütten der Indianer, so sieht man, daß mehrere Monate im Jahr die mehlige Frucht des Pirijao für sie so gut ein Hauptnahrungsmittel ist als der Maniok und die Banane. Der Baum trägt nur einmal im Jahr, aber oft drei Trauben, also 150 bis 200 Früchte.

San Fernando de Atabapo, San Carlos und San Francisco Solano sind die bedeutendsten Missionen am oberen Orinoko. In San Fernando wie in den benachbarten Dörfern San Baltasar und Javita fanden wir hübsche Pfarrhäuser, mit Schlingpflanzen bewachsen und mit Gärten umgeben. Die schlanken Stämme der Pirijao-Palme waren in unseren Augen die Hauptzierde dieser Pflanzungen.

Sobald man das Bett des Atabapo betritt, ist alles anders, die Beschaffenheit der Luft, die Farbe des Wassers, die Gestalt der Bäume am Ufer. Bei Tage hat man von den Moskitos nicht mehr zu leiden; die Schnaken mit langen Füßen (Zancudos) werden bei Nacht sehr selten, ja, oberhalb der Mission San Fernando verschwinden diese Nachtinsekten ganz. Das Wasser des Orinoko ist trübe, voll erdiger Stoffe, und in den Buchten hat es wegen der vielen toten Krokodile und anderer faulender Körper einen bisamartigen, süßlichen Geruch. Um dieses Wasser trinken zu können, mußten wir es nicht selten durch ein Tuch seihen. Das Wasser des Atabapo dagegen ist rein, von angenehmem Geschmack, ohne eine Spur von

Geruch, bei reflektiertem Lichte bräunlich, bei durchgehendem gelblich. Das Volk nennt dasselbe »leicht«, im Gegensatz zum trüben, schweren Orinokowasser.

Daß die schwarzen Wasser ungemein rein sein müssen, das zeigt ihre Klarheit und Durchsichtigkeit und die Deutlichkeit, mit der sich die umgebenden Gegenstände nach Umriß und Färbung darin spiegeln. Auf sieben bis zehn Meter tief sieht man die kleinsten Fische darin, und meist blickt man bis auf den Grund des Flusses hinunter. Und dieser ist nicht etwa Schlamm von der Farbe des Flusses, gelblich oder bräunlich, sondern blendend weißer Quarz- und Granitsand. Nichts geht über die Schönheit der Ufer des Atabapo; ihr üppiger Pflanzenwuchs, über den Palmen mit Federbuschlaub hoch in die Lüfte steigend, spiegelt sich im Fluß.

»Gebt mir«, sagte ein alter Indianer aus der Mission Javita zu uns, »Wasser aus drei, vier großen Flüssen des Landes, so sage ich euch nach dem Geschmack zuverlässig, wo das Wasser geschöpft worden, ob aus einem weißen oder schwarzen Fluß, ob aus dem Orinoko oder dem Atabapo, dem Paragua oder Guaviare.«

Am 26. April. Wir legten nur neun bis dreizehn Kilometer zurück und lagerten zur Nacht auf einem Felsen in der Nähe der indianischen Pflanzungen oder Conucos von Guapasoso. Da man das eigentliche Ufer nicht sieht, und der Fluß, wenn er anschwillt, sich in die Wälder verläuft, kann man nur da landen, wo ein Fels oder ein kleines Plateau sich über das Wasser erhebt. Der Atabapo hat überall ein eigentümliches Ansehen; das eigentliche Ufer, das aus einer 2,6 bis 3,2 Meter hohen Bank besteht, sieht man nirgends; es versteckt sich hinter einer Reihe von Palmen und kleinen Bäumen mit sehr dünnen Stämmen, deren Wurzeln vom Wasser bespült werden. Im eigentlichen Bett des Atabapo oberhalb San Fernando gibt es keine Krokodile mehr; man trifft hie und da einen Bava an und viele Süßwasserdelphine, aber keine Seekühe. Man sucht hier auch vergeblich den Chiguire, die Araguaten oder großen Brüllaffen, den Zamuro (*Vultur aura*) und den Fasan mit der Haube, den sogenannten Guacharaca. Ungeheure Wassernattern, im Habitus der Boa gleich, sind leider sehr häufig und werden den Indianern beim Baden gefährlich. Gleich in den ersten Tagen sahen wir welche neben unserer Piroge herschwimmen, die vier bis fünf Meter lang waren. Die Jaguare am Atabapo und Temi sind groß und gut genährt, sie sollen aber lange nicht so keck sein als die am Orinoko.

Am 27. April. Die Nacht war schön, schwärzliche Wolken liefen von Zeit zu Zeit ungemein rasch durch den Zenit. In den unteren Schichten der Atmosphäre regte sich kein Lüftchen, der allgemeine Ostwind wehte erst in 2 000 Meter Höhe. Wir brachten um zwei Uhr von den Conucos von Guapasoso auf. Wir fuhren immer nach Süden hinauf und sahen den Fluß oder vielmehr den von Bäumen freien Teil seines Bettes immer schmaler werden. Gegen Sonnenaufgang fing es an zu regnen. Wir waren an diese Wälder, in denen es weniger Tiere gibt als am Orinoko, noch nicht gewöhnt, und so wunderten wir uns beinahe, daß wir die Araguaten nicht mehr brüllen hörten. Die Delphine oder Toninas spielten um unser Kanoe.

Zwischen dem 4. und 5. Breitengrad, etwas südlich von Sipapo, erreicht man das südliche Ende der Kette der Katarakte, für die ich den Namen Kette der Parime in Vorschlag gebracht habe. Der ganze Landstrich zwischen den Bergen der Parime und dem Amazonenstrom, über den der Atabapo, Casiquiare und Rio Negro ziehen, ist eine ungeheure, zum Teil mit Wald, zum Teil mit Gras bewachsene Ebene. Kleine Felsen erheben sich da und dort wie feste Schlösser. Wir fanden den Atabapo hinauf nur sehr schwer ein trockenes, freies Stück Land, groß genug, um unser Feuer anzuzünden und unsere Instrumente und Hängematten unterbringen zu können.

Am 28. April. Der Regen goß seit Sonnenuntergang in Strömen; wir fürchteten, unsere Sammlungen könnten beschädigt werden. Der arme Missionar bekam seinen Anfall von Tertianfieber und bewog uns, bald nach Mitternacht weiterzufahren. Als wir die Stromschnellen von Guarinuma hinter uns hatten, zeigten uns die Indianer mitten im Walde zu unserer Rechten die Trümmer der seit langem verlassenen Mission Mendaxari. Auf dem anderen, östlichen Ufer beim kleinen Felsen Kemarumo wurden wir auf einen riesenhaften Käsebaum (*Bombax Ceiba*) aufmerksam, der mitten in den Pflanzungen der Indianer stand. Wir stiegen aus, um ihn zu messen: er war gegen 40 Meter hoch und hatte 4,5 bis 5 Meter im Durchmesser.

Am 29. April. Die Luft war kühler; keine Zancudos, aber der Himmel fortwährend bedeckt und sternlos. Ich fing an, mich wieder auf den unteren Orinoko zu wünschen. Bei der starken Strömung kamen wir nur langsam vorwärts. Einen großen Teil des Tages hielten wir an, um Pflanzen zu suchen, und es war Nacht, als wir in der Mission San Baltasar ankamen. Wir wohnten bei einem katalonischen Missionar, einem munteren, liebenswürdigen Mann, der hier in der Wildnis ganz die seinem Volksstamm eigentümliche Tätigkeit entwickelte. Er hatte einen schönen Garten angelegt, wo der europäische Feigenbaum der Persea, der Zitronenbaum dem Mamei zur Seite stand. Das Dorf war nach einem regelmäßigen Plan gebaut, wie man es in Norddeutschland und im protestantischen Amerika bei den Gemeinden der Mährischen Brüder sieht. Die Pflanzungen der Indianer schienen besser gehalten als anderswo. Hier sahen wir zum erstenmal den weißen, schwammigen Stoff, den ich unter dem Namen Dapicho und Zapis bekanntgemacht habe. Wir sahen gleich, daß derselbe mit dem »elastischen Harz« Ähnlichkeit hat; da uns aber die Indianer durch Zeichen bedeuteten, man finde denselben in der Erde, so vermuteten wir, das Dapicho könnte ein fossiler Kautschuk sein. In der Hütte des Missionars saß ein Poimisano-Indianer an einem Feuer und verwandelte das Dapicho in schwarzen Kautschuk. Er hatte mehrere Stücke auf ein dünnes Holz gespießt und briet dieselben wie Fleisch. Je weicher und elastischer das Dapicho wird, desto mehr schwärzt es sich. Nach dem harzigen, aromatischen Geruch, der die Hütte erfüllte, rührt dieses Schwarzwerden wahrscheinlich davon her, daß eine Verbindung von Kohlenstoff und Wasserstoff zersetzt und der Kohlenstoff frei wird, während der Wasserstoff bei gelinder Hitze verbrennt. Der Indianer klopfte die erweichte schwarze Masse mit einem vorne keulenförmigen Stück Brasilholz, knetete dann das Dapicho zu Kugeln von acht bis zehn Zentimeter Durchmesser und ließ es erkalten. Diese Kugeln gleichen vollkommen dem Kautschuk, wie er in den Handel kommt, sie bleiben jedoch außen meist etwas klebrig. Man braucht sie in San Baltasar nicht zum indianischen Ballspiel, das bei den Einwohnern von Uruana und Encaramada in so hohem Ansehen steht; man schneidet sie zylindrisch zu, um sie als Stöpsel zu gebrauchen, die noch weit besser sind als Korkstöpsel. Der Missionar zeigte uns vor der *Casa de los Solteros* (Haus, wo sich die jungen, nicht verheirateten Leute versammeln) eine Trommel, die aus einem 60 Zentimeter langen und 48 Zentimeter dicken hohlen Zylinder bestand. Man schlug dieselbe mit großen Stücken Dapicho wie mit Trommelschlegeln; sie hatte Löcher, die man mit der Hand schließen konnte, um höhere oder tiefere Töne hervorzubringen, und hing an zwei leichten Stützen. Wilde Völker lieben rauschende Musik. Die Trommel und die Botutos oder Trompeten aus gebrannter Erde, 1 bis 1,3 Meter lange Röhren, die sich an mehreren Stellen zu Hohlkugeln erweitern, sind bei den Indianern unentbehrliche Instrumente, wenn es sich darum handelt, mit Musik Effekt zu machen.

Am 30. April. Wir verließen die Mission morgens ziemlich spät und fuhren den Atabapo noch 22,5 Kilometer hinauf; statt ihm aber weiter seiner Quelle zu folgen, liefen wir jetzt in den Rio Temi ein. Der Temi ist nur 155 bis 175 Meter breit, und in jedem anderen Lande als Guayana wäre dies noch immer ein bedeutender Fluß. Das Land ist äußerst einförmig, nichts als Wald auf völlig ebenem Boden. Die schöne Pirijao-Palme mit Früchten wie Pfirsiche und eine neue Art Bache oder Mauritia mit stachligem Stamm ragen hoch über den kleineren Bäumen, deren Wachstum, wie es scheint, durch das lange Stehen unter Wasser niedergehalten wird. Die *Mauritia aculeata* heißt bei den Indianern Juria oder Cauvaja. An den Ufern des Atabapo und Temi steht diese Palme in Gruppen von 12 bis 15 Stämmen, die sich so nahe aneinander drängen, als kämen sie aus einer Wurzel. Wir bemerkten, daß einige Juriastämme gar keine Früchte trugen, während andere davon ganz voll hingen; dies scheint auf eine Palme mit getrennten Geschlechtern zu deuten.

Überall, wo der Temi Schlingen bildet, steht der Wald über zehn Quadratkilometer weit unter Wasser. Um die Krümmungen zu vermeiden und schneller vorwärtszukommen, wird die Schiffahrt hier ganz seltsam betrieben. Die Indianer bogen aus dem Flußbett ab, und wir fuhren südwärts durch den Wald auf sogenannten Sendas, das heißt 1,3 bis 1,6 Meter breiten, offenen Kanälen. Das Wasser ist selten über einen halben Faden tief. Diese Sendas bilden sich im überschwemmten Wald wie auf trockenem Boden die Fußsteige. Die Indianer schlagen von einer Mission zur anderen mit ihren Kanoes womöglich immer denselben Weg ein; da aber der Verkehr gering ist, so stößt man bei der üppigen Vegetation zuweilen unerwartet auf Hindernisse. Deshalb stand ein Indianer mit einer Machete (ein großes Messer mit einer 37 Zentimeter langen Klinge) vorne auf unserem Fahrzeug und hieb fortwährend die Zweige ab, die sich auf beiden Seiten des Kanals kreuzten. Im dicksten Walde vernahmen wir mit Überraschung einen sonderbaren Lärm. Wir schlugen an die Büsche, und da kam ein Schwarm 1,3 Meter langer Toninas (Süßwasserdelphine) zum Vorschein und umgab unser Fahrzeug. Die Tiere waren unter den Ästen eines Käsebaumes oder *Bombax Ceiba* versteckt gewesen. Sie machten sich durch den Wald davon und warfen dabei die Strahlen Wasser und komprimierter Luft, nach denen sie in allen Sprachen Blasefische heißen.

Gegen fünf Uhr abends gingen wir nicht ohne Mühe in das eigentliche Flußbett zurück. Unsere Piroge blieb ein paar Minuten lang zwischen zwei Baumstämmen stecken. Kaum war sie wieder losgemacht, kamen wir an eine Stelle, wo mehrere Wasserpfade oder kleine Kanäle sich kreuzten, und der Steuermann wußte nicht gleich, welches der befahrenste Weg war. Wir haben oben gesehen, daß man in der Provinz Varinas im Kanoe über die offenen Savannen von San Fernando am Apure bis an den Arauca fährt; hier fuhren wir durch einen Wald, der so dicht ist, daß an sich weder nach der Sonne noch nach den Sternen orientieren kann. Heute fiel es uns wieder recht auf, daß es in diesem Landstrich keine baumartigen Farne gibt. Sie nehmen vom 6. Grad nördlicher Breite an sichtbar ab, wogegen die Palmen dem Äquator zu ungeheuer zunehmen. Die eigentliche Heimat der baumartigen Farne ist ein nicht so heißes Klima, ein etwas bergiger Boden, Plateaus von 600 Meter Höhe. Nur wo Berge sind, gehen diese prachtvollen Gewächse gegen die Niederungen herab. Wir übernachteten an einem Felsen, den die Missionare Piedra de Astor nennen.

Am 1. Mai. Die Indianer wollten lange vor Sonnenaufgang aufbrechen. Wir waren vor ihnen auf den Beinen, weil ich vergeblich auf einen Stern wartete, der im Begriff war, durch den Meridian zu gehen. Auf diesem nassen, dicht bewaldeten Landstrich wurden die Nächte immer finsterer, je näher wir dem Rio Negro und dem Innern Brasiliens kamen. Wir blieben im Flußbett, bis der Tag anbrach; man hätte befürchten müssen, sich unter den Bäumen zu verirren. Sobald die Sonne aufgegangen war, ging es wieder, um der starken Strömung auszuweichen, durch den überschwemmten Wald. So kamen wir an den Zusammenfluß des Temi mit dem Tuamini und gingen den letzteren gegen Südwest hinauf. Damit kamen wir auf die Mission Javita zu, die am Tuamini liegt. In dieser christlichen Niederlassung sollten wir die erforderlichen Mittel finden, um unsere Piroge zu Land an den Rio Negro schaffen zu lassen. Wir kamen in San Antonio de Javita erst um elf Uhr vormittags an.

Zu unserer Freude trafen wir in Javita einen sehr geisteslebendigen, vernünftigen und gefälligen Mönch. Wir mußten uns vier bis fünf Tage in seinem Haus aufhalten, da diese Zeit zum Transport unseres Fahrzeugs über den Trageplatz am Pimichin erforderlich war; wir benützten diese Zeit nicht allein, um uns in der Gegend umzusehen, sondern auch, um uns von einem Übel zu befreien, an dem wir seit zwei Tagen litten. Wir hatten sehr starkes Jucken in den Fingergelenken und auf dem Handrücken. Der Missionar sagte uns, das seien *Aradores* (Ackerer), die sich in die Haut eingraben. Mit der Lupe sahen wir nur Streifen, parallele, weißliche Furchen. Wegen der Form dieser Furchen heißt das Insekt der Ackerer. Man ließ eine Mulattin kommen, die sich rühmte, all die kleinen Tiere, welche sich in die Haut des Menschen graben, die Nigua, den Nuche, die Coya und den Ackerer, aus dem Fundament zu kennen; es war die Curandera, der Dorfarzt. Sie versprach uns, die Insekten, die uns so schreckliches Jucken verursachten, eines um das andere herauszuholen. Sie erhitzte an der Lampe die Spitze eines kleinen Splitters sehr harten Holzes und bohrte damit in den Furchen, die auf der Haut sichtbar waren. Nach langem Suchen verkündete sie mit dem pedantischen Ernst, der den Farbigen eigen ist, da sei bereits ein Arador. Ich sah einen kleinen runden Sack, der mir das Ei einer Milbe schien. Wenn die Mulattin einmal drei, vier solcher Aradores heraus hätte, sollte ich mich erleichtert fühlen. Da ich an beiden Händen die Haut voll Acariden hatte, ging mir die Geduld über der Operation aus, die bereits bis tief in die Nacht gedauert hatte. Am anderen Tage heilte uns ein Indianer aus Javita radikal und überraschend schnell. Er brachte uns einen Zweig von einem Strauch, genannt Uzao, mit kleinen, denen der Cassia ähnlichen, stark lederartigen, glänzenden Blättern. Er machte von der Rinde einen kalten Aufguß, der bläulich aussah und wie Süßholz (*Glycirrhyza*) schmeckte und geschlagen starken Schaum gab. Auf einfaches Waschen mit dem Uzaowasser hörte das Jucken von den Aradores auf. Wir konnten vom Uzao weder Blüte noch Frucht auftreiben. Der Strauch scheint der Familie der Schotengewächse anzugehören. Der Schmerz, den wir auszustehen gehabt, hatte uns so ängstlich gemacht, daß wir bis San Carlos immer ein paar Uzaozweige im Kanoe mitführten.

Das Klima in San Antonio de Javita ist ungemein regnerisch. Es regnet fast das ganze Jahr, und der Himmel ist ständig bedeckt. Der Missionar versicherte uns, er habe es hier oft vier, fünf Monate ohne Unterbrechung regnen gesehen. Ich maß den Regen, der am 1. Mai innerhalb fünf Stunden fiel; er stand 46,5 Millimeter hoch, und am 3. Mai bekam ich sogar 30 Millimeter in drei Stunden. Und zwar, was wohl zu beachten, wurden diese Beobachtungen nicht bei starkem, sondern bei ganz gewöhnlichem Regen angestellt.

Es ist in Javita kühler als in Maypures, aber bedeutend heißer als am Rio Negro. Das Thermometer stand bei Tag auf 26 bis 27 Grad, bei Nacht auf 21 Grad; nördlich von den Katarakten war die Temperatur bei Tag meist 28 bis 30 Grad, bei Nacht 25 bis 26 Grad. Diese Abnahme der Wärme am Atabapo, Tuamini und Rio Negro rührt ohne Zweifel davon her, daß bei dem beständig bedeckten Himmel die Sonne so wenig scheint und die Verdunstung auf dem nassen Boden so stark ist.

Die Indianer in Javita, 160 an der Zahl, treiben Schiffbau. Man nimmt dazu Stämme einer großen Lorbeerart, von den Missionen Sassafras (*Ocotea cymbarum*) genannt, die man mit Feuer und Axt zugleich aushöhlt. Diese Bäume sind über 30 Meter hoch; das Holz ist gelb, harzig, verdirbt fast nie im Wasser und hat einen sehr angenehmen Geruch. Wir sahen es in

San Fernando, in Javita, besonders aber in Esmeralda, wo die meisten Pirogen für den Orinoko gebaut werden, weil die benachbarten Wälder die dicksten Sassafrasstämme liefern.

Im Walde zwischen Javita und dem Caño Pimichin wächst eine erstaunliche Menge riesenhafter Baumarten, Ocoteen und echte Lorbeeren, die *Amasonia arborea,* das *Retiniphyllum secundiflorum,* der Curvana, der Jacio, der Jacifate, dessen Holz rot ist wie Brasilholz, der Guamufate mit schönen, 18 bis 21 Zentimeter langen, denen des Calophyllum ähnlichen Blättern, die *Amyris Caranna* und der Mani. Alle diese Bäume, mit Ausnahme unserer neuen Gattung *Retiniphyllum,* waren 32 bis 35 Meter hoch. Da die Äste erst in der Nähe des Wipfels vom Stamme abgehen, so kostete es Mühe, sich Blätter und Blüten zu verschaffen. Letztere lagen häufig unter den Bäumen am Boden; da aber in diesen Wäldern Arten verschiedener Familien durcheinanderwachsen und jeder Baum mit Schlingpflanzen bedeckt ist, so schien es bedenklich, sich allein auf die Aussage der Indianer zu verlassen, wenn diese uns versicherten, die Blüten gehören diesem oder jenem Baum an. In der Fülle der Naturschätze machte uns das Botanisieren mehr Verdruß als Vergnügen. Was wir uns aneignen konnten, schien uns von wenig Belang gegen das, was wir nicht zu erreichen vermochten. Es regnete seit mehreren Monaten unaufhörlich, und Bonpland gingen die Exemplare, die er mit künstlicher Wärme zu trocknen versuchte, größtenteils zugrunde. Unsere Indianer kauten erst, wie sie gewöhnlich tun, das Holz und nannten dann den Baum. Die Blätter wußten sie besser zu unterscheiden als Blüten und Früchte. Da sie nur Bauholz (Stämme zu Pirogen) suchen, kümmern sie sich wenig um den Blütenstand.

Was die Nadelhölzer für die gemäßigte Zone, das sind die Terebinthaceen und Guttiferen für die heiße. In diesen Wäldern des heißen Erdstrichs, wo es keine Fichte, keine Thuia, kein Taxodium, nicht einmal einen Podocarpus gibt, kommen Harze, Balsame, aromatisches Gummi von den Moronobea-, Icica-, Amyrisarten. Das Einsammeln dieser Gummi und Harze ist ein Erwerbszweig für das Dorf Javita. Das berühmteste Harz heißt Mani; wir sahen mehrere Zentner schwere Klumpen desselben, die Kolophonium oder Mastix glichen.

Der Baum, den die Paraginisindianer Mani nennen und den Bonpland für die *Moronobea coccinea* hält, liefert nur einen sehr kleinen Teil der Masse, die in den Handel von Angostura kommt. Das meiste kommt vom Mararo oder Caragna, der eine Amyris ist. Die Moronobea oder Symphonia bei Javita gibt ein gelbes Harz, der Caragna ein stark riechendes schneeweißes Harz, das gelb wird, wo es innen an alter Rinde sitzt.

Wir gingen jeden Tag in den Wald, um zu sehen, ob es mit dem Transport unseres Fahrzeugs zu Land vorwärts ging. Dreiundzwanzig Indianer waren angestellt, dasselbe zu schleppen, wobei sie nacheinander Baumäste als Walzen unterlegten. Unsere Piroge war sehr groß und, da sie noch einmal durch die Katarakte mußte, bedurfte es besonderer Vorsichtsmaßregeln, um die Reibung am Boden zu vermindern. Der Transport währte auch über vier Tage.

In diesem Walde erhielten wir endlich auch genaue Auskunft über den vermeintlichen fossilen Kautschuk, den die Indianer Dapicho nennen. Der alte Kapitän Javita führte uns an einen Bach. Er zeigte uns, wie man, um diese Substanz zu bekommen, im sumpfigen Erdreich 60 bis 90 Zentimeter zwischen den Wurzeln zweier Bäume, des Jacio und des Curvana, graben muß. Ersterer ist die Siphonia der neueren Botaniker, von der, wie man weiß, der Kautschuk kommt; der zweite hat gefiederte Blätter; sein Saft ist milchig, aber sehr dünn und fast gar nicht klebrig. Der Dapicho scheint sich nun dadurch zu bilden, daß der Saft aus den Wurzeln austritt, und dies geschieht besonders, wenn die Bäume sehr alt sind und der Stamm hohl zu werden anfängt. Rinde und Splint bekommen Risse, und so erfolgt auf natürlichem Wege, was der Mensch künstlich tut, um den Milchsaft der Hevea, der Castilloa und der Kautschuk gebenden Feigenbäume in Menge zu sammeln. Die Galibi und Garipon in Cayenne machen zuerst unten am Stamm einen tiefen Schnitt ins Holz; bald darauf machen sie senkrechte und schiefe Einschnitte, so daß diese von oben am Stamm bis nahe über der Wurzel in jenen horizontalen Einschnitt zusammenlaufen. Alle diese Rinnen leiten den Milchsaft der Stelle zu, wo das Tongefäß steht, in dem der Kautschuk aufgefangen wird.

Bereits waren vier Tage verflossen, und unsere Piroge hatte den Landungsplatz am Rio Pimichin immer noch nicht erreicht. »Es fehlt Ihnen an nichts in meiner Mission«, sagte Pater Cereso, »Sie haben Bananen und Fische, bei Nacht werden Sie nicht von den Moskitos gestochen, und je länger Sie bleiben, desto wahrscheinlicher ist es, daß Ihnen auch noch die Gestirne meines Landes zu Gesicht kommen. Zerbricht Ihr Fahrzeug beim Tragen, so geben wir Ihnen ein anderes, und mir tut es so gut, daß ich ein paar Wochen *con gente blanca y de razón* (mit weißen und vernünftigen Menschen) lebe.« Trotz unserer Ungeduld hörten wir die Schilderungen des guten Missionars mit Interesse an. Er bestätigte alles, was wir bereits über die sittlichen Zustände der Eingeborenen dieser Landstriche vernommen hatten. Sie leben in einzelnen Horden von 40 bis 50 Köpfen unter einem Familienhaupte; einen gemeinsamen Häuptling erkennen sie nur an, sobald sie mit ihren Nachbarn in Fehde geraten. Das gegenseitige Mißtrauen ist bei diesen Horden um so stärker, da selbst die, welche einander zunächst hausen, gänzlich verschiedene Sprachen sprechen. Auf offenen Ebenen oder in Ländern mit Grasfluren halten sich die Völkerschaften gerne nach der Stammverwandtschaft, nach der Ähnlichkeit der Gebräuche und Mundarten zusammen.

Die Völker am oberen Orinoko, am Atabapo und Inirida verehren keine anderen Gottheiten als die Naturkräfte. Das gute Prinzip nennen sie Cachimana; das ist der Manitu, der große Geist, der die Jahreszeiten regiert und die Früchte reifen läßt. Neben dem Cachimana steht ein böses Prinzip, der Jolokiamo, der nicht so mächtig ist, aber schlauer und besonders rühriger. Die Indianer aus den Wäldern, wenn sie zuweilen in die Missionen kommen, können sich von einem Tempel oder einem Bilde sehr schwer einen Begriff machen. »Die guten Leute«, sagte der Missionar, »lieben Prozessionen nur im Freien. Jüngst beim Fest meines Dorfpatrons, des heiligen Antonius, wohnten die Indianer von Inirida der Messe bei. Da sagten sie zu mir: ›Euer Gott schließt sich in ein Haus ein, als wäre er alt und krank; der unsrige ist im Wald, auf dem Feld, auf den Sipapubergen, woher der Regen kommt.‹« Bei zahlreicheren und eben deshalb weniger barbarischen Völkerschaften bilden sich seltsame religiöse Vereine. Ein paar alte Indianer wollen in die göttlichen Dinge tiefer eingeweiht sein als die anderen, und diese haben das berühmte Botuto in Verwahrung, das unter den Palmen geblasen wird, damit sie reichlich Früchte tragen. An den Ufern des Orinoko gibt es kein Götzenbild wie bei allen Völkern, die beim ursprünglichen Naturgottesdienst stehengeblieben sind; aber der Botuto, die heilige Trompete, ist zum Gegenstand der Verehrung geworden. Um in die Mysterien des Botuto eingeweiht zu werden, muß man rein von Sitten und unbeweibt sein. Die Eingeweihten unterziehen sich der Geißelung, dem Fasten und anderen angreifenden Andachtsübungen. Dieser heiligen Trompeten gibt es nur ganz wenige, und die altberühmteste befindet sich auf einem Hügel beim Zusammenfluß des Tomo mit dem Rio Negro. Sie soll 45 Kilometer weit gehört werden. Man stellt Früchte und berauschende Getränke neben die heilige Trompete. Bald bläst der große Geist selbst die Trompete, bald läßt er nur seinen Willen durch den kundtun, der das heilige Werkzeug in Verwahrung hat. Die Weiber dürfen das wunderbare Instrument gar nicht sehen; sie sind überhaupt von jedem Gottesdienst ausgeschlossen. Hat eine das Unglück, die Trompete zu erblicken, so wird sie ohne Gnade umgebracht.

Am 4. Mai abends meldete man uns, ein Indianer, der beim Schleppen unserer Piroge an den Pimichin beschäftigt war, sei von einer Natter gebissen worden. Der große, starke Mann wurde in einem sehr bedenklichen Zustand in die Mission gebracht. Er war bewußtlos rücklings zu Boden gestürzt, und auf die Ohnmacht waren Übelkeit, Schwindel, Kongestionen gegen den Kopf erfolgt. Die Liane Bejuco de Guaco, die das sicherste Mittel gegen den Biß giftiger Schlangen ist, war hierzulande noch nicht bekannt. Viele Indianer liefen zur Hütte des Kranken, und man heilte ihn mit dem Aufguß von Raiz de Mato. Wir können nicht mit Bestimmtheit angeben, von welcher Pflanze dieses Gegengift kommt. Der reisende Botaniker hat nur zu oft den Verdruß, daß er von den nutzbarsten Gewächsen weder Blüte noch Frucht zu Gesicht bekommt, während er so viele Arten, die sich durch keine besonderen Eigenschaften auszeichnen, täglich mit allen Fruktifikationsorganen vor Augen hat. Der Raiz de Mato ist vermutlich eine Apocynee, vielleicht die *Cerbera thevethia,* welche die Einwohner von Cumana *Lengua de Mate* oder *Contra-Culebra* nennen und gleichfalls gegen Schlangenbiß brauchen. Eine der Cerbera sehr nahestehende Gattung (*Ophioxlon serpentinum*) leistet in Indien denselben Dienst. Ziemlich häufig findet man in derselben Pflanzenfamilie vegetabilische Gifte und Gegengifte gegen den Biß der Reptilien.

In der Hütte des Indianers, der von einer Natter gebissen worden, fanden wir fünf bis acht Zentimeter große Kugeln eines erdigen, unreinen Salzes, Chivi genannt, das von den Eingeborenen sehr sorgfältig zubereitet wird. In Maypures verbrennt man eine Konferve, die der Orinoko, wenn er nach dem Hochwasser in sein Bett zurückkehrt, auf dem Gestein zurückläßt. In Javita bereitet man Salz durch Einäscherung des Blütenkolbens und der Früchte der Seje oder Chimupalme. Außer den Blütenkolben und den Früchten der Sejepalme laugen die Indianer in Javita auch die Asche des vielberufenen Schlinggewächses Cupana aus. Es ist dies eine neue Art der Gattung Paullinia. Ich bemerke bei dieser Gelegenheit, daß ein Missionar selten auf die Reise geht, ohne den zubereiteten Samen der Liane Cupana mitzunehmen. Diese Zubereitung erfordert große Sorgfalt. Die Indianer zerreiben den Samen, mischen ihn mit Maniokmehl, wickeln die Masse in Bananenblätter und lassen sie im Wasser gären, bis sie safrangelb wird. Dieser gelbe Teig wird an der Sonne getrocknet, und mit Wasser angegossen genießt man ihn morgens statt Tee. Das Getränk ist bitter und magenstärkend, ich fand aber den Geschmack sehr widrig.

Der Chivi in Javita ist ein Gemenge von salzsaurem Kali und salzsaurem Natron, Ätzkalk und verschiedenen erdigen Salzen. Man löst ein ganz klein wenig davon in Wasser auf, füllt mit der Auflösung ein tütenförmig aufgewickeltes Helikonienblatt und läßt wie aus der Spitze eines Filtrums ein paar Tropfen auf die Speisen fallen.

Am 5. Mai machten wir uns zu Fuß auf den Weg, um unsere Piroge einzuholen, die endlich über den Trageplatz im Caño Pimichin angelangt war. Wir mußten über eine Menge Bäche waten, und es ist dabei wegen der Nattern, von denen die Sümpfe wimmeln, einige Vorsicht nötig. Die Indianer zeigten uns auf dem nassen Ton die Fährte der kleinen schwarzen Bären, die am Temi so häufig vorkommen. Im Weitergehen kamen wir auf einige Lichtungen im Wald, der uns desto reicher erschien, je zugänglicher er wurde. Wir fanden neue Arten von Coffea, die *Galega piscatorum,* deren sowie der Jacquinia und einer Pflanze mit zusammengesetzter Blüte vom Rio Temi (*Bailliera Barbasco*) die Indianer sich als Barbasco bedienen, um die Fische zu betäuben, endlich die hier Bejuco de Mavacure genannte Liane, von der das vielberufene Gift Curare kommt. Es ist weder ein *Phyllanthus,* noch eine *Coriaria,* sondern sehr wahrscheinlich ein *Strychnos.* Wir werden unten Gelegenheit haben, von dieser giftigen Substanz zu sprechen, die bei den Wilden ein wichtiger Handelsartikel ist.

Auch im Walde am Pimichin haben die Bäume die riesige Höhe von 26 bis 40 Meter. Es sind dies die Laurineen und Amyris, die in diesen heißen Himmelsstrichen das schöne Bauholz liefern. Wir kamen gegen Nacht in einem kleinen Hof an, dem Puerto oder Landungsplatz am Pimichin. Man zeigte uns ein Kreuz am Wege, das die Stelle bezeichnet, »wo ein armer Missionar, ein Kapuziner, von den Wespen umgebracht worden«. Man spricht hierzulande viel von giftigen Wespen und Ameisen; wir konnten aber keines von den beiden Insekten auftreiben. Bekanntlich verursachen im heißen Erdstrich unbedeutende Stiche nicht selten Fieberanfälle, fast so heftig wie die, welche bei uns bei sehr bedeutenden organischen Verletzungen eintreten. Der Tod des armen Mönchs wird wohl eher eine Folge der Erschöpfung und der Feuchtigkeit gewesen sein, als des Giftes im Stachel der Wespen, vor deren Stich die Indianer eine große Furcht haben.

Der Landungsplatz am Pimichin liegt in einer kleinen Pflanzung von Kakaobäumen. Die Bäume sind sehr kräftig und hier wie am Atabapo und Rio Negro in allen Jahreszeiten mit Blüten und Früchten bedeckt. Sie fangen im vierten Jahr an zu tragen, auf der Küste von Caracas erst im sechsten bis achten. Der Boden ist am Tuamini und Pimichin überall, wo er nicht sumpfig ist, leichter Sandboden, ungemein fruchtbar. Um die Conucos am Pimichin wächst wild der Igua, ein Baum, ähnlich dem *Caryocar nuicferum,* den man in Holländisch- und Französisch-Guayana baut und von dem neben dem Almendron von Mariquita (*Caryocar amygdaliferum*), dem Juvia von Esmeralda (*Bertholletia excelsa*) und der Geoffräa vom Amazonenstrom die gesuchtesten Mandeln in Südamerika kommen. Die Früchte des Igua kommen hier gar nicht in den Handel; dagegen sah ich an den Küsten von Terra Firma Fahrzeuge, die aus Demerara die Früchte des *Caryocar tomentosum,* Aublets *Pekea tuberculosa,* einführten. Diese Bäume werden 30 Meter hoch und nehmen sich mit ihrer schönen Blumenkrone und ihren vielen Staubfäden prachtvoll aus. Ich müßte den Leser ermüden, wollte ich die Wunder der Pflanzenwelt, welche die großen Wälder aufzuweisen haben, noch weiter herzählen. Ihre erstaunliche Mannigfaltigkeit rührt daher, daß hier auf einer kleinen Bodenfläche so viele Pflanzenfamilien nebeneinander vorkommen und daß bei dem mächtigen Reiz von Licht und Wärme die Säfte, die in diesen riesenhaften Gewächsen zirkulieren, so vollkommen ausgearbeitet werden.

Wir übernachteten in einer Hütte, welche erst seit kurzem verlassen stand. Eine indianische Familie hatte darin Fischergeräte zurückgelassen, irdenes Geschirr, aus Palmblattstielen geflochtene Matten, den ganzen Hausrat dieser sorglosen, um Eigentum wenig bekümmerten Menschenart. Große Vorräte von Mani (einer Mischung vom Harz der *Moronobea* und der *Amyris Carana)* lagen um die Hütte. Die Indianer bedienen sich desselben hier wie in Cayenne zum Teeren der Pirogen und zum Befestigen des knöchernen Stachels der Rochen an die Pfeile. Wir fanden ferner Näpfe voll vegetabilischer Milch, die zum Firnissen dient. Man bestreicht mit diesem klebrigen Saft das Gerät, dem man eine schöne weiße Farbe geben will. An der Luft verdickt er sich, ohne gelb zu werden, und nimmt einen bedeutenden Glanz an. Je genauer man die chemischen Verhältnisse der Gewächse der heißen Zone kennenlernt, desto mehr wird man hie und da an abgelegenen Orten in den Organen gewisser Gewächse halbfertige Stoffe entdecken, die nach der bisherigen Ansicht nur dem Tierreich angehören, oder die wir auf künstlichem, zwar sicherem, oft aber langem und mühsamem Wege hervorbringen.

Wie ich oben erwähnt, ist die sumpfige Ebene zwischen Javita und dem Landungsplatz am Pimichin wegen ihrer vielen Nattern im Lande berüchtigt. Bevor wir von der verlassenen Hütte Besitz nahmen, schlugen die Indianer zwei große, 1,3 bis 2,6 Meter lange Mapanareschlangen tot. Es ist ein sehr schönes, aber sehr giftiges Tier, am Bauch weiß, auf dem Rücken braun und rot gefleckt. Da in der Hütte eine Menge Kraut lag und wir am Boden schliefen (die Hängematten ließen sich nicht befestigen), so war man in der Nacht nicht ohne Besorgnis; auch fand man morgens, als man das Jaguarfell aufhob, unter dem einer unserer Diener am Boden gelegen, eine große Natter. Wie die Indianer sagen, sind diese Reptilien langsam in ihren Bewegungen, wenn sie nicht verfolgt werden, und machen sich an den Menschen, weil sie der Wärme nachgehen. Am Magdalenenstrom kam wirklich eine Schlange zu einem unserer Reisebegleiter ins Bett und brachte einen Teil der Nacht darin zu, ohne ihm etwas zuleide zu tun. Ich will hier keineswegs Nattern und Klapperschlangen in Schutz nehmen, aber das läßt sich behaupten, wären diese giftigen Tiere so angriffslustig, als man glaubt, so hätte in manchen Strichen Amerikas, z. B. am Orinoko und in den feuchten Bergen von Choco, der Mensch ihrer Unzahl erliegen müssen.

Am 6. Mai. Wir schifften uns bei Sonnenaufgang ein, nachdem wir den Boden unserer Piroge genau untersucht hatten. Er war beim »Tragen« wohl dünner geworden, aber nicht gesprungen. Wir dachten, das Fahrzeug könne die 1300 Kilometer, die wir den Rio Negro hinab, den Casiquiare hinauf und den Orinoko wieder hinab bis Angostura noch zu machen hatten, wohl aushalten. Der Pimichin, der hier ein Bach (Caño) heißt, ist so breit wie die Seine, der Galerie der Tuilerien gegenüber, aber kleine, gerne im Wasser wachsende Bäume, Corossols (Anona) und Achras, engen sein Bett so ein, daß nur ein 30 bis 40 Meter breites Fahrwasser offen bleibt. Nachdem wir zweieinhalb Stunden lang den Krümmungen des schmalen Fahrwasser gefolgt waren, liefen wir endlich in den Rio Negro ein.

Der Morgen war schön und kühl. 36 Tage waren wir in einem schmalen Kanoe eingesperrt gewesen, das so unstet war, daß es umgeschlagen hätte, wäre man unvorsichtig aufgestanden, ohne den Ruderern am anderen Bord zuzurufen, sich überzulehnen und das Gleichgewicht herzustellen. Wir hatten vom Insektenstich furchtbar gelitten, aber das ungesunde Klima hatte uns nichts angehabt; wir waren, ohne umzuschlagen, über eine ganze Menge Wasserfälle und Flußdämme gekommen, welche die Stromfahrt sehr beschwerlich und oft gefährlicher machen als lange Seereisen. Nach allem, was wir bis jetzt durchgemacht, wird es mir hoffentlich gestattet sein, auszusprechen, wie herzlich froh wir waren, daß wir die Nebenflüsse des Amazonenstroms erreicht, daß wir die Landenge zwischen zwei großen Flußsystemen hinter uns hatten und nunmehr mit Zuversicht der Erreichung des Hauptzwecks unserer Reise entgegensehen konnten, der astronomischen Aufnahme jenes Arms des Orinoko, der sich in den Rio Negro ergießt, und dessen Existenz seit einem halben Jahrhundert bald bewiesen, bald wieder in Abrede gezogen worden. Jene unbewohnten, mit Wald bedeckten, geschichtslosen Ufer des Casiquiare beschäftigten damals meine Einbildungskraft. Hier, inmitten des neuen Kontinents, gewöhnt man sich beinahe daran, den Menschen als etwas zu betrachten, das nicht notwendig zur Naturordnung gehört. Der Boden ist dicht bedeckt mit Gewächsen, und ihre freie Entwicklung findet nirgends ein Hindernis. Eine mächtige Schicht Dammerde weist darauf hin, daß die organischen Kräfte hier ohne Unterbrechung fort und fort gewaltet haben. Krokodile und Boas sind die Herren des Stroms; der Jaguar, der Pekari, der Tapir und die Affen streifen durch den Wald ohne Furcht und ohne Gefahr; sie hausen hier wie auf ihrem angestammten Erbe. Dieser Anblick der lebendigen Natur, in der der Mensch nichts ist, hat etwas Befremdendes und Niederschlagendes. Hier, in einem fruchtbaren Lande, geschmückt mit unvergänglichem Grün, sieht man sich umsonst nach einer Spur von der Wirksamkeit des Menschen um; man glaubt sich in eine andere Welt versetzt, als die uns geboren.

Dreiundzwanzigstes Kapitel

Der Rio Negro · Die brasilianische Grenze

Der Rio Negro ist dem Amazonenstrom, dem Rio de la Plata und dem Orinoko gegenüber nur ein Fluß zweiten Ranges. Der Besitz desselben war aber seit Jahrhunderten für die spanische Regierung von großer politischer Wichtigkeit, weil er für einen eifersüchtigen Nachbarn, für Portugal, eine offene Straße ist, um sich in die Missionen in Guayana einzudrängen und die südlichen Grenzen der *Capitania general* von Caracas zu beunruhigen.

Der Rio Negro und der Japura sind zwei Nebenflüsse des Amazonenstromes, die in Länge der Donau wenig nachgeben und deren oberer Lauf den Spaniern gehört, während der untere in den Händen der Portugiesen ist. Als ich mich am spanischen Rio Negro befand, war, infolge der auseinandergehenden Politik der beiden Höfe von Lissabon und Madrid, das systematische Mißtrauen, dem die Kommandanten der benachbarten kleinen Forts auch in den ruhigsten Zeiten gerne Nahrung geben, noch stärker als gewöhnlich.

Diese Eifersucht ist nicht ohne Einfluß auf den Umstand gewesen, daß unsere geographische Kunde von den Nebenflüssen des Amazonenstroms bis jetzt so mangelhaft ist. Wenn die eine Nation an der Mündung, die andere im oberen Flußgebiet sitzt, so fällt es den Kartenzeichnern sehr schwer, genaue Erkundigungen einzuziehen. Die periodischen Überschwemmungen, besonders aber die Trageplätze, über die man die Kanoes von einem Nebenfluß zum anderen schafft, dessen Quellen in der Nähe liegen, verleiten zur Annahme von Gabelungen und Verzweigungen der Flüsse, die in Wahrheit nicht bestehen. Die verschiedensten Indianerstämme, welche dieses Wasserlabyrinth befahren, geben den Flüssen ganz verschiedene Namen, und diese Namen werden durch Endungen, welche »Wasser, großes Wasser, Strömung« bedeuten, unkenntlich gemacht und verlängert. Wie oft bin ich beim notwendigen Geschäft, die Synonymie der Flüsse ins reine zu bringen, in größter Verlegenheit gewesen, wenn ich die gescheitesten Indianer vor mir hatte und sie mittels eines Dolmetschers über die Zahl der Nebenflüsse, die Quellen und die Trageplätze befragte! Da in derselben Mission, drei, vier Sprachen gesprochen werden, so hält es sehr schwer, die Aussagen in Übereinstimmung zu bringen. Unsere Karten wimmeln von willkürlich abgekürzten oder entstellten Namen. Um herauszubringen, was darauf richtig ist, muß man sich von der geographischen Lage der Nebenflüsse, fast möchte ich sagen, von einem gewissen etymologischen Takt leiten lassen. Man ließ nicht gerne einen leeren Raum auf den Karten, damit sie recht genau aussehen möchten, und so erschuf man Flüsse und legte ihnen Namen bei, ohne zu wissen, daß dieselben nur Synonyme waren. Erst in der neuesten Zeit haben die Reisenden eingesehen, wieviel darauf ankommt, daß man in der Namengebung korrekt ist.

Wenn man in den Missionen der Andaquies sich nach dem wahren Ursprung des Rio Negro umsah, so konnte dies um so weniger zu etwas führen, da man den indianischen Namen des Flusses nicht kannte. In Javita, Maroa und San Carlos hörte ich ihn Guainia nennen. Southey, der gelehrte Geschichtsschreiber Brasiliens, sagt ausdrücklich, der Rio Negro heiße auf seinem unteren Laufe bei den Eingeborenen Guiari oder Curana, auf seinem oberen Lauf Ueneya. Das ist soviel wie Gueneya statt Guainia; denn die Indianer in diesen Landstrichen sprechen ohne Unterschied Guanaracua und Uanaracua, Guarapo und Uarapo.

Es ist hier der Ort, von den Quellen des Rio Negro zu sprechen, über welche die Geographen schon so lange im Streit liegen. Diese Frage erscheint nicht allein darum wichtig, weil es sich um den Ursprung eines mächtigen Stromes handelt, was ja immer von Interesse ist; sie hängt mit einer Menge anderer Fragen zusammen, mit den angeblichen Gabelungen des

Caqueta, mit den Verbindungen zwischen dem Rio Negro und dem Orinoko, und mit dem örtlichen Mythus vom Dorado, früher Enim oder das Reich des Großen Paytiti geheißen. Studiert man die alten Karten dieser Länder und die Geschichte der geographischen Irrtümer genau, so sieht man, wie der Mythus vom Dorado mit den Quellen des Orinoko allmählich nach Westen rückt. Er entstand auf dem Ostabhang der Anden und setzte sich zuerst im Südwesten vom Rio Negro fest.

Der tapfere Philipp de Urre ging, um die große Stadt Manoa zu entdecken, über den Guaviare. Noch jetzt erzählen die Indianer in San José de Maravitanos, »fahre man 14 Tage lang auf dem Guape oder Uaupe nach Nordost, so komme man zu einer berühmten Laguna de Oro, die von Bergen umgeben und so groß sei, daß man das Ufer gegenüber nicht sehen könne. Ein wildes Volk, die Guanes, leide nicht, daß man im Sandboden um den See Gold sammle«. La Condamine sagt mit Recht, dieses Mesopotamien zwischen dem Caqueta, dem Rio Negro, dem Jurubesh und dem Iquiare sei der erste Schauplatz des Dorado. Wo soll man aber die Namen Jurubesh und Iquiare suchen? Ich glaube, sie an den Flüssen Urubaxi und Iguari der handschriftlichen portugiesischen Karten wiederzufinden, die ich besitze und die im hydrographischen Depot zu Rio Janeiro gezeichnet wurden.

Seit vielen Jahren habe ich nach den ältesten Karten und einem ansehnlichen, von mir gesammelten, nicht veröffentlichten Material mit anhaltendem Eifer Untersuchungen über die Geographie Südamerikas nördlich vom Amazonenstrom angestellt. Da ich meinem Werke den Charakter eines wissenschaftlichen Werkes bewahren möchte, darf ich mich nicht scheuen, von Gegenständen zu handeln, über die ich hoffen kann, einiges Licht zu verbreiten, nämlich von den Quellen des Rio Negro und des Orinoko, von der Verbindung dieser Flüsse mit dem Amazonenstrom, und vom Problem vom Goldlande, das den Bewohnern der Neuen Welt so viel Blut und so viel Tränen gekostet hat.

Da die Geographen schon im 16. Jahrhundert die Überzeugung gewonnen hatten, daß in Südamerika zwischen verschiedenen Flußsystemen Gabelteilungen bestehen, die sie gegenseitig voneinander abhängig machen, so nahmen sie an, daß die fünf großen Nebenflüsse des Orinoko und des Amazonenstroms, Guaviare, Inirida, Rio Negro, Caqueta oder Japura und Putomayo oder Ica untereinander zusammenhängen. Diese Hypothesen, welche auf unseren Karten in verschiedenen Gestalten dargestellt sind, entstanden zum Teil in den Missionen in den Ebenen, zum Teil auf dem Rücken der Kordilleren der Anden.

Die imposante Größe des Rio Negro fiel schon Orellana auf, der ihn im Jahre 1539 bei seinem Einfluß in den Amazonenstrom sah. Acuña hatte im Jahre 1638 an der Einmündung des Rio Negro gehört, einer seiner Zweige stehe mit einem anderen großen Strom in Verbindung, an dem die Holländer sich niedergelassen. Dies beweist, wie stark und vielfach damals der Verkehr unter den Völkern dieser Länder gewesen. Acuña selbst dachte nicht daran, daß der große Strom, dessen Mündung die Holländer besaßen, der Orinoko sei.

Sobald wir aus dem Pimichin in den Rio Negro gelangt und durch den kleinen Katarakt am Zusammenfluß gegangen waren, lag auf etwa einen Kilometer die Mission Maroa vor uns. Dieses Dorf mit 150 Indianern sieht so sauber und wohlhabend aus, daß es angenehm auffällt. Wir kauften daselbst schöne lebendige Exemplare einiger Tukanarten, bei denen sich die Intelligenz wie bei unseren zahmen Raben entwickelt. Unterhalb Maroa kamen wir zuerst rechts am Einfluß des Aquio, dann an dem des Tomo vorbei; an letzterem Fluß wohnen die Cheruvichahenasindianer, von denen ich in San Francisco Solano ein paar Familien gesehen habe. Derselbe ist ferner dadurch interessant, daß er den heimlichen Verkehr mit den portugiesischen Besitzungen vermitteln hilft. Der Tomo kommt auf seinem Lauf dem Rio Guaicia sehr nahe, und auf diesem Wege gelangen zuweilen flüchtige Indianer vom unteren Rio Negro in die Mission Tomo.

Nach zweistündiger Fahrt kamen wir von der Mündung des Tomo zu der kleinen Mission San Miguel de Davipe. Der Missionar Pater Morillo, bei dem wir ein paar Stunden verweilten, nahm uns sehr gastfreundlich auf und setzte uns sogar Madeirawein vor. Als Tafelluxus wäre uns Weizenbrot lieber gewesen. Auf die Länge fällt es einem schwerer, das Brot zu entbehren als geistige Getränke.

Wir kauften in Davipe einigen Mundvorrat, namentlich Hühner und ein Schwein. Dieser Einkauf war unseren Indianern sehr wichtig, da sie schon lange kein Fleisch mehr gegessen hatten. Sie drängten zum Aufbruch, damit wir zeitig auf die Insel Dapa kämen, wo das Schwein geschlachtet und in der Nacht gebraten werden sollte.

Etwas oberhalb der Mission Davipe nimmt der Rio Negro einen Arm des Casiquiare auf, der in der Geschichte der Flußverzweigungen eine merkwürdige Erscheinung ist. Dieser Arm geht nördlich von Vasiva unter dem Namen Itinivini vom Casiquiare ab, läuft 112 Kilometer lang durch ein ebenso fast ganz unbewohntes Land und fällt unter dem Namen Conorichite in den Rio Negro. Er schien mir an der Mündung über 230 Meter breit und bringt eine bedeutende Masse weißen Wassers in das schwarze Gewässer.

Der Rio Conorichite spielte früher im Sklavenhandel, den die Portugiesen auf spanischem Gebiet trieben, eine bedeutende Rolle. Die Sklavenhändler fuhren auf dem Casiquiare und dem Caño Mee in den Conorichite hinauf, schleppten von da ihre Pirogen über einen Trageplatz zu den Rochelas von Manuteso und kamen so in den Atabapo. Dieser schändliche Handel dauerte bis um das Jahr 1756. Die Kariben, ein kriegerisches Handelsvolk, erhielten von den Portugiesen und den Holländern Messer, Fischangeln, kleine Spiegel und Glaswaren aller Art. Dafür hetzten sie die indianischen Häuptlinge gegeneinander auf, so daß es zum Kriege kaum; sie kauften ihnen die Gefangenen ab und schleppten selbst mit List oder Gewalt alles fort, was ihnen in den Weg kam. Diese Streifzüge der Kariben erstreckten sich über ein ungeheures Gebiet. Waren sie einmal bei den zahlreichen Völkerschaften am oberen Orinoko, so teilten sie sich in mehrere Banden und kamen über den Casiquiare, Cababuri, Itinivini und Atabapo an vielen Punkten zugleich an den Guainia oder Rio Negro und trieben mit den Portugiesen Sklavenhandel. So empfanden die unglücklichen Eingeborenen die Nachbarschaft der Europäer schwer, lange ehe sie mit diesen selbst in Berührung kamen. Dieselben Ursachen haben überall dieselben Folgen. Der barbarische Handel, den die zivilisierten Völker an der afrikanischen Küste trieben und zum Teil noch treiben, wirkt

Verderben bringend bis in Länder zurück, wo man vom Dasein weißer Menschen gar nichts weiß.

Nachdem wir von der Mündung des Conorichite und der Mission Davipe aufgebrochen, langten wir bei Sonnenuntergang bei der Insel Dapa an, die ungemein malerisch mitten im Strome liegt. Wir fanden daselbst zu unserer nicht geringen Verwunderung einige angebaute Grundstücke und auf einem kleinen Hügel eine indianische Hütte. Vier Eingeborene saßen um ein Feuer von Buschwerk und aßen eine Art weißen, schwarzgefleckten Teigs, der unsere Neugierde nicht wenig reizte. Es waren Vachacos, große Ameisen, deren Hinterteil einem Fettknopf gleicht. Sie waren am Feuer getrocknet und vom Rauch geschwärzt. Wir sahen mehrere Säcke voll über dem Feuer hängen. Die guten Leute achteten wenig auf uns, und doch lagen in der engen Hütte mehr als vierzehn Menschen ganz nackt in Hängematten übereinander. Als aber Pater Zea erschien, wurde er mit großen Freudenbezeigungen empfangen. Zwei junge Weiber stiegen aus den Hängematten, um uns Casavekuchen zu bereiten. Man fragte sie durch einen Dolmetscher, ob der Boden der Insel fruchtbar sei; sie erwiderten, der Maniok gerate schlecht, dagegen sei es ein gutes Ameisenland, man habe gut zu leben. Diese Vachacos dienen den Indianern am Rio Negro wirklich zur Nahrung. Man ißt die Ameisen nicht aus Leckerei, sondern weil das Ameisenfett (der weiße Teil des Unterleibs) sehr nahrhaft ist. Als die Casavekuchen fertig waren, ließ sich der Pater Zea, bei dem das Fieber die Eßlust viel mehr zu reizen als zu schwächen schien, einen kleinen Sack voll geräucherter Vachacos geben. Er mischte die zerdrückten Insekten mit Maniokmehl und ließ nicht nach, bis wir davon kosteten. Es schmeckte ungefähr wie ranzige Butter, mit Brotkrumen geknetet. Der Maniok schmeckte nicht sauer, es klebte uns aber noch so viel europäisches Vorurteil an, daß wir mit dem guten Missionar, wenn er das Ding eine vortreffliche Ameisenpastete nannte, nicht einverstanden sein konnten.

Da der Regen in Strömen herabgoß, mußten wir in der überfüllten Hütte übernachten. Die Indianer schliefen nur von acht bis zwei Uhr; die übrige Zeit schwatzten sie in ihren Hängematten, bereiteten ihr bitteres Getränk Cupana, schürten das Feuer und klagten über die Kälte, obgleich die Luft-temperatur 21 Grad war. Diese Sitte, vier, fünf Stunden vor Sonnenaufgang wach, ja, auf den Beinen zu sein, herrscht bei den Indianern in Guayana allgemein. Wenn man daher bei den »Entradas« die Eingeborenen überraschen will, wählt man dazu die Zeit, wo sie im ersten Schlafe liegen, von neun Uhr bis Mitternacht.

Wir verließen die Insel Dapa lange vor der Morgendämme-rung und kamen trotz der starken Strömung und des Fleißes unserer Ruderer erst nach zwölfstündiger Fahrt bei der Schanze San Carlos del Rio Negro an.

Dort fanden wir Quartier beim Kommandanten des Forts, einem Milizleutnant. Der Strom läuft geradeaus von Nord nach Süd, als wäre sein Bett von Menschenhand gegraben. Der beständig bedeckte Himmel gibt den Landschaften hier einen ernsten, finstern Charakter. Wir fanden im Dorfe ein paar Juviastämme; es ist dies das majestätische Gewächs, von dem die dreieckigen Mandeln kommen, die man in Europa Man-deln vom Amazonenstrom nennt. Wir haben dasselbe unter dem Namen *Bertholletia excelsa* bekannt gemacht. Die Bäume werden in acht Jahren 10 Meter hoch.

Da man von der Mündung des Rio Negro nach Gran-Para in 20 bis 25 Tagen fährt, so hätten wir den Amazonenstrom hinab bis zur Küste von Brasilien nicht viel mehr Zeit gebraucht, als um über den Casiquiare und den Orinoko an die Nordküste von Caracas zurückzukehren. Wir hörten in San Carlos, der politischen Verhältnisse wegen sei im Augenblick aus den spanischen Besitzungen schwer in die portugiesischen zu kommen; aber erst nach unserer Rückkehr nach Europa sahen wir in vollem Umfang, welcher Gefahr wir uns ausge-setzt hätten, wenn wir bis Barcellos hinabgegangen wären. Man hatte in Brasilien, vielleicht aus den Zeitungen, deren wohlwollender, unüberlegter Eifer schon manchem Reisen-den Unheil gebracht hat, erfahren, ich werde in die Missionen am Rio Negro kommen und den natürlichen Kanal untersu-chen, der zwei große Stromsysteme verbindet. In diesen öden Wäldern hatte man Instrumente nie anders als in den Händen der Grenzkommission gesehen, und die Unterbeamten der portugiesischen Regierung hatten bis dahin so wenig als der gute Missionar, von dem in einem früheren Kapitel die Rede war, einen Begriff davon, wie ein vernünftiger Mensch eine lange, beschwerliche Reise unternehmen kann, »um Land zu vermessen, das nicht ihm gehört«. Es war der Befehl ergangen, sich meiner Person und meiner Instrumente zu versichern, ganz besonders aber der Verzeichnisse astronomischer Beobachtungen, welche die Sicherheit der Staaten so sehr gefährden könnten. Man hätte uns auf dem Amazonenfluß nach Gran-Para geführt und uns von dort nach Lissabon geschickt. Diese Absichten, die, wären sie in Erfüllung gegangen, eine auf fünf Jahre berechnete Reise stark gefährdet hätten, erwähne ich hier nur, um zu zeigen, wie in den Kolonialregierungen meist ein ganz anderer Geist herrscht als an der Spitze der Verwaltung im Mutterland. Sobald das Ministerium in Lissabon vom Diensteifer seiner Untergebenen Kunde erhielt, erließ es den Befehl, mich in meinen Arbeiten nicht zu stören, im Gegenteil sollte man mir hilfreich an die Hand gehen, wenn ich durch einen Teil der portugiesischen Besitzungen käme. Von diesem aufgeklärten Ministerium selbst wurde mir kundgetan, welch freundliche Rücksicht man mir zugedacht, um die ich mich in so großer Entfernung nicht hatte bewerben können.

Unter den Zuflüssen, die der Rio Negro von Norden her erhält, nehmen drei besonders unsere Aufmerksamkeit in Anspruch, weil sie wegen ihrer Verzweigungen, ihrer Trageplätze und der Lage ihrer Quellen bei der so oft vorhandenen Frage nach dem Ursprung des Orinoko in Betracht kommen. Die am weitesten südwärts gelegenen dieser Nebenflüsse sind der Rio Branco und der Rio Padaviri, der mittels eines Trageplatzes mit dem Mavaca und somit dem oberen Orinoko ostwärts von der Mission Esmeralda in Verbindung steht. Von den hohen Gebirgen der Parime, die am Norderufer des Orinoko in seinem oberen Lauf oberhalb Esmeralda hinstreichen, geht ein Zug nach Süden ab, in dem der Cerro de Unturan einer der Hauptgipfel ist. Dieser gebirgige Landstrich ist nicht sehr groß, aber reich an vegetabilischen Produkten, besonders an Mavacure-Lianen, die zur Bereitung des Curaregiftes dienen, an Mandelbäumen (Juvia oder *Bertholletia excelsa*), aromatischem Pechery und wildem Kakao, und bildet die Wasserscheide zwischen den Gewässern, die in den Orinoko, in den Casiquiare und in den Rio Negro gehen. Gegen Norden oder dem Orinoko zu fließen der Mavaca und der Daracapo, nach Westen oder zum Casiquiare der Idapa und der Pacimoni, nach Süden oder zum Rio Negro der Padaviri und der Cababuri.

Wir fanden bei den Indianern am Rio Negro einige der grünen Steine, die unter dem Namen Amazonensteine bekannt sind, weil die Indianer nach einer alten Sage behaupten, sie kommen aus dem Lande der »Weiber ohne Männer«. Der Aberglaube legt diesen Steinen große Wichtigkeit bei; man trägt sie als Amulette am Hals, denn sie schützen nach dem Volksglauben vor Nervenleiden, Fiebern und dem Biß giftiger Schlangen. Sie waren daher auch seit Jahrhunderten bei den Eingeborenen nördlich und südlich vom Orinoko ein Handelsartikel. Durch die Kariben lernte man sie an der Küste von Guayana kennen. Vor wenigen Jahren wurden mitten im hochgebildeten Europa allen Ernstes die grünen Steine vom Orinoko als ein kräftiges Fiebermittel in Vorschlag gebracht; wenn man der Leichtgläubigkeit der Europäer so viel zutraut, kann es nicht wundernehmen, wenn die spanischen Kolonisten auf diese Amulette so viel halten als die Indianer und sie zu sehr bedeutenden Preisen verkauft werden. Gewöhnlich gibt man ihnen die Form der der Länge nach durchbohrten und mit Inschriften und Bildwerk bedeckten Zylinder. Aber nicht die heutigen Indianer haben so harte Körper durchbohrt und Figuren von Tieren und Früchten daraus geschnitten. Dergleichen Arbeiten, wie auch die durchbohrten und geschnittenen Smaragde, die in den Kordilleren von Neugranada und Quito vorkommen, weisen auf eine frühere Kultur zurück. Die gegenwärtigen Bewohner dieser Länder, besonders der heißen Zone, haben so wenig einen Begriff davon, wie man harte Steine schneiden kann, daß sie sich vorstellen, der »grüne Stein« komme ursprünglich weich aus dem Boden und werde erst hart, nachdem er bearbeitet worden.

Die Geschichte des Nephrits oder grünen Steins in Guayana steht in inniger Verbindung mit der Geschichte der kriegerischen Weiber, welche die Reisenden des 16. Jahrhunderts die Amazonen der Neuen Welt nennen. La Condamine bringt viele Zeugnisse zur Unterstützung dieser Sage bei. Es ist hier nicht der Ort, mich offen über eine Sage auszusprechen, die einen so romantischen Anblick hat, um so mehr, als La Condamine behauptet, die Amazonen vom Rio Cayame seien über den Marañon gegangen und haben sich am Rio Negro niedergelassen. Der Hang zum Wunderbaren und das Verlangen, die Beschreibung der Neuen Welt hie und da mit einem Zuge aus dem klassischen Altertum aufzuputzen, haben ohne Zweifel dazu beigetragen, daß diese Berichte so wichtig genommen wurden. Liest man die Schriften des Vespucci, Ferdinand Kolumbus, Geraldini, Oviedo, Peter Martyr von Anghiera, so begegnet man überall der Neigung der Schriftsteller des 16. Jahrhunderts, bei neu entdeckten Völkern alles wiederzufinden, was uns die Griechen vom ersten Zeitalter der Welt und von den Sitten der barbarischen Skythen und Afrikaner erzählen. An der Hand dieser Reisenden, die uns in eine andere Halbkugel versetzen, glauben wir durch Zeiten zu wandern, die längst dahin sind; denn die amerikanischen Horden in ihrer primitiven Einfalt sind ja für Europa »eine Art Altertum, dem wir fast als Zeitgenossen gegenüberstehen«. Was damals nur Stilblume und Geistesergötzlichkeit war, ist heutzutage zum Gegenstand ernster Erörterungen geworden.

Vierundzwanzigstes Kapitel

Der Casiquiare · Gabelteilung des Orinoko

Am 10. Mai. In der Nacht war unsere Piroge geladen worden, und wir schifften uns etwas vor Sonnenaufgang ein, um wieder den Rio Negro bis zur Mündung des Casiquiare hinaufzufahren und den wahren Lauf dieses Flusses, der Orinoko und Amazonenstrom verbindet, zu untersuchen. Der Morgen war schön; aber mit der steigenden Wärme fing auch der Himmel an sich zu bewölken. Die Luft ist in diesen Wäldern so mit Wasser gesättigt, daß, sobald die Verdunstung an der Oberfläche des Bodens auch noch so wenig zunimmt, die Dunstbläschen sichtbar werden. Da der Ostwind fast niemals zu spüren ist, so werden die feuchten Schichten nicht durch trockenere Luft ersetzt. Dieser bedeckte Himmel machte uns mit jedem Tag verdrießlicher. Bonpland verdarben bei der übermäßigen Feuchtigkeit seine gesammelten Pflanzen, und ich besorgte, auch im Tal des Casiquiare das trübe Wetter des Rio Negro anzutreffen. Seit einem halben Jahrhundert zweifelte kein Mensch in diesen Missionen mehr daran, daß hier wirklich zwei große Stromsysteme miteinander in Verbindung stehen; der Hauptzweck unserer Flußfahrt beschränkte sich also darauf, mittels astronomischer Beobachtungen den Lauf des Casiquiare aufzunehmen, besonders den Punkt, wo er in den Rio Negro tritt, und den anderen, wo der Orinoko sich gabelt. Waren weder Sonne noch Sterne sichtbar, so war dieser Zweck nicht zu erreichen, und wir hatten uns vergeblich langen, schweren Mühseligkeiten unterzogen. Unsere Reisegefährten wären gerne auf dem kürzesten Weg über den Pimichin und die kleinen Flüsse heimgekehrt; aber Bonpland beharrte mit mir auf dem Reiseplan, den wir bereits auf der Fahrt durch die Katarakte entworfen. Bereits hatten wir von San Fernando de Apure nach San Carlos 810 Kilometer zurückgelegt. Gingen wir auf dem Casiquiare in den Orinoko zurück, so hatten wir von San Carlos bis Angostura wieder 1440 Kilometer zu machen. Es wäre eine Schande für uns gewesen, hätte uns der Ärger wegen des trüben Himmels oder die Furcht vor den Moskitos auf dem Casiquiare den Mut genommen. Unser indianischer Steuermann stellte uns die Sonne und »die großen Sterne, welche die Wolken essen« in Aussicht, sobald wir die schwarzen Wasser des Rio Negro hinter uns haben würden. So brachten wir denn unser erstes Vorhaben, über den Casiquiare nach San Fernando am Atabapo zurückzugehen, in Ausführung, und zum Glück für unsere Arbeiten ging die Prophezeiung des Indianers in Erfüllung. Die weißen Wasser brachten uns nach und nach wieder heiteren Himmel, Sterne, Moskitos und Krokodile.

Die Mission San Francisco wurde, wie die meisten christlichen Niederlassungen südlich von den großen Katarakten des Orinoko, nicht von Mönchen, sondern von Militärbehörden gegründet. Bei der Grenzexpedition legte man Dörfer an, wo ein Subteniente oder Korporal mit seiner Mannschaft Posto gefaßt hatte. Die Eingeborenen, die ihre Unabhängigkeit behaupten wollten, zogen sich ohne Gefecht zurück, andere, deren einflußreichste Häuptlinge man gewonnen, schlossen sich den Missionen an.

Die Indianer, die wir in San Francisco Solano trafen, gehörten zwei Nationen an, den Pacimonales und den Cheruvichahenas. Da letztere Glieder eines ansehnlichen Stammes sind, der am Rio Tomo in der Nachbarschaft der Manivas am oberen Rio Negro haust, so suchte ich von ihnen über den oberen Lauf und die Quellen dieses Flusses Erkundigungen einzuziehen; aber mein Dolmetscher konnte ihnen den Sinn meiner Fragen nicht deutlich machen. Sie wiederholen nur zum Überdruß, die Quellen des Rio Negro und des Inirida seien so nahe beisammen, »wie die Finger der Hand«. In einer der Hütten der Pacimonales kauften wir zwei schöne, große Vögel, einen Tukan, der dem *Ramphastos erythrorynchos* nahesteht, und den Ana, eine Art Ara, 45 Zentimeter lang mit durchaus pur-

purrotem Gefieder gleich dem *Psittacus Macao*. Wir hatten in unserer Piroge bereits sieben Papageien, zwei Felshühner, einen Motmot, zwei Guans oder Pavas de Monte, zwei Manaviri (*Cercoleptes* oder *Viverra caudivolvula*) und acht Affen. Pater Zea war auch im stillen wenig damit zufrieden, daß sich unsere wandernde Menagerie mit jedem Tag vermehrte. Der Tukan gleicht nach Lebensweise und geistiger Anlage dem Raben, er ist ein mutiges, leicht zu zähmendes Tier. Sein langer Schnabel dient ihm als Verteidigungswaffe. Er macht sich zum Herrn im Hause, stiehlt, was er erreichen kann, badet sich oft und fischt gern am Ufer des Stroms. Der Tukan, den wir gekauft, war sehr jung, dennoch neckte er auf der ganzen Fahrt mit sichtbarer Lust die trübseligen, zornmütigen Affen. Wenn er trinken will, macht der Vogel ganz seltsame Gebärden. Die Mönche sagen er mache das Zeichen des Kreuzes über dem Wasser, und wegen dieses Volksglaubens haben die Kreolen dem Tukan den sonderbaren Namen *Diostedé* (Gott vergelt's Dir) geschöpft.

Unsere Tiere waren meist in kleinen Holzkäfigen, manche liefen aber frei überall auf der Piroge umher. Wenn Regen drohte, erhoben die Ara ein furchtbares Geschrei, und der Tukan wollte ans Ufer, um Fische zu fangen, die kleinen Titiaffen liefen Pater Zea zu und krochen in die weiten Ärmel seiner Franziskanerkutte. Dergleichen Auftritte kamen oft vor, und wir vergaßen darüber die Plage der Moskitos. Nachts im Biwak stellte man in die Mitte einen ledernen Kasten mit dem Mundvorrat, daneben unsere Instrumente und Käfige mit den Tieren, ringsum wurden unsere Hängematten befestigt und weiterhin die der Indianer. Die äußerste Grenze bildeten die Feuer, die man anzündet, um die Jaguare im Walde fernzuhalten. So war unser Nachtlager am Ufer des Casiquiare angeordnet.

Am 11. Mai. Wir brachen ziemlich spät von der Mission San Francisco Solano auf, da wir nur eine kleine Tagesreise machen wollten. Die untere Dunstschicht fing an, sich in Wolken mit festen Umrissen zu teilen, und in den oberen Luftregionen ging etwas Ostwind. Diese Zeichen deuteten auf einen bevorstehenden Witterungswechsel, und wir wollten uns nicht weit von der Mündung des Casiquiare entfernen, da wir hoffen durften, in der folgenden Nacht den Durchgang eines Sterns durch den Meridian beobachten zu können.

Eine Zierde der Ufer des Casiquiare ist die Chirivapalme mit gefiederten, an der unteren Fläche silberweißen Blättern. Sonst besteht der Wald nur aus Bäumen mit großen lederartigen, glänzenden, nicht gezahnten Blättern. Diesen eigentümlichen Charakter erhält die Vegetation am Rio Negro, Tuamini und Casiquiare dadurch, daß in der Nähe des Äquators die Familien der Guttiferen, der Sapotillen und der Lorbeeren vorherrschen. Da der heitere Himmel uns eine schöne Nacht verhieß, schlugen wir schon um fünf Uhr unser Nachtlager bei der Piedra de Culimacari auf, einem freistehenden Granitfelsen. In der Nacht vom 10. zum 11. Mai konnte ich an (Stern) α des südlichen Kreuzes die Breite gut beobachten; die Länge wurde, indessen nicht genau, nach den zwei schönen Sternen an den Füßen des Kentauren chronometrisch bestimmt. Durch diese Beobachtung wurde, und zwar für geographische Zwecke hinlänglich genau, die Lage der Mündung des Rio Pacimoni, der Schanze San Carlos und des Einflusses des Casiquiare in den Rio Negro ermittelt.

Am 12. Mai. Befriedigt vom Erfolg unserer Beobachtungen, brachen wir um halb zwei Uhr in der Nacht auf. Die Plage der Moskitos, der wir jetzt unterlagen, wurde ärger, je weiter wir vom Rio Negro wegkamen. Im Tal des Casiquiare gibt es keine Zancudos (*Culex*), aber die Insekten aus der Gattung *Simulium* und alle anderen aus der Familie der *Tipulae* sind um so häufiger und giftiger. Da wir, ehe wir an die Mission Esmeralda kamen, in diesem nassen, ungesunden Klima noch acht Nächte unter freiem Himmel zuzubringen hatten, so war es der Steuermann wohl zufrieden, die Fahrt so einzurichten, daß wir die Gastfreundschaft des Missionars von Mandavaca in Anspruch nehmen und im Dorf Vasiva Obdach finden konnten. Nur mit Anstrengung kamen wir gegen die Strömung vorwärts, die gegen 15 Kilometer in der Stunde betrug. Unser Nachtlager war in gerader Linie ungefähr drei Kilometer von der Mission entfernt, unsere Ruderer waren nichts weniger als faul, und doch brauchten wir 14 Stunden zu der kurzen Strecke.

Ehe wir in die Mission Mandavaca kamen, liefen wir durch ziemlich ungestüme Stromschnellen. Das Dorf, das auch Quirabuena heißt, zählt nur 60 Eingeborene. Diese christlichen Niederlassungen befinden sich meist in so kläglichem Zustande, daß längs des ganzen Casiquiare auf einer Strecke von 225 Kilometern keine 200 Menschen leben. Ja, die Ufer des Flusses waren bevölkerter, ehe die Missionare ins Land kamen. Die Indianer zogen sich in die Wälder gegen Ost, denn die Ebenen gegen West sind fast menschenleer. Die Eingeborenen leben einen Teil des Jahres von den großen Ameisen, von denen schon die Rede war. In Mandavaca fanden wir den guten alten Missionar, der bereits »seine zwanzig Moskitojahre in den *Bosques del Casiquiare*« zugebracht hatte und dessen Beine von den Stichen der Insekten so gefleckt waren, daß man kaum sah, daß er eine weiße Haut hatte. Er sprach uns von seiner Verlassenheit, und wie er sich in der traurigen Notwendigkeit sehe, in den beiden Missionen Mandavaca und Vasiva häufig die abscheulichsten Verbrechen straflos zu lassen. Vor wenigen Jahren hatte im letzteren Ort ein indianischer Alkalde eines seiner Weiber verzehrt, die er in seinen Conuco hinausgenommen und gut genährt hatte, um sie fett zu machen. Wenn die Völker in Guayana Menschenfleisch essen, so werden sie nie durch Mangel oder durch gottesdienstlichen Aberglauben dazu getrieben wie die Menschen auf den Südseeinseln; es beruht meist auf Rachsucht des Siegers und – wie die Missionare sagen – auf »Verirrung des Appetits«. Der Sieg über eine feindliche Horde wird durch ein Mahl gefeiert, wobei der Leichnam eines Gefangenen zum Teil verzehrt wird. Ein andermal überfällt man bei Nacht eine wehrlose Familie oder tötet einen Feind, auf den man zufällig im Walde stößt, mit einem vergifteten Pfeil. Der Leichnam wird zerstückt und als Trophäe nach Hause getragen. Die Wilden verabscheuen alles, was nicht zu ihrer Familie oder ihrem Stamm gehört, und die Indianer einer benachbarten Völkerschaft, mit der sie im Kriege leben, jagen sie wie wir das Wild. Die Pflichten gegen Familie und Verwandtschaft sind ihnen wohl bekannt, keineswegs aber die Pflichten der Menschlichkeit. Keine Regung von Mitleid hält sie ab, Weiber oder Kinder eines feindlichen Stammes ums Leben zu bringen. Letztere werden bei den Mahlzeiten nach einem Gefecht oder einem Überfall vorzugsweise verzehrt.

Der Haß der Wilden fast gegen alle Menschen, die eine andere Sprache reden und ihnen als Barbaren von niedrigerer Rasse als sie selbst erscheinen, bricht in den Missionen nicht selten wieder zutage, nachdem er lange geschlummert. Wenige Monate vor unserer Ankunft in Esmeralda war ein im Walde hinter dem Duida geborener Indianer allein unterwegs mit einem anderen, der von den Spaniern am Ventuario gefangen worden war und ruhig im Dorf oder, wie man hier sagt, »unter der Glocke« lebte. Letzterer konnte nur langsam gehen, weil er an einem Fieber litt, wie sie die Eingeborenen häufig befallen, wenn sie in die Missionen kommen und rasch ihre Lebensweise ändern. Sein Reisegefährte, ärgerlich über den Aufenthalt, schlug ihn tot und versteckte den Leichnam in dichtem Gebüsch in der Nähe von Esmeralda. Dieses Verbrechen, wie so manches dergleichen, was unter den Indianern vorfällt, wäre unentdeckt geblieben, hätte nicht der Mörder Anstalt gemacht, tags darauf eine Mahlzeit zu halten. Er wollte seine Kinder, die in der Mission geboren und Christen geworden waren, bereden, mit ihm einige Stücke des Leichnams zu holen. Mit Mühe brachten ihn die Kinder davon ab, und durch den Zank, zu dem die Sache in der Familie führte, erfuhr der Soldat, der in Esmeralda lag, was die Indianer ihm so gerne verborgen hätten.

Anthropophagie und Menschenopfer, die so oft damit verknüpft sind, kommen bekanntlich überall auf dem Erdballe und bei Völkern der verschiedensten Rassen vor; aber besonders auffallend erscheint in der Geschichte der Zug, daß die Menschenopfer sich auch bei bedeutendem Kulturfortschritt erhalten, und daß die Völker, die eine Ehre darin suchen, ihre Gefangenen zu verzehren, keineswegs immer die versunkensten und wildesten sind. Diese Bemerkung hat etwas peinlich Ergreifendes, Niederschlagendes; sie entging auch nicht den Missionaren, die gebildet genug sind, um über die Sitten der Völkerschaften, unter denen sie leben, nachzudenken. Die Cabres, die Guipunavis und die Kariben waren von jeher mächtiger und zivilisierter als die anderen Horden am Orinoko, und doch sind die beiden ersteren Menschenfresser, während es die letzteren niemals waren. Man muß zwischen den verschiedenen Zweigen, in welche die große Familie der karibischen Völker zerfällt, genau unterscheiden. Diese Zweige sind so zahlreich, wie die Stämme der Mongolen und westlichen Tataren oder Turkomannen. Die Kariben auf dem Festlande, auf den Ebenen zwischen dem unteren Orinoko, dem Rio Branco, dem Essequibo und den Quellen des Oyapoc verabscheuen die Sitte, die Gefangenen zu verzehren. Diese barbarische Sitte bestand bei der Entdeckung von Amerika nur bei den Kariben auf den antillischen Inseln. Durch sie sind die Worte Kannibalen, Kariben und Menschenfresser gleichbedeutend geworden, und die von ihnen verübten Grausamkeiten veranlaßten das im Jahre 1504 erlassene Gesetz, das den Spaniern gestattet, jeden Amerikaner, der ausweislich karibischen Stammes ist, zum Sklaven zu machen.

»Sie machen sich keine Vorstellung davon«, sagte der alte Missionar in Mandavaca, »wie verdorben diese *familia de Indios* ist. Man nimmt Leute von einem neuen Stamm im Dorf auf; sie scheinen sanftmütig, redlich, gute Arbeiter; man erlaubt ihnen, einen Streifzug mitzumachen, um Eingeborene einzubringen und hat genug zu tun zu verhindern, daß sie nicht alles, was ihnen in die Hände kommt, umbringen und Stücke der Leichname verstecken.« Denkt man über die Sitten dieser Indianer nach, so erschrickt man ordentlich über diese Verschmelzung von Gefühlen, die sich auszuschließen scheinen, über die Unfähigkeit dieser Völker, sich anders als nur teilweise zu humanisieren, über diese Übermacht der Bräuche, Vorurteile und Überlieferungen über die natürlichen Regungen des Gemüts. Wir hatten in unserer Piroge einen Indianer, der vom Rio Guaisia entlaufen war und sich in wenigen Wochen so weit zivilisiert hatte, daß er uns beim Aufstellen der Instrumente zu den nächtlichen Beobachtungen gute Dienste leisten konnte. Er schien so gutmütig als gescheit, und wir hatten nicht übel Lust, ihn in unsern Dienst zu nehmen. Wie groß war unser Verdruß, als wir im Gespräch mittels eines Dolmetschers von ihm hören mußten, »das Fleisch der Manimodasaffen sei allerdings schwärzer, er meine aber doch, es schmecke wie Menschenfleisch«. Er versicherte, »seine Verwandten (das heißt seine Stammverwandten) essen vom Menschen wie vom Bären die Handflächen am liebsten«. Und bei diesem Ausspruch äußerte er durch Gebärden seine rohe Lust.

Wir ließen den sonst sehr ruhigen und bei den kleinen Diensten, die er uns leistete, sehr gefälligen jungen Mann fragen, ob er hie und da noch Lust verspüre, »Cheruvichahenafleisch zu essen«; er erwiderte ganz unbefangen, in der Mission werde er nur essen, was er *los padres* essen sehe. Den Eingeborenen wegen des abscheulichen Brauchs, von dem hier die Rede ist, Vorwürfe zu machen, hilft rein gar nichts. In den Augen des Indianers vom Rio Guaisia war der Cheruvichahena ein von ihm selbst völlig verschiedenes Wesen; ihn umzubringen war ihm kein größeres Unrecht, als die Jaguare im Walde umzubringen. Es war nur Gefühl für Anstand, wenn er, solange er in der Mission war, nur essen wollte, was *los padres* genossen. Entlaufen die Eingeborenen zu den Ihrigen oder treibt sie der Hunger, so werden sie alsbald wieder Menschenfresser wie zuvor.

Wie man uns sagte, zieht man am unteren Orinoko, besonders in Angostura, die Indianer vom Casiquiare und Rio Negro wegen ihres Verstandes und ihrer Rührigkeit den Bewohnern der anderen Missionen vor. Die in Mandavaca sind bei den Völkern ihrer Rasse berühmt, weil sie ein Curaregift bereiten, das in der Stärke dem von Esmeralda nicht nachsteht. Leider geben sich die Eingeborenen damit weit mehr ab als mit dem Ackerbau, und doch ist an den Ufern des Casiquiare der Boden ausgezeichnet.

Die feuchte Luft und, als natürliche Folge davon, die Masse von Insekten lassen hier wie am Rio Negro neue Kulturen fast gar nicht aufkommen. Überall trifft man jene großen Ameisen, die in gedrängten Haufen einherziehen und sich desto eifriger über die Kulturpflanzen hermachen, da dieselben krautartig und saftreich sind, während in den Wäldern nur Gewächse mit holzigen Stengeln stehen. Will ein Missionar versuchen, Salat oder irgendein europäisches Küchenkraut zu ziehen, so muß er seinen Garten gleichsam in die Luft hängen. Er füllt ein altes Kanoe mit gutem Boden und hängt es 1,3 Meter über dem Boden an Chiquichistricken auf, meist aber stellt er es auf ein leichtes Gerüst.

Am 13. Mai. Ich hatte in der Nacht einige gute Sternbeobachtungen machen können, leider die letzten am Casiquiare. Wir brachen von Mandavaca um zweieinhalb Uhr in der

Nacht auf. Wir hatten noch acht ganze Tage mit der Strömung des Casiquiare zu kämpfen, und das Land, durch das wir zu fahren hatten, bis wir wieder nach San Fernando de Atabapo kamen, ist so menschenleer, daß wir erst nach 13 Tagen hoffen durften, wieder zum Missionar von Santa Barbara zu gelangen. Wir übernachteten unter freiem Himmel beim Raudal des Cunuri. Das Getöse des kleinen Kataraktes wurde in der Nacht auffallend stärker. Unsere Indianer behaupteten, dies sei ein sicheres Vorzeichen des Regens. Wirklich regnete es lange vor Sonnenaufgang.

Am 14. Mai. Die Moskitos und mehr noch die Ameisen jagten uns vor zwei Uhr in der Nacht vom Ufer. Wir hatten bisher geglaubt, die letzteren kriechen nicht an den Stricken der Hängematten hinauf; ob dies nun aber unbegründet ist, oder ob die Ameisen aus den Baumgipfeln auf uns herabfielen, wir hatten vollauf zu tun, uns dieser lästigen Insekten zu entledigen. Je weiter wir fuhren, desto schmaler wurde der Fluß, und die Ufer waren so sumpfig, daß Bonpland sich nur mit großer Mühe an den Fuß einer mit großen purpurroten Blüten bedeckten *Carolinea princeps* durcharbeiten konnte. Dieser Baum ist die herrlichste Zierde der Wälder hier und am Rio Negro.

Vom 14. bis 21. Mai brachten wir die Nacht immer unter freiem Himmel zu, ich kann aber die Orte, wo wir unsere Nachtlager aufschlugen, nicht angeben. Dieser Landstrich ist so wild und so wenig von Menschen betreten, daß die Indianer, ein paar Flüsse ausgenommen, keinen der Punkte, die ich mit dem Kompaß aufnahm, mit Namen zu nennen wußten. Oberhalb des Punktes, wo der Itinivi vom Casiquiare abgeht und westwärts den Granithügeln von Daripabo zuläuft, sahen wir die sumpfigen Ufer des Stroms mit Bambusrohr bewachsen. Diese baumartigen Gräser werden 6,5 Meter hoch; ihr Halm ist gegen die Spitze immer umgebogen. Es ist eine neue Art *Bambusa* mit sehr breiten Blättern. Bonpland war so glücklich, ein blühendes Exemplar zu finden. Die *Bambusa latifolia* scheint den Becken des oberen Orinoko, des Casiquiare und des Amazonenstroms eigentümlich zu sein.

Unser erstes Nachtlager oberhalb Vasiva war bald aufgeschlagen. Wir trafen einen kleinen, trockenen, von Büschen freien Fleck südlich vom Caño Curamuni, an einem Ort, wo wir Kapuzineraffen langsam auf den Ästen hin- und hergehen sahen. Die fünf folgenden Nächte wurden immer beschwerlicher, je näher wir der Gabelteilung des Orinoko kamen. Die Üppigkeit des Pflanzenwuchses steigerte sich in einem Grade, von dem man sich keinen Begriff macht, selbst wenn man mit dem Anblick der tropischen Wälder vertraut ist. Ein Gelände ist gar nicht mehr vorhanden; ein Pfahlwerk aus dichtbelaubten Bäumen bildet das Flußufer. Man hat einen 390 Meter breiten Kanal vor sich, den zwei ungeheure, mit Laub und Lianen bedeckte Wände einfassen. Wir versuchten öfter zu landen, konnten aber nicht aus dem Kanoe kommen. Gegen Sonnenuntergang fuhren wir zuweilen eine Stunde lang am Ufer hin, um nur einen weniger bewachsenen Fleck zu entdecken, wo unsere Indianer mit der Axt so weit aufräumen konnten, um für 12 bis 13 Personen ein Lager aufzuschlagen. In der Piroge konnten wir die Nacht nicht zubringen. Die Moskitos, die uns den Tag über plagten, setzten sich haufenweise unter den Toldo, d. h. unter das Dach aus Palmblättern, das uns vor dem Regen schützte. Nie waren uns die Hände und das Gesicht so stark angeschwollen gewesen. Mitten im dicken Wald konnten wir uns nur mit schwerer Mühe Brennholz verschaffen, denn in diesen Ländern am Äquator, wo es beständig regnet, sind die Baumzweige so saftreich, daß sie fast gar nicht brennen. Wo es keine trockenen Ufer gibt, findet man auch so gut wie kein altes Holz, das, wie die Indianer sagen, an der Sonne gekocht ist. Feuer bedurften wir übrigens nicht nur als Schutzwehr gegen die Tiere des Waldes; unser Vorrat an Lebensmitteln war zu gering, als daß wir zur Zubereitung der Speisen das Feuer hätten entbehren können.

Am 18. Mai gegen Abend kamen wir an einen Ort, wo wilde Kakaobäume das Ufer säumen. Die Bohne derselben ist klein und bitter; die Indianer in den Wäldern saugen das Mark aus und werfen die Bohnen weg, und diese werden von den Indianern in den Missionen aufgelesen und an solche verkauft, die es bei der Bereitung ihrer Schokolade nicht genau nehmen. »Hier ist der Puerto del Cacao«, sagte der Steuermann, »hier übernachten *los padres,* wenn sie nach Esmeralda fahren, um Blasröhren und Juvia (die wohlschmeckenden Mandeln der *Bertholletia*) zu kaufen.« Indessen befahren im Jahre nicht fünf

Kanoes den Casiquiare, und seit Maypures, also seit einem Monat, war uns auf den Flüssen, die wir hinauffuhren, keine Seele begegnet, außer in der nächsten Nähe der Missionen. Südwärts vom See Duractumini übernachteten wir in einem Palmenwalde. Der Regen goß in Strömen herab, aber die Pothos, die Arum und die Schlinggewächse bildeten eine natürliche, so dichte Laube, daß wir darunter Schutz fanden wie unter dicht belaubten Bäumen. Die Indianer, die am Ufer lagen, hatten Helikonien und Musaceen ineinander verschlungen und damit über ihren Hängematten eine Art Dach gebildet. Unsere Feuer beleuchteten auf 16 bis 20 Meter Höhe die Palmstämme, die mit Blüten bedeckten Schlinggewächse und die weißen Rauchsäulen, die gerade gen Himmel stiegen; ein prachtvoller Anblick, aber um desselben mit Ruhe zu genießen, hätte man eine Luft atmen müssen, die nicht von Insekten wimmelte.

Unter allen körperlichen Leiden wirken diejenigen am niederschlagendsten, die in ihrer Dauer immer dieselben sind und gegen die es kein Mittel gibt als Geduld. Die Ausdünstungen in den Wäldern am Casiquiare haben wahrscheinlich bei Bonpland den Keim zu einer schweren Krankheit gelegt, der er bei unserer Ankunft in Angostura beinahe erlegen wäre. Zu unserem Glück ahnte er so wenig als ich die Gefahr, die ihm drohte. Der Anblick des Flusses und das Summen der Moskitos kamen uns allerdings etwas einförmig vor; aber unser natürlicher Frohsinn war nicht ganz gebrochen und half uns über die lange Öde hinweg. Wir machten die Bemerkung, daß wir uns den Hunger auf mehrere Stunden vertrieben, wenn wir etwas trockenen, geriebenen Kakao ohne Zucker aßen. Die Ameisen und die Moskitos machten uns mehr zu schaffen als die Nässe und der Mangel an Nahrung. So großen Entbehrungen wir auch auf unseren Zügen in den Kordilleren ausgesetzt gewesen, die Flußfahrt von Mandavaca nach Esmeralda erschien uns immer als das beschwerlichste Stück unseres Aufenthalts in Amerika.

Es fiel uns auf, wie stark durch die raschen Anschwellungen des Casiquiare die beiderseitigen Uferhänge unterhöhlt waren. Entwurzelte Bäume bilden natürliche Flöße; sie stecken halb im Schlamm und können den Pirogen sehr

gefährlich werden. Hätte man das Unglück, in diesen unbewohnten Strichen zu scheitern, so verschwände man ohne
Zweifel, ohne daß eine Spur des Schiffbruchs verriete, wo und
wie man untergegangen.

Die Nacht des 20. Mai, die letzte unserer Fahrt auf dem
Casiquiare, brachten wir an der Stelle zu, wo der Orinoko sich
gabelt. Wir hatten einige Aussicht, eine astronomische Beobachtung machen zu können; denn ungewöhnlich große Sternschnuppen schimmerten durch die Dunsthülle, die den Himmel umzog. Die Indianer nennen die Sternschnuppen den
Urin, und den Tau den Speichel der Sterne. Aber das Gewölk
wurde wieder dicker, und wir sahen weder die Meteore mehr
noch die wahren Sterne, deren wir seit mehreren Tagen mit so
großer Ungeduld harrten.

Man hatte uns gesagt, in Esmeralda werden wir die Insekten »noch grausamer und gieriger« finden als auf dem Arm des
Orinoko, den wir jetzt hinauffuhren; trotz dieser Aussicht
erheiterte uns die Hoffnung, endlich wieder einmal an einem
bewohnten Ort schlafen und uns beim Botanisieren einige
Bewegung machen zu können. Beim letzten Nachtlager am
Casiquiare wurde unsere Freude getrübt. Wir lagerten am
Waldsaum. Mitten in der Nacht meldeten uns die Indianer,
man höre den Jaguar ganz in der Nähe brüllen, und zwar von
den nahestehenden Bäumen herab. Die Wälder sind hier so
dicht, daß fast keine anderen Tiere darin vorkommen als solche, die auf die Bäume klettern. Da unsere Feuer hell brann-
ten, und da man durch lange Gewöhnung Gefahren nicht achten lernt, so machten wir uns aus dem Brüllen des Jaguars
nicht viel. Der Geruch und die Stimme unseres Hundes hatten
ihn angelockt. Der Hund, eine große Dogge, bellte anfangs;
als aber der Tiger näher kam, fing er an zu heulen und kroch
unter unsere Hängematten, als wollte er beim Menschen
Schutz suchen. Seit unseren Nachtlagern am Rio Apure waren
wir daran gewöhnt, bei dem Tier, das jung, sanftmütig und ein-
schmeichelnd war, in dieser Weise Mut und Schüchternheit
wechseln zu sehen. Wie groß war unser Verdruß, als uns am
Morgen, da wir eben das Fahrzeug besteigen wollten, die
Indianer meldeten, der Hund sei verschwunden. Es war kein
Zweifel, die Jaguare hatten ihn fortgeschleppt. Vielleicht war

er, da er sie nicht mehr brüllen hörte, von den Feuern weg dem Ufer zu gegangen; vielleicht aber auch hatten wir den Hund nicht winseln hören, da wir im tiefsten Schlaf lagen. Am Orinoko und am Magdalenenstrom versicherte man uns oft, die ältesten Jaguare seien so verschlagen, daß sie mitten aus einem Nachtlager die Tiere herausholen, indem sie ihnen den Hals zudrücken, damit sie nicht schreien können. Wir warteten am Morgen lange in der Hoffnung, der Hund möchte sich nur verlaufen haben. Drei Tage später kamen wir an denselben Platz zurück. Auch jetzt hörten wir die Jaguare wieder brüllen, denn diese Tiere haben eine gewisse Vorliebe für gewisse Orte, aber all unser Suchen war vergeblich. Die Dogge, die seit Caracas unser Begleiter gewesen und so oft schwimmend den Krokodilen entgangen war, war im Walde zerrissen worden.

Am 21. Mai liefen wir 13,5 Kilometer unterhalb der Mission Esmeralda wieder in das Bett des Orinoko ein. Vor einem Monat hatten wir diesen Fluß bei der Einmündung des Guaviare verlassen. Wir hatten noch 1390 Kilometer nach Angostura, aber es ging den Strom abwärts, und dieser Gedanke war geeignet, uns unsere Leiden erträglicher zu machen. Fährt man die großen Ströme hinab, so bleibt man im Talweg, wo es nur wenige Moskitos gibt; stromaufwärts dagegen muß man sich, um die Wirbel und Gegenströmungen zu benutzen, nahe am Ufer halten, wo es wegen der Nähe der Wälder und des organischen Überrestes, der aufs Ufer geworfen wird, von Mücken wimmelt. Der Punkt, wo die vielberufene Gabelteilung des Orinoko stattfindet, gewährt einen ungemein großartigen Anblick. Am nördlichen Ufer erheben sich hohe Granitberge; in der Ferne erkennt man unter denselben den Maraguaca und den Duida. Auf dem linken Ufer des Orinoko, westlich und südlich von der Gabelung, sind keine Berge bis dem Einfluß des Tamatama gegenüber. Da, wo der Orinoko gegen Süd nicht mehr von Bergen umgeben ist und er die Öffnung eines Tals oder vielmehr einer Senkung erreicht, welche sich nach dem Rio Negro hinzieht, teilt er sich in zwei Äste. Der Hauptast, der Rio Paragua der Indianer, setzt seinen Lauf um die Berggruppe der Parime herum fort; der Arm, der die Verbindung mit dem Amazonenstrom herstellt, läuft über Ebenen, die im ganzen ihr Gefälle gegen Süd haben.

Seit ich den Orinoko und den Amazonenstrom verlassen habe, bereitet sich für die gesellschaftlichen Verhältnisse der Völker des Okzidents eine neue Ära vor. Auf den Jammer der bürgerlichen Zwiste werden die Segnungen des Friedens und eine freiere Entwicklung aller Gewerbtätigkeit folgen. Da wird denn die europäische Handelswelt jene Gabelteilung des Orinoko, jene Landenge am Tuamini, durch die so leicht ein künstlicher Kanal zu ziehen ist, ins Auge fassen. Ein Land, neun- bis zehnmal größer als Spanien und reich an den mannigfaltigsten Produkten, kann mittels des Naturkanals des Casiquiare und der Gabelteilung der Flüsse nach allen Richtungen hin befahren werden. Eine Erscheinung, die eines Tages von bedeutendem Einfluß auf die politischen Verhältnisse der Völker sein muß, verdiente es gewiß, daß man sie genau ins Auge faßte.

Fünfundzwanzigstes Kapitel

Der obere Orinoko von Esmeralda bis zum
Einfluß des Guaviare · Zweite Fahrt durch die
Katarakte von Atures und Maypures
Der untere Orinoko zwischen der Mündung
des Apure und Angostura, der Hauptstadt
von Spanisch-Guayana

Noch habe ich von der einsamsten, abgelegensten christlichen Niederlassung am oberen Orinoko zu sprechen. Gegenüber dem Punkt, wo die Gabelteilung erfolgt, auf dem rechten Ufer des Flusses, erhebt sich amphitheatralisch der Granitbergstock des Duida. Dieser Berg, den die Missionare einen Vulkan nennen, ist gegen 2 600 Meter hoch. Er nimmt sich, da er nach Süd und West steil abfällt, äußerst großartig aus. Sein Gipfel ist kahl und steinig; aber überall, wo auf den weniger steilen Abhängen Dammerde haftet, hängen an den Seiten des Duida gewaltige Wälder wie in der Luft. An seinem Fuß liegt die Mission Esmeralda, ein Dörfchen mit 80 Einwohnern, auf einer herrlichen, von Bächen mit schwarzem, aber klarem Wasser durchzogenen Ebene, einem wahren Wiesengrund, auf dem in Gruppen die Mauritiapalme, der amerikanische Sagobaum, steht. Dem Berg zu wird die sumpfige Wiese zur Savanne, die um die untere Region der Kordillere läuft. Hier trifft man ungemein große Ananas von köstlichem Geruch. Diese Bromeliaart wächst immer einzeln zwischen den Gräsern.

In Esmeralda ist kein Missionar. Der Geistliche, der hier Messe lesen soll, sitzt in Santa Barbara, über 225 Kilometer weit. Er braucht den Fluß herauf vier Tage, er kommt daher auch nur fünf- oder sechsmal im Jahr. Wir wurden von einem alten Soldaten sehr freundlich aufgenommen; der Mann hielt uns für katalonische Krämer, die in den Missionen ihren Kleinhandel treiben wollten. Als er unsere Papierballen zum Pflanzentrocknen sah, lächelte er über unsere naive Unwissenheit. »Ihr kommt in ein Land, wo derartige Ware keinen Absatz findet. Geschrieben wird hier nicht viel, und trockene Mais-, Platano(Bananen)- und Vijaho(Helikonia)-Blätter brauchen wir hier, wie in Europa das Papier, um Nadeln, Fischangeln und andere kleine Sachen, die man sorgfältig aufbewahren will, einzuwickeln.« Der alte Soldat vereinigte in einer Person die bürgerliche und die geistliche Behörde. Er lehrte die Kinder, ich sage nicht den Katechismus, aber doch den Rosenkranz beten, er läutete die Glocken zum Zeitvertreib, und im geistlichen Amtseifer bediente er sich zuweilen seines Küsterstocks in einer Weise, die den Eingeborenen schlecht behagte.

So klein die Mission ist, werden in Esmeralda doch drei indianische Sprachen gesprochen: Idapaminarisch, Catarapenisch und Maquiritanisch. Wir wunderten uns, in Esmeralda viele Zambos, Mulatten und andere Farbige anzutreffen, die sich aus Eitelkeit Spanier nennen und sich für weiß halten, weil sie nicht rot sind wie die Indianer. Diese Menschen führen ein jämmerliches Leben. Sie sind meist als Verwiesene (*desterrados*) hier. Um im inneren Lande, das man gegen die Portugiesen absperren wollte, in Eile Kolonien zu gründen, hatte Solano in den Llanos und bis zur Insel Margarita hin Landstreicher und Übeltäter, denen die Justiz bis dahin vergeblich nachgespürt, zusammengerafft und sie den Orinoko hinaufgeführt, wo sie mit den unglücklichen, aus den Wäldern weggeschleppten Indianern zusammengetan wurden. Durch ein mineralogisches Mißverständnis wurde Esmeralda berühmt. Der Granit des Duida und des Maraguaca enthält in offenen Gängen schöne Bergkristalle, die zum Teil sehr durchsichtig, zum Teil mit Chlorit (Talkglimmer) gefärbt und mit Aktinot (Strahlstein) gemengt sind; man hatte sie für Diamanten und Smaragde (Esmeralda) gehalten. So nahe den Quellen des Orinoko träumte man in diesen Bergen von nichts als vom Dorado, das nicht weit sein konnte, vom See Parime und von den Trümmern der großen Stadt Manoa.

Die Landstreicher aus den Llanos hatten so wenig Lust zur Arbeit als die Indianer, die gezwungen »unter der Glocke« lebten. Ersteren diente ihr Hochmut zur weiteren Rechtfertigung ihrer Faulheit. In den Missionen nennt sich jeder Farbige, der nicht geradezu schwarz ist wie ein Afrikaner oder kupferfarbig wie ein Indianer, einen Spanier; er gehört zur

Gente de razón, zur vernunftbegabten Rasse, und diese, wie nicht zu leugnen, hie und da übermütige und arbeitsscheue Vernunft redet den Weißen und denen, die es zu sein glauben, ein, der Landbau sei ein Geschäft für Sklaven und für neubekehrte Indianer. Die Kolonie Esmeralda war nach dem Muster der neuholländischen gegründet, wurde aber keineswegs ebenso weise regiert. Da die amerikanischen Kolonisten von ihrem Heimatland nicht durch Meere, sondern durch Wälder und Savannen geschieden waren, so verliefen sie sich, die einen nach Nord, dem Caura und Carony zu, die anderen nach Süd in die portugiesischen Besitzungen. So hatte es mit der Herrlichkeit der Villa und den Smaragdgruben am Duida ein jähes Ende, und Esmeralda galt wegen der furchtbaren Insektenmasse, welche das ganze Jahr die Luft verfinstert, bei den Ordensleuten für einen fluchwürdigen Verbannungsort.

Wenn die Villa Esmeralda mit ihrer Bevölkerung von 12 bis 15 Familien gegenwärtig für einen schrecklichen Aufenthaltsort gilt, so kommt dies nur vom Mangel an Anbau, von der Entlegenheit von allen bewohnten Landstrichen und von der furchtbaren Menge von Moskitos. Die Lage der Mission ist ungemein malerisch, das Land umher äußerst freundlich und sehr fruchtbar. Nie habe ich so gewaltig große Bananenbüschel gesehen; Indigo, Zucker, Kakao kämen vortrefflich fort, aber man mag sich nicht die Mühe geben, sie zu bauen. Um den Cerro Duida herum gibt es schöne Weiden. Wie die Sachen jetzt stehen, ist keine Kuh, kein Pferd vorhanden, und die Einwohner haben oft, zur Buße ihrer Faulheit, nichts zu essen als Schinken von Brüllaffen und das Mehl von Fischknochen. Man baut nur etwas Maniok und Bananen; und wenn der Fischfang nicht reichlich ausfällt, so ist die Bevölkerung eines von der Natur so hoch begünstigten Landes dem grausamsten Mangel preisgegeben.

Esmeralda ist berühmt als der Ort, wo am besten am Orinoko das starke Gift bereitet wird, das im Krieg, zur Jagd und, was seltsam klingt, als Mittel gegen gastrische Beschwerden dient. Das Gift der Ticunas am Amazonenstrom, das Upas-Tieute auf Java und das Curare in Guayana sind die tödlichsten Substanzen, die man kennt. Bereits am Ende des 16. Jahrhunderts hatte Raleigh das Wort Urari gehört, wie man einen

Pflanzenstoff nannte, mit dem man die Pfeile vergiftete. Indessen war nichts Zuverlässiges über dieses Gift in Europa bekanntgeworden.

Als wir nach Esmeralda kamen, kehrten die meisten Indianer von einem Ausflug ostwärts über den Rio Padamo zurück, wobei sie Juvias oder die Früchte der Bertholletia und eine Schlingpflanze, welche das Curare gibt, gesammelt hatten. Diese Heimkehr wurde mit einer Festlichkeit begangen, die unseren Ernte- oder Weinlesefesten entspricht. Die Weiber hatten viel gegorenes Getränk bereitet, und zwei Tage lang sah man nur betrunkene Indianer. Bei Völkern, für welche die Früchte der Palmen und einiger anderer Bäume, welche Nahrungsstoff geben, von großer Wichtigkeit sind, wird die Ernte der Früchte durch öffentliche Lustbarkeiten gefeiert, und man teilt das Jahr nach diesen Festen ein, die immer auf dieselben Zeitpunkte fallen.

Das Glück wollte, daß wir einen alten Indianer trafen, der weniger betrunken als die anderen und eben beschäftigt war, das Curaregift aus den frischen Pflanzen zu bereiten. Der Mann war der Chemiker des Ortes. Wir fanden bei ihm große, tönerne Pfannen zum Kochen der Pflanzensäfte, flachere Gefäße, die durch ihre große Oberfläche die Verdunstung befördern, tütenförmig aufgerollte Bananenblätter zum Durchseihen der mehr oder weniger faserige Substanzen enthaltenden Flüssigkeiten. Die größte Ordnung und Reinlichkeit herrschten in dieser zum Laboratorium eingerichteten Hütte. Der Indianer, der uns Auskunft erteilen sollte, heißt in der Mission der Giftmeister (*amo del Curare*); er hatte das steife Wesen und den pedantischen Ton, den man früher in Europa den Apothekern zum Vorwurf machte. »Ich weiß«, sagte er, »die Weißen verstehen die Kunst, Seife zu machen und das schwarze Pulver, bei dem das Üble ist, daß es Lärm macht und die Tiere verscheucht, wenn man sie fehlt. Das Curare, dessen Bereitung bei uns vom Vater auf den Sohn übergeht, ist besser als alles, was ihr dort drüben (über dem Meere) zu machen wißt. Es ist der Saft einer Pflanze, der ganz leise tötet (ohne daß man weiß, woher der Schuß kommt).«

Das Schlinggewächs, aus dem man in Esmeralda das Gift bereitet, heißt *Bejuco de Mavacure.* Obgleich die Bejucobündel, die wir im Hause des Indianers fanden, gar keine Blätter mehr hatten, blieb uns doch kein Zweifel, daß es dasselbe Gewächs aus der Familie der Strychneen war (Aublets Rouhamon sehr nahestehend), das wir im Wald beim Pimichin untersucht. Der Mavacure wird ohne Unterschied frisch oder seit mehreren Wochen getrocknet verarbeitet. Der frische Saft der Liane gilt nicht für giftig; vielleicht zeigt er sich nur wirksam, wenn er stark konzentriert ist. Das furchtbare Gift ist in der Rinde und einem Teil des Splints enthalten. Man schabt mit einem Messer acht bis elf Millimeter dicke Mavacurezweige ab und zerstößt die abgeschabte Rinde auf einem Stein, wie er zum Reiben des Maniokmehls dient, in ganz dünne Fasern. Da der giftige Saft gelb ist, so nimmt die ganze faserige Masse die nämliche Farbe an. Man bringt dieselbe in einen 24 Zentimeter hohen, 10 Zentimeter weiten Trichter. Es war ein tütenförmig aufgerolltes Bananenblatt, das in einer anderen stärkeren Tüte aus Palmblättern steckte; die ganze Vorrichtung ruhte auf einem leichten Gestell von Blattstielen und Fruchtspindeln einer Palme. Man macht zuerst einen kalten Aufguß, indem man Wasser an den faserigen Stoff, die gestoßene Rinde des Mavacure, gießt. Mehrere Stunden lang tropft ein gelbliches Wasser vom Embudo, dem Blatttrichter, ab. Dieses durchsickernde Wasser ist die giftige Flüssigkeit; sie erhält aber die gehörige Kraft erst dadurch, daß man sie wie die Melasse in einem großen tönernen Gefäß abdampft. Der Indianer forderte uns von Zeit zu Zeit auf, die Flüssigkeit zu kosten; nach dem mehr oder minder bitteren Geschmack beurteilt man, ob der Saft eingedickt genug ist. Dabei ist keine Gefahr, da das Curare nur dann tödlich wirkt, wenn es unmittelbar mit dem Blut in Berührung kommt. Deshalb sind auch die Dämpfe vom Kessel nicht schädlich.

Der noch so stark eingedickte Saft des Mavacure ist nicht dick genug, um an den Pfeilen zu haften. Also bloß um dem Gift Körper zu geben, setzt man dem eingedickten Aufguß einen sehr klebrigen Pflanzensaft bei, der von einem Baum mit großen Blättern, genannt Ciracaguero, kommt. Da dieser Baum sehr weit von Esmeralda wächst, und er damals so wenig als der Bejecu de Mavacure Blüten und Früchte hatte, so können wir ihn botanisch nicht bestimmen.

Sobald der klebrige Saft des Ciracaguerobaums dem eingedickten kochenden Gift zugegossen wird, schwärzt sich dieser und gerinnt zu einer Masse von der Konsistenz des Teers oder eines dicken Sirups. Diese Masse ist nun das Curare, wie es in den Handel kommt. Das Curare wird in den Früchten der Crescentia verkauft; da aber die Bereitung desselben in den Händen weniger Familien ist und an jedem Pfeil nur unendlich wenig Gift haftet, so ist das Curare bester Qualität, das von Esmeralda und Mandava, sehr teuer. Getrocknet gleicht der Stoff dem Opium; er zieht aber die Feuchtigkeit stark an, wenn er der Luft ausgesetzt wird. Er schmeckt sehr angenehm bitter, und Bonpland und ich haben oft kleine Mengen verschluckt. Gefahr ist keine dabei, wenn man nur sicher ist, daß man an den Lippen oder am Zahnfleisch nicht blutet. Bei den Indianern gilt das Curare innerlich genommen als ein treffliches Magenmittel. Die Piraoa- und Saliva-Indianer bereiten dasselbe Gift, es ist aber doch nicht so gesucht wie das von Esmeralda. Die Bereitungsart scheint überall ungefähr dieselbe; es liegt aber kein Beweis vor, daß die verschiedenen Gifte, welche unter demselben Namen am Orinoko und am Amazonenstrom verkauft werden, identisch sind und von derselben Pflanze herrühren. Vielleicht findet man einmal in Giftpflanzen aus verschiedenen Gattungen eine gemeinschaftliche alkalische Basis, ähnlich dem Morphium im Opium und der Vauqueline in den Strychnosarten.

Man unterscheidet am Orinoko zwischen *Curare de raiz* (aus Wurzeln) und *Curare de bejuco* (aus Lianen oder der Rinde der Zweige). Wir haben nur letzteres bereiten sehen; ersteres ist schwächer und weit weniger gesucht. Am Amazonenstrom lernten wir die Gifte verschiedener Indianerstämme kennen, der Ticuna, Yagua, Peva und Jivaro, die von derselben Pflanze kommen und vielleicht mehr oder weniger sorgfältig zubereitet sind. Da Gifte in diesem Klima für Jägervölker ein unentbehrliches Bedürfnis sind, so widersetzen sich die Missionare am Orinoko und Amazonenstrom der Bereitung derselben nicht leicht.

Am Orinoko wird selten ein Huhn gespeist, das nicht durch einen Stich mit einem vergifteten Pfeil getötet worden wäre; ja, die Missionare behaupten, das Fleisch der Tiere sei nur dann gut, wenn man dieses Mittel anwende. Unser Reisebegleiter, der am dreitägigen Fieber leidende Pater Zea, ließ sich jeden Morgen einen Pfeil und das Huhn, das wir speisen sollten, lebend in seine Hängematte bringen. Er hätte eine Operation, auf die er trotz seines Schwächezustandes ein sehr großes Gewicht legte, keinem anderen überlassen mögen. Große Vögel sterben, wenn man sie in den Schenkel sticht, in zwei bis drei Minuten; bei einem Schwein oder Pekari dauert es oft zehn bis zwölf Minuten. Es wäre unnütz, den Reisenden die Angst ausreden zu wollen, die sie häufig äußern, wenn sie bei der Ankunft in den Missionen hören, daß die Hühner, die Affen, die Leguane, die großen Flußfische, die sie essen, mit giftigen Pfeilen getötet sind. Gewöhnung und Nachdenken machen dieser Angst bald ein Ende.

Das Curare wie die meisten anderen Strychneen (denn wir glauben immer noch, daß der Mavacure einer nahe verwandten Familie angehört) werden nur dann gefährlich, wenn das Gift auf das Gefäßsystem wirkt. In Maypures rüstete ein Farbiger für Bonpland giftige Pfeile, wie man sie in die Blasrohre steckt, wenn man kleine Affen und Vögel jagt. Er war ein Zimmermann von ungemeiner Muskelkraft. Er hatte die Unvorsichtigkeit, das Curare zwischen den Fingern zu reiben, nachdem er sich unbedeutend verletzt, und stürzte zu Boden, von einem Schwindel ergriffen, der eine halbe Stunde anhielt. Zum Glück war es nur schwaches Curare, dessen man sich bediente, um sehr kleine Tiere zu schießen, das heißt solche, welche man wieder zum Leben bringen will, indem man salzsaures Natron in die Wunde reibt. Auf unserer Rückfahrt von Esmeralda nach Atures entging ich selbst einer ziemlich nahen Gefahr. Das Curare hatte Feuchtigkeit angezogen, war flüssig geworden und aus dem schlecht verschlossenen Gefäß über unsere Wäsche gelaufen. Beim Waschen vergaß man einen Strumpf innen zu untersuchen, der voll Curare war, und erst, als ich den klebrigen Stoff mit der Hand berührte, merkte ich, daß ich einen vergifteten Strumpf angezogen hatte. Die Gefahr war desto größer, da ich gerade an den Zehen blutete, weil mir Sandflöhe schlecht ausgegraben worden waren.

In den Missionen herrscht allgemein die Meinung, Rettung sei unmöglich, wenn das Curare frisch und stark eingedickt und so lange in der Wunde geblieben ist, daß viel davon in den Blutlauf übergegangen. Unter allen Gegenmitteln, die man am Orinoko braucht, ist das salzsaure Natron das verbreitetste. Man reibt die Wunde mit dem Salz und nimmt es innerlich. Ich selbst kenne keinen gehörig beglaubigten Fall, der die Wirksamkeit des Mittels beweise. Am Amazonenstrom gilt der Zucker für das beste Gegengift. Es ist wahrscheinlich der Bienenhonig und der mehlige Zucker, den die an der Sonne getrockneten Bananen ausschwitzen, früher in ganz Guayana zu diesem Zweck gebraucht worden. Ammoniak und Lucienwasser sind ohne Erfolg gegen das Curare versucht worden; man weiß jetzt, wie unzuverlässig diese angeblichen spezifischen Mittel auch gegen Schlangenbiß sind. Nach der Schilderung von Indianern, die im Krieg mit Waffen, die in Curare getaucht gewesen, verwundet worden, sind die Symptome ganz ähnlich wie beim Schlangenbiß. Der Verwundete fühlt Kongestionen gegen den Kopf, und der Schwindel nötigt ihn, sich niederzusetzen; sodann Übelsein, wiederholtes Erbrechen, brennender Durst und das Gefühl von Pelzigsein am verwundeten Körperteil.

Dem alten Indianer, dem Giftmeister, schien es zu schmeicheln, daß wir ihm bei seinem Laborieren mit so großem Interesse zusahen. Er fand uns so gescheit, daß er nicht zweifelte, wir könnten Seife machen; diese Kunst erschien ihm, nach der Bereitung des Curare, als eine der schönsten Erfindungen des menschlichen Genies. Als das flüssige Gift in die zu seiner Aufnahme bestimmten Gefäße gegossen war, begleiteten wir den Indianer zum Juviasfest. Man feierte durch Tänze die Ernte der Juvias, der Früchte der *Bertholletia excelsa,* und überließ sich der rohesten Völlerei. In der Hütte, wo die Indianer seit mehreren Tagen zusammenkamen, sah es ganz seltsam aus. Es waren weder Tische noch Bänke darin, aber große gebratene, vom Rauch geschwärzte Affen sah man symmetrisch an die Wand gelehnt. Es waren Marimondas (*Ateles Belzebuth*) und die bärtigen sogenannten Kapuzineraffen. Die Art, wie diese menschenähnlichen Tiere gebraten werden, trägt viel dazu bei, wenn ihr Anblick dem zivilisierten Menschen so widerwärtig ist. Ein kleiner Rost oder ein Gitter aus sehr hartem Holz wird einen Fuß über dem Boden befestigt. Der abgezogene Affe wird zusammengebogen, als säße er; meist legt man ihn so, daß er sich auf seine langen, mageren Arme stützt, zuweilen kreuzt man ihm die Hände auf dem Rücken. Ist er auf dem Gitter befestigt, so zündet man ein helles Feuer darunter an. Flammen und Rauch umspielen den Affen, und er wird zugleich gebraten und berußt. Sieht man nun die Eingeborenen Arm oder Bein eines gebratenen Affen verzehren, so kann man sich kaum des Gedankens erwehren, die Gewohnheit, Tiere zu essen, die im Körperbau dem Menschen so nahe stehen, möge in gewissem Grade dazu beitragen, daß die Wilden so wenig Abscheu vor dem Essen von Menschenfleisch haben. Das Affenfleisch ist so mager und trocken, daß Bonpland in seinen Sammlungen in Paris einen Arm und eine Hand aufbewahrt hat, die in Esmeralda am Feuer geröstet worden; nach vielen Jahren rochen die Teile nicht im geringsten.

Wir sahen die Indianer tanzen. Der Tanz ist um so einförmiger, da die Weiber nicht daran teilnehmen dürfen. Die Männer, alt und jung, fassen sich bei den Händen, bilden einen Kreis und drehen sich so, bald rechts, bald links, stundenlang im schweigsamen Ernst. Meist machen die Tänzer die Musik selbst dazu. Schwache Töne auf einer Reihe von Rohrstücken von verschiedener Länge geblasen, bilden eine langsame melancholische Begleitung. Um den Takt anzugeben, beugt der Vortänzer im Rhythmus beide Knie. Zuweilen bleiben alle stehen und machen kleine schwingende Bewegungen, indem sie den Körper seitlich hin und her werfen. Jene in eine Reihe geordneten und zusammengebundenen Rohrstücke gleichen der Panflöte. Nicht ohne Verwunderung sahen wir, wie rasch junge Indianer, wenn sie am Fluß Rohr fanden, dergleichen Pfeifen schnitten und stimmten.

In der Festhütte fanden wir verschiedene vegetabilische Produkte, welche die Indianer aus den Bergen von Guayana mitgebracht und die unsere ganze Aufmerksamkeit in Anspruch nahmen. Ich verweile hier nur bei der Frucht des Juvia, bei den Rohren von ganz ungewöhnlicher Länge und bei den Hemden aus der Rinde des Marimabaums. Der Almendron oder Juvia, einer der großartigsten Bäume in den Wäldern der Neuen Welt, war vor unserer Reise an den Rio Negro so gut wie unbekannt.

Der Baum, von dem die »brasilianischen Kastanien« kommen, ist meist nur 60 bis 90 Zentimeter dick, wird aber 30 bis 40 Meter hoch. Die Früchte reifen gegen Ende Mai, und da dieselben so groß sind wie ein Kindskopf, fallen sie mit gewaltigem Geräusch vom Baumwipfel. Meist habe ich nur 15 bis 22 Nüsse in einer Frucht gefunden. Der Geschmack derselben ist sehr angenehm, solange sie frisch sind; aber das sehr reichliche Öl, durch das sie so nützlich werden, wird leicht ranzig. Wir haben am oberen Orinoko häufig, weil sonst nichts zu haben, diese Mandel in bedeutender Menge gegessen und nie einen Nachteil davon empfunden. Nach der Aussage mehrerer sehr glaubwürdiger Indianer gelingt es nur den kleinen Nagern, vermöge des Baues ihrer Zähne und der unglaublichen Ausdauer, mit der sie ihrem Zerstörungswerk obliegen, die Frucht zu durchbohren. Sobald die dreieckigen Nüsse auf dem Boden ausgestreut sind, kommen alle Tiere des Waldes herbeigeeilt; Affen, Manaviri, Eichhörner, Aguti, Papageien und Ara streiten sich um die Beute. Sie sind alle stark genug, um den hölzernen Überzug des Samens zu zerbrechen; sie nehmen die Mandel heraus und klettern damit auf die Bäume. »So haben sie auch ihr Fest«, sagten die Indianer, die von der Ernte kamen.

Eine der vier Pirogen, mit denen die Indianer auf der Juviasernte gewesen waren, war größtenteils mit der Rohrart (*Carice*) gefüllt, aus der Blaserohre gemacht werden. Die Rohre waren fünf bis sechs Meter lang, und doch war keine Spur von Knoten zum Ansatz von Blättern oder Zweigen zu bemerken. Sie waren vollkommen gerade, außen glatt und völlig zylindrisch. Sie sind selbst jenseits des Orinoko unter dem Namen »Rohr von Esmeralda« sehr gesucht. Ein Jäger führt sein ganzes Leben dasselbe Blaserohr; er rühmt die Leichtigkeit, Genauigkeit und Politur desselben. Was mag dies für ein monokotyledonisches Gewächs sein, von dem diese herrlichen Rohre kommen? Ich vermag diese Frage nicht zu beantworten, so wenig ich weiß, welcher Gattung ein anderes Gewächs angehört, von dem die Marimahemden kommen. Wir sahen am Abhang des Cerro Duida über 16 Meter hohe Stämme des Hemdbaums. Die Indianer schneiden zylindrische Stücke von 2,6 Meter Durchmesser davon ab und nehmen die rote faserige Rinde weg, wobei sie sich in acht nehmen, keinen Längsschnitt zu machen. Diese Rinde gibt ihnen eine Art Kleidungsstück, das Säcken ohne Naht von sehr grobem Stoff gleicht. Durch die obere Öffnung steckt man den Kopf, und um die Arme durchzustecken, schneidet man auf der Seite zwei Löcher ein. Der Eingeborene trägt diese Marimahemden bei sehr starkem Regen; sie haben die Form der baumwollenen Ponchos.

Beim Feste, dem wir beiwohnten, waren die Weiber vom Tanz und jeder öffentlichen Lustbarkeit ausgeschlossen; ihr trauriges Geschäft bestand darin, den Männern Affenbraten, gegorenes Getränk und Palmkohl aufzutragen, der wie unser Blumenkohl schmeckt. Eine andere, weit nahrhaftere Substanz kommt aus dem Tierreich, das Fischmehl (*manioc de pescado*). Überall am oberen Orinoko braten die Indianer die Fische, dörren sie an der Sonne und stoßen sie zu Pulver, ohne die Gräten davon zu trennen. Zum Essen rührt man es mit Wasser zu einem Teige an.

In Esmeralda wie überall in den Missionen leben die Indianer, die sich nicht taufen lassen wollten und sich nur frei der Gemeinde angeschlossen haben, in Polygamie. Die Zahl der Weiber ist bei den verschiedenen Stämmen sehr verschieden, am größten bei den Kariben und bei all den Völkerschaften, bei denen sich die Sitte, junge Mädchen von benachbarten Stämmen zu entführen, lange erhalten hat. Die Weiber leben in einer Art Sklaverei. Da die Männer im Besitz der unumschränkten Gewalt sind, so wird in ihrer Gegenwart keine Klage laut. Im Hause herrscht scheinbar Ruhe, und die Weiber bemühen sich alle, den Wünschen eines anspruchsvollen, übellaunigen Gebieters zuvorzukommen. Sie pflegen ohne Unterschied ihre eigenen Kinder und die der anderen Weiber. Die Missionare versichern, dieser innere Frieden, die Frucht gemeinsamer Furcht, werde gewaltig gestört, sobald der Mann länger von Hause abwesend sei. Der Zank nimmt kein Ende, bis der Gebieter wiederkommt, der durch einen Laut, durch eine bloße Gebärde, und wenn er es zweckdienlich erachtet, durch etwas schärfere Mittel die Leidenschaften niederzuschlagen weiß. Bei den Tamanaken ist eine gewisse Ungleichheit unter den Weibern hinsichtlich ihrer Rechte durch den Sprachgebrauch bezeichnet. Der Mann nennt die zweite und dritte Frau Gefährtinnen der ersten; die erste behandelt die Gefährtinnen als Nebenbuhlerinnen und Feinde. Da alle Last der Arbeit auf den unglücklichen Weibern liegt, so ist es nicht zu verwundern, daß bei manchen Nationen ihre Anzahl auffallend gering ist. In solchem Falle bildet sich eine Art Vielmännerei, wie wir sie, entwickelter, in Tibet und im Gebirge am Ende der ostindischen Halbinsel finden. Bei den Avanos und den Maypures haben oft mehrere Brüder nur eine Frau. Wird ein Indianer, der mehrere Weiber hat, Christ, so zwingen ihn die Missionare, eine zu wählen, die er behalten will, um die anderen zu verstoßen. Der Moment der Trennung ist nun der kritische; der Neubekehrte findet, daß seine Weiber doch höchst schätzbare Eigenschaften haben; die eine versteht sich gut auf die Gärtnerei, die andere weiß, Chicha zu bereiten, das berauschende Getränk aus der Maniokwurzel; eine erscheint ihm so unentbehrlich wie die andere. Zuweilen siegt beim Indianer das Verlangen, seine Weiber zu behalten, über die Neigung zum Christentum; meist aber läßt der Mann den Missionar wählen und nimmt dies hin wie einen Spruch des Schicksals.

Die Indianer, die vom Mai bis August Fahrten ostwärts von Esmeralda unternehmen, um in den Bergen von Yumariquin Pflanzenprodukte zu sammeln, konnten uns genaue Auskunft über den Lauf des Orinoko im Osten der Mission geben. Dieser Teil meiner Reisekarte weicht von den früheren völlig ab. Ich beginne die Beschreibung dieser Länder mit dem Granitstock des Duida, an dessen Fuße wir weilten. Derselbe wird im Westen vom Rio Tamatama, im Osten vom Rio Guapo begrenzt. Nach meiner genauen trigonometrischen Messung ist der Duida (das heißt der höchste Gipfel südwestlich vom Cerro Maraguaca) 2 179 Meter über der Ebene von Esmeralda hoch, also wahrscheinlich gegen 2 530 Meter über dem Meeresspiegel; ich sage wahrscheinlich, denn leider war mein Barometer zerbrochen, ehe wir nach Esmeralda kamen. Der Regen war so stark, daß wir in den Nachtlagern das Instrument nicht vor Feuchtigkeit schützen konnten, und bei der ungleichen Ausdehnung des Holzes zerbrach die Röhre.

Der Granitgipfel des Duida fällt so steil ab, daß die Indianer vergeblich versucht haben hinaufzukommen. Bekanntlich sind gar nicht hohe Berge oft am unzugänglichsten. Der Duida hat zwar nicht die Höhe, welche der Volksglaube ihm zuschreibt, er ist aber im ganzen Bergstock zwischen Orinoko und Amazonenstrom der beherrschende Punkt.

Man kann von Esmeralda den Orinoko gefahrlos hinauffahren bis zu den Katarakten, an denen die Guaicaindianer sitzen, welche die Spanier nicht weiter hinaufkommen lassen; es ist dies eine Fahrt von sechseinhalb Tagen. Auf diesem Strich bleibt der Orinoko 580 bis 780 Meter breit. Auf dem rechten Ufer kommen mehr Flüsse herein, weil sich an dieser Seite die hohen Berge Duida und Maraguaca hinziehen, auf welchen sich die Wolken lagern, während das linke Ufer niedrig ist und an die Ebene stößt, die im großen gegen Südwest abfällt. Prachtvolle Wälder mit Bauholz bedecken die nördlichen Kordilleren. In diesem heißen, beständig feuchten Landstrich ist das Wachstum so stark, daß es Stämme von Bombax Ceiba von fünf Meter Durchmesser gibt.

Zwischen den Mündungen des Padamo und des Mavaca nimmt der Orinoko von Nord her den Ocamo auf, in den sich der Rio Matacona ergießt. An den Quellen des letzteren Flusses wohnen die Guainares, die lange nicht so stark kupferfarbig oder braun sind als die übrigen Bewohner dieser Länder. Dieser Stamm gehört zu denen, welche bei den Missionaren *Indios blancos* heißen. An der Mündung des Ocamo zeigt man den Reisenden einen Fels, der im Lande für ein Wunder gilt. Es ist ein Granit, der in Gneis übergeht, ausgezeichnet durch die eigentümliche Verteilung des schwarzen Glimmers, der kleine verzweigte Adern bildet. Die Spanier nennen den Fels *Piedra mapaya* (Landkartenstein).

Über dem Einfluß des Mavaca nimmt der Orinoko an Breite und Tiefe auf einmal ab. Sein Lauf wird sehr gekrümmt wie bei einem Alpstrom. An beiden Ufern stehen Gebirge. Je weiter man auf dem Orinoko hinaufkommt, desto häufiger werden die Krümmungen und die kleinen Stromschnellen (*chorros y remolinos*). Man läßt links den Caño Chiguirie, an dem die Guaicas, gleichfalls ein Stamm weißer Indianer, wohnen, und 9 Kilometer weiter kommt man zur Mündung des Gehette, wo sich ein großer Katarakt befindet. Ein Damm von Granitfelsen läuft über den Orinoko; dies sind die Säulen des

Herkules, über die noch kein Weißer hinausgekommen ist. Durch eine militärische Expedition, die der Kommandant von San Carlos, Don Francisco Bovadilla, unternommen, um die Quellen des Orinoko aufzusuchen, hat man die genauesten Nachrichten über die Katarakte der Guaharibos. Er hatte erfahren, daß Neger, welche in Holländisch-Guayana entsprungen, nach West (über die Landenge zwischen den Quellen des Rio Carony und des Rio Branco hinaus) gelaufen seien und sich zu unabhängigen Indianern gesellt haben. Er unternahm eine *Entrada* (Einfall) ohne Erlaubnis des Statthalters; der Wunsch, afrikanische Sklaven zu bekommen, die zur Arbeit besser taugen als die kupferfarbigen Menschen, war dabei ungleich stärker im Spiel, als der Eifer für die Förderung der Erdkunde. Ich hatte in Esmeralda und am Rio Negro Gelegenheit, mehrere sehr verständige Militärs zu fragen, die den Zug mitgemacht. Bovadilla kam ohne Schwierigkeit bis zum kleinen Raudal dem Gehette gegenüber; aber am Fuße des Felsdammes, welcher den großen Katarakt bildet, wurde er unversehens, während des Frühstücks, von den Guaharibos und den Guaica überfallen, zwei kriegerischen und wegen der Stärke des Curare, mit dem sie ihre Pfeile vergiften, vielberufenen Stämmen. Die Indianer besetzten die Felsen mitten im Fluß. Sie sahen keine Bogen in den Händen der Spanier, vom Feuergewehr wußten sie nichts, und so gingen sie Leuten zu Leibe, die sie für wehrlos hielten. Mehrere Weiße wurden gefährlich verwundet, und Bovadilla mußte die Waffen brauchen. Es erfolgte ein furchtbares Gemetzel unter den Eingeborenen, aber von den holländischen Negern, die sich hierher geflüchtet haben sollten, wurde keiner gefunden. Trotz des Sieges, der ihnen nicht schwer geworden, wagten es die Spanier nicht, in gebirgigem Land auf einem tief eingeschnittenen Flusse weiter gegen Ost hinaufzugehen.

Die Guaharibos blancos haben über den Katarakt aus Lianen eine Brücke geschlagen, die an den Felsen befestigt ist, welche sich mitten aus dem Flußbett erheben. Diese Brücke, die sämtliche Einwohner in Esmeralda wohl kennen, scheint zu beweisen, daß der Orinoko an dieser Stelle schon ziemlich schmal ist. Die Indianer geben seine Breite meist nur zu 65 bis 100 Meter an; sie behaupten, oberhalb des Raudals der Guaharibos sei der Orinoko kein Fluß mehr, sondern ein *Riachuelo* (ein Bergwasser).

Ich gebe hier einigen Aufschluß über die Indianerstämme von weißlicher Hautfarbe und sehr kleinem Wuchs, die alte Sagen seit Jahrhunderten an die Quellen des Orinoko setzen. Ich hatte Gelegenheit, in Esmeralda einige zu sehen, und kann versichern, daß man die Kleinheit der Guaicas und die Weiße der Guaharibos in gleichem Maße übertrieben hat. Die Guaicas, die ich gemessen habe, messen im Durchschnitt 1486 bis 1513 Millimeter. Man behauptet, der ganze Stamm sei so ausnehmend klein; man darf aber nicht vergessen, daß das, was man hier einen Stamm nennt, im Grunde nur eine einzige Familie ist. Wo alle Vermischung mit Fremden ausgeschlossen ist, pflanzen sich Spielarten und Abweichungen vom gemeinsamen Typus leichter fort. Nach den Guaicas sind die Guainares und die Poignaves die kleinsten unter den Indianern. Da Eingeborene mit weißlicher Haut unter einem glühenden Himmel eine auffallende Erscheinung sind, so haben die Spanier zur Erklärung derselben behauptet, die Indios blancos wären Mestizen, Abkömmlinge einer Indianerin und eines Weißen. Ich habe aber Tausende von Mestizen gesehen und kann behaupten, daß der Vergleich durchaus unrichtig ist. Die Individuen der weißlichen Stämme, die wir zu untersuchen Gelegenheit hatten, haben die Gesichtsbildung, den Wuchs, die schlichten, glatten schwarzen Haare, wie sie allen Indianern zukommen.

Diese Stämme mit weißlicher Haut, welche wir in der Mission Esmeralda zu sehen Gelegenheit gehabt, bewohnen einen Strich des Berglandes zwischen den Quellen von sechs Nebenflüssen des Orinoko, des Padamo, Jao, Ventuari, Erevato, Aruy und Paragua. Bei den spanischen und portugiesischen Missionaren heißt dieses Land gemeiniglich die Parime.

Wir verließen die Mission Esmeralda am 17. Mai. Wir waren nicht eben krank, aber wir fühlten uns alle matt und schwach infolge der Insektenplage, der schlechten Nahrung und der langen Fahrt in engen, nassen Kanoes. Wir gingen den Orinoko nicht über den Einfluß des Rio Guapo hinauf; wir hätten es getan, wenn wir hätten versuchen können, zu den Quellen des Flusses zu gelangen. Unter den gegenwärtigen Verhältnissen müssen sich Privatleute, welche Erlaubnis haben, die Missionen zu betreten, bei ihren Wanderungen auf die friedlichen Striche des Landes beschränken. Vom Guapo bis zum Raudal der Guaharibos sind noch 67 Kilometer. Bei diesem Katarakt, über den man auf einer Brücke aus Lianen geht, stehen Indianer mit Bogen und Pfeilen, die keinen Weißen und keinen, der aus dem Gebiet der Weißen kommt, weiter nach Osten lassen. Durch das Blutbad, das man unter ihnen angerichtet, sind die Eingeborenen gegen die Bewohner der Missionen noch grimmiger und mißtrauischer geworden. Man erinnere sich, daß beim Orinoko bis jetzt den Geographen zwei besondere, aber gleich wichtige Probleme vorlagen: die Lage seiner Quellen und die Art seiner Verbindung mit dem Amazonenstrom. Der letztere war der Zweck der Reise, die ich im bisherigen beschrieben.

Unsere Piroge war erst gegen drei Uhr abends bereit, uns aufzunehmen. Während der Fahrt auf dem Casiquiare hatten sich unzählige Ameisen darin eingenistet, und nur mit Mühe säuberte man davon den Toldo, das Dach aus Palmblättern, unter dem wir nun wieder zweiundzwanzig Tage lang liegen sollten. Einen Teil des Vormittags verwendeten wir dazu, um die Bewohner von Esmeralda nochmals über einen See auszufragen, der gegen Ost liegen sollte. Die alten Soldaten, die in der Mission seit ihrer Gründung lagen, lachten über die angebliche Verbindung zwischen dem Orinoko und dem Rio Idapa und über das Weiße Meer, durch das ersterer Fluß laufen soll. Was wir höflich Fiktionen der Geographen nennen, hießen sie »Lügen von dort drüben« (*mentiras de por allá*). Die guten Leute konnten nicht begreifen, wie man von Ländern, in denen man nie gewesen, Karten machen kann und aufs genaueste Dinge wissen will, wovon man an Ort und Stelle gar nichts weiß.

Als wir im Begriff waren uns einzuschiffen, drängten sich die Einwohner um uns, die weiß und von spanischer Abkunft sein wollen. Die armen Leute beschworen uns, beim Statthalter von Angostura ein gutes Wort für sie einzulegen, daß sie in die Steppen (Llanos) zurückkehren dürfen oder, wenn man ihnen diese Gnade versage, daß man sie in die Missionen am Rio Negro versetze, wo es doch kühler sei und nicht so viele Insekten gebe. »Wie sehr wir uns auch verfehlt haben mögen«, sagten sie, »wir haben es abgebüßt durch zwanzig Jahre der Qual in diesem Moskitoschwarm.« Ich nahm mich in einem Berichte an die Regierung über die industriellen und kommerziellen Verhältnisse dieser Länder der Verwiesenen an, aber die Schritte, die ich tat, blieben erfolglos.

Am 24. Mai. Wir brachen von unserem Nachtlager vor Sonnenaufgang auf. In einer Felsbucht, wo die Durimundi-Indianer gehaust hatten, war der aromatische Duft der Gewächse so stark, daß es uns lästig fiel, obgleich wir unter freiem Himmel lagen und bei unserer Gewöhnung an ein Leben voll Beschwerden unser Nervensystem eben nicht sehr reizbar war. Wir konnten nicht ermitteln, was für Blüten es waren, die diesen Geruch verbreiteten; der Wald war undurchdringlich. Bonpland glaubte, in den benachbarten Sümpfen werden große Büsche von Pancratium und einigen anderen Liliengewächsen stecken. Beide Ufer des Hauptstroms sind völlig unbewohnt; gegen Nord erheben sich hohe Gebirge, gegen Süd dehnt sich, soweit das Auge reicht, eine Ebene bis über die Quellen des Atacavi hinaus, der weiter unten Atabapo heißt. Der Anblick eines Flusses, auf dem man nicht einmal einem Fischerboot begegnet, hat etwas Trauriges, Niederschlagendes. Unabhängige Völkerschaften, die Abirianos und Maquiritares, leben hier im Gebirgsland, aber auf den Grasfluren zwischen Casiquiare, Atabapo, Orinoko und Rio Negro findet man gegenwärtig fast keine Spur einer menschlichen Wohnung. Ich sage gegenwärtig; denn hier wie anderswo in Guayana findet man auf den härtesten Granitfelsen rohe Bilder eingegraben, welche Sonne, Mond und verschiedene Tiere vorstellen und darauf hinweisen, daß hier früher ein ganz anderes Volk lebte, als das wir an den Ufern des Orinoko kennengelernt. Nach den Aussagen der Indianer und der Missionare stimmen diese symbolischen Bilder ganz mit denen überein, die wir 450 Kilometer weiter nördlich von Caycara, der Einmündung des Apure gegenüber, gesehen haben.

Was auch diese Figuren bedeuten sollen und zu welchem Zweck sie in den Granit gegraben worden, immer verdienen sie die größte Beachtung. Die Völker von tamanakischem Stamm, die alten Bewohner des Landes, haben eine lokale Mythologie, Sagen, die sich auf diese Felsen mit Bildern beziehen. Amalivaca, der Vater der Tamanaken, das heißt der Schöpfer des Menschengeschlechts (jedes Volk hält sich für den Urstamm der anderen Völker), kam in einer Barke an, als sich bei der großen Überschwemmung, welche die »Wasserzeit« heißt, die Wellen des Ozeans mitten im Lande an den Bergen der Encaramada brachen. Alle Menschen, oder vielmehr alle Tamanaken, ertranken, mit Ausnahme eines Mannes und einer Frau, die sich auf einen Berg am Ufer des Asiveru, von den Spaniern Cuchivero genannt, flüchteten. Dieser Berg ist der Ararat der aramäischen oder semitischen Völker, der Tlaloc oder Colhuacan der Mexikaner. Amalivaca fuhr in seiner Barke herum und grub die Bilder von Sonne und Mond auf den gemalten Fels (Tepumereme) an der Encaramada. Granitblöcke, die sich gegeneinander lehnen und eine Art Höhle bilden, heißen noch heute das Haus des großen Stammvaters der Tamanaken. Bei dieser Höhle auf der Ebene von Maita zeigt man auch einen großen Stein, der, wie die Indianer sagen, ein musikalisches Instrument Amalivacas, seine Trommel, war. Wir erwähnen bei dieser Gelegenheit, daß dieser Heros einen Bruder, Vochi, hatte, der ihm zur Hand ging, als er der Erdoberfläche ihre jetzige Gestalt gab. Die beiden Brüder, so erzählen die Tamanaken, wollten bei ihren Vorstellungen von Perfektibilität den Orinoko zuerst so legen, daß man hinab und hinauf immer mit der Strömung fahren konnte. Sie gedachten damit den Menschen die Mühe des Ruderns zu ersparen, wenn sie den Quellen der Flüsse zuführen; aber so mächtig diese Erneuerer der Welt waren, es wollte ihnen nie gelingen, dem Orinoko einen doppelten Fall zu geben, und sie mußten es aufgeben, eines so wunderlichen hydraulischen Problems Meister zu werden. Amalivaca besaß Töchter, die eine große Neigung zum Umherziehen hatten; die Sage erzählt, er habe ihnen die Beine zerschlagen, damit sie an Ort und Stelle bleiben und die Erde mit Tamanaken bevölkern mußten. Nachdem er in Amerika, diesseits des großen Wassers, alles in Ordnung gebracht, schiffte sich Amalivaca wieder ein und fuhr ans andere Ufer zurück, an den Ort, von dem er gekommen. Seit die Eingeborenen Missionare zu sich kommen sehen, denken sie, dieses »andere Ufer« sei Europa, und einer fragte Pater Gili naiv, ob er dort drüben den großen Amalivaca gesehen habe, den Vater der Tamanaken, der auf die Felsen symbolische Figuren gezeichnet.

Diese Vorstellungen von einer großen Flut; das Paar, das sich auf einen Berggipfel flüchtet und Früchte der Mauritiapalme hinter sich wirft, um die Welt wieder zu bevölkern; dieser Nationalgott Amalivaca, der zu Wasser aus fernem Lande kommt, der Natur Gesetze vorschreibt und die Völker zwingt, ihr Wanderleben aufzugeben – alle diese Züge eines uralten Glaubens verdienen alle Beachtung. Was die Tamanaken und die Stämme, die mit dem Tamanakischen verwandte Sprachen haben, uns jetzt erzählen, ist ihnen ohne Zweifel von anderen Völkern überliefert, die vor ihnen dasselbe Land bewohnt haben.

Vom 24. bis 27. Mai schliefen wir nur zweimal am Lande, und zwar das erstemal am Einfluß des Rio Jao und dann oberhalb der Mission Santa Barbara auf der Insel Minisi. Da der Orinoko hier frei von Klippen ist, führte uns der indianische Steuermann die Nacht durch fort, indem er die Piroge der Strömung überließ. Dieses Stück meiner Karte zwischen dem Jao und dem Ventuari ist daher auch hinsichtlich der Krümmungen des Flusses nicht sehr genau. Rechnet man den Aufenthalt an dem Ufer, um den Reis und die Bananen zuzubereiten, ab, so brauchten wir von Esmeralda nach Santa Barbara nur 35 Stunden. Wir hatten also gegen 7,5 Kilometer in der Stunde zurückgelegt, eine Geschwindigkeit, die zugleich auf Rechnung der Strömung und der Bewegung der Ruder kommt.

Die Mission Santa Barbara liegt etwas westlich vom Einfluß des Rio Ventuari. Wir fanden im kleinen Dorfe von 120 Einwohnern einige Spuren von Industrie. Der Ertrag derselben kommt aber sehr wenig den Indianern zugute, sondern nur den Mönchen oder, wie man hierzulande sagt, der Kirche und dem Kloster.

In den wenigen Stunden, die wir uns in der Mission Santa Barbara aufhielten, erhielten wir ziemlich genaue Angaben über den Rio Ventuari, der mir nach dem Guaviare der bedeutendste unter allen Nebenflüssen des oberen Orinoko schien. Seine Ufer, an denen früher die Maypures gesessen, sind noch jetzt von einer Menge unabhängiger Völkerschaften bewohnt.

Fährt man durch die Mündung des Ventuari, die ein mit Palmen bewachsenes Delta bildet, hinauf, so kommen nach drei Tagereisen von Ost der Cumaruita und der Paru herein. Von West her kommen der Mariata und der Manipiare, an denen die Macos- und Curacicana-Indianer wohnen. Letztere Nation zeichnet sich durch ihren Eifer für den Baumwollanbau aus.

Wir brachen am 26. Mai morgens vom kleinen Dorfe Santa Barbara auf. Den ganzen Tag genossen wir die Aussicht auf die schönen Gebirge von Sipapo. Die Vegetation an den Ufern des Orinoko ist hier ausnehmend mannigfaltig; Baumfarne kommen von den Bergen herunter und mischen sich unter die Palmen der Niederung. Wir übernachteten auf der Insel Minisi und langten am 27. Mai in San Fernando de Atabapo an. Vor einem Monat, auf dem Weg zum Rio Negro, hatten wir im selben Hause des Präsidenten der Missionen gewohnt. Wir waren damals gegen Süd den Atabapo und Temi hinaufgefahren; jetzt kamen wir von West her nach einem weiten Umweg über den Casiquiare und den oberen Orinoko zurück.

Wir blieben nur einen Tag in San Fernando de Atabapo, obgleich dieses Dorf mit seinen schönen Pihiguaopalmen mit Pfirsichfrüchten uns ein köstlicher Aufenthalt schien. Zahme Pauxis (*Crax alector*) liefen um die Hütten der Indianer herum. In einer derselben sahen wir einen sehr seltenen Affen, der am Guaviare lebt. Es ist dies der Caparro. Der Pelz dieses Affen ist mardergrau und fühlt sich ungemein zart an. Der Caparro zeichnet sich ferner durch einen runden Kopf und einen sanften, angenehmen Gesichtsausdruck aus.

Am 27. Mai kamen wir von San Fernando mit der raschen Strömung des Orinoko in nicht ganz sieben Stunden zum Einfluß des Rio Mataveni. Wir brachten die Nacht unter freiem Himmel unterhalb des Granitfelsens *el castillito* zu, der mitten aus dem Flusse aufsteigt und dessen Gestalt an den Mäuseturm im Rhein, Bingen gegenüber, erinnert. Hier wie an den Ufern des Atabapo fiel uns eine kleine Art Drosera auf, die ganz den Habitus der europäischen Drosera hat. Der Orinoko war in der Nacht beträchtlich gestiegen, und die bedeutend beschleunigte Strömung trug uns in zehn Stunden von der Mündung des Mataveni zum oberen großen Katarakt, dem von Maypures oder Quituna; der zurückgelegte Weg betrug 58,5

Kilometer. Mit Interesse erinnerten wir uns der Orte, wo wir stromaufwärts übernachtet, und trafen Indianer wieder, die uns beim Botanisieren begleitet. Von der Mündung des Atabapo bis zu der des Apure war uns, als reisten wir in einem Land, in dem wir lange gewohnt. Wir lebten ebenso schmal, wir wurden von denselben Mücken gestochen, aber die sichere Aussicht, daß in wenigen Wochen unsere physischen Leiden ein Ende hätten, hielt uns aufrecht.

Der Transport der Piroge über den großen Katarakt hielt uns in Maypures zwei Tage auf. Am 31. Mai fuhren wir über die Stromschnellen der Guahibos und bei Garcita. Die Inseln mitten im Strom glänzten im herrlichsten Grün. Der winterliche Regen hatte die Blumenscheiden der Vadgiai-Palmen entwickelt, deren Blätter gerade himmelan stehen. Man wird nicht müde, Punkte zu betrachten, wo Baum und Fels der Landschaft den großartigen, ernsten Charakter geben, den man auf dem Hintergrund von Tizians und Poussins Bildern bewundert. Kurz vor Sonnenuntergang stiegen wir am östlichen Ufer des Orinoko, beim Puerto de la Expedicion ans Land, und zwar um die Höhle von Ataruipe zu besuchen, wo ein ganzer ausgestorbener Volksstamm seine Grabstätte zu haben scheint.

Man ersteigt mühsam und nicht ganz gefahrlos einen steilen, völlig kahlen Granitfelsberg. Man könnte auf der glatten, stark geneigten Fläche fast unmöglich Fuß fassen, wenn nicht große Feldspatkristalle, welche nicht so leicht verwittern, hervorstünden und Anhaltspunkte böten. Auf dem Gipfel des Berges angelangt, staunten wir über den außerordentlichen Anblick des Landes in der Runde. Ein Archipel mit Palmen bewachsener Inseln füllt das schäumende Strombett. Westwärts, am linken Ufer des Orinoko, breiten sich die Savannen am Meta und Casanare hin wie eine grüne See, deren dunstiger Horizont von der untergehenden Sonne beleuchtet war. Das Gestirn, das wie ein Feuerball über der Ebene hing, der einzeln stehende Spitzberg Uniana, der um so höher erschien, da seine Umrisse im Dunst verschwammen; alles wirkte zusammen, die großartige Szenerie noch erhabener zu machen. Wir sahen zunächst in ein tiefes, ringsum geschlossenes Tal hinunter. Raubvögel und Ziegenmelker schwirrten einzeln durch den unzugänglichen Zirkus. Mit Vergnügen verfolgten wir ihre flüchtigen Schatten, wie sie an den Felswänden hinglitten.

Über einen schmalen Grat gelangten wir auf einen benachbarten Berg, auf dessen abgerundetem Gipfel ungeheure Granitblöcke lagen. Diese Massen haben 13 bis 16 Meter Durchmesser und sind so vollkommen kugelförmig, daß man, da sie nur mit wenigen Punkten den Boden zu berühren schienen, meint, beim geringsten Stoße eines Erdbebens müßten sie in die Tiefe rollen.

Zuhinterst ist das Tal mit dichtem Wald bedeckt. An diesem schattigen, einsamen Ort, am steilen Abhang eines Berges, ist der Eingang der Höhle von Ataruipe. In dieser Grabstätte einer ganzen ausgestorbenen Völkerschaft zählten wir in kurzer Zeit gegen 600 wohlerhaltene und so regelmäßig verteilte Skelette, daß man sich hinsichtlich ihrer Zahl nicht leicht hätte irren können. Jedes Skelett liegt in einer Art Korb aus Palmblattstielen. Diese Körbe, von den Eingeborenen Mapires genannt, bilden eine Art viereckiger Säcke. Ihre Größe entspricht dem Alter der Leichen; es gibt sogar welche für Kinder, die während der Geburt gestorben; sie wechseln in der Länge von 26 Zentimeter bis 1,07 Meter. Die Skelette sind alle zusammengebogen und so vollständig, daß keine Rippe, kein Fingerglied fehlt. Die Knochen sind auf dreierlei Weisen zubereitet, entweder an Luft und Sonne gebleicht oder mit Onoto, dem Farbstoff der *Bixa Orellana,* rot gefärbt oder mumienartig zwischen wohlriechenden Harzen in Helikonia- und Bananenblätter eingeknetet. Die Indianer erzählten uns, man lege die frische Leiche in die feuchte Erde, damit sich das Fleisch allmählich verzehre. Nach einigen Monaten nehme man sie wieder heraus und schabe mit scharfen Steinen den Rest des Fleisches von den Knochen. Mehrere Horden in Guayana haben noch jetzt diesen Brauch. Neben den Mapires oder Körben sieht man Gefäße von halbgebranntem Ton, welche die Gebeine einer ganzen Familie zu enthalten schienen. Die größten dieser Graburnen sind ein Meter hoch und 1,38 Meter lang. Sie sind graugrün, oval, von ganz gefälligem Ansehen, mit Henkeln in Gestalt von Krokodilen und Schlangen, am Rand mit Mäandern, Labyrinthen und mannigfach kombinierten geraden Linien geschmückt.

Wir eröffneten, zum großen Ärgernis unserer Führer, mehrere Mapires, um die Schädelbildung genau zu untersuchen. Alle zeigten den Typus der amerikanischen Rasse; nur zwei oder drei näherten sich dem kaukasischen. Wir haben oben erwähnt, daß man mitten in den Katarakten, an den unzulänglichsten Orten, eisenbeschlagene Kisten mit europäischen Werkzeugen, mit Resten von Kleidungsstücken und Glaswaren findet. Diese Sachen gehörten wahrscheinlich portugiesischen Handelsleuten, die sich in diese wilden Länder herausgewagt. Läßt sich nun wohl auch annehmen, daß die Schädel von europäischer Bildung, die wir unter den Skeletten der Eingeborenen und ebenso sorgfältig aufbewahrt gefunden, portugiesischen Reisenden angehörten, die hier einer Krankheit erlagen oder im Kampfe erschlagen worden? Der Widerwillen der Eingeborenen gegen alles, was nicht ihres Stammes ist, macht dies nicht wahrscheinlich; vielleicht hatten sich Mestizen, die aus den Missionen am Meta und Apure entlaufen, an den Katarakten niedergelassen und Weiber aus dem Stamme der Atures genommen. Dergleichen Verbindungen kommen in dieser Zone zuweilen vor, freilich nicht so häufig wie in Kanada und Nordamerika überhaupt, wo Jäger europäischer Abkunft unter die Wilden gehen, ihre Sitten annehmen und es oft zu großen Ehren unter ihnen bringen.

Wir nahmen aus der Höhle von Ataruipe mehrere Schädel, das Skelett eines Kindes von sechs bis sieben Jahren und die Skelette zweier Erwachsener von der Nation der Atures mit. Alle diese zum Teil rot bemalten, zum Teil mit Harz überzogenen Gebeine lagen in den oben beschriebenen Körben. Sie machten fast eine ganze Maultierladung aus, und da uns der abergläubische Widerwillen der Indianer gegen einmal beigesetzte Leichen wohlbekannt war, hatten wir die Körbe in frisch geflochtene Matten einwickeln lassen. Bei dem Spürsinn der Indianer und ihrem feinen Geruch half aber diese Vorsicht leider nichts. Überall, wo wir in den Missionen der Kariben, auf den Llanos zwischen Angostura und Nueva Barcelona haltmachten, liefen die Eingeborenen um unsere Maultiere zusammen, um die Affen zu bewundern, die wir am Orinoko gekauft. Kaum aber hatten die guten Leute unser Gepäck angerührt, so prophezeiten sie, daß das Lasttier, »das den Toten trage«, zugrunde gehen werde. Umsonst versicherten wir, sie irrten sich, in den Körben seien Krokodil- und Seekuhknochen; sie blieben dabei, sie röchen das Harz, womit die Skelette überzogen seien, und »das seien ihre alten Verwandten«. Wir mußten die Autorität der Mönche in Anspruch nehmen, um des Widerwillens der Eingeborenen Herr zu werden und frische Maultiere zu bekommen. Einer der Schädel, den wir aus der Höhle von Ataruipe mitgenommen, ist in meines alten Lehrers Blumenbach schönem Werke über die Varietäten des Menschengeschlechts gezeichnet; aber die Skelette der Indianer gingen mit einem bedeutenden Teil unserer Sammlungen an der Küste von Afrika bei einem Schiffbruch verloren, der unserem Freund und Reisegefährten Fray Juan Gonzales das Leben kostete.

Schweigend gingen wir von der Höhle von Ataruipe nach Hause. Es war eine der stillen, heiteren Nächte, welche im heißen Erdstrich so gewöhnlich sind. Die Sterne glänzten in mildem planetarischem Licht. Ein Funkeln war kaum am Horizont bemerkbar, den die großen Nebelflecken der südlichen Halbkugel zu beleuchten schienen. Ungeheure Insektenschwärme verbreiteten ein rötliches Licht in der Luft. Der dichtbewachsene Boden glühte von lebendigem Feuer, als hätte sich die gestirnte Himmelsdecke auf die Grasflur niedergesenkt. Vor der Höhle blieben wir noch öfters stehen und bewunderten den Reiz des merkwürdigen Orts. Duftende Vanille und Bignonien schmückten den Eingang, und darüber, auf der Spitze des Hügels, wiegten sich säuselnd die Palmen.

Wir gingen an den Fluß hinab und schlugen den Weg zur Mission ein, wo wir ziemlich spät in der Nacht eintrafen. Was wir gesehen, hatte starken Eindruck auf unsere Einbildungskraft gemacht. In einem Lande, wo einem die menschliche Gesellschaft als eine Schöpfung der neuesten Zeit erscheint, hat alles, was an eine Vergangenheit erinnert, doppelten Reiz. Sehr alt waren nun hier die Erinnerungen nicht; aber in allem, was Denkmal heißt, ist das Alter nur ein relativer Begriff, und leicht verwechseln wir alt und rätselhaft.

Nordwärts von den Katarakten, am Engpaß beim Baraguan, scheint es ähnliche mit Knochen gefüllte Höhlen zu geben wie die oben beschriebenen. Ich hörte dies erst nach meiner

Rückkehr, und die indianischen Steuerleute sagten uns nichts davon, als wir im Engpaß anlegten. Diese Gräber haben ohne Zweifel Anlaß zu einer Sage der Otomaken gegeben, nach der die einzeln stehenden Granitfelsen am Baraguan, die sehr seltsame Gestalten zeigen, die Großväter, die alten Häuptlinge des Stammes sind. Der Brauch, das Fleisch sorgfältig von den Knochen zu trennen, hat sich bei mehreren Horden am Orinoko erhalten. Man behauptet sogar, und es ist ganz wahrscheinlich, die Guaranos legen die Leichen in Netzen ins Wasser, wo dann die kleinen Karibenfische, die »Serra-Solmes«, die wir überall in ungeheurer Menge antrafen, in wenigen Tagen das Muskelfleisch verzehren und das Skelett »präparieren«. Begreiflich ist solches nur an Orten möglich, wo es nicht viele Krokodile gibt. Manche Stämme, z. B. die Tamanaken, haben den Brauch, die Felder des Verstorbenen zu verwüsten und die Bäume, die er gepflanzt, umzuhauen. Sie sagen, »Dinge sehen zu müssen, die Eigentum ihrer Angehörigen gewesen, mache traurig«. Sie vernichten das Andenken lieber, als daß sie es erhalten. Diese indianische Empfindsamkeit wirkt sehr nachteilig auf den Landbau, und die Mönche widersetzen sich mit Macht den abergläubischen Gebräuchen, welche die zum Christentum bekehrten Eingeborenen in den Missionen beibehalten.

Die indianischen Gräber am Orinoko sind bis jetzt nicht gehörig untersucht worden, weil sie keine Kostbarkeiten enthalten wie die in Peru und weil man jetzt an Ort und Stelle an die früheren Mären vom Reichtum der alten Einwohner des Dorado nicht mehr glaubt.

Überall, wo sich im Granit nicht die großen Höhlungen finden, wie sie sich durch die Verwitterung des Gesteins oder durch die Aufeinandertürmung der Blöcke bilden, bestatten die Indianer den Leichnam in die Erde. Die Hängematte (*chinchorro*), eine Art Netz, worin der Verstorbene im Leben geschlafen, dient ihm als Sarg. Man schnürt dieses Netz fest um den Körper zusammen, gräbt ein Loch in der Hütte und legt den Toten darin nieder. Es erscheint übrigens ziemlich auffallend, daß die Eingeborenen am Orinoko, trotz des Überflusses an Holz im Lande, ihre Toten nicht verbrennen. Scheiterhaufen errichten sie nur nach einem Gefechte, wenn der Gebliebenen sehr viele sind. Die Indianer in Südamerika haben die größte Anhänglichkeit an die Orte, wo die Gebeine ihrer Väter ruhen.

In der Mission Atures verweilten wir nur, bis unsere Piroge durch den großen Katarakt geschafft war. Der Boden unseres kleinen Fahrzeugs war so dünn geworden, daß große Vorsicht nötig war, damit er nicht sprang. Wir nahmen Abschied vom Missionar Bernardo Zea, der in Atures blieb, nachdem er zwei Monate lang unser Begleiter gewesen und alle Beschwerden mit uns geteilt hatte. Der arme Mann hatte immer noch seine Anfälle von Tertianfieber, aber sie waren für ihn ein gewohntes Übel geworden, und er achtete wenig mehr darauf. Bei unserem zweiten Aufenthalt in Atures herrschten daselbst andere gefährlichere Fieber. Die Mehrzahl der Indianer war an die Hängematte gefesselt, und um etwas Kassavebrot mußten wir zum unabhängigen aber nahebei wohnenden Stamme der Piraoas schicken. Bis jetzt blieben wir von diesen bösartigen Fiebern verschont, die ich nicht immer für ansteckend halte.

Wir wagten es, in unserer Piroge durch die letzte Hälfte des Raudals von Atures zu fahren. Wir stiegen mehrere Male aus und kletterten auf die Felsen, die wie schmale Dämme die Inseln untereinander verbinden. Bald stürzen die Wasser über die Dämme, bald fallen sie mit dumpfem Getöse in das Innere derselben. Wir fanden ein beträchtliches Stück des Orinoko trockengelegt, weil sich der Strom durch unterirdische Kanäle einen Weg gebrochen hat. An diesen einsamen Orten nistet das Felshuhn mit goldigem Gefieder (*Pipra rupicola*), einer der schönsten tropischen Vögel. Wir hielten uns im Raudalito von Canucari auf, der durch ungeheure, aufeinander getürmte Granitblöcke gebildet wird. Diese Blöcke, worunter Sphäroide von 1,6 bis 2 Meter Durchmesser, sind so übereinander geschoben, daß sie geräumige Höhlen bilden. Wir gingen in eine derselben, um Konferven zu pflücken, womit die Spalten und die nassen Felswände bekleidet waren. Dieser Ort bot eines der merkwürdigsten Naturschauspiele, die wir am Orinoko gesehen. Über unseren Köpfen rauschte der Strom weg, und es brauste, wie wenn das Meer sich an Klippen bricht; aber am Eingang der Höhle konnte man trocken hinter einer breiten Wassermasse stehen, die sich im Bogen über den Steindamm stürzte. In anderen tieferen, aber nicht so großen Höhlen war das Gestein durch langdauernde Einsickerung durchbohrt. Wir sahen 21 bis 23 Zentimeter dicke Wassersäulen von der Decke des Gewölbes herabkommen und durch Spalten entweichen, die auf weite Strecken zusammenzuhängen schienen.

Wir genossen den Anblick dieses außerordentlichen Naturbildes länger als uns lieb war. Unser Kanoe sollte am östlichen Ufer einer schmalen Insel hinfahren und uns nach einem weiten Umweg wieder aufnehmen. Wir warteten anderthalb Stunden vergeblich. Die Nacht kam heran und mit ihr ein furchtbares Gewitter; der Regen goß in Strömen herab. Wir fürchteten nachgerade, unser schwaches Fahrzeug könnte an den Felsen zerschellt sein und die Indianer bei ihrer gewöhnlichen Gleichgültigkeit beim Ungemach anderer sich auf den Weg zur Mission gemacht haben. Wir waren nur unser drei; stark durchnäßt und voll Sorge um unsere Piroge bangten wir vor der Aussicht, eine lange Äquinoktialnacht schlaflos im Lärm der Raudales zuzubringen. Bonpland faßte den Entschluß, mich mit Don Nicolas Soto auf der Insel zu lassen und über die Flußarme zwischen den Granitdämmen zu schwimmen. Nur mit Mühe hielten wir ihn von diesem gewagten Beginnen ab. Er war unbekannt mit dem Labyrinth von Wasserrinnen, in die der Orinoko zerschlagen ist und in denen meist starke Wirbel sind. Und was jetzt, da wir eben unsere Lage beratschlagten, unter unsern Augen vorging, bewies hinreichend, daß die Indianer fälschlich behauptet hatten, in den Katarakten gäbe es keine Krokodile. Die kleinen Affen, die wir seit mehreren Monaten mit uns führten, hatten wir auf die Spitze unserer Insel gestellt; vom Gewitterregen durchnäßt und für die geringste Wärmeabnahme empfindlich wie sie sind, erhoben die zarten Tiere ein klägliches Geschrei und lockten damit zwei nach ihrer Größe und ihrer bleigrauen Farbe sehr alte Krokodile herbei. Bei dieser unerwarteten Erscheinung war uns der Gedanke, daß wir bei unserem ersten Aufenthalt in Atures mitten im Raudal gebadet, nicht eben behaglich. Nach langem Warten kamen die Indianer endlich, als schon der Tag sich neigte. Die Staffel, über die sie hatten herab wollen, um die Insel zu umfahren, war wegen zu seichten Wassers nicht befahrbar, und der Steuermann hatte im Gewirr von Felsen und kleinen Inseln lange nach einer besseren Durchfahrt suchen müssen. Zum Glück war unsere Piroge nicht beschädigt, und in weniger als einer halben Stunde waren unsere Instrumente, unsere Mundvorräte und unsere Tiere eingeschifft.

Wir fuhren einen Teil der Nacht durch, um unser Nachtlager auf der Insel Panumana aufzuschlagen, und an der neuen Mission San Borja vorüber und hörten einige Tage darauf mit Bedauern, die kleine Kolonie von Guahibos-Indianern sei *al monte* gelaufen, da sie sich eingebildet, wir wollten sie fortschleppen und als Poitos, das heißt als Sklaven, verkaufen. Nachdem wir durch die Stromschnellen Tabaje und den Raudal Cariven am Einfluß des großen Rio Meta gegangen, langten wir wohlbehalten in Carichana an. Der Missionar, Fray Jose Antonio de Torre, nahm uns mit der herzlichen Gastfreundschaft auf, die er uns schon bei unserem ersten Aufenthalt hatte zuteil werden lassen. In Carichana konnte Bonpland zu seiner Befriedigung eine drei Meter lange Seekuh sezieren. Es war ein Weibchen, und ihr Fleisch glich dem Rindfleisch. Die Piraoas, von denen einige Familien in der Mission Carichana leben, verabscheuen dieses Tier so sehr, daß sie sich versteckten, um es nicht anrühren zu müssen, als es in unsere Hütte geschafft wurde. Sie behaupten, »die Leute ihres Stammes sterben unfehlbar, wenn sie davon essen.« Dieses Vorurteil ist desto auffallender, da die Nachbarn der Piraoas, die Guamos und Otomaken, nach dem Seekuhfleisch sehr lüstern sind.

Der Aufenthalt in Carichana kam uns sehr zustatten, um uns von unseren Strapazen zu erholen. Bonpland trug den Keim einer schweren Krankheit in sich; er hätte dringend der Ruhe bedurft. Da aber das Nebenflußdelta zwischen dem Horeda und dem Paruasi mit dem üppigsten Pflanzenwuchse bedeckt ist, konnte er der Lust nicht widerstehen, große botanische Exkursionen zu machen, und wurde den Tag über mehrere Male durchnäßt. Im Hause des Missionars wurde für alle unsere Bedürfnisse zuvorkommend gesorgt; man verschaffte uns Maismehl, sogar Milch. Die Kühe geben in den Niederungen der heißen Zone reichlich Milch, und es fehlt nirgends daran, wo es gute Weiden gibt.

Wir fuhren den Orinoko in zwei Tagen von Carichana zur Mission Uruana hinab, nachdem wir wieder durch den viel berufenen Engpaß beim Baraguan gegangen. Wir hielten öfter an, um die Geschwindigkeit des Stroms und seine Temperatur an der Oberfläche zu messen. Letztere betrug 27,4 Grad; die Geschwindigkeit 65 Zentimeter in der Sekunde an Stellen, wo das Bett des Orinoko über 3 900 Meter breit und 18,5 bis 22 Meter tief war.

Die Mission Uruana ist ungemein malerisch gelegen; das kleine indianische Dorf lehnt sich an einen hohen Granitberg. Überall steigen Felsen wie Pfeiler über dem Walde auf und ragen über die höchsten Baumwipfel empor. Nirgends nimmt sich der Orinoko majestätischer aus als bei der Hütte des Missionars Fray Ramon Bueno. Er ist hier über 5 000 Meter breit und läuft gerade gegen Ost, ohne Krümmung, wie ein ungeheurer Kanal.

Die Mission ist von Otomaken bewohnt, einem versunkenen Stamme, an dem man eine der merkwürdigsten physiologischen Erscheinungen beobachtet. Die Otomaken essen Erde, das heißt sie verschlingen sie mehrere Monate lang täglich in ziemlich bedeutenden Mengen, um den Hunger zu beschwichtigen, ohne daß ihre Gesundheit dabei leidet. Diese unzweifelhafte Tatsache hat seit meiner Rückkehr nach Europa lebhaften Widerspruch gefunden, weil man zwei ganz verschiedene Sätze: Erde essen und sich mit Erde nähren, zusammenwarf. Wir konnten uns zwar nur einen einzigen Tag in Uruana aufhalten, aber dies reichte hin, um die Bereitung der Poya (der Erdkugeln) kennenzulernen, die Vorräte, welche die Eingeborenen davon angelegt, zu untersuchen und die Quantität Erde, die sie in 24 Stunden verschlingen, zu bestimmen. Übrigens sind die Otomaken nicht das einzige Volk am Orinoko, bei dem Ton als Nahrungsmittel gilt. Auch bei den Guamos findet man Spuren von dieser Verirrung des Nahrungstriebs, und zwischen den Einflüssen des Meta und des Apure spricht jedermann von der Geophagie als von etwas Altbekanntem. Ich teile hier nur mit, was wir mit eigenen Augen gesehen oder aus dem Munde des Missionars vernommen, den ein schlimmes Geschick verurteilt hat, zwölf Jahre unter dem wilden, unruhigen Volke der Otomaken zu leben.

Die Einwohner von Uruana gehören zu den Savannenvölkern (*Indios andantes*), die schwerer zu zivilisieren sind als die Waldvölker (*Indios del monte*), starke Abneigung gegen den Landbau haben und fast ausschließlich von Jagd und Fischfang leben. Es sind Menschen von sehr starkem Körperbau, aber häßlich, wild, rachsüchtig, den gegorenen Getränken leidenschaftlich ergeben. Sie sind im höchsten Grade »omnivore Tiere«; die anderen Indianer, die sie als Barbaren ansehen, sagen daher auch, »nichts sei so ekelhaft, daß es ein Otomake nicht esse«. Solange das Wasser im Orinoko und seinen Nebenflüssen tief steht, leben die Otomaken von Fischen und Schildkröten. Sie schießen jene mit überraschender Fertigkeit mit Pfeilen, wenn sie sich an der Wasserfläche blicken lassen. Sobald die Anschwellungen der Flüsse erfolgen, ist es mit dem Fischfang fast ganz vorbei. Es ist dann so schwer, in den tiefen Flüssen Fische zu bekommen, als auf offener See. Zur Zeit der Überschwemmungen, die zwei bis drei Monate dauern, verschlingen die Otomaken Erde in unglaublicher Masse. Wir fanden in ihren Hütten pyramidalisch aufgesetzte, 1 bis 1,3 Meter hohe Kugelhaufen; die Kugeln hatten acht bis zehn Zentimeter im Durchmesser. Die Erde, welche die Otomaken essen, ist ein sehr feiner, sehr fetter Letten; er ist gelbgrau, und da er ein wenig am Feuer gebrannt wird, so sticht die harte Kruste etwas ins Rote, was vom darin enthaltenen Eisenoxyd herrührt.

Die Otomaken essen nicht jede Art Ton ohne Unterschied; sie suchen die Alluvialschichten auf, welche die fetteste, am feinsten anzufühlende Erde enthalten. Ich fragte den Missionar, ob man den befeuchteten Ton die Art von Zersetzung durchmachen lasse, wobei sich Kohlensäure und Schwefelwasserstoff entwickeln und die in allen Sprachen faulen heißt; er versicherte uns aber, die Eingeborenen lassen den Ton niemals faulen und vermischen ihn auch weder mit Maismehl noch mit Schildkrötenöl oder Krokodilfett. Wir selbst haben schon am Orinoko und nach unserer Heimkehr in Paris die mitgebrachten Kugeln untersucht und keine Spur einer organischen, sei es mehligen oder öligen Substanz darin gefunden. Dem Wilden gilt alles für nahrhaft, was den Hunger beschwichtigt; fragt man daher den Otomaken, wovon er in den zwei Monaten, wo der Fluß am vollsten ist, lebe, so deutet er auf seine Lettenkugeln. Er nennt sie seine Hauptnahrung, denn in dieser Zeit bekommt er nur selten eine Eidechse, eine Farnwurzel, einen toten Fisch, der auf dem Wasser schwimmt. Ißt nun der Indianer zwei Monate lang Erde aus Not (und zwar 375 bis 625 Gramm in 24 Stunden), so läßt er sie sich doch auch das übrige Jahr schmecken. In der trockenen Jahreszeit, beim ergiebigsten Fischfang, reibt er seine Poyaklöße und mengt etwas Ton unter seine Speisen. Das Auffallendste ist, daß die Otomaken nicht vom Fleisch fallen, solange sie Erde in so bedeutender Menge verzehren. Sie sind im Gegenteil sehr kräftig und haben keineswegs einen gespannten, aufgetriebenen Bauch. Der Missionar versichert, er habe nie bemerkt, daß die Gesundheit der Eingeborenen während der Überschwemmung des Orinoko eine Störung erlitten hätte.

Das Tatsächliche, das wir ermitteln konnten, ist ganz einfach folgendes. Die Otomaken essen mehrere Monate lang täglich 375 Gramm am Feuer etwas gehärteten Letten. Sie netzen die Erde wieder an, ehe sie sie verschlucken. Es ließ sich bis jetzt nicht genau ermitteln, wieviel nährende vegetabilische oder tierische Substanz sie während dieser Zeit in der Woche zu sich nehmen; so viel ist aber sicher, sie selbst schreiben ihr Gefühl der Sättigung dem Letten zu und nicht den kümmerlichen Nahrungsmitteln, die sie von Zeit zu Zeit daneben genießen.

Das kleine Dorf Uruana ist schwerer zu regieren als die meisten anderen Missionen. Die Otomaken sind ein unruhiges, lärmendes, in seinen Leidenschaften ungezügeltes Volk. Nicht nur sind sie dem Genuß der gegorenen Getränke aus Maniok und Mais und des Palmweins im Übermaß ergeben, sie versetzen sich auch noch in einen eigentümlichen Zustand von Rausch, man könnte fast sagen, von Wahnsinn, durch den Gebrauch des Niopopulvers. Sie sammeln die langen Schoten einer Mimosenart, die wir unter dem Namen *Acacia Niopo* bekanntgemacht haben; sie reißen sie in Stücke, feuchten sie an und lassen sie gären. Wenn die durchweichten Pflanzen anfangen, schwarz zu werden, kneten sie dieselben wie einen Teig, mengen Maniokmehl und Kalk, der aus der Muschel einer Ampullaria gebrannt wird, darunter und setzen die

Masse auf einem Rost von hartem Holz einem starken Feuer aus. Der erhärtete Teig bildet kleine Kuchen. Will man sich derselben bedienen, so werden sie zu feinem Pulver zerrieben und dieses auf einen 13 bis 16 Zentimeter breiten Teller gestreut. Der Otomake hält den Teller, der einen Stiel hat, in der rechten Hand und zieht das Niopo durch einen gabelförmigen Vogelknochen, dessen zwei Enden in die Nasenlöcher gesteckt sind, in die Nase. Der Knochen, ohne den der Otomake diese Art Schnupftabak nicht nehmen zu können meint, ist 18 Zentimeter lang, und es schien mir der Fußwurzelknochen eines großen Stelzenläufers zu sein. Das Niopo reizt so, daß ganz wenig davon heftiges Niesen verursacht, wenn man nicht daran gewöhnt ist.

Der eigentliche krautartige Tabak, denn die Missionare nennen das Niopo oder Curupa »Baumtabak«, wird seit unvordenklicher Zeit von allen eingeborenen Völkern am Orinoko gebaut; man fand auch bei der Eroberung die Sitte des Rauchens in beiden Amerika gleich verbreitet. Die Tamanaken und Maypuren in Guayana umwickeln die Zigarren mit Mais, wie bereits die Mexikaner vor Cortez' Ankunft getan. Die armen Indianer in den Wäldern am Orinoko wissen so gut wie die großen Herren am Hofe Montezumas, daß der Tabakrauch ein vortreffliches Narkotikum ist; sie bedienen sich desselben nicht nur, um ihre Siesta zu halten, sondern auch, um sich in den Zustand von Quietismus zu versetzen, den sie ein »Träumen mit offenen Augen«, »Träumen bei Tag« nennen.

Wenn sich die Otomaken in Uruana durch den Genuß des Niopo und gegorener Getränke in einen Zustand von Trunkenheit versetzt haben, der mehrere Tage dauert, so bringen sie einander um, ohne sich mit Waffen zu schlagen. Die bösartigsten vergiften sich den Daumennagel mit Curare, und nach der Aussage der Missionare kann der geringste Riß mit diesem vergifteten Nagel tödlich werden, wenn das Curare sehr stark ist und unmittelbar in die Blutmasse gelangt. Begehen die Indianer bei Nacht infolge eines Zankes einen Totschlag, so werfen sie den Leichnam in den Fluß, weil sie fürchten, es könnten Spuren der erlittenen Gewalt an ihm zu bemerken sein. »Sooft ich«, äußerte Pater Bueno gegen uns, »die Weiber an einer andern Stelle des Ufers als gewöhnlich Wasser schöpfen sehe, vermute ich, daß ein Mord in meiner Mission begangen worden ist.«

Ungern schieden wir (am 7. Juni) vom Pater Ramon Bueno. Unter den zehn Missionaren, die wir auf dem ungeheuren Gebiet von Guayana kennengelernt, schien mir nur er auf alle Verhältnisse der eingeborenen Völkerschaften zu achten. Er hoffte, in kurzem nach Madrid zurückkehren und das Ergebnis seiner Untersuchungen über die Bilder und Züge auf den Felsen bei Uruana bekanntmachen zu können.

Wir übernachteten auf der Insel Cucuruparu. Ostwärts von der Insel ist die Mündung des Caño de la Tortuga. Am südlichen Ufer dieses Caño liegt die fast ganz eingegangene Mission San Miguel de la Tortuga. Die Indianer versicherten uns, in der Nähe dieser kleinen Mission gebe es eine Menge Fischottern mit sehr feinem Pelz, welche bei den Spaniern *perritos de agua,* Wasserhunde, heißen, und, was merkwürdiger ist, Eidechsen (*lagartos*) mit zwei Füßen. Der Lagarto ohne Hinterbeine ist vielleicht eine Art Siren, abweichend vom *Siren lacertina* in Carolina. Außer den Arrau-Schildkröten leben am Orinoko zwischen Uruana und Encaramada auch Landschildkröten, die sogenannten Morocoi in zahlloser Menge. In der großen Sonnenhitze und Trockenheit stecken die Tiere, ohne zu fressen, unter Steinen oder in Löchern, die sie gegraben. Erst wenn sie nach dem ersten Regen spüren, daß die Erde feucht wird, kommen sie aus ihrem Versteck hervor und fangen wieder an zu fressen. Die Terekay oder Tajelus, Süßwasserschildkröten, haben dieselbe Lebensweise. Die Eingeborenen kennen die Löcher, in denen die Schildkröten im ausgetrockneten Boden schlafen, und graben sie 40 bis 48 Zentimeter tief in Menge auf einmal aus. Dies ist nicht gefahrlos, weil sich im Sommer häufig Schlangen mit den Terekay eingraben.

Von der Insel Cucuruparu hatten wir bis zur Hauptstadt von Guayana, gemeiniglich Angostura genannt, noch neun Tage zu fahren; es sind nicht ganz 430 Kilometer. Wir brachten die Nacht selten am Lande zu; aber die Plage der Moskitos nahm merklich ab, je weiter wir hinabkamen. Am 8. Juni gingen wir bei einem Hof, dem Einfluß des Rio Apure gegenüber, ans Land. Die Lage dieses Hofes am Punkt, wo der Orinoko aus der Richtung von Süd nach Nord in die von West nach Ost umbiegt, ist sehr malerisch. Granitfelsen erheben sich wie Eilande auf den weiten Prärien. Von ihrer Spitze sahen wir nordwärts die Llanos oder Steppen von Calabozo sich bis zum Horizont ausbreiten. Da wir seit langem an den Anblick der Wälder gewöhnt waren, machte diese Aussicht einen großen Eindruck auf uns. Nach Sonnenuntergang bekam die Steppe ein graugrünes Kolorit. Unser Wirt war ein Franzose, der unter seinen zahlreichen Herden lebte. Er hatte seine Muttersprache verlernt, schien aber doch mit Vergnügen zu hören, daß wir aus der Heimat kamen. Er hatte dieselbe vor 40 Jahren verlassen, und er hätte uns gerne ein paar Tage auf seinem Hof behalten. Von den politischen Umwälzungen in Europa war ihm so gut wie nichts zu Ohren gekommen. Die kleinen Städte Caycara und Cabruta sind nur ein paar Kilometer vom Hof, aber unser Wirt war einen Teil des Jahres hindurch völlig abgeschnitten. Durch die Überschwemmungen des Apure und des Orinoko wird der Capuchino zur Insel, und man kann mit den benachbarten Höfen nur zu Schiff verkehren. Das Hornvieh zieht sich dann auf den höher gelegenen Landstrich zurück, der südwärts der Bergkette der Encaramada zuläuft.

Am 9. Juni morgens begegneten uns eine Menge Fahrzeuge mit Waren, die mit Segeln den Orinoko und dann den Apure hinauffuhren. Es ist dies eine stark befahrene Handelsstraße zwischen Angostura und dem Hafen von Torunos in der Provinz Varinas. Bei Hochwasser braucht man mehrere Monate gegen die Strömung des Orinoko, des Apure und des Rio Santo Domingo. Die Schiffsleute müssen ihre Fahrzeuge an Baumstämme binden und sie am Tau den Fluß hinaufziehen. In den starken Krümmungen des Flusses kommen sie oft in ganzen Tagen nicht über 400 bis 600 Meter vorwärts.

Unterhalb San Rafael del Capuchino gingen wir rechts bei Villa Caycara an einer Bucht, Puerto Sedeño genannt, ans Land. Es stehen hier ein paar Häuser beisammen, und diese führen den vornehmen Titel Villa. Wir schifften uns morgens in Caycara ein und fuhren mit der Strömung des Orinoko zuerst am Einfluß des Rio Cuchivero, wohin eine alte Sage die Aikeambenanos oder Weiber ohne Männer versetzt, dann am kleinen Dorf Alta Gracia, nach einer spanischen Stadt so genannt, vorüber. Unterhalb der Stelle, wo sich der Orinoko gegen Ost wendet, hat man fortwährend zur rechten Hand Wälder, zur linken die Llanos oder Steppen von Venezuela. Die Wälder, die sich am Strom hinziehen, sind indessen nicht mehr so dicht wie am oberen Orinoko. Die Bevölkerung nimmt merkbar zu, je näher man der Hauptstadt kommt; man trifft wenige Indianer mehr, dagegen Weiße, Neger und Mischlinge.

Nachdem wir am 10. Juni auf einer Insel mitten im Strom die Nacht zugebracht, fuhren wir an der Mündung des Rio Caura vorüber. Alle christlichen Niederlassungen befinden sich gegenwärtig nahe an der Mündung des Flusses, und die Dörfer San Pedro, Aripao, Urbani und Guaraguaraico liegen nur wenige Meilen hintereinander. Das erste ist das volkreichste und hat doch nur 250 Seelen; San Luis de Guaraguaraico ist eine Kolonie freigelassener oder flüchtiger Neger vom Essequibo und verdient Aufmunterung von seiten der Regierung. Die Versuche, die Sklaven an den Boden zu fesseln und sie als Pächter die Früchte ihrer Arbeit als Landbauer genießen zu lassen, sind höchst empfehlenswert. Der zum großen Teil noch unberührte Boden am Rio Caura ist ungemein fruchtbar; man findet dort Weiden für mehr als 15 000 Stück Vieh; aber den armen Ansiedlern fehlt es gänzlich an Pferden und an Hornvieh. Mehr als sechs Siebentel der Uferstriche am Caura liegen wüst oder sind in den Händen wilder, unabhängiger Stämme. Das Flußbett wird zweimal durch Felsen eingeengt, und an dieser Stelle sind die Raudales Mura und Para oder Paru; letzterer hat einen Trageplatz, weil die Pirogen nicht darübergehen können.

Gegenwärtig fährt man den Orinoko zu jeder Jahreszeit von der Mündung bis zum Einfluß des Apure und des Meta ohne Besorgnis auf und ab. Die einzelnen Fälle auf dieser Strecke sind die beim Torno oder Camiseta, bei Marimara und bei Cariven oder Carichana Vieja. Keines dieser drei Hindernisse ist zu fürchten, wenn man erfahrene indianische Steuerleute hat. Die Fahrt auf dem unteren Orinoko von der Mündung bis zur Provinz Varinas ist allein wegen der starken Strömung beschwerlich. Im Flußbett selbst sind nirgends stärkere Hindernisse zu überwinden als auf der Donau zwischen Linz und Wien. Große Felsschwellen, eigentliche Wasserfälle kommen erst oberhalb des Meta.

Wir schlugen unser Lager auf einem breiten Gestade am südlichen Ufer des Orinoko nahe der kleinen Stadt Muitaco oder Real Corona auf. Durch den Umstand, daß die hohen Gebirge von Araguacais so nahe liegen, ist Muitaco einer der gesündesten Orte am unteren Orinoko.

Muitaco war der letzte Ort, wo wir am Ufer des Orinoko die Nacht unter freiem Himmel zubrachten; wir fuhren noch zwei Nächte durch, ehe wir unser Reiseziel, Angostura, erreichten. Eine solche Fahrt auf dem Talweg eines großen Stroms ist ungemein bequem: man hat nichts zu fürchten außer den natürlichen Flößen aus Bäumen, die der Fluß, wenn er austritt, von den Ufern abreißt. In dunklen Nächten scheitern die Pirogen an diesen schwimmenden Eilanden wie an Sandbänken.

Nur schwer vermöchte ich das angenehme Gefühl zu schildern, mit dem wir in Angostura, der Hauptstadt von Spanisch-Guayana, das Land betraten. Die Beschwerden, denen man in kleinen Fahrzeugen zur See unterworfen ist, sind nichts gegen das, was man auszustehen hat, wenn man unter einem glühenden Himmel, in einem Schwarm von Moskitos monatelang in einer Piroge liegen muß, in der man wegen ihrer Unstetigkeit gar keine Bewegung machen kann. Wir hatten in 75 Tagen auf den fünf großen Flüssen Apure, Orinoko, Atabapo, Rio Negro und Casiquiare 2 250 Kilometer zurückgelegt und auf dieser ungeheuren Strecke nur sehr wenige Orte angetroffen. Obgleich nach unserem Leben in den Wäldern unser Anzug nichts weniger als gewählt war, säumten wir doch nicht, uns Don Felipe de Uriarte, dem Statthalter der Provinz Guayana, vorzustellen. Er nahm uns auf das zuvorkommendste auf und wies uns beim Sekretär der Intendanz unsere Wohnung an. Da wir aus fast menschenleeren Ländern kamen, fiel uns das Treiben in einer Stadt, die keine 6 000 Einwohner hat, ungemein auf. Wir staunten, was Gewerbefleiß und Handel dem zivilisierten Menschen an Bequemlichkeit bieten; bescheidene Wohnräume kamen uns prachtvoll vor, wer uns anredete, erschien uns geistreich. Nach langer Entbehrung gewähren Kleinigkeiten einen hohen Genuß, und mit unbeschreiblicher Freude sahen wir zum erstenmal wieder Weizenbrot auf der Tafel des Statthalters. Sich wieder im Schoße der Kultur zu wissen, ist ein großer Genuß, aber er hält nicht lange an, wenn man für die Wunder der Natur im heißen Erdstrich ein lebendiges Gefühl hat. Die überstandenen Beschwerden sind bald vergessen, und kaum ist man an der Küste, auf dem von den spanischen Kolonisten bewohnten Boden, so entwirft man den Plan, wieder ins Binnenland zu gehen.

Ein schlimmer Umstand nötigte uns, einen ganzen Monat in Angostura zu verweilen. In den ersten Tagen nach unserer Ankunft fühlten wir uns matt und schwach, aber vollkommen gesund. Bonpland fing an, die wenigen Pflanzen zu untersuchen, welche er vor den Wirkungen des feuchten Klimas hatte schützen können; ich war beschäftigt, Länge und Breite der Hauptstadt zu bestimmen und die Inklination der Magnetnadel zu beobachten; fast am selben Tage befiel uns eine Krankheit, die bei meinem Reisegefährten den Charakter eines ataktischen Fiebers annahm. Die Luft war zur Zeit in Angostura vollkommen gesund, und da sich bei dem einzigen Diener, den wir von Cumana mitgebracht, die Vorboten desselben Übels einstellten, so zweifelte unsere Umgebung, von der wir aufs sorgfältigste gepflegt wurden, nicht daran, daß wir den Keim des Typhus aus den feuchten Wäldern am Casiquiare mitgebracht. Es kommt häufig vor, daß sich bei Reisenden die Folgen der Miasmen erst dann äußern, wenn sie wieder in reinerer Luft sind und sich zu erholen anfangen. Eine gewisse geistige Anspannung kann eine Zeitlang die Wirkung krankmachender Ursachen hinausschieben. Da unser Diener dem heftigen Regen weit mehr als wir ausgesetzt gewesen war, entwickelte sich die Krankheit bei ihm furchtbar rasch. Seine Kräfte lagen so darnieder, daß man uns am neuen Tage seinen Tod meldete. Es war aber nur eine mehrstündige Ohnmacht, auf die eine heilsame Krise eintrat. Zur selben Zeit wurde auch ich von einem sehr heftigen Fieber befallen; man gab mir mitten im Anfall ein Gemisch von Honig und Extrakt der China vom Rio Carony (*Extractum corticis Angosturae*). Es ist dies ein Mittel, das die Kapuziner in den Missionen höchlich preisen. Das Fieber wurde darauf stärker, hörte aber gleich am andern Tag auf. Bonplands Zustand war sehr bedenklich, und wir schwebten mehrere Wochen in der höchsten Besorgnis. Zum Glück behielt der Kranke Kraft genug, um sich selbst behan-

deln zu können. Er nahm gelindere, seiner Konstitution ange-
messenere Mittel als die China vom Rio Carony. Das Fieber
war anhaltend und wurde, wie fast immer unter den Tropen,
durch eine Komplikation mit Ruhr noch gesteigert. Während
der ganzen schmerzhaften Krankheit behielt Bonpland die
Charakterstärke und die Sanftmut, die ihn auch in der
schlimmsten Lage niemals verlassen haben. Mich ängstigten
trübe Ahnungen. Der Botaniker Löffling, ein Schüler Linnés,
war nicht weit von Angostura, am Ufer des Carony, ein Opfer
seines Eifers für die Naturwissenschaft geworden. Wir hatten
noch kein volles Jahr im heißen Erdstrich zugebracht, und
mein nur zu treues Gedächtnis vergegenwärtigte mir alles,
was ich in Europa über die Gefährlichkeit der Luft in den Wäldern gelesen hatte. Den Weg über die Flüsse hatte ich selbst
gewählt, und in der Gefahr, in der mein Reisegefährte
schwebte, erblickte ich die unselige Folge dieser unvorsichti-
gen Wahl.

Nachdem das Fieber in wenigen Tagen einen ungemeinen
Grad von Heftigkeit erreicht hatte, nahm es einen weniger
beunruhigenden Charakter an. Die Entzündung des Darmka-
nals wich auf die Anwendung erweichender Mittel, wozu Malvenarten dienten. Die Sida- und Melochiaarten sind im heißen
Erdstrich ungemein wirksam. Indessen ging es mit der Wiedergenesung des Kranken sehr langsam, wie immer bei noch
nicht ganz akklimatisierten Europäern. Die Regenzeit dauerte
noch immer an, und an die Küste von Cumana zurück mußten
wir wieder über die Llanos, wo man auf halb überschwemm-
tem Boden selten ein Obdach und etwas anderes als an der
Sonne gedörrtes Fleisch zu essen findet. Um nicht Bonpland
einem gefährlichen Rückfall auszusetzen, beschlossen wir, bis
zum 10. Juli in Angostura zu bleiben. Wir brachten diese Zeit
zum Teil auf einer Pflanzung in der Nachbarschaft zu, wo
Mangobäume und Brotfruchtbäume (*Artocarpus incisa*) gezogen werden.

Die jetzige Hauptstadt der Provinz Guayana wurde im Jahre
1764 unter dem Statthalter Don Juaquin Moreno de Mendoza
angelegt und heißt Santo Thome de la Nueva Guayana. Da dieser Name sehr lang ist, so sagt man dafür im gewöhnlichen
Leben Angostura (Engpaß). Angostura lehnt sich an einen kah-

len Hügel von Hornblendeschiefer. Die Straßen sind gerade und laufen meist dem Strome parallel. Viele Häuser stehen auf dem nackten Fels, und hier glaubt man, daß durch die schwarzen, von der Sonne stark erhitzten Flächen die Luft ungesund werde. Für gefährlicher halte ich die Lachen stehenden Wassers, die hinter der Stadt gegen Südost sich hinziehen. Die Häuser in Angostura sind hoch, angenehm und meistens aus Stein. Diese Bauart beweist, daß man sich hierzulande vor den Erdbeben nicht sehr fürchtet; leider beruht aber diese Sicherheit keineswegs auf einem Schluß aus zuverlässigen Beobachtungen. Im Küstenland von Neuandalusien spürt man allerdings zuweilen sehr starke Stöße, die sich nicht über die Llanos hinüber fortpflanzen. Von der furchtbaren Katastrophe in Cumana vom 4. Februar 1797 fühlte man in Angostura nichts, aber beim großen Erdbeben vom Jahre 1766, das jene Stadt gleichfalls zerstörte, wurde der Granitboden beider Orinokoufer bis zu den Katarakten von Atures und Maypures erschüttert.

Die Umgebung der Stadt Angostura bietet wenig Abwechslung; indessen ist die Aussicht auf den Strom, der einen ungeheuren, von Südwest nach Nordost laufenden Kanal darstellt, großartig. Bei Hochwasser überschwemmt der Strom die Kais, und es kommt vor, daß Unvorsichtige in der Stadt selbst den Krokodilen zur Beute fallen. Weit mehr Menschen, als man in Europa glaubt, werden alljährlich Opfer ihrer Unvorsichtigkeit und der Gier der Reptilien. Es kommt besonders in den Dörfern vor, deren Umgegend häufig überschwemmt wird. Dieselben Krokodile halten sich lange am nämlichen Orte auf. Sie werden von Jahr zu Jahr kecker, zumal, wie die Indianer behaupten, wenn sie einmal Menschenfleisch gekostet haben. Die Tiere sind so schlau, daß sie sehr schwer zu erlegen sind. Eine Kugel dringt nicht durch ihre Haut, und der Schuß ist nur dann tödlich, wenn er in den Rachen oder in die Achselhöhle trifft. Die Indianer, welche sich selten der Feuerwaffen bedienen, greifen das Krokodil mit Lanzen an, sobald es an starken, spitzen, eisernen Haken, auf die Fleisch gesteckt ist und die mit einer Kette an einem Baumstamm befestigt sind, angebissen hat. Man geht dem Tier erst dann zu Leibe, wenn es sich lange abgemüht hat, um vom Eisen, das ihm in der oberen Kinnlade steckt, loszukommen.

Sooft in sehr heißen und nassen Jahren bösartige Fieber in Angostura herrschen, streitet man darüber, ob die Regierung wohl getan, die Stadt von Vieja Guayana hierher zu verlegen. Man behauptet, der alten Stadt seien, da sie näher an der See gelegen, die kühlen Seewinde mehr zugute gekommen, und die große Sterblichkeit, die dort geherrscht, sei nicht sowohl örtlichen Ursachen als der Lebensweise der Einwohner zuzuschreiben gewesen.

Die Mündungen des Orinoko haben etwas vor allen Häfen von Terra Firma voraus: man verkehrt aus denselben am raschesten mit der spanischen Halbinsel. Man fährt zuweilen von Cadiz zur Punta Barima in 18 bis 20 und nach Europa zurück in 30 bis 35 Tagen. Da diese Mündungen unter dem Winde aller Inseln liegen, so können die Schiffe von Angostura einen vorteilhafteren Verkehr mit den Kolonien auf den Antillen unterhalten als Guaira und Porto Cabello. Die Handelsleute von Caracas sehen daher auch immer mit eifersüchtigen Blicken auf die Fortschritte der Industrie in Spanisch-Guayana, und da Caracas bisher der höchste Regierungssitz war, so wurde der Hafen von Angostura noch weniger begünstigt als die Häfen von Cumana und Nueva Barcelona. Der innere Verkehr ist am lebhaftesten mit der Provinz Varinas. Aus derselben kommen nach Angostura Maultiere, Kakao, Indigo, Baumwolle und Zucker, und sie erhält dafür »Generos«, das heißt europäische Manufakturprodukte. Die kleine Stadt San Fernando de Apure dient als Niederlage bei diesem Flußhandel, der durch die Einführung der Dampfschiffahrt noch weit bedeutender werden kann.

Sechsundzwanzigstes Kapitel

Die Llanos del Payo oder des östlichen Striches der Steppen von Venezuela · Missionen der Kariben · Letzter Aufenthalt an den Küsten von Nueva Barcelona, Cumana und Araya

Es war bereits Nacht, als wir das letztemal über das Bett des Orinoko fuhren. Wir wollten bei der Schanze San Rafael übernachten und dann mit Tagesanbruch die Reise durch die Steppen von Venezuela antreten. Fast sechs Wochen waren seit unserer Ankunft in Angostura verflossen; wir sehnten uns nach der Küste, um entweder in Cumana oder in Nueva Barcelona ein Fahrzeug zu besteigen, das uns auf die Insel Kuba brächte. Nach den Beschwerden, die wir mehrere Monate lang in engen Kanoes auf von Mücken wimmelnden Flüssen durchgemacht, hatte der Gedanke an eine Seereise für unsere Einbildungskraft einen gewissen Reiz. Lebhaft bewegten uns diese Gedanken während der einförmigen Reise durch die Steppen. Nichts hilft so leicht über die kleinen Widerwärtigkeiten des Lebens hinweg, als wenn der Geist mit der bevorstehenden Ausführung eines gewagten Unternehmens beschäftigt ist.

Unsere Maultiere erwarteten uns am linken Ufer des Orinoko. Durch die Pflanzensammlungen und die geologischen Suiten, die wir seit Esmeralda und dem Rio Negro mit uns führten, war unser Gepäck bedeutend stärker geworden. Da es mißlich gewesen wäre, uns von unseren Herbarien zu trennen, so mußten wir uns auf eine sehr langsame Reise durch die Llanos gefaßt machen. Durch das Zurückprallen der Sonnenstrahlen vom fast pflanzenlosen Boden war die Hitze ungemein stark. Indessen stand das Thermometer bei Tag doch nur auf 30 bis 34 Grad, bei Nacht auf 27 bis 28 Grad Celsius. Wir brauchten 13 Tage, um über die Steppen zu kommen, wobei wir uns in den Missionen der Kariben und in der kleinen Stadt Pao etwas aufhielten. Kaum hatten wir die Llanos von Neubarcelona betreten, so brachten wir die erste Nacht wieder bei einem Franzosen zu, der uns mit der liebenswürdigsten Gastfreundlichkeit aufnahm. Wir sahen unseren Wirt damit beschäftigt, große Holzstücke mittels eines Leimes, der Guayca heißt, aneinanderzufügen. Dieser Stoff, dessen sich auch die Tischler in Angostura bedienen, gleicht dem besten aus dem Tierreich gewonnenen Leim. Derselbe liegt ganz fertig zwischen Rinde und Splint einer Liane aus der Familie der Kombretaceen (*Combretum Guayca*).

Erst am dritten Tag kamen wir in die karibischen Missionen am Cari. Wir fanden hier den Boden durch die Trockenheit nicht so stark aufgesprungen wie in den Llanos von Calabozo. Ein paar Regengüsse hatten der Vegetation neues Leben gegeben. Weit auseinander standen hie und da Stämme der Fächerpalme (*Corypha tectorum*), der Rhopala (*Chaparro*) und Malpighia mit lederartigen, glänzenden Blättern. Die feuchten Stellen erkennt man von weitem an den Büschen von Mauritia, welche der Sagobaum dieses Landstrichs ist. An den Küsten ist diese Palme das ganze Besitztum der Guaraunen-Indianer. Der Baum hing in dieser Jahreszeit voll ungeheurer Büschel roter, den Tannenzapfen ähnlicher Früchte. Unsere Affen waren sehr lüstern nach diesen Früchten, deren gelbes Fleisch wie überreife Äpfel schmeckt. Die Tiere saßen zwischen unserem Gepäck auf dem Rücken der Maultiere und strengten sich gewaltig an, um der über ihren Köpfen hängenden Büschel habhaft zu werden. Die Ebene schwankte wellenförmig infolge der Luftspiegelung, und als wir nach einer Stunde Wegs diese Palmstämme, die sich am Horizont wie Masten ausnahmen, erreichten, sahen wir mit Überraschung, wie viele Dinge an das Dasein eines einziges Gewächses geknüpft sind. Die Winde, vom Laub und den Zweigen im raschen Zuge aufgehalten, häufen den Sand um den Stamm auf. Der Geruch der Früchte, das glänzende Grün locken von weitem die Zugvögel her, die sich gern auf den Wedeln der Palme wiegen. Ringsum vernimmt man ein leises Rauschen. Niedergedrückt von der Hitze, gewöhnt an die trübsinnige Stille der Steppe, meint man gleich einige Kühlung zu spüren, wenn sich das

Laub auch nur ein wenig rührt. Untersucht man den Boden an der Seite abwärts vom Winde, so findet man ihn noch lange nach der Regenzeit feucht. Insekten und Würmer, sonst in den Llanos so selten, ziehen sich hierher und pflanzen sich fort. So verbreitet ein einzeln stehender, häufig verkrüppelter Baum, den der Reisende in den Wäldern am Orinoko gar nicht beachtete, in der Wüste Leben um sich her.

Wir langten am 13. Juli im Dorf Cari an, der ersten der karibischen Missionen. Wir wohnten wie gewöhnlich im Kloster, das heißt beim Pfarrer. Wir hatten außer den Pässen des Generalkapitäns der Provinz Empfehlungen der Bischöfe und des Guardians der Missionen am Orinoko. Von den Küsten von Neukalifornien bis Valdivia und an die Mündung des Rio de la Plata, auf einer Strecke von 9000 Kilometern, lassen sich alle Schwierigkeiten einer langen Landreise überwinden, wenn man den Schutz der amerikanischen Geistlichkeit genießt. Die Macht, welche diese Körperschaft im Staate ausübt, ist zu fest begründet, als daß sie in einer neuen Ordnung der Dinge so bald erschüttert werden könnte.

Wir fanden im Dorf Cari über 500 Kariben, und in den Missionen umher sahen wir ihrer noch viele. Es ist höchst merkwürdig, ein Volk vor sich zu haben, das, früher nomadisch, erst kürzlich an feste Wohnsitze gefesselt worden und sich durch Körper- und Geisteskraft von allen andern Indianern unterscheidet. Ich habe nirgends anderswo einen ganzen, so hoch gewachsenen (1,78 bis 1,88 Meter) und so kolossal gebauten Volksstamm gesehen. Die Männer, und dies kommt in Amerika ziemlich häufig vor, sind mehr bekleidet als die Weiber. Diese tragen nur den Guayuco oder Gürtel in Form eines Bandes, bei den Männern ist der ganze Unterteil des Körpers bis zu den Hüften in ein Stück dunkelblauen, fast schwarzen Tuches gehüllt. Diese Bekleidung ist so weit, daß die Kariben, wenn gegen Abend die Temperatur abnimmt, sich eine Schulter damit bedecken. Da ihr Körper mit Onoto bemalt ist, so gleichen ihre großen, malerisch drapierten Gestalten von weitem, wenn sie sich in der Steppe vom Himmel abheben, antiken Bronzestatuen. Bei den Männern ist das Haar sehr charakteristisch geschnitten. Die Stirn ist zum Teil glatt geschoren, wodurch sie sehr hoch erscheint. Ein starkes, kreisrund geschnittenes Haarbüschel fängt erst ganz nahe am Scheitel an. Alle Glieder dieses Stammes, die wir bei unserer Fahrt auf dem unteren Orinoko und in den Missionen von Piritu gesehen, unterscheiden sich von den übrigen Indianern nicht allein durch ihren hohen Wuchs, sondern auch durch ihre regelmäßigen Züge. Ihre Nase ist nicht so breit und platt, ihre Backenknochen springen nicht so stark vor, der ganze Gesichtsausdruck ist weniger mongolisch. Aus ihren Augen, die schwärzer sind als bei den anderen Horden in Guayana, spricht Verstand, fast möchte man sagen Nachdenklichkeit. Die Kariben haben etwas Ernstes in ihrem Benehmen und etwas Schwermütiges in ihrem Blick wie die Mehrzahl der Ureinwohner der Neuen Welt. Der ernste Ausdruck ihrer Züge wird noch bedeutend dadurch gesteigert, daß sie die Augenbrauen mit dem Saft des Caruto färben, sie stärker machen und zusammenlaufen lassen; häufig machen sie sich im ganzen Gesicht schwarze Flecke, um grimmiger auszusehen. Die Gemeindebeamten, der Gobernador und die Alkalden, die allein das Recht haben, lange Stöcke zu tragen, machten uns ihre Aufwartung. Es waren junge Indianer von achtzehn, zwanzig Jahren darunter; denn ihre Wahl hängt einzig vom Gutdünken des Missionars ab. Wir wunderten uns nicht wenig, als uns an diesen mit Onoto bemalten Kariben das wichtigtuende Wesen, die gemessene Haltung, das kalte, herabsehende Benehmen entgegentraten, wie man sie hin und wieder bei Beamten in der Alten Welt findet. Die karibischen Weiber sind nicht so kräftig und häßlicher als die Männer. Die Last der häuslichen Geschäfte und die Feldarbeit liegt ganz auf ihnen. Sie baten uns dringend um Stecknadeln, die sie in Ermangelung von Taschen unter die Unterlippe steckten; sie durchstechen damit die Haut so, daß der Kopf der Nadel im Munde bleibt. Diesen Brauch haben sie aus ihrem wilden Zustande mit herübergenommen. Die jungen Mädchen sind rot bemalt und außer dem Guayuco ganz nackt. Bei den verschiedenen Völkern beider Welten ist der Begriff der Nacktheit nur ein relativer. In einigen Ländern Asiens ist es einem Weibe nicht gestattet, auch nur die Fingerspitzen sehen zu lassen, während eine Indianerin von karibischem Stamme sich gar nicht für nackt hält, wenn sie einen zwei Zoll breiten Guayuco trägt. Dabei gilt noch diese Leibbinde für ein weniger wesentliches Kleidungsstück als die Färbung der Haut. Aus der Hütte zu gehen, ohne mit Onoto gefärbt zu sein, wäre ein Verstoß gegen allen karibischen Anstand.

Die Indianer in den Missionen von Piritu nahmen unsere Aufmerksamkeit um so mehr in Anspruch, als sie einem Volke angehören, das durch seine Kühnheit, durch seine Kriegszüge und seinen Handelsgeist auf die weite Landstrecke zwischen dem Äquator und den Nordküsten bedeutenden Einfluß ausgeübt hat. Die karibische Sprache ist daher auch eine der verbreitetsten in diesem Teil der Welt; sie ist sogar auf Völker übergegangen, die nicht desselben Stammes sind.

Das schöne Volk der Kariben bewohnt heutzutage nur einen kleinen Teil der Länder, die es vor der Entdeckung von Amerika innehatte. Durch die Greuel der Europäer ist dasselbe auf den Antillen und an den Küsten von Darien völlig ausgerottet, wogegen es unter der Missionszucht in den Provinzen Nueva Barcelona und Spanisch-Guayana volkreiche Dörfer gegründet hat. Man kann, glaube ich, die Zahl der Kariben, die in den Llanos von Piritu und am Carony und Cuyuni wohnen, auf mehr als 35 000 veranschlagen. Rechnete man dazu die unabhängigen Kariben, die westwärts von den Gebirgen von Cayenne und Pacaraimo zwischen den Quellen des Essequibo und des Rio Branco hausen, so käme vielleicht eine Gesamtzahl von 40 000 Köpfen von einer mit anderen eingeborenen Stämmen nicht gemischten Rasse heraus. Ich lege auf diese Angaben um so mehr Gewicht, als vor meiner Reise in vielen geographischen Werken von den Kariben nur wie von einem ausgestorbenen Volksstamm die Rede war. Da man vom Inneren der spanischen Kolonien auf dem Festland nichts wußte, setzte man voraus, die kleinen Inseln Dominica, Guadeloupe und St.Vincent seien der Hauptwohnsitz dieses Volkes gewesen, und von demselben bestehe (auf allen östlichen Antillen) nichts mehr als versteinerte Skelette.

Die Bewohner der Inseln nannten sich in der Männersprache Calinago, in der Weibersprache Callipinan. Dieser Unterschied zwischen beiden Geschlechtern in der Sprechweise ist bei den Völkern von karibischem Stamm auffallender als bei andern amerikanischen Nationen. Man begreift, wie die Weiber bei ihrer abgeschlossenen Lebensweise sich Redensarten bilden, welche die Männer nicht annehmen mögen. Bei den karibischen Völkern ist aber der Unterschied zwischen den Mundarten beider Geschlechter so groß und auffallend, daß man zur befriedigenden Erklärung desselben sich nach einer andern Quelle umsehen muß. Diese glaubte man nun in dem barbarischen Brauch zu finden, die männlichen Gefangenen zu töten und die Weiber der Besiegten als Sklaven fortzuschleppen. Als die Kariben in den Archipel der Kleinen Antillen einfielen, kamen sie als eine kriegerische Horde, nicht als Kolonisten, die ihre Familien bei sich hatten. Die Weibersprache bildete sich nun in dem Maße, als die Sieger sich mit fremden Weibern verbanden. Damit kamen neue Elemente herein, Worte, wesentlich verschieden von den karibischen Worten – so heißt in der Sprache der Männer (M) und der Weiber (W): Insel oubao (M), acaera (W); Mensch ouekelli (M), eyeri (W); Mais ichen (M), atica (W) –, die sich im Frauengemach von Geschlecht zu Geschlecht fortpflanzten, doch so, daß der Bau, die Kombinationen und die grammatischen Formen der Männersprache Einfluß darauf äußerten. So vollzog sich hier in einem beschränkten Verein von Individuen, was wir an der ganzen Völkergruppe des neuen Kontinents beobachten. Völlige Verschiedenheit hinsichtlich der Worte neben großer Ähnlichkeit im Bau, das ist die Eigentümlichkeit der amerikanischen Sprachen von der Hudsonbai bis zur Magellanschen Meerenge. Es ist verschiedenes Material in ähnlichen Formen.

Die Herrschaft, welche die Kariben so lange über einen großen Teil des Festlandes ausgeübt, und das Andenken an ihre alte Größe gaben ihnen ein Gefühl von Würde und nationaler Überlegenheit, das in ihrem Benehmen und ihren Äußerungen zutage kommt. »Nur wir sind ein Volk«, sagen sie sprichwörtlich, »die anderen Menschen (*oquili*) sind dazu da, uns zu dienen.«

Der Missionar führte uns in mehrere indianische Hütten, wo Ordnung und die größte Reinlichkeit herrschten. Mit Verdruß sahen wir hier, wie die karibischen Mütter schon die kleinsten Kinder quälen, um ihnen nicht nur die Waden größer zu machen, sondern am ganzen Bein vom Knöchel bis oben am Schenkel das Fleisch stellenweise hervortreiben. Bänder von Leder oder Baumwollenzeug werden fünf bis acht Zentimeter voneinander fest umgelegt und immer stärker angezogen, so daß die Muskeln zwischen zwei Bandstreifen überquellen. Umsonst arbeiten die Mönche in den Missionen diesem alten System des Kinderaufziehens entgegen. Ich wunderte mich übrigens, daß der Zwang, dem man die armen Kinder unterwirft und der den Blutumlauf hemmen sollte, der Muskelbewegung keinen Eintrag tut. Es gibt auf der Welt kein kräftigeres und schnellfüßigeres Volk als die Kariben.

Wenn die Weiber die Beine und Schenkel ihrer Kinder formen, um Wellenlinien hervorzubringen, so unterlassen sie es in den Llanos wenigstens, ihnen von der Geburt an den Kopf zwischen Kissen und Brettern platt zu drücken. Dieser Brauch, der früher auf den Inseln und bei manchen karibischen Stämmen verbreitet war, kommt in den Missionen, die wir besucht haben, nicht vor. Die Leute haben dort gewölbtere Stirnen als Chaymas, Otomaken, Macos, Marvaitanos und die meisten Eingeborenen am Orinoko.

Reist man in den karibischen Missionen, so sollte man bei dem daselbst herrschenden Geist der Ordnung und des Gehorsams gar nicht glauben, daß man sich unter Kannibalen befindet. Alle Missionare am Carony, am unteren Orinoko und in den Llanos del Cari, die wir zu befragen Gelegenheit gehabt, versichern, unter allen Völkern des neuen Kontinents seien die Kariben vielleicht am wenigsten Menschenfresser; und solches behaupten sie sogar von den unabhängigen Horden, die ostwärts von Esmeralda zwischen den Quellen des Rio Branco und des Essequibo umherziehen. Es begreift sich, daß die verzweifelte Erbitterung, mit der sich die unglücklichen Kariben gegen die Spanier wehrten, nachdem im Jahr 1504 ein königliches Ausschreiben sie für Sklaven erklärt hatte, sie vollends in den Ruf der Wildheit brachte, in dem sie stehen. Der erste Gedanke, diesem Volke zu Leibe zu gehen und es seiner Freiheit und seiner natürlichen Rechte zu berauben, rührt von Christoph Kolumbus her, der die Ansichten des fünfzehnten Jahrhunderts teilte und durchaus nicht immer so menschlich war, als man im achtzehnten aus Haß gegen seine Verkleinerer behauptete.

Bei unserem Aufenthalt in den karibischen Missionen überraschte es uns, mit welcher Gewandtheit junge achtzehn-, zwanzigjährige Indianer, wenn sie zum Amte eines Alguacil oder Fiskal herangebildet sind, stundenlange Anreden an die Gemeinde halten. Die Betonung, die ernste Haltung, die Gebärden, mit denen der Vortrag begleitet wird, alles verrät ein begabtes, einer hohen Kulturentwicklung fähiges Volk. Ein Franziskaner, der so viel karibisch verstand, daß er zuweilen in dieser Sprache predigen konnte, machte uns darauf aufmerksam, wie lang und gehäuft die Sätze in den Reden der Indianer sind und doch nie verworren und unklar werden. Eigentümliche Flexionen des Verbums bezeichnen im voraus die Beschaffenheit des regierten Worts, je nachdem es belebt ist oder unbelebt, in der Einzahl oder in der Mehrzahl. Durch kleine angehängte Formen (Suffixe) wird der Empfindung ein eigener Ausdruck gegeben. An Festtagen versammelt sich nach der Messe die ganze Gemeinde vor der Kirche. Die jungen Mädchen legen zu den Füßen des Missionars Holzbündel, Mais, Bananenbüschel oder andere Lebensmittel nieder, deren er in seinem Haushalt bedarf. Zugleich treten der Gobernador, der Fiskal und die Gemeindebeamten, lauter Indianer, auf, ermahnen die Eingeborenen zum Fleiß, teilen die Arbeiten, welche die Woche über vorzunehmen sind, aus, geben den Trägern Verweise und – es soll nicht verschwiegen werden – prügeln die Unbotmäßigen unbarmherzig durch. Die Stockstreiche werden so kaltblütig hingenommen als ausgeteilt. Man sähe es lieber, wenn der Priester nicht vom Altar weg körperliche Züchtigungen verhängte, man wünschte, er möchte es nicht im priesterlichen Gewande mit ansehen, wie Männer und Weiber abgestraft werden; aber dieser Mißbrauch oder, wenn man will, dieser Verstoß gegen den Anstand fließt aus dem Grundsatz, auf dem das ganze seltsame Missionsregiment beruht. Die willkürlichste bürgerliche Gewalt ist mit den Rechten, welche dem Geistlichen der kleinen Gemeinde zustehen, völlig verschmolzen, und obgleich die Kariben so gut wie keine Kannibalen sind, und so sehr man wünschen mag, daß sie mit Milde und Vorsicht behandelt werden, so sieht man doch ein, daß es zuweilen etwas kräftiger Mittel bedarf, um in einem so jungen Gemeinwesen die Ruhe aufrechtzuerhalten.

Als wir von der Mission Cari aufbrechen wollten, gerieten wir in einen Wortwechsel mit unsern indianischen Maultiertreibern. Sie hatten zu unserer nicht geringen Verwunderung ausfindig gemacht, daß wir Skelette aus der Höhle von Ataruipe mit uns führten, und sie waren fest überzeugt, daß das Lasttier, das »die Körper ihrer alten Verwandten« trug, auf dem Weg zugrunde gehen müsse. Alle unsere Vorsichtsmaßregeln, um die Skelette zu verbergen, waren vergeblich; nichts entgeht dem Scharfsinn und dem Geruch eines Kariben, und es brauchte das ganze Ansehen des Missionars, um unser Gepäck in Gang zu bringen. Über den Rio Cari mußten wir im Boote fahren, über den *Rio de agua clara* waten, fast könnte ich sagen, schwimmen. Wir hatten, ehe wir in die kleine Stadt Pao kamen, zwei schlechte Nachtlager in Matagorda und Los Riecietos. Überall dasselbe: kleine Rohrhütten, mit Leder gedeckt, berittene Leute mit Lanzen, die das Vieh hüten, halb wilde Hornviehherden von auffallend gleicher Färbung, die den Pferden und Maultieren die Weide streitig machten.

Am 15. Juli langten wir in der Fundacion oder Villa del Pao an, die im Jahre 1744 gegründet wurde und sehr vorteilhaft gelegen ist, um zwischen Nueva Barcelona und Angostura als Stapelplatz zu dienen. Ihr eigentlicher Name ist *Concepcion del Pao.* In der Umgebung von Pao findet man einige Fruchtbäume, eine seltene Erscheinung in den Steppen. Wir sahen sogar Kokosbäume, die trotz der weiten Entfernung von der See ganz kräftig schienen. Ich lege einiges Gewicht auf letztere Wahrnehmung, da man die Glaubwürdigkeit von Reisenden, welche den Kokosbaum, eine Küstenpalme, in Timbuktu, mitten in Afrika, angetroffen haben wollten, in Zweifel gezogen hat. Wir hatten öfters Gelegenheit, Kokosbäume mitten im Baulande am Magdalenenstrom, 450 Kilometer von der Küste, zu sehen.

In fünf Tagen, die uns sehr lang vorkamen, gelangten wir von der Villa del Pao in den Hafen von Nueva Barcelona. Je weiter wir kamen, desto heiterer wurde der Himmel, desto staubiger der Boden, desto glühender die Luft. Diese ungemein drückende Hitze rührt nicht von der Lufttemperatur her, sondern vom feinen Sand, der in der Luft schwebt, nach allen Seiten Wärme strahlt und dem Reisenden ins Gesicht schlägt wie an die Kugel des Thermometers. Indessen habe ich in Amerika das Thermometer mitten im Sandwinde niemals über 45,8 Grad Celsius steigen sehen.

Am 26. Juli brachten wir die Nacht im indianischen Dorfe Santa Cruz de Cachipo zu. Wir wohnten beim Missionar und ersahen aus den Kirchenbüchern, welch rasche Fortschritte der Wohlstand der Gemeinde durch seinen Eifer und seine Einsicht gemacht hatte. Seit wir in die Mitte der Steppen gelangt waren, hatte die Hitze so zugenommen, daß wir gerne gar nicht mehr bei Tage gereist wären; wir waren aber unbewaffnet, und die Llanos waren damals von ganzen Räuberbanden unsicher gemacht, die mit raffinierter Grausamkeit die Weißen, welche ihnen in die Hände fielen, mordeten. Nichts ist kläglicher als die Rechtspflege in diesen überseeischen Kolonien! Überall fanden wir die Gefängnisse mit Verbrechern gefüllt, deren Urteil sieben, acht Jahre auf sich warten läßt. Etwa ein Drittel der Verhafteten entflieht, und die menschenleeren, aber von Herden wimmelnden Ebenen bieten ihnen Zuflucht und Unterhalt. Sie treiben ihr Räubergewerbe zu Pferde in der Weise der Beduinen. Die Ungesundheit der Gefängnisse überstiege alles Maß, wenn sie sich nicht von Zeit zu Zeit durch das Entkommen von Verhafteten leerten. Es kommt auch nicht selten vor, daß Todesurteile, wenn sie endlich spät genug von der Audiencia zu Caracas gefällt sind, nicht vollzogen werden können, weil es an einem Nachrichter fehlt.

Wenn schon in den ruhigen Zeiten, in denen Bonpland und ich das Glück hatten, die beiden Amerika zu bereisen, die Llanos den Übeltätern, welche in den Missionen am Orinoko ein Verbrechen begangen oder aus den Gefängnissen des Küstenlandes entsprungen waren, als Versteck dienten, wie viel schlimmer mußte dies noch infolge der bürgerlichen Unruhen werden, im blutigen Kampfe, der mit der Freiheit und Unabhängigkeit dieser gewaltigen Länder seine Beendigung erreichte! Die Unermeßlichkeit des Raumes sichert dem Landstreicher die Straflosigkeit; in den Savannen versteckt man sich leichter als in unseren Gebirgen und Wäldern, und die Kunstgriffe der europäischen Polizei sind schwer anwendbar, wo es wohl Reisende gibt, aber keine Wege, Herden, aber keine Hirten, und wo die Höfe so dünn gesät sind, daß man ganze Tagesreisen machen kann, ohne daß man einen am Horizont auftauchen sieht.

Zieht man über die Llanos, so fragt man sich, ob diese ungeheuren Landstrecken von Natur dazu bestimmt sind, ewig als Weideland zu dienen, oder ob Pflug und Hacke sie eines Tages für den Ackerbau erobern werden? Die Frage, ob die Llanos oder Pampas urbar zu machen sind, wird von den Kolonisten, die darin leben, keineswegs einstimmig bejaht, und ganz im allgemeinen läßt sich auch gar nicht darüber entscheiden. Ich bin weit entfernt zu glauben, daß der Mensch je die Savannen ganz austilgen wird und daß die Llanos, die ja für den Viehhandel und als Weiden so nutzbar sind, jemals angebaut sein werden, aber ich bin überzeugt, daß ein beträchtliches Stück dieser Ebenen im Laufe der Jahrhunderte, unter einer den Gewerbefleiß fördernden Regierung, das wilde Aussehen verlieren wird, das sie seit der ersten »Eroberung« durch die Europäer behauptet haben.

Nach dreitägigem Marsch kam uns allmählich die Bergkette von Cumana zu Gesicht, die zwischen den Llanos oder, wie man hier oft sagen hört, »dem großen Meer von Grün« und der Küste des Meeres der Antillen liegt. Ist der Brigantin über 1 560 Meter hoch, so kann man ihn auf 50 Kilometer Entfernung sehen; aber die Luftbeschaffenheit entzog uns lange den schönen Anblick dieser Bergwand. Sie erschien zuerst wie eine Wolkenschicht; allmählich schien diese Dunstmasse größer zu werden, sich zu verdichten, sich bläulich zu färben, einen gezackten festen Umriß anzunehmen.

Einem Llanero oder Steppenbewohner ist nur wohl, wenn er, nach dem naiven Volksausdruck, »überall um sich sehen kann«. Was uns als bewachsenes, leicht gewelltes, kaum hie und da hügeliges Land erscheint, ist für ihn ein schreckliches, von Bergen starrendes Land. Unser Urteil über die Unebenheit des Bodens und die Beschaffenheit seiner Oberfläche ist ein durchaus relatives. Hat man mehrere Monate in den dichten Wäldern am Orinoko zugebracht, hat man sich dort daran gewöhnt, daß man, sobald man vom Strome abgeht, die Sterne nur in der Nähe des Zenits und wie aus einem Brunnen heraus sehen kann, so hat eine Wanderung über die Steppen etwas Angenehmes, Anziehendes. Die neuen Bilder, die man aufnimmt, machen großen Eindruck; wie dem Llanero ist einem ganz wohl, »daß man so gut um sich sehen kann.« Aber dieses Behagen (wir haben es an uns selbst erfahren) ist nicht von langer Dauer. Allerdings hat der Anblick eines unabsehbaren Horizonts etwas Ernstes, Großartiges. Die Unermeßlichkeit des Raumes spiegelt sich in uns selbst wider; sie verknüpft sich mit Vorstellungen höherer Ordnung, sie weitet die Seele aus, der in der Stille einsamer Betrachtung seinen Genuß findet. Allerdings aber hat der Anblick eines schrankenlosen Raumes an jedem Orte wieder einen eigenen Charakter. Eine ungeheure Wasserfläche, belebt bis auf den Grund von tausenderlei verschiedenen Wesen, nach Färbung und Anblick wechselnd, beweglich an der Oberfläche gleich dem Element, von dem sie aufgerührt wird, hat auf langer Seereise großen Reiz für die Einbildungskraft, aber die einen großen Teil des Jahres staubige, aufgerissene Steppe stimmt trübe durch ihre ewige Eintönigkeit. Ist man nach acht- oder zehntägigem Marsch gewöhnt an das Spiel der Luftspiegelung und an das glänzende Grün der Mauritiabüsche, die von Meile zu Meile zum Vorschein kommen, so fühlt man das Bedürfnis nach mannigfaltigeren Eindrücken; man sehnt sich nach dem Anblick der gewaltigen Bäume der Tropen, des wilden Sturzes der Bergströme, der Gelände und Talgründe, bebaut von der Hand des Landmanns. Der überall sonst belebende Einfluß des tropischen Klimas macht sich da nicht fühlbar, wo ein mächtiger Verein von Grasarten fast jedes andere Gewächs ausgeschlossen hat. Beim Anblick des Bodens, an Punkten, wo die zerstreuten Palmen fehlen, hätten wir glauben können, in der gemäßigten Zone zu sein; aber bei Einbruch der Nacht mahnten uns die schönen Sternbilder am Südhimmel (der Zentaur, Kanopus und die zahllosen Nebelflecken, von denen das Schiff Argo glänzt) daran, daß wir nur acht Grad vom Äquator waren.

Am 23. Juli langten wir in der Stadt Nueva Barcelona an, weniger angegriffen von der Hitze in den Llanos, an die wir längst gewöhnt waren, als von den Sandwinden, die auf die Länge schmerzhafte Wunden in der Haut verursachen. Im Hause eines reichen Handelsmannes von französischer Abkunft, Don Pedro Lavie, fanden wir die freundlichste Aufnahme und alles, was zuvorkommende Gastfreundschaft bieten kann. Lavie war beschuldigt worden, den unglücklichen España, als er im Jahr 1796 sich als Flüchtling an dieser Küste befand, aufgenommen zu haben, und wurde auf Befehl der Audiencia aufgehoben und nach Caracas ins Gefängnis geführt. Die Freundschaft des Statthalters von Cumana und die Erinnerung an die Dienste, die er dem aufkeimenden Gewerbefleiß des Landes geleistet, verhalfen ihm wieder zur Freiheit. Wir hatten ihn im Gefängnis besucht und uns bemüht, ihn zu zerstreuen; jetzt hatten wir die Freude, ihn wieder im Schoße seiner Familie zu finden. Seine physischen Leiden hatten sich durch die Haft verschlimmert, und er verstarb, bevor der Tag der Unabhängigkeit Amerikas angebrochen war, den sein Freund Don Josef España bei seiner Hinrichtung verkündet hatte.

Das Klima von Barcelona ist nicht so heiß wie das von Cumana, aber feucht und in der Regenzeit etwas ungesund. Bonpland hatte die beschwerliche Reise über die Llanos ganz gut ausgehalten; er war wieder ganz bei Kräften und seine große Tätigkeit ganz die alte; ich dagegen war in Barcelona unwohler als in Angostura, unmittelbar nachdem die Reise auf den Flüssen hinter uns lag. Einer dieser tropischen Regen, bei denen bei Sonnenuntergang weit auseinander außerordentlich große Tropfen fallen, hatte mir ein Unwohlsein gebracht, das einen Anfall des Typhus, der eben an der Küste herrschte, befürchten ließ. Wir verweilten fast einen Monat in Barcelona im Genuß aller Bequemlichkeiten, welche die aufmerksamste Freundschaft bieten kann. Wir trafen hier auch wieder den trefflichen Ordensmann Fray Juan Gonzales, den ich schon erwähnt habe und der vor uns am oberen Orinoko gewesen war. Er bedauerte und mit Recht, daß wir für den Besuch dieses unbekannten Landes nur so wenig Zeit hatten verwenden können; er musterte unsere Pflanzen und Tiere mit dem Interesse, das auch der Ungebildetste für die Produkte eines Landes hat, wo er lange gelebt. Fray Juan hatte beschlossen, nach Europa zurückzukehren und uns dabei bis auf die Insel Kuba zu begleiten. Wir blieben fortan sieben Monate beisammen; der Mann war munter, geistreich und dienstfertig. Wer mochte ahnen, welches Unglück seiner wartete! Er nahm einen Teil unserer Sammlungen mit; ein gemeinschaftlicher

Freund vertraute ihm ein Kind an, das man in Spanien erziehen lassen wollte; die Sammlungen, das Kind, der junge Geistliche, alles wurde von den Wellen verschlungen.

Neun Kilometer südostwärts von Nueva Barcelona erhebt sich eine hohe Bergkette, die sich an den Cerro del Brigantin lehnt, den man von Cumana aus sieht. Der Ort ist unter dem Namen *Aguas calientes* bekannt. Als ich mich gehörig hergestellt fühlte, unternahmen wir an einem frischen, nebeligen Morgen einen Ausflug dahin. Das mit einem Schwefelwasserstoff geschwängerte Wasser kommt aus einem quarzigen Sandstein. Die Temperatur desselben ist nur 43,2 Grad (bei einer Lufttemperatur von 27 Grad); es fließt zuerst 78 Meter weit über den Felsboden, stürzt sich dann in eine natürliche Höhle, dringt durch den Kalkstein und kommt am Fuß des Berges am linken Ufer des kleinen Flusses Narigual wieder zutage. Durch die Berührung mit dem Sauerstoff der Luft schlagen die Quellen viel Schwefel nieder.

Unser Ausflug zu den *Aguas calientes* am Brigantin endete mit einem leidigen Unfall. Unser Gastfreund hatte uns seine schönsten Reitpferde gegeben. Man hatte uns zugleich gewarnt, nicht durch den kleinen Fluß Narigual zu reiten. Wir gingen daher über eine Art Brücke oder vielmehr aneinandergelegte Baumstämme und ließen unsere Pferde am Zügel hinüberschwimmen. Da verschwand das meinige auf einmal; es schlug noch eine Weile unter Wasser um sich, aber trotz allen Suchens konnten wir nicht ausfindig machen, was den Unfall veranlaßt haben mochte. Unsere Führer vermuteten, das Tier werde von den Kaimanen, die hier sehr häufig sind, an den Beinen gepackt worden sein. Meine Verlegenheit war sehr groß, denn bei dem Zartgefühl und dem großen Wohlstand unseres Gastfreundes konnte ich kaum daran denken, ihm einen solchen Verlust ersetzen zu wollen. Lavie ging unsere Betroffenheit näher als der Verlust seines Pferdes, und er suchte uns zu beruhigen, indem er wohl mit Übertreibung versicherte, wie leicht man sich in den benachbarten Savannen schöne Pferde verschaffen könne.

Die Paketboote (*correos*), die von Coruña nach La Habana und nach Mexiko laufen, waren seit drei Monaten ausgeblieben. Man vermutete, sie seien von den englischen Kreuzern aufgebracht worden. Da wir Eile hatten, nach Cumana zu kommen, um mit der ersten Gelegenheit nach Veracruz gehen zu können, so mieteten wir (am 26. August 1800) ein Kanoe ohne Verdeck (Lancha). Solcher Fahrzeuge bedient man sich gewöhnlich in diesen Strichen, wo ostwärts vom Cap Codera die See fast nie unruhig ist. Die Lancha war mit Kakao beladen und trieb Schleichhandel mit der Insel Trinidad. Gerade deshalb glaubte der Eigentümer, von den feindlichen Fahrzeugen, welche damals alle spanischen Häfen blockierten, nichts zu fürchten zu haben. Wir schifften unsere Pflanzensammlungen, unsere Instrumente und unsere Affen ein und hofften, bei herrlichem Wetter eine ganz kurze Überfahrt von der Mündung des Rio Neveri nach Cumana zu haben; aber kaum waren wir im engen Kanal zwischen dem Festland und den Felseneilanden Borracha und Chimanas, so stießen wir zu unserer Überraschung auf ein bewaffnetes Fahrzeug, das uns anrief und zugleich auf große Entfernung einige Flintenschüsse auf uns abfeuerte. Es waren Matrosen, die zu einem Kaper aus Halifax gehörten, und unter ihnen erkannte ich an der Gesichtsbildung und der Mundart einen Preußen, aus Memel gebürtig. Seit ich in Amerika war, hatte ich nicht mehr Gelegenheit gehabt, meine Muttersprache zu sprechen, und ich hätte mir wohl einen erfreulicheren Anlaß dazu gewünscht. Unsere Proteste halfen nichts, und man brachte uns an Bord des Kapers, der tat, als ob er von den Pässen, die der Gouverneur von Trinidad für den Schmuggel ausstellte, nichts wüßte und uns für gute Prise erklärte. Da ich mich im Englischen ziemlich fertig ausdrücke, so ließ ich mich mit dem Kapitän in Unterhandlungen ein, um nicht nach Neuschottland gebracht zu werden; ich bat ihn, mich an der nahen Küste ans Land zu sezten. Während ich in der Kajüte meine und des Eigentümers Rechte zu verfechten suchte, hörte ich Lärm auf dem Verdeck. Einer kam und sagte dem Kapitän etwas ins Ohr. Dieser schien bestürzt und ging hinaus. Zu unserem Glück kreuzte auch eine englische Korvette in diesen Gewässern. Sie hatte durch Signale den Kapitän des Kapers zu sich gerufen, und da dieser sich nicht beeilte, Folge zu leisten, feuerte sie eine Kanone ab und schickte eine Midshipman zu uns an Bord. Dieser war ein sehr artiger junger Mann und machte mir Hoffnung, daß man das Kanoe mit Kakao herausgeben und uns anderntags werde weiterfahren lassen. Er schlug mir zugleich vor, mit ihm zu gehen, mit der Versicherung, sein Kommandant, Kapitän Garnier von der königlichen Marine, werde mir ein angenehmeres Nachtlager anbieten, als ich auf einem Fahrzeug von Halifax fände.

Ich nahm das freundliche Anerbieten an und wurde von Kapitän Garnier aufs höflichste aufgenommen. Er hatte mit Vancouver die Reise an die Nordwestküste gemacht; und alles, was ich ihm von den großen Katarakten bei Atures und Maypures, von der Gabelteilung des Orinoko und von seiner Verbindung mit dem Amazonenstrom erzählte, schien ihn höchlich zu interessieren. Man war aus den englischen Zeitungen über den Zweck meiner Reise im allgemeinen unterrichtet; man bewies mir großes Zutrauen, und ich erhielt mein Nachtlager im Zimmer des Kapitäns. Beim Abschied wurde ich mit den Jahrgängen der astronomischen Ephemeriden beschenkt, die ich in Spanien und Frankreich nicht hatte bekommen können. Kapitän Garnier habe ich die Trabantenbeobachtungen zu verdanken, die ich jenseits des Äquators angestellt, und es wird mir zur Pflicht, hier dem aufrichtigen Dank für seine Gefälligkeit Ausdruck zu geben. Ich schied vom englischen Schiff mit Empfindungen, die mir unverwischt geblieben sind und meine Anhänglichkeit an die Laufbahn, der ich meine Kräfte gewidmet, noch steigerten.

Am folgenden Tag setzten wir unsere Überfahrt fort und wunderten uns sehr über die Tiefe der Kanäle zwischen den Caracasinseln, die so bedeutend ist, daß die Korvette beim Wenden fast an den Felsen streifte. Welch ein Kontrast im ganzen Ansehen zwischen diesen Kalkeilanden, die nach Richtung und Gestaltung an die große Katastrophe erinnern, die sie vom Festlande losgerissen, und jenem vulkanischen Archipel nordwärts von Lancerote, wo Basaltkuppen durch Hebung aus dem Meer emporgestiegen scheinen! Die vielen Alcatras, die größer sind als unsere Schwäne, und Flamingos, die in den Buchten fischten oder den Pelikanen ihre Beute abzujagen suchten, sagten uns, daß wir nicht mehr weit von Cumana waren. Es ist sehr interessant, bei Sonnenaufgang die Seevögel auf einmal erscheinen und die Landschaft beleben zu sehen.

Gegen neun Uhr morgens befanden wir uns vor dem Meerbusen von Cariaco, welcher der Stadt Cumana als Reede dient. Mit lebhafter Empfindung sahen wir das Ufer wieder, wo wir die ersten Pflanzen in Amerika gepflückt und wo ein paar Monate darauf Bonpland in so großer Gefahr geschwebt hatte. Zwischen den Kakteen, die 6,5 Meter hoch in Säulen- oder Kandelaberform dastanden, kamen die Hütten der Guaykeri zum Vorschein. Die ganze Landschaft war uns so wohl bekannt, der Kaktuswald, die zerstreuten Hütten und der gewaltige Ceibabaum, unter dem wir bei Einbruch der Nacht so gerne gebadet. Unsere Freunde kamen uns aus Cumana entgegen; Menschen aller Stände, die auf unsern vielen botanischen Exkursionen mit uns in Berührung gekommen waren, äußerten ihre Freude um so lebhafter, da sich seit mehreren Monaten das Gerücht verbreitet hatte, wir hätten an den Ufern des Orinoko den Tod gefunden. Anlaß dazu mochte Bonplands schwere Krankheit gegeben haben oder auch der Umstand, daß unser Kanoe durch einen Windstoß oberhalb der Mission Uruana beinahe umgeschlagen wäre.

Wir eilten, uns dem Statthalter Don Vicente Emparan vorzustellen, dessen Empfehlungen und beständige Vorsorge uns auf der langen nunmehr vollendeten Reise so ungemein förderlich gewesen waren. Er verschaffte uns mitten in der Stadt ein Haus, das für ein Land, das starken Erdbeben ausgesetzt ist, vielleicht zu hoch, aber für unsere Instrumente ungemein bequem war. Es hatte Terrassen, auf denen man eine herrliche Aussicht auf die See, auf die Landenge Araya und auf den Archipel der Caracas-, Picuita- und Borrachainseln genoß. Der Hafen von Cumana wurde täglich strenger blockiert, und durch das Ausbleiben der spanischen Postschiffe wurden wir noch anderthalb Monate festgehalten. Oft fühlten wir uns versucht, auf die dänischen Inseln überzusetzen, die eine glückliche Neutralität genossen; wir befürchteten aber, daß es, hätten wir einmal die spanischen Kolonien verlassen, schwerhalten möchte, dahin zurückzukommen. Bei den umfassenden Befugnissen, wie sie uns in einer guten Stunde zuteil geworden, durfte man sich auf nichts einlassen, was den Lokalbehörden mißfallen konnte. Wir wendeten unsere Zeit dazu an, die Flora von Cumana zu vervollständigen und den östlichen Teil der Halbinsel Araya geognostisch zu untersuchen. Wir stellten auch Versuche an über ungewöhnliche Strahlenbrechung, über Verdunstung und Luftelektrizität.

Die lebenden Tiere, die wir vom Orinoko mitgebracht, waren für die Einwohner von Cumana ein Gegenstand lebhafter Neugier. Der Kapuziner von Esmeralda (*Simia chiropotes*), der im Gesichtsausdruck so große Menschenähnlichkeit hat, und der Schlafaffe (*Simia trivirgata*), der Typus einer neuen Gruppe, waren an dieser Küste noch nie gesehen worden. Wir dachten dieselben der Menagerie im Pariser Pflanzengarten zu; denn die Ankunft einer französischen Eskadre bot uns unerwartet eine treffliche Gelegenheit nach Guadeloupe. General Jeannet und der Kommissar Bresseau, Agent der vollziehenden Gewalt auf den Antillen, versprachen uns, die Sendung zu besorgen. Die Anwesenheit so vieler französischer Soldaten und die Äußerung politischer und religiöser Ansichten, die eben nicht ganz mit denen übereinstimmten, durch welche die Mutterländer ihre Macht zu festigen meinen, brachten die Bevölkerung von Cumana in gewaltige Aufregung. Der Statthalter beachtete den französischen Behörden gegenüber die angenehmen Formen, wie der Anstand und das innige Verhältnis, das damals zwischen Frankreich und Spanien bestand, sie vorschrieben. Auf den Straßen sah man die Farbigen sich um den Agenten des Direktoriums drängen, der reich und theatralisch gekleidet war; da aber Leute mit ganz weißer Haut, wo sie sich nur verständlich machen konnten, mit unbescheidener Neugier sich auch danach erkundigten, wieviel Einfluß auf die Regierung von Guadeloupe die französische Republik den Kolonisten einräume, so entwickelten die königlichen Beamten doppelten Eifer in der Verproviantierung der kleinen Eskadre. Fremde, die sich rühmten, frei zu sein, schienen ihnen überlästige Gäste, und in einem Lande, dessen fortwährend steigender Wohlstand auf dem Schleichverkehr mit den Inseln beruhte und auf einer Art Handelsfreiheit, die man dem Ministerium abgerungen, erlebte ich es, daß die Hispano-Europäer sich nicht entblödeten, die alte Weisheit des Gesetzbuches (*leyes de Indias*), demzufolge die Häfen keinen fremden Fahrzeugen geöffnet werden sollten, außer in äußersten Notfällen, bis zu den Wolken zu erheben. Ich hebe diese Gegensätze zwischen den unruhigen Wünschen der Kolonisten und der argwöhnischen Starrheit der herrschenden Kaste hervor, weil sie einiges Licht auf die großen politischen Ereignisse werfen, welche von lange her vorbereitet, Spanien von seinen Kolonien oder – richtiger gesagt – von seinen überseeischen Provinzen losgerissen haben.

Wir blieben nur noch vierzehn Tage in Cumana. Da wir alle Hoffnung aufgegeben hatten, ein Postschiff aus Coruña eintreffen zu sehen, so benutzten wir ein amerikanisches Fahrzeug, das in Nueva Barcelona Salzfleisch lud, um es auf die Insel Kuba zu bringen. Wir hatten 16 Monate an diesen Küsten und im Innern von Venezuela zugebracht. Wir hatten zwar noch über 50 000 Frank in Wechseln auf die ersten Häuser in der Habana; dennoch wären wir hinsichtlich der baren Mittel in großer Verlegenheit gewesen, wenn uns nicht der Statthalter von Cumana vorgeschossen hätte, so viel wir verlangen mochten. Das Zartgefühl, mit dem Herr von Emparan ihn ganz unbekannte Fremde behandelte, verdient die höchste Anerkennung und meinen lebhaftesten Dank. Am 16. November verabschiedeten wir uns von unseren Freunden, um nun zum drittenmal von der Mündung des Busens von Cariaco nach Nueva Barcelona überzufahren. Die Nacht war köstlich kühl. Nicht ohne Rührung sahen wir die Mondscheibe zum letztenmal die Spitzen der Kokospalmen an den Ufern des Manizanes beleuchten. Lange hingen unsere Blicke an der weißlichen Küste, wo wir uns nur ein einziges Mal über die Menschen zu beklagen hatten. Der Seewind war so stark, daß wir nach nicht ganz sechs Stunden beim Morro von Nueva Barcelona den Anker auswarfen. Das Fahrzeug, das uns nach La Habana bringen sollte, lag segelfertig da.

Siebenundzwanzigstes Kapitel

Allgemeine Bemerkungen über das Verhältnis
des neuen zum alten Kontinent · Überfahrt von
den Küsten von Venezuela nach La Habana

Als ich nach meiner Rückkehr nach Deutschland den *»Essai
politique sur la Nouvelle Espagne«* herausgab, veröffentlichte ich
zugleich einen Teil des von mir über den Bodenreichtum von
Südamerika gesammelten Materials. Diese vergleichende
Schilderung der Bevölkerung, des Ackerbaues und des Handels aller spanischen Kolonien wurde zu einer Zeit entworfen,
wo große Mängel in der gesellschaftlichen Verfassung, das Prohibitivsystem und andere gleich verderbliche Mißgriffe in der
Regierungskunst die Entwicklung der Kultur niederhielten.
Seit ich auseinandergesetzt, welch unermeßliche Hilfsmittel
den Völkern des gedoppelten Amerika durch ihre Lage an sich
und durch ihren Handelsverkehr mit Europa und Asien in
Aussicht ständen, sobald sie die Segnungen einer vernünftigen
Freiheit genössen, hat eine der großen Umwälzungen, welche
von Zeit zu Zeit das Menschengeschlecht aufrütteln, die gesellschaftlichen Zustände in den von mir durchreisten gewaltigen Ländern umgewandelt.

Ohne der Zukunft allzuviel zuzutrauen, läßt sich annehmen, daß in weniger als anderthalbhundert Jahren Amerika so
stark bevölkert sein wird als Europa. Dieser schöne Wetteifer
in der Kultur, in den Künsten des Gewerbfleißes und des Handels wird keineswegs, wie man so oft prophezeien hört, den
alten Kontinent auf Kosten des neuen ärmer machen; er wird
nur die Konsumtionsmittel und die Nachfrage danach, die
Masse der produktiven Arbeit und die Lebhaftigkeit des Austausches steigern. Allerdings ist infolge der großen Umwälzungen, denen die menschlichen Gesellschaftsvereine unter-

liegen, das Gesamtvermögen, das gemeinschaftliche Erbgut der Kultur, unter die Völker beider Welten ungleich verteilt; aber allgemach stellt sich das Gleichgewicht her, und es ist ein verderbliches, ja ich möchte sagen, gottloses Vorurteil, zu meinen, es sei ein Unheil für das alte Europa, wenn auf irgendeinem andern Stück unseres Planeten der öffentliche Wohlstand gedeiht. Die Unabhängigkeit der Kolonien wird nicht zur Folge haben, sie zu isolieren, sie werden vielmehr dadurch den Völkern von alter Kultur näher gebracht werden. Der Handel wirkt naturgemäß dahin, zu verbinden, was eifersüchtige Staatskunst so lange auseinandergehalten. Noch mehr: Es liegt im Wesen der Zivilisation, daß sie sich ausbreiten kann, ohne deshalb da, von wo sie ausgegangen, zu erlöschen. Ihr allmähliches Vorrücken von Ost nach West, von Asien nach Europa, beweist nichts gegen diesen Satz. Ein starkes Licht behält seinen Glanz, auch wenn es einen größeren Raum beleuchtet. Geistesbildung, die fruchtbare Quelle des Nationalwohlstands, teilt sich durch Berührung mit; sie breitet sich aus, ohne von der Stelle zu rücken.

Die Verwilderung der Völker ist eine Folge der Unterdrükkung durch einheimischen Despotismus oder durch einen fremden Eroberer; mit ihr Hand in Hand geht immer steigende Verarmung, Versiegung des öffentlichen Wohlstands. Freie, starke, den Interessen aller entsprechende Staatsformen halten diese Gefahren fern, und die Zunahme der Kultur in der Welt, die Mitwerbung in Arbeit und Austausch bringen Staaten nicht herab, deren Gedeihen aus natürlicher Quelle fließt. Das gewerbfleißige und handeltreibende Europa wird aus der neuen Ordnung der Dinge, wie sie sich im spanischen Amerika gestaltet, seinen Nutzen ziehen.

Allerdings wird noch manches Jahr vergehen, bis 17 Millionen, über eine Länderstrecke zerstreut, die um ein Fünftel größer ist als ganz Europa, durch Selbstregierung zu einem festen Gleichgewicht kommen. Der eigentlich kritische Zeitpunkt ist der, wo es lange Zeit unterjochten Völkern auf einmal in die Hand gegeben ist, ihr Leben nach den Erfordernissen ihres Wohlergehens einzurichten. Man hört immer wieder behaupten, die Hispano-Amerikaner seien für freie Institutionen nicht weit genug in der Kultur vorgeschritten. Es ist noch nicht lange her, so sagte man dasselbe von anderen Völkern aus, bei denen aber die Zivilisation überreif sein sollte. Die Erfahrung lehrt, daß bei Nationen wie beim einzelnen das Glück ohne Talent und Wissen bestehen kann; aber ohne leugnen zu wollen, daß ein gewisser Grad von Aufklärung und Volksbildung zum Bestand von Republiken und konstitutionellen Monarchien unentbehrlich ist, sind wir der Ansicht, daß dieser Bestand lange nicht so sehr vom Grade der geistigen Bildung abhängt als von der Stärke des Volkscharakters, vom Verein von Tatkraft und Ruhe, von Leidenschaftlichkeit und Geduld, der eine Verfassung aufrecht und am Leben erhält, ferner von den örtlichen Zuständen, in denen sich das Volk befindet, und von den politischen Verhältnissen zwischen einem Staate und seinen Nachbarstaaten.

Wenn die heutigen Kolonien nach ihrer Emanzipation mehr oder weniger zu republikanischer Verfassungsform hinneigen, so ist die Ursache dieser Erscheinung nicht allein im Nachahmungstrieb zu suchen, der bei Volksmassen noch mächtiger ist als beim einzelnen; sie liegt vielmehr zunächst im eigentümlichen Verhältnis, in dem eine Gesellschaft sich befindet, die sich auf einmal von einer Welt mit älterer Kultur losgetrennt, aller äußeren Bande entledigt sieht und aus Individuen besteht, die nicht einer Kaste das Übergewicht im Staate zugestehen.

Seit die Entwicklung der Schiffahrtskunst und die sich steigernde Tätigkeit der Handelsvölker die Küsten der beiden Festländer einander nähergerückt haben, seit La Habana, Rio de Janeiro und der Senegal uns kaum entlegener vorkommen als Cadiz, Smyrna und die Häfen des Baltischen Meeres, nimmt man Anstand, die Leser mit einer Überfahrt von der Küste von Caracas nach der Insel Kuba zu behelligen. Das Meer der Antillen ist so bekannt wie das Becken des Mittelmeers, und wenn ich hier aus meinem Seetagebuch einige Beobachtungen niederlege, so tue ich es nur, um den Faden meiner Reisebeschreibung nicht zu verlieren und allgemeine Betrachtungen über Meteorologie und physische Geographie daran zu knüpfen. Um die wechselnden Zustände der Atmosphäre recht kennenzulernen, muß man am Abhang der Gebirge und auf der unermeßlichen Meeresfläche beobachten; in einem Forscher, der seinen Scharfsinn im Befragen der Natur lange in seinem Studierzimmer geübt hat, mögen schon auf der kleinsten Überfahrt, auf einer Reise von den Kanarien nach Madeira, ganz neue Ansichten sich gestalten.

Am 24. November um neun Uhr abends gingen wir auf der Reede von Nueva Barcelona unter Segel. Die Nacht brachte die Kühle, welche den tropischen Nächten eigen ist und einen angenehmen Eindruck macht, wenn man die nächtliche Temperatur von 23 bis 24 Grad Celsius mit der mittleren Tagestemperatur vergleicht, die in diesen Strichen, selbst an den Küsten, meist 28 bis 29 Grad beträgt. Tags darauf, kurz nach der Beobachtung um Mittag, befanden wir uns im Meridian der Insel Tortuga; sie ist ohne Pflanzenwuchs und erhebt sich auffallend wenig über den Meeresspiegel.

Am 26. November. – Windstille, auf die wir um so weniger gefaßt waren, da der Ostwind in diesen Strichen von Anfang November an meist sehr stark ist, während vom Mai bis Oktober von Zeit zu Zeit die Nordwest- und die Südwinde auftreten. Gegen neun Uhr morgens bildete sich ein schöner Hof um die Sonne, und im selben Moment fiel in der tiefen Luftregion das Thermometer plötzlich um dreieinhalb Grad. War dieses Fallen die Folge eines niedergehenden Luftstromes? Der ein Grad breite Streif, der den Hof bildete, war nicht weiß, sondern hatte die lebhaftesten Regenbogenfarben, während das Innere des Hofes und das ganze Himmelsgewölbe blau waren ohne eins Spur von Dunst.

An diesem und den folgenden Tagen war die See mit einer bläulichen Haut bedeckt, die unter dem zusammengesetzten Mikroskop aus zahllosen Fäden zu bestehen schien. Man findet dergleichen Fäden häufig im Golfstrom und im Kanal von Bahama sowie im Seestrich von Buenos Aires. Manche Naturforscher halten sie für Reste von Molluskeneiern, mir schienen sie vielmehr zerriebene Algen zu sein. Indessen scheint das Leuchten der See durch sie gesteigert zu werden, namentlich zwischen dem 28. und 30. Grad der Breite, was allerdings auf tierischen Ursprung hindeutet.

Am 27. November. – Wir rückten langsam auf die Insel Ochila zu; wie alle kleinen Eilande in der Nähe der fruchtbaren Küste von Terra Firma ist sie unbewohnt geblieben. Die

Insel, die ich mir nach ihrem Namen als ein dürres, mit Flechten bedecktes Eiland vorgestellt hatte, zeigte sich jetzt in schönem Grün.

Bei Sonnenuntergang kamen uns die zwei Spitzen der *Roca de afuera* zu Gesicht, die sich wie Türme aus der See erheben. Die Wolken blieben lange um diese Insel geballt, so daß man ihre Lage weit in See erkannte. Durch diese Ansammlung von Wolken erkennt man die Lage der niedrigsten Inseln in sehr bedeutender Entfernung.

Am 29. November. – Bei Sonnenaufgang sahen wir fast dicht am Meereshorizont die Kuppel der Silla bei Caracas noch ganz deutlich. Um Mittag verkündeten alle Zeichen am Himmel gegen Nord einen Witterungswechsel; die Luft kühlte sich auf einmal auf 22,8 Grad ab, während die See an der Oberfläche eine Temperatur von 25,6 Grad behielt. Bei ganz stiller Luft fing die See an, hochzugehen; alles deutete auf einen Sturm zwischen den Kaimanseilanden und dem Kap San Antonio. Und wirklich sprang am 30. November der Wind auf einmal nach Nord-Nord-Ost um, und die Wogen wurden ausnehmend hoch. Gegen Nord war der Himmel schwarzblau, und unser kleines Fahrzeug schlingerte um so stärker, da man im Anschlagen der Wellen zwei sich kreuzende Seen unterschied, eine aus Nord, eine andere aus Nord-Nord-Ost. Auf zwei Kilometer weit bildeten sich Wasserhosen und liefen rasch von Nord-Nord-Ost nach Nord-Nord-West. So oft die Wasserhose uns am nächsten kam, fühlten wir den Wind stärker werden. Gegen Abend brach durch die Unvorsichtigkeit unseres amerikanischen Kochs Feuer aus. Es wurde leicht gelöscht; bei sehr schlimmem Wetter mit Windstößen, und da wir Fleisch geladen hatten, das des Fettes wegen ungemein leicht brennt, hätte das Feuer rasch um sich greifen können. Am 1. Dezember morgens wurde die See allmählich ruhiger, je mehr sich der Wind im Nordost festsetzte. Am 2. Dezember kam wirklich Kap Beata in Sicht an einem Punkt, wo wir schon lange Wolkenhaufen gesehen hatten.

In dieser Nacht beobachtete ich eine sehr interessante Erscheinung, die ich aber nicht zu erklären versuche. Es war über 0.30 Uhr, der Wind wehte schwach aus Ost, das Thermometer stand auf 23,2 Grad. Der volle Mond stand sehr hoch.

Da auf einmal bildete sich auf der Seite des Mondes, 45 Minuten vor seinem Durchgang durch den Meridian, ein großer Bogen in allen Farben des Spektrums, aber unheimlich anzusehen. Der Bogen reichte über den Mond hinauf; der Streifen in den Farben des Regenbogens war gegen zwei Grad breit, und seine Spitze schien etwa 80 bis 85 Grad über dem Meereshorizont zu liegen. Der Himmel war vollkommen rein, von Regen keine Spur; am auffallendsten war mir aber, daß die Erscheinung, die vollkommen einem Mondregenbogen glich, sich nicht dem Monde gegenüber zeigte. Der Bogen blieb acht bis zehn Minuten, scheinbar wenigstens, unverrückt; im Moment aber, wo ich versuchte, ob er durch Reflexion im Spiegel des Sextantgen zu sehen sein werde, fing er an, sich zu bewegen und über den Mond und Jupiter, der nicht weit unterhalb des Mondes stand, hinabzurücken. Es war 0.54 Uhr (wahre Zeit), als die Spitze des Bogens unter dem Horizont verschwand. Diese Bewegung eines farbigen Bogens setzte die wachhabenden Matrosen in Erstaunen; sie behaupteten wie beim Erscheinen jedes auffallenden Meteors, »das bedeute Sturm«.

Am 3. Dezember. – In der Nacht sahen Bonpland und mehrere andere Passagiere auf eine Viertelseemeile unter dem Wind eine kleine Flamme an der Meeresfläche, die gegen Südwest fortlief und die Luft erhellte. Man spürte keinen Erdstoß, keine Änderung in der Richtung der Wellen. War es ein phosphorischer Schein, den eine große Masse faulender Mollusken verbreitete, oder kam die Flamme vom Meeresboden herauf, wie solches zuweilen in den von Vulkanen erschütterten Erdstrichen beobachtet worden sein soll? Letztere Annahme scheint mir durchaus unwahrscheinlich.

Am 4. Dezember. – Um 10.30 Uhr morgens befanden wir uns unter dem Meridian des Vorgebirges Bacco (Punta Abaccu). Aus Furcht vor den Kapern fuhren wir, sobald wir den Parallel von 17 Grad erreicht hatten, gerade über die Bank Viboria hin, bekannter unter dem Namen Pedro Shoals. Diese Bank ist über 1000 Quadratkilometer groß, und ihr Umriß fällt dem Geologen stark ins Auge, weil derselbe mit dem des benachbarten Jamaika so große Ähnlichkeit hat. Es ist, als hätte eine Erhebung des Meeresbodens die Wasserfläche nicht erreichen können, um sofort eine Insel zu bilden fast so groß wie Portorico. Die milchige Farbe des Wassers zeigte uns an, daß wir uns am östlichen Rande der Bank befanden; das Thermometer, das an der Meeresfläche weit ab von der Bank auf 27 und 27,3 Grad gestanden hatte, bei einer Lufttemperatur von 21,2 Grad, fiel schnell auf 25,7 Grad. Das Wetter war vom 4. bis 6. Dezember sehr schlecht; es regnete in Strömen, in der Ferne tobte ein Gewitter, und die Windstöße wurden immer heftiger. In der Nacht befanden wir uns eine Zeitlang in einer ziemlich bedenklichen Lage. Man hörte vor dem Vorderteil die See an Klippen branden, auf die das Schiff zulief. Bei phosphorischem Schein des schäumenden Meeres sah man, in welcher Richtung die Riffe lagen. Das sah fast aus wie der Raudal von Garcita und andere Stromschnellen, die wir im Bett des Orinoko gesehen. Der Kapitän schob die Schuld weniger auf die Nachlässigkeit des Steuermanns als auf die Mangelhaftigkeit der Seekarten. Es gelang, das Schiff zu wenden, und in weniger als einer Viertelstunde waren wir außer aller Gefahr. Wir legten die Nacht vollends bei; der Nordwind drückte das Thermometer auf 19,7 Grad herab. Während wir über die Bank Viboria liefen, war der Zustand der Luft ganz anders. Der Regen hielt sich innerhalb der Grenzen der Bank, und wir konnten von ferne ihren Umriß an den Dunstmassen erkennen, die darauf lagerten.

Am 9. Dezember. – Je näher wir den Kaimanseilanden kamen, desto stärker wurde wieder der Nordostwind. Das Wetter war fortwährend schlecht, und die See ging ungemein hoch; das Thermometer stand zwischen 19,2 und 20,3 Grad. Bei dieser niedrigen Temperatur wurde der Geruch des Salzfleisches, mit dem das Schiff beladen war, noch unerträglicher. Der Himmel zeigte zwei Wolkenschichten; die untere war sehr dick und wurde rasch gegen Südost gejagt, die obere stand still und war in gleichen Abständen in gekräuselte Streifen geteilt. In der Nähe des Kap San Antonio legte sich der Wind endlich. Wir waren noch fünf Kilometer vom Lande, und doch verriet sich die Nähe von Kuba durch einen köstlichen aromatischen Geruch. Sobald das Wetter heiterer wurde, stieg das Thermometer im Schatten nach und nach auf 27 Grad; wir rückten rasch nach Norden vor. In der Besorgnis, ostwärts von La Habana zu kommen, wollte man anfangs die

Schildkröteninseln am Südwestende der Halbinsel Florida aufsuchen; aber seit Kap Antonio in Sicht gewesen, hatten wir zu
Louis Berthouds Chronometer so großes Zutrauen gefaßt,
daß solches überflüssig erschien. Wir ankerten im Hafen La
Habana am 19. Dezember nach einer 25tägigen Fahrt bei
beständig schlechtem Wetter.

Nachwort

Alexander von Humboldt: Naturforscher und Humanist

Als Alexander von Humboldt sich 1799 im Hafen von Coruña einschifft, 280 Jahre nachdem Hernán Cortéz die Zerstörung der alten Kulturen Süd- und Mittelamerikas mit der Eroberung des Aztekenreiches eingeleitet hatte, war die Neue Welt den Metropolen Europas schon längst nahegerückt.

Missionare und erste Handelsgesellschaften folgten den Konquistadoren noch im 16. Jahrhundert auf dem Fuße nach. Wissenschaftler hingegen erreichten den neuen Kontinent erst später, darunter zuallererst Geographen zur Bestimmung von Grenzen und zum Anfertigen dringend benötigter Karten. Grob vermessen und begrenzt erkundet, stellten die spanischen Kolonien »Westindien« auch Ende des 18. Jahrhunderts noch einen weitgehend unbekannten Kontinent dar.

Bis zum Aufbruch Humboldts an Bord der »Pizarro« hatten die großen Weltreisen der Neuzeit fast alle den Charakter von Weltumseglungen gehabt. Bei diesen Unternehmungen, angefangen bei den Fahrten von Christoph Columbus und Fernão de Magalhães bis hin zu den späteren, wie etwa von La Condamine, Bougainville oder James Cook, erfolgten wissenschaftliche Forschungen – wenn überhaupt – nicht uneigennützig. Den eigentlichen Reisezweck bestimmten zumeist handfeste politische Interessen: nationales Prestigedenken und koloniale Pläne, immer verbunden mit dem Ziel der Vergrößerung der eigenen Machtsphäre zur Erschließung von neuen Handels- und Rohstoffvorkommen. Humboldts Reise durch das Innere des süd- und mittelamerikanischen Kontinents, von ihm privat finanziert, war daher in der Tat die erste ausschließlich wissenschaftliche Forschungsreise.

Simón Bolívar, der als Führer der antikolonialen Opposition unter dem Namen »El Libertador« in die Geschichte des Unabhängigkeitskampfes der ehemaligen spanischen Kolonien eingegangen ist, sollte über die Person Humboldts und die Bedeutung seiner Reise später sagen: *»Alexander von Humboldt ist der wahre Entdecker Südamerikas! Ihm hat die Neue Welt mehr zu verdanken als allen Konquistadoren zusammen.«* In diesem Satz Bolívars ist die Würdigung der beiden herausragenden Eigenschaften Humboldts zusammengefaßt: Des nüchtern-realistisch denkenden Naturforschers und des kritischen Zeitgenossen und Humanisten.

Man muß es sich genau vorstellen, um es verstehen zu können: Ein junger Adliger im preußischen Staatsdienst, mit allen Aussichten auf eine glänzende Laufbahn, nimmt im Jahre 1796 seinen Abschied, als eine Erbschaft ihm weitgehende finanzielle Unabhängigkeit sichert. Er setzt seine Fähigkeiten nicht zur Vermehrung des Geldes, sondern das Geld zur Vermehrung seines Wissens ein. Das Ziel seines Handelns lautet schlicht: Erkenntnis der Natur und der Beschaffenheit der Erde.

Eine Erzählung über eine Expedition spanischer Konquistadoren an der peruanischen Andenküste weckte zum ersten Male Alexander von Humboldts *»Sehnsucht nach dem Anblick der Südsee«* – zu einer Zeit, als er und sein Bruder Wilhelm im elterlichen Schloß Tegel noch von Hauslehrern Unterricht erhielten.

In einem der Berliner Salons, den geheimen geistigen Zentren des niedergehenden Feudalabsolutismus, bekamen die beiden Humboldts erstmals auch einen nachhaltigen Eindruck von den Philosophien der Aufklärung. Kants Auffassungen standen im Mittelpunkt der Diskussion. Alexander von Humboldt lernte jene neuen Ideen kennen, die seine Naturanschauung und Weltsicht nachhaltig beeinflußten.

1788 begann Humboldt in Frankfurt an der Oder das Studium der Kameralistik. Ein wachsendes Interesse, zunächst für die Pflanzenkunde, dann für die Naturwissenschaften insgesamt, bestimmte schließlich seine weitere Ausbildung. Wie konkret er zu diesem Zeitpunkt bereits über den allgemeinen Nutzen von wissenschaftlichen Erkenntnissen nachdachte, belegt ein Brief vom Februar 1789 an seinen Bruder Wilhelm: *»Je mehr die Menschenzahl und mit ihr der Preis der Lebensmittel steigen, je mehr die Völker die Last zerrütteter Finanzen fühlen müssen, desto mehr sollte man darauf sinnen, neue Nahrungsquellen gegen den von allen Seiten einreißenden Mangel zu eröffnen. Wie viele, unübersehbar viele Kräfte liegen in der Natur ungenutzt, deren Entwicklung Tausenden von Menschen Nahrung oder Beschäftigung geben könnte ... Die meisten Menschen betrachten die Botanik als eine Wissenschaft, die für Nichtärzte nur zum Vergnügen oder allenfalls (ein Nutzen, der selbst wenigen erst einleuchtet) zur subjektiven Bildung des Verstandes dient. Ich halte sie für eine von den Studien, von denen sich die menschliche Gesellschaft am meisten zu versprechen hat.«*

Der entscheidende Anstoß für Humboldts Entschluß, außereuropäische Länder forschend zu bereisen, kam von Johann Georg Forster. 1789 besuchte Humboldt ihn in Mainz, wo der berühmte Teilnehmer an der zweiten Weltumseglung Cooks als Bibliothekar tätig war. Kein halbes Jahr später unternahmen sie eine Reise an den Niederrhein, nach Holland, Belgien und England mit dem Rückweg über Paris durch das revolutionäre Frankreich. Für Humboldt, der Forster später in seinem »Kosmos« als *»Freund und Lehrer«* bezeichnete, wurde diese Zeit der gemeinsamen Gespräche und Reiseeindrücke zu einem seiner entscheidendsten Bildungserlebnisse.

Nach den gemachten Erfahrungen in Frankreich sah Humboldt eine *»Wohltat«* in der *»Ausrottung des Feudalsystems und aller aristokratischen Vorurteile, unter denen die edlere Menschenklasse so lange geschmachtet«*. Er trug seitdem *»die Ideen von 1789 unter dem Herzen«*. Ablehnend gegenüber den Begleitumständen der Revolution, betrachtete er späterhin skeptisch einen bürgerlichen Fortschritt, der die Ideen von Freiheit, Gleichheit und Brüderlichkeit alsbald den neuen Idealen von Ruhe, Eigentum und Ordnung opferte.

Mit Abschluß weiterer wirtschafts- und naturwissenschaftlicher Studien trat Humboldt 1792 als leitender Beamter in den preußischen Bergbau ein. Seinen mittlerweile weitgespannten Reiseplänen kam diese Tätigkeit durchaus entgegen. In den folgenden Jahren führte er seine empirischen und theoretischen Studien, vor allem zur Geologie, Mineralogie, Botanik und Physiologie, weiter fort; er reiste und las sehr viel.

Goethe charakterisierte Humboldts geradezu enzyklopädische Belesenheit mit den Worten: *»Man könnte in acht Tagen nicht aus Büchern herauslesen, was er einem in einer Stunde vorträgt.«*

1797 besuchte Humboldt Goethe und Schiller für drei Monate in Jena, nun intensiv damit beschäftigt, seine geplante Forschungsreise vorzubereiten. Es wurde eine Zeit anregender naturphilosophischer Diskussionen. Während Goethes morphologische Naturbetrachtungen vorrangig auf die Suche nach einem Urphänomen als gestaltendes Prinzip, dagegen weniger auf einzelne Tatsachen gerichtet waren, behielt Humboldt als Empiriker sehr wohl »den Boden unter den Füßen«. Er wollte die *»unmittelbare Anschauung«* mit der *»Einsicht in den inneren Zusammenhang«* verbinden. In seinem Programm wurden transzendentale Idee und empirische Erfahrung, Theorie und Experiment, Vernunft und Natur miteinander vereint und erstmalig reflektierbar unter dem übergreifenden Leitgedanken der gesellschaftlichen Emanzipation des Menschen.

Mit dieser auf das Naturganze gerichteten Konzeption ließ Humboldt nicht nur die aufkommende Naturschwärmerei der romantischen Philosophie, sondern auch traditionelle schöpfungsmythologische Naturvorstellungen weit hinter sich. Und zumindest im Grundsatz findet sich in seiner Ganzheitsbetrachtung auch ein anderer wissenschaftlich-praktischer Weg der Naturaneignung angelegt, als ihn die Naturwissenschaften klassischen Stils dann einschlugen. Im Unterschied zu der im 19. Jahrhundert sich anbahnenden positivistischen Wissenschafts- und Fortschrittsauffassung, die bei der wachsenden Komplexität von Untersuchungsgegenständen zunehmend zu Vereinzelung und Spezialisierung führen sollte, zielten Humboldts Methoden darauf ab, durch vergleichende Untersuchungen die Zusammenhänge zwischen isolierten Einzelerkenntnissen zu erschließen. Die Grenzen seiner theoretischen Einsichten liegen dort, wo er, ähnlich wie Goethe, von einem idealisierenden Begriff relativer Harmonie in der Natur ausging.

Von Jena aus reiste Humboldt über Dresden, Prag und Wien weiter nach Paris. Dort lernte er den Arzt und Botaniker Aimé Bonpland kennen, der für die nächsten sechs Jahre sein zuverlässiger Begleiter wurde. In der Durchführung sowie in der

Erarbeitung der Ergebnisse begründeten sie auf ihrer Reise eine der ersten wirklichen Forschergemeinschaften in den Naturwissenschaften.

Die Ergebnisse von Humboldts Forschungen haben einen zum Teil bedeutenden Einfluß auf die Entwicklung verschiedener wissenschaftlicher Disziplinen genommen. So sammelte und bestimmte Humboldt gemeinsam mit Bonpland an die 60 000 Pflanzen, darunter mehrere tausend neue Arten. Er untersuchte den Einfluß von Umweltbedingungen auf die Pflanzenwelt und gab damit den Anstoß zur Begründung der heutigen Geobotanik als selbständiger Disziplin. Er kartographierte große Teile Süd- und Mittelamerikas, verglich Landschaftstypen und Vegetationszonen. Dergestalt begründete er die vergleichende Landschaftskunde. Über den Vergleich von Vulkanen stieß Humboldt auf die Beziehungen zwischen Vulkanismus und gebirgsbildenden Kräften. Und vergleichende Untersuchungen waren es auch, die ihn auf die geologische Verwandtschaft bestimmter Gebirgsketten in Amerika, Europa und Asien aufmerksam machten.

»Der Mensch muß das Gute und Große wollen« – nach dieser von ihm mehrfach wiederholten Maxime hat Humboldt seine Reise durch die Länder der Äquinoktialgegenden durchgeführt. Ging sein ehrgeiziger Anspruch, Großes leisten zu wollen, in der beinahe universellen Vielfalt und Reichweite seiner Forschungen auf, so vollzog sich das Gute für ihn in der Art und Weise des Gebrauchs ihrer Ergebnisse.

Die gesellschaftlichen Reflexionen in seinen Beschreibungen belegen, wie sehr Humboldt davon überzeugt war, daß die Ideen der Aufklärung im sozialen und politischen Fortschritt zur Geltung kommen würden. *»Stillstand«* hielt er sowohl *»in dem Entwicklungsgange physischer Forschungen, wie in dem der politischen Institutionen«* für *»den Anfang eines verderblichen Rückschrittes«.*

Mit seinem Reisewerk wollte Humboldt zu einem *»Geschichtsschreiber von Amerika«* werden. Nicht in der Hauptsache, jedoch auch mehr als nur beiläufig, war ihm neben seinen Naturbeschreibungen gleichzeitig an einem *»politischen Gemälde«* des spanischen Amerika gelegen. Zu einer Zeit, als die Ideologie von der Überlegenheit der weißen Rasse allgemein vorherrschte und die politische sowie soziale Ungleichbehandlung von Indios und Schwarzen eine übliche Praxis war, verurteilte Humboldt mit Schärfe die Auswüchse und die Brutalität der europäischen Kolonialherrschaft: die Sklaverei genauso wie Ausbeutung und Rassendiskriminierung.

Nach der Erkundung des Orinoko und seiner Verbindung mit dem Amazonas bereiste Humboldt in den Jahren 1801 bis 1804 die heutigen Staaten Kuba, Kolumbien, Ecuador, Peru und Mexiko. Auch dort stieß er fortwährend auf *»das gehässige Prinzip des Kolonialsystems«*. Über Kuba und Mexiko verfaßte Humboldt zwei länderkundliche Monographien. Neben der systematischen Untersuchung von Bodengestaltung und Klima, Landwirtschaft, Handel und Finanzen, von Geschichte und Kultur war es für ihn selbstverständlich, auch die Lage der *»geknechteten Bevölkerung«* detailliert zur Sprache zu bringen. Seine *»Betrachtungen über die Sklaverei«*, speziell für das Kuba-Werk verfaßt, legen ein beeindruckendes Zeugnis seiner humanistischen Gesinnung und seines Verständnisses von den Aufgaben der Naturforschung im Dienst und im Interesse der Menschheit ab.

Auch Humboldt war bei seiner Ankunft auf dem amerikanischen Kontinent nicht frei von eurozentrischen Vorurteilen. In seiner Beschreibung der Durchquerung der Llanos sowie der Fahrt auf dem Orinoko finden sich einige Male Unmutsäußerungen über die »Dummheit«, die »Gleichgültigkeit« und »Trägheit« der ihn begleitenden Indios. Um so mehr charakterisierte es ihn, daß ihm der *»Kontrast zwischen der Hastigkeit, dem Mühlradwesen der Europäer und dem Gleichmut des Indianers«* schon bald zu denken gab. Im weiteren Verlauf seiner Reise begann Humboldt die Bedeutung von Umweltbedingungen bei der Entwicklung kultureller und psychosozialer Eigenschaften zu erkennen. Seine Beobachtungen erschlossen nicht nur der Ethnologie wertvolle Hinweise, sondern trugen auch mit zur Korrektur des rassistischen Bildes von der indianischen Bevölkerung Amerikas bei.

Alexander von Humboldts Andenken wird in den von ihm bereisten und erforschten Ländern Lateinamerikas bis heute lebendig gehalten. Unter den Europäern, die im Zuge der zuerst territorialen, dann wirtschaftlichen und kulturellen

Eroberung in die Neue Welt kamen, ist er eine der großen Ausnahmen gewesen; dies, weil er zu den wenigen zählt, die ebensoviel zurückließen, wie sie mitnahmen: Wissen.

Humboldts Erwartungen hinsichtlich der Zukunft der Neuen Welt haben sich nur zum Teil erfüllt. Seine Aufzeichnungen lassen die Frage danach aufkommen, was die Alte Welt ihren damaligen Kolonien gegeben und was sie ihnen genommen hat. Eine Frage, deren Beantwortung in beiden Fällen zuungunsten der Dritten Welt ausfallen muß.

Sein Traum von »*einer freien Entwicklung aller Erwerbstätigkeit*« ist auf widersprüchliche Weise anders wahr geworden, als er es sich erhoffte. An die Stelle kolonialer Abhängigkeiten sind neue getreten; Humboldts Glauben, »*das gewerbfleißige und handeltreibende Europa*« werde »*aus der neuen Ordnung der Dinge, wie sie sich im spanischen Amerika gestaltet, seinen Nutzen ziehen*«, hat sich angesichts der katastrophalen Auswirkungen des sogenannten Nord-Süd-Gefälles in genauer Umkehrung des von ihm Gemeinten bestätigt. Es ist eine nur zu wahre, mit trockenen Zahlen belegbare Tatsache, daß aus den Entwicklungsländern in den vergangenen 30 Jahren von den führenden Industrienationen wirtschaftlich mehr reale Werte herausgeholt wurden, als die Alte Welt in 300 Jahren aus ihren Kolonien auszuführen vermochte.

In vielem unverändert geblieben sind dagegen Erscheinungen, die Humboldt als antihumanistisch kritisierte: Bildungslosigkeit, soziale Rückständigkeit, politische Unterdrückung und Ausbeutung. Ergänzend würde Humboldt heute – im Angesicht der abgeholzten tropischen Regenwälder und der wachsenden Naturzerstörungen entlang seiner damaligen Reiseroute – auch von ökologischer Verantwortungslosigkeit sprechen.

Gegenüber den Problemen der Welt, in der es mittlerweile allem Anschein nach ultimativ um die letzten Bedingungen und Aussichten des Überlebens von Menschheit *und* Natur geht, wird Humboldts Werk – kritisch gelesen – so gleichsam zu einem Spiegel, der, in der Vergangenheit hochgehalten, den Preis eines Fortschritts ohne Vernunft und Humanität erkennen läßt.

Jürgen Starbatty

Zu dieser Ausgabe

Alexander von Humboldt hat die Ergebnisse seiner großen Forschungsreise in Paris ausgewertet. In der weltoffenen französischen Hauptstadt fand er ein dieser Arbeit genehmeres Klima als im preußischen Berlin. Zwischen 1808 und 1834 erschien unter Beteiligung zahlreicher Fachgelehrter, Maler und Kupferstecher sein 34 Bände umfassendes und kostbar gestaltetes Werk »Voyage aux régions équinoxiales du Nouveau Continent«.

Es enthält in den Bänden XXVIII–XXX auch die »Relation historique du Voyage aux régions équinoxiales du Nouveau Continent«. Von diesem Werk veröffentlichte Cotta zwischen 1815 und 1832 eine deutsche Übersetzung in sechs Bänden. Humboldt hat sie wegen ihrer Mangelhaftigkeit nicht anerkannt. Erst im hohen Alter konnte er von Cotta für eine erneute Ausgabe seines Reisewerks gewonnen werden. Der Bibliothekar Prof. Dr. Hermann Hauff brachte die Bearbeitung 1859 und 1860 in vier Bänden heraus. Humboldt hat sie noch kurz vor seinem Tode autorisiert.

Die Hauffsche Übersetzung behandelt den Zeitraum von der Abreise aus la Coruña am 5. Juni 1799 bis zur Ankunft in La Habana am 19. Dezember 1800, während Humboldts Bericht in seinem französischen Werk bis zum März 1801 reicht. Die Ausgabe von Hauff ist seitdem wiederholt nachgedruckt worden, jedoch oft sinnentstellend gekürzt, und das häufig mit der unverkennbaren Tendenz, die Beschreibungen des Naturforschers von den gleichzeitigen Beobachtungen und Reflexionen des kritischen Humanisten zu »bereinigen«.

Demgegenüber sind in der vorliegenden Neubearbeitung jene Grundsätze beibehalten worden, wie sie Humboldt noch mit Hauff verabreden konnte. Hauff hat sich bei der Herausgabe davon leiten lassen, »das Buch als literarisches Produkt möglichst unversehrt zu erhalten, nirgends auszugsweise zu verfahren, sondern im ganzen überall dem Text treu zu bleiben und nur die kürzeren und längeren streng wissenschaftlichen Exkurse und Abhandlungen, die ins einzelne gehenden Erörterungen abzulösen ...«

Auf dieser Grundlage sind in der vorliegenden Ausgabe vor allem Exkurse und Abhandlungen weggefallen, die weitgehend nur noch wissenschaftshistorische Bedeutung haben. Beibehalten wurde die Diktion Humboldts, die Rechtschreibung hingegen der heute üblichen angeglichen. Gleiches gilt für die Maßangaben. Der Anhang mit der Chronologie der Lebensdaten Alexander von Humboldts sowie dem Verzeichnis der wichtigsten Sach- und Personennamen soll den Text erschließen helfen.

Lebensdaten
Alexander von Humboldts

14. September 1769
Alexander von Humboldt wird als Sohn eines adligen Gutsbesitzers in Berlin geboren.

1777–1789
Gemeinsame Erziehung mit seinem Bruder Wilhelm (geb. am 22. Juni 1767) durch verschiedene Hauslehrer

1779
6. Januar Tod des Vaters

1787–1788
Studium an der Universität Frankfurt/ Oder bis März 1788

1788–1789
Einführung in die Botanik durch Karl Ludwig Willdenow

1789–1790
Studium an der Universität Göttingen. Im September 1789 Beginn einer Studienreise mit Jan van Geuns über Heidelberg, Speyer, Mainz, Köln, Münster. In Mainz macht H. die Bekanntschaft von Georg Forster

1790
Auf Anregung G. Forsters erste Veröffentlichung: *»Mineralogische Beobachtungen über einige Basalte am Rhein«*. Im März Beginn einer dreimonatigen Reise mit Forster über Köln, Brüssel, Amsterdam nach England. Rückreise über Paris, wo die Revolution in vollem Gange ist

1790–1791
Studium an der Handels-Akademie von Büsch in Hamburg

1791–1792
Fortsetzung des Studiums an der Bergakademie in Freiberg. Mit Johann Karl Freiesleben Reise durch das Böhmische Mittelgebirge

1792
Abschluß des Studiums, Eintritt in den preußischen Bergdienst, Ernennung zum Oberbergmeister. Reisen nach Wien und Krakau

1793
Übernahme der Bergbauleitung in Oberfranken. Im Juni wird Humboldt Mitglied der Leopoldinisch-Karolinischen Akademie der Naturforscher

1794
Beförderung zum Bergrat. Reisen durch Polen und Böhmen. Im Juli/ August Reisen, teils mit diplomatischem Auftrag, nach Westfalen, den Niederlanden, dem Rheinland, nach Rheinhessen und in die Eifel

1795
Beförderung zum Oberbergrat.

Reisen nach Oberitalien und in die Schweizer und französischen Alpen

1796
Im November Tod der Mutter. Humboldt scheidet zum Jahresende auf eigenen Wunsch aus dem preußischen Dienst aus, um seine große Reise vorzubereiten

1797
»Versuche über die gereizte Muskel- und Nervenfaser« (Bd. 1, Bd. 2 1798). Besuch bei Goethe und Schiller in Jena. Weitere Reisevorbereitungen in Dresden, Wien und Salzburg

1798
Im April Abreise von Salzburg nach Paris. Humboldt lernt dort Aimé Bonpland kennen. Im Oktober Abreise nach Marseille. Zum Jahresende Aufbruch nach Spanien

1799
Reise über Barcelona und Valencia nach Madrid. Erlaubnis zur Bereisung der spanischen Kolonien.
5.6.–19.6. Seereise von Coruña nach Teneriffa
25.6.–16.7. Überfahrt nach Cumana in Venezuela
4.9.–23.9. Wanderung zu den Missionen bei den Chaymas
16.11.–21.11. Küstenreise von Cumana nach Caracas

1800
7.2.–30.3. Reise von Caracas nach San Fernando de Apure
30.3.–10.7. Reise auf dem Orinoko, Atabapo, Rio Negro, Casiquiare
10.–23.7. Reise durch die Llanos nach Nueva Barcelona (Venezuela)
24.11.–19.12. Seereise von Nueva Barcelona nach La Habana

1801
19.12.1800–8.3.1801 Reisen durch Kuba
9.–30.3. Seereise von Kuba nach Cartagena (Kolumbien)
30.3.–15.6. Von Cartagena nach Honda. Flußfahrt auf dem Rio Magdalena
6.7.–19.9. In Bogotá Gast des Botanikers José Celestino Mutis
19.9.1801–6.1.1802 Reise über Popayán bis Quito (Ekuador)

1802
6.1.–21.10. Aufenthalt in Quito und Ekuador. Besteigungen der Vulkane Pichincha und Chimborazo. Weiterreise nach Lima (Peru)
23.10.–5.12. Aufenthalt in Lima und Umgebung

1803
5.12.1802–23.3.1803 Seereise von Callao über Guayaquil nach Acapulco (Mexiko)
23.3.–11.4. Weiterreise von Acapulco über Taxco nach Mexiko City
11.4.1803–20.1.1804 Aufenthalt in Mexiko City, Reisen durch Mexiko, Besteigung des Vulkans Jorullo
20.1.–7.3. Reise von Mexiko City nach Veracruz
7.3.–29.4. Seereise nach Habana und zweiter Aufenthalt auf Kuba

29. 4.–19. 5. Seereise nach Philadelphia (USA)
19. 5.–9. 7. Aufenthalt in den Vereinigten Staaten, drei Wochen Gast von Präsident Jefferson in Washington und Monticello (Virginia)
3. 8. Humboldt und Bonpland treffen in Bordeaux ein

1805–1807
Beginn der Arbeit am amerikanischen Reisewerk *»Voyage aux régions équinoxiales du Nouveau Continent«*, hauptsächlich in Paris (1808–1834). Die sogenannte große Ausgabe umfaßt 34 Bände. Im März Besuch beim Bruder in Rom. Bekanntschaft mit Simón Bolivar. Exkursion zum Vesuv. Im November Abreise nach Berlin, dort bis 1807

1808
»Ansichten der Natur« bei Cotta erschienen

1808–1827
Humboldt lebt in Paris, Arbeit am Reisewerk

1827
Im Winter *»Kosmos«*-Vorlesungen und -Vorträge in Berlin

1829
Ernennung zum »Geheimen Rat«. Im April Aufbruch zu einer neunmonatigen Rußlandreise (Petersburg, Moskau, durch Sibirien bis an die chinesische Grenze, Kaspisches Meer, Moskau, Petersburg, Berlin)

1830–1848
Mehrmals in diplomatischer Mission in Paris

1834
Am 8. April Tod seines Bruders Wilhelm

1834
Beginn der Arbeit am *»Kosmos«*

1845–1858
»Kosmos. Entwurf einer physischen Weltbeschreibung«, Band I–IV, erscheinen bei Cotta (1862 posthum Bd. V)

1853
»Kleinere Schriften« nebst *»Atlas«* erscheinen

6. Mai 1859
Humboldt stirbt in seiner Wohnung. Am 11. Mai Beisetzung im Park des Schlosses Tegel

Sach- und Personenverzeichnis

Das Verzeichnis gibt (I.) Erklärungen zu häufiger vorkommenden spanischen Begriffen beziehungsweise Fachwörtern, führt (II.) die wichtigsten (zum Teil veralteten) geographischen Namen auf und erfaßt (III.) im Text vorkommende Personen mit biographischen Kurzangaben.

I

Alguazil – Polizist

Alkalde – Bürgermeister mit richterlichen Befugnissen

Audiencia – Obergericht und Verwaltungseinheit in den amerikanischen Kolonien Spaniens

Caño – Bach oder schmales Flußbett

Cerro – Berg

Conuco – als Garten oder Acker genutztes Land

Entrada – das gewaltsame Einfangen frei lebender Indios

Fray – Bruder, Mönch

Guardian – Abt eines Franziskaner- oder Kapuzinerklosters

Governador – Statthalter

Insolation – (Dauer der) Sonneneinstrahlung

Konquista – die Eroberung Süd-,

Mittel-und von Teilen Nordamerikas durch die Spanier Anfang des 16. Jahrhunderts

Korregidor – Verwaltungsbeamter mit weitgehenden richterlichen Befugnissen

Mestizen – Mischlinge, aus der Verbindung von Weißen und Indios stammend; auch Mischlinge allgemein

Raudales – Wasserfälle, Katarakte

Trappformation – alter Name für basaltartige Ergußsteine, die oft in treppenähnlich übereinanderliegenden Decken auftreten

Valle – Tal

Zambo – Mischling, aus einer Verbindung von Afroamerikanern und Indios stammend

Zodiakallicht – schwache Lichterscheinung entlang der scheinbaren Sonnenbahn; entsteht durch Streuung des Sonnenlichtes an kosmischen Partikeln

Angostura – seit 1866 Ciudad Bolivar

Apure – linker Nebenfluß des Orinoko, 1600 km lang

Casiquiare – Fluß im Süden Venezuelas, 400 km lang, durch Gabelung des oberen Orinoko gebildet, den er mit dem Rio Negro verbindet

Darien – Landenge im Übergang von Süd- nach Mittelamerika

Dorado – sagenhaftes Goldland im nördlichen Südamerika

Galicien – nordwest-spanische Landschaft

Guanahani – alter Name der Watlingsinsel (siehe Bahama-Inseln); auf Guanahani betrat Columbus 1492 erstmals amerikanischen Boden

Guaviare – größter Nebenfluß des Orinoko

Illyrien – eine Region an der östlichen Adria

Meta – Nebenfluß des Orinoko, 1100 km lang, davon 800 km schiffbar

Neuandalusien – Teil des heutigen Venezuela

Neugrenada – das heutige Kolumbien

Neuholland – Australien

Neu-Spanien – Mexiko

Nuytsland – Küstenstrich Nordaustraliens

Orinoko – Fluß Südamerikas, 2400 km lang

Rio Negro – größter linker Nebenfluß des Amazonas in Südamerika, 2000 km lang, entspringt in Kolumbien, nimmt den Casiquiare als Bifurkationsarm auf

Säulen des Herkules – nach altgriechischer Anschauung verschiedene Randpunkte des Erdkreises, die Herakles aufgerichtet haben sollte, zum Beispiel an der Straße von Gibraltar

Terra firma – nördliches Küstengebiet Südamerikas

Westindien – die Großen und Kleinen Antillen, die Bahamas, Trinidad und Tobago; von Humboldt ebenso wie »Indien« (beziehungsweise das Adjektiv »indisch«) auch als Bezeichnung für die Gesamtheit der spanischen Kolonien in Südamerika gebraucht

Aguirre, Lope de (1518–1561) spanischer Konquistador in Peru; lehnte sich gegen den König von Spanien auf.

Anghiera, Pietro Martire de (1457–1526) italienischer Historiograph in spanischen Diensten

Aristoteles (384 bis 322 vor unserer Zeitrechnung) griechischer Philosoph

Baudin, Thomas Nicolas (1754–1803) französischer Weltumsegler

Béthencourt, Jean de (1360–1422) normannischer Seigneur; begann 1402 die Eroberung der Kanarischen Inseln

Bligh, William (1754–1817) britischer Seefahrer; Kapitän der »Bounty«, deren Besatzung 1789 in der Südsee meuterte und ihn aussetzte

Bolívar, Simón (1783–1830) Staatsmann; Befreier Lateinamerikas von spanischer Herrschaft

Bonpland, Aimé Goujaud (1773–1858) Botaniker und Marinearzt; Reisebegleiter Humboldts

Bougainville, Louis Antoine Comte de (1729–1811) französischer Seeoffizier; 1766–1769 Weltreise mit der Fregatte »Boudeuse«

Bristol, Lord Frederick Aug. Hervey (1730–1803) englischer Bischof

Columbus, Christoph (1451–1506) Seefahrer; Entdecker Amerikas

Commerson, Philibert (1727–1773) Botaniker; 1766 Teilnahme an Bougainvilles Reise um die Welt

Cook, James (1728–1779) Forschungsreisender und Seeoffizier; unternahm drei Weltreisen

Cortés, Hernán (1485–1547) Konquistador; eroberte und zerstörte 1519–1521 Tenochtitlán (Mexiko- Stadt), die Hauptstadt der Azteken

Dante, Alighieri (1265–1321) italienischer Dichter

España, José Maria (1761–1799) stand 1797 mit an der Spitze einer revolutionären Erhebung gegen die spanische Kolonialherrschaft in Venezuela

Forell, Baron Philipp von (1758–1808) seit 1791 sächsischer Gesandter in Madrid

Forster, Georg (1754–1794) Naturforscher; 1772–1775 Teilnahme an der zweiten Weltumseglung Cooks; 1792/93 führende Persönlichkeit der bürgerlich-demokratischen Revolution in Mainz

Franklin, Benjamin (1706–1790) nordamerikanischer Staatsmann, Schriftsteller und Naturwissenschaftler

Freiesleben, Johann Karl (1774–1846) Studienfreund Humboldts in Freiberg; Berghauptmann und Chef des sächsischen Berg- und Hüttenwesens

Gama, Vasco da (1469–1524) portugiesischer Seefahrer; Entdecker des Seewegs nach Ostindien

Geraldini, Alessandro (1455–1525) erster Bischof der Ostindianischen Insel Santo Domingo

Hauff, Hermann (1800–1865) Bibliothekar

Humboldt, Wilhelm von (1767–1835)
Philosoph, Sprachforscher und preußischer Staatsmann

Jacquin, Nicolaus Joseph (1727–1817) französischer Botaniker

Jefferson, Thomas (1743–1826) dritter Präsident der USA

Kant, Immanuel (1724–1804) deutscher Philosoph

Karl V. (1500–1558)
1516 König von Spanien und Neapel-Sizilien; 1519–1556 deutscher Kaiser

La Condamine, Charles Maria de (1701–1774) französischer Mathematiker und Forschungsreisender

Linné, Carl von (1707–1778) schwedischer Naturforscher

Magalhães, Fernão de (1480–1521) portugiesischer Seefahrer

Michaux, André (1746–1802) französischer Botaniker und Forschungsreisender

Mutis, José Celestino (1732–1808) Botaniker in Bogotá

Nelson, Horatio Viscount (1758–1805) britischer Admiral

Ojeda, Alonzo de (1470–1515) spanischer Konquistador; 1493 Teilnehmer der zweiten Fahrt des Columbus

Orellana, Francisco de (1505–1550) spanischer Eroberer

Oviedo y Valdés, Gonzalo Fernández de (1478–1557)
spanischer Geschichtsschreiber

Petrarca, Francesco (1304–1374) italienischer Humanist und Dichter

Schot, Joseph van der (1770–1804) Leiter des botanischen Gartens in Wien

Túpac Amaru, José Gabriel (1740–1781)
1780–81 Anführer des Aufstands der in Bergwerken und Haciendas in Peru ausgebeuteten Indios; in Cuzco hingerichtet

Urquijo, Mariano Luis de (1768–1817)

1799–1801 Staatsminister; ermög-
lichte Humboldt die Reise in die
spanischen Kolonien; Gegner der
Sklaverei und der Inquisition

Urre, Félipe de
(d.i. Philipp von Hutten)
(1511–1546)
deutscher Konquistador

Washington, George (1732–1799)
erster Präsident der USA

Vespucci, Amerigo (1451–1512)
italienischer Seefahrer

Verzeichnis der Abbildungen

Die Abbildung 10. wurde vom Ullstein Bilderdienst zur Verfügung gestellt.
Die Abbildungen 1., 2., 3., 5., 6., 7., 8., 9. und 11. sind dem Reisewerk Humboldts (»Voyage aux régions équinoxiales du Nouveau Continent«) entnommen und wurden freundlicherweise von der Universitätsbibliothek Tübingen zur Verfügung gestellt.